■《资本论》专题研究丛书

全国中国特色社会主义政治经济学研究中心（福建师范大学）2022年重点项目研究成果

全国经济综合竞争力研究中心2022年重点项目研究成果

福建省"双一流"建设学科——福建师范大学理论经济学科2022年重大项目研究成果

福建省社会科学研究基地——福建师范大学竞争力研究中心2022年资助研究成果

《资本论》专题研究参考资料　3

生产力理论

主编：李建平　黄　瑾

执行主编：陈凤娣

中国财经出版传媒集团

经济科学出版社

Economic Science Press

图书在版编目（CIP）数据

生产力理论/李建平，黄瑾主编；陈凤娣执行主编
. --北京：经济科学出版社，2023.4
（《资本论》专题研究丛书.《资本论》专题研究参
考资料；3）
ISBN 978 - 7 - 5218 - 4704 - 8

Ⅰ.①生…　Ⅱ.①李…②黄…③陈…　Ⅲ.①《资本
论》-马克思著作研究②生产力-理论研究　Ⅳ.
①A811.23②F014.1

中国国家版本馆 CIP 数据核字（2023）第 064620 号

责任编辑：孙丽丽　纪小小
责任校对：郑淑艳
责任印制：范　艳

生产力理论
——《资本论》专题研究参考资料·3
主　编　李建平　黄　瑾
执行主编　陈凤娣

经济科学出版社出版、发行　新华书店经销
社址：北京市海淀区阜成路甲 28 号　邮编：100142
总编部电话：010 - 88191217　发行部电话：010 - 88191522
网址：www. esp. com. cn
电子邮箱：esp@ esp. com. cn
天猫网店：经济科学出版社旗舰店
网址：http://jjkxcbs. tmall. com
北京季蜂印刷有限公司印装
710 × 1000　16 开　28.25 印张　420000 字
2023 年 9 月第 1 版　2023 年 9 月第 1 次印刷
ISBN 978 - 7 - 5218 - 4704 - 8　定价：120.00 元

绪　　论

《资本论》第 1 卷问世距今已有 150 多年，其内容博大精深，是一个伟大的思想理论宝库。其中，生产力理论是马克思唯物史观与马克思主义政治经济学的重要理论基石。唯物史观认为，人类社会是在生产力与生产关系的矛盾运动中发展的，生产力是决定性因素。

从学术渊源来看，生产力这一概念诞生于古典政治经济学时代。斯密、萨伊、李斯特和舒尔茨等人提出并发展了生产力概念在经济学意义上的使用，赫斯则开辟了生产力概念在历史观意义上的使用。在此基础上，马克思科学系统地阐述了生产力理论，提出生产力是社会发展的最终决定力量这一重要理论命题。马克思的生产力理论超越了一般意义上的扁平化的经济学概念，形成了全新的经济学哲学视角，这种经济学视阈是建立在一定的社会发展阶段上的，并且与社会成员共同活动方式相映射。

马克思主义传入中国以后，中国学术界对生产力相关问题进行了持续的探索。新中国成立初期，君麟①等学者对生产力要素、生产力动力等基本理论问题进行了较为深入且有益的探索；"文化大革命"时期，学术界对于生产力问题的研究和讨论实质上处于沉寂状态，代之而起的是对"唯生产力论"的批判。"文革"结束后，我国学术界召开了第一次全国生产力经济学研讨会并成立了中国生产力经济学研究会，一系列关于生产力的新论点相继提出。改革开放以来，从邓小平提出"科学技术是第一生产力"重要论断，到江泽民提出"三个代表"重要思想，再到胡锦涛提出科学发展观，实现了生产力理论的一次又一次升华；党的十八大以来，中国特色社会主义进入了新时代。

---

① 君麟：《划分阶级的原则与标准》，载于《河南政报》1950 年第 10 期，第 71～75 页。

习近平总书记指出，"全面建成小康社会，实现社会主义现代化，实现中华民族伟大复兴，最根本最紧迫的任务还是进一步解放和发展社会生产力"。[①] 经济发展从高速增长阶段转向高质量发展阶段，对生产力发展提出了新的要求。"生态生产力""文化生产力"等概念的提出，进一步丰富拓展了马克思主义生产力理论。总体而言，改革开放以来，学术界关于《资本论》中生产力理论的研究伴随着中国社会经济的不断发展而不断深入，研究视野逐渐拓宽，视角不断创新，研究内容主要从马克思生产力理论内涵及其争论、"生产力一元决定论"争议、"科学技术是第一生产力"研究、马克思生产力理论的当代拓展四大方面展开。

一、马克思生产力理论内涵及其争论

生产力是《资本论》的核心概念之一。马克思多次提到生产力，但是他对这一概念没有一个明确而又统一的界定，因此，如何界定生产力就成了学界争论不休的话题，争论焦点主要集中在生产力定义和生产力构成要素方面。

（一）生产力定义

关于生产力定义，不同的学者有不同的见解，主要维度有三种：第一，从人与自然关系的视角来定义生产力。蒋学模[②]在其出版的教材中将生产力看成人与自然的关系，是人们改造自然、征服自然的能力。王建辉[③]认为将生产力定义为"人类利用、改造、征服自然的能力"是有缺陷的，这体现的是一种人与自然分离的二元思维方式，这种定义方式过于强调人类主体的价值、能力和需求，而忽视了自然客体的价值、能力和需求，因此他从生态维度重新解读了马克思主义生产力，认为生产力是一种自然资源与社会劳动力相互转化，自然再生产与社会经济再生产相互作用，从而人类保护自然，促进人

---

① 《十八大以来重要文献选编》（上），中央文献出版社2014年版，第549页。

② 蒋学模：《政治经济学教材》，上海人民出版社1980年版。

③ 王建辉：《略论马克思主义生产力观的生态维度》，载于《马克思主义与现实》2005年第3期，第148～151页。

类可持续性发展的能力。第二，从人与社会关系的视角定义生产力。卫兴华、田超伟[①]是从物质资料的生产能力来定义生产力的，他们认为生产力就是人们适应自然、利用自然和改造自然，来生产物质资料以满足人们需要的能力。第三，从生产力的构成要素的视角定义生产力。胡钧[②]并不认同卫兴华等学者的观点，他以斯大林生产力二要素为依据，认为生产力不等同于"劳动生产力"，其内涵是一种物质力量，是指生产者、劳动资料诸要素的力量之和。除了上述主要的定义方式之外，也有学者是从以上三个视角综合定义生产力的，如孙冶方、王满林。他们的定义中生产力既包括了人与社会的视角，也包括构成要素的视角。孙冶方[③]认为生产力有两层含义：第一种含义就是指"劳动生产率"，即生产效率和生产水平；第二种含义是生产力诸因素，即构成生产力的要素。而王满林[④]指出生产力概念问题之所以复杂，是因为马克思在唯物史观和政治经济学两种不同的视域下都使用了这一概念：在马克思政治经济学视域下，生产力含义是一定时间内物质生产活动的效率；而在马克思唯物史观视域下的生产力理论，其生产力的含义是物质生产领域中，社会所具备的主体和客体力量之和。

相关文献研究表明，对生产力这一概念，学术界争议较多且目前未形成统一的定义。总体来看，对生产力主流的定义方式有两类：第一类从人与自然的关系对其定义，认为是人改造、适应和征服自然的能力。第二类从人与社会的关系对其定义，认为是人利用自然资源生产物质资料的能力。这两类主流定义方式都是将生产力定义成一种物质性力量，都认为生产力是生产和创造财富的一种能力。从人与自然关系视角来看，学者们都强调生产力是人对自然的作用能力，不同之处在于一些学者是以人类为主体去考察人对自

①　卫兴华、田超伟：《论〈资本论〉生产力理论的深刻内涵与时代价值》，载于《中国高校社会科学》2017年第4期，第21~31页。

②　胡钧：《生产力与劳动生产力》，载于《当代经济研究》2001年第2期，第63~64页。

③　孙冶方：《什么是生产力以及关于生产力定义问题的几个争论》，载于《经济研究》1980年第1期，第28页。

④　王满林：《唯物史观和政治经济学视域下的生产力——马克思"生产力"思想的历史考察》，载于《江汉论坛》2021年第3期，第24~29页。

然的作用，而一些学者如王建辉更重视人与自然相互作用以及可持续的能力。从人与社会关系视角来看，学者普遍认为生产力等同于劳动生产力，体现的是生产物质资料的能力，是一种生产效率和生产水平，比如卫兴华、田超伟等。

（二）生产力构成要素

马克思曾将生产力定义为"生产能力及其要素的发展"[①]，对其中的"生产要素"即生产力的构成要素，我国长期存在生产力二要素论、三要素论和多要素论之争。于光远（1980）认为"生产力应该是二要素构成，劳动对象不能、也不应该成为生产力要素"，持有同样观点的还有蒋学模等，蒋学模[②]主张"生产工具和劳动者才是生产力的构成要素"。而主张"三要素论"的学者包括孙冶方、王学文等，孙冶方[③]认为生产力的因素不仅包括劳动力和劳动工具，还应该包括劳动对象。除了以上两种观点外，现阶段更为流行的是生产力多要素论。熊映梧[④]指出马克思所说的劳动过程是一个复杂的生产过程，劳动者、劳动对象和劳动资料是应该具备的基本要素，但在现实中，生产力的构成要素应该更多，要是过于强调生产力"二因素论""三因素论"会导致人们忽略"生产力的整体性"的基本特征。李其庆[⑤]从生产力要素和生产力（要素）的发展的角度做出区分，并指出马克思主义所说的生产力结构一般有三要素：劳动者、劳动对象以及劳动工具，但是不能局限于"生产力三要素论"，而忽视了科学技术等其他因素也是构成生产力的重要因素。程启智、罗飞[⑥]并未直接对生产力的构成要素进行说明，但是我们可以从他对

---

① 《马克思恩格斯文集》第7卷，人民出版社2009年版，第1000页。
② 蒋学模：《政治经济学教材》，上海人民出版社1980年版。
③ 孙冶方：《什么是生产力以及关于生产力定义问题的几个争论》，载于《经济研究》1980年第1期，第28~37页。
④ 熊映梧：《〈资本论〉中关于生产力的问题》，载于《学术月刊》1981年第11期，第1~5页。
⑤ 李其庆：《关于马克思生产力理论的一点思考》，载于《马克思主义与现实》1991年第4期，第38~42页。
⑥ 程启智、罗飞：《生产力和生产关系的二维理论及其马克思经济学的发展》，载于《福建论坛》（人文社会科学版）2016年第3期，第11~18页。

马克思生产力理论的二维划分看出他也是主张生产力多要素论的，他们认为马克思生产理论可分为两个维度：其一是要素生产力即生产力是由多种因素决定的；其二，协作生产力即协作本身也是一种生产力，要素生产力和协作生产力两者相互演化，共同推动生产力理论的发展，此外，他们还将劳动过程简单要素分成劳动者和生产资料（劳动对象和劳动资料）两大类，并认为劳动者和生产资料是生产的基本要素。卫兴华、田超伟[①]并不赞同生产力"二因素论""三因素论"，认为这不符合马克思的原意和生产实践，生产力要素应该分为两类：一类是适用于一切社会的"简单要素"，即劳动本身、劳动对象和劳动资料；另一类是社会化大生产下新发展的要素，包括协作、科学技术、自然力的利用等，并特别强调科学技术可以作为独立生产力要素发挥作用。王满林[②]认为生产力中应该包括人的因素和物的因素，但是生产力中人的因素不应该是劳动者本身，而应该是劳动者在生产过程所发挥的主体力量，包括科学技术、劳动者技能、生产工艺等。

　　综合以上三类观点我们可以发现，在生产力要素争论的早期阶段，学者们争论的焦点在于劳动对象是否是生产力要素，从而引发"二要素论"和"三要素论"之争。主张"二要素论"的学者们的理论依据来源于斯大林对于生产力的二因素论，而主张生产力"三要素论"的学者则是将《资本论》中劳动过程的三个简单要素作为理论依据。总的来说，无论是"二要素论"还是"三要素论"，都认为生产力要素是有限的。随着学术界对马克思主义生产力理论认识的日益深刻，更多的学者开始意识到生产力要素并非一成不变的，也并非有限的，简单的"二要素论"或"三要素论"并不符合社会实践，生产力构成要素是一个有机系统，应该用发展的眼光不断丰富其内涵。于是，生产力多要素论开始兴起，劳动力、劳动对象以及劳动工具成为生产力的"基本要素"，科学技术、组织方式、协作模式、信息等成为新时代发展

　　① 卫兴华、田超伟：《论〈资本论〉生产力理论的深刻内涵与时代价值》，载于《中国高校社会科学》2017年第4期，第21～31页。

　　② 王满林：《唯物史观和政治经济学视域下的生产力——马克思"生产力"思想的历史考察》，载于《江汉论坛》2021年第3期，第24～29页。

下产生的"新要素"。

二、"生产力一元决定论"争议

所谓生产力一元决定论，就是把马克思历史唯物主义的生产力决定生产关系、生产关系反作用于生产力原理理解为一个原则，即"生产力"解释了"历史社会生活的全部"。但是在生产力如何发挥决定作用，生产关系又是如何作用于生产力等基本问题上，学界有不同的见解。

第一，认同"生产力一元决定论"基本观点，并对此观点进行解释。马晹、卫兴华[1]通过对生产力内部源泉说、生产关系动力说、生产力与生产关系矛盾说三种生产力发展动力学说进行分析阐释，认为生产力发展的动力源于其内部，即生产力不仅能够自己发展，而且是一种持续性、能够不断增强自我能力的发展形式。正是因为这一特性，生产力成为社会历史发展中最活跃的最终力量，并决定了生产关系的性质。而生产关系对生产力的作用不是胡钧主张的生产关系是生产力的动力源泉，而是生产关系必须要适应生产力的发展而不断变化发展，当生产关系适应生产力时，生产关系促进生产力发展；而当生产关系不适应生产力时，生产关系阻碍生产力发展，最终总有一种能适应生产力的新的生产关系代替阻碍生产力发展的旧的生产关系。肖磊[2]详细解读了马克思关于生产力和生产关系的三种表述方式，认为生产力决定生产关系是一种"辩证决定"，即生产力的决定性作用是在"一般条件下"下实现的，这是"普遍规律"，而生产关系对生产力的"决定性反作用"是在"以生产力决定前提下"实现的，这是特殊情况。这种辩证决定关系不是"多元决定"和"归根到底的决定"，也不是事后意义的"系统因果性"。最后，他还通过解读俄国社会主义发展道路，即"东方道路"，提出不能因为"东方道路"的特殊性而否认"生产力一元论"的普遍性。实际上，"东方道

① 马晹、卫兴华：《用唯物史观科学把握生产力的历史作用》，载于《中国社会科学》2013 年第 11 期，第 46~64 页。
② 肖磊：《关于"生产力一元决定论"的若干理论问题——基于经典文本的解释、辩护和重申》，载于《马克思主义研究》2018 年第 1 期，第 66~76 页。

路"不仅没有否认"生产力一元论",反而从理论和实践上肯定了"生产力一元决定论"的科学性和价值性。

第二,认为"生产力一元决定论"存在缺陷,并对其进行再解读和修正。王峰明①通过详细梳理普列汉诺夫生产力一元决定论发现,普列汉诺夫准确地从马克思历史唯物主义中发现了"本质"与"现象"之间的关系:生产力是"本质",社会各种力量和机体是"现象","本质"决定"现象"。但是他却错误地以"发生学"的思维方式将"决定论"变成了"起源论",把"本质"和"现象"分割成不同的阶段,导致生产力和生产关系、经济基础和上层建筑演变成"本源"和"派生"的关系,其结果就是要么陷入"地理环境决定论",要么重蹈"二律背反"的历史唯心主义历史的覆辙。对此,王峰明对"生产力一元决定论"进行重新阐释,他认为,生产力是"本质抽象",经济、政治、文化是生产力的"现象具体",生产力能够"一元"和"线性"决定政治、文化等"现象具体",各种经济、政治、文化的"现象具体"之间也具有相互作用。这两种方式是在同一历史过程中不同层面上进行的。此外,针对目前质疑生产力一元决定论的观点,比如阿尔都塞"多元决定论"、哈贝马斯"社会一体化论",王峰明也明确提出反驳,认为这些观点都混淆了生产力和生产力的具体要素,割裂了"本质抽象"和"现象具体"。孟捷②发现生产力一元决定论对历史唯物主义的解释存在根本的缺陷,即生产关系只具备适应或促进生产力发展的一种功能,她通过对历史唯物主义相关文献的梳理,以一种国家制度变迁的思路对历史唯物主义提出了一种"再解释":她认为,生产关系不仅能够适应、促进生产力发展,还能增加统治阶级获取剩余。而一个国家利益集团可以利用国家权力发动制度变迁,将流行的生产关系转变为符合生产力发展的生产关系,从而将更多剩余用在生产力发展上,这样就可以促成以生产力为根本进步的整体变迁——有机生产方式变迁。这

① 王峰明:《对生产力一元决定论的反思与新释》,载于《马克思主义研究》2012年第10期,第81~95页。

② 孟捷:《生产力一元决定论和有机生产方式的变迁——对历史唯物主义核心思想的再解释》,载于《政治经济学报》2016年第6卷,第61~134页。

一过程也是国家形成的过程，国家既是制度变迁的外部"推手"，也是制度变迁的内在组成部分。

第三，将"生产力一元决定论"同中国经济建设结合，提出具有现实性的见解。比如于祖尧①认为生产力决定作用理论不仅是历史唯物主义核心，也是中国特色社会主义理论的重要组成。对此，他提出四个观点。其一，生产力决定论就是生产力标准论，不能仅以经济增长速度作为衡量生产力的唯一指标。其二，历史唯物主义的生产力决定论告诉我们，计划和市场都是手段，目标是发展生产力。其三，建设社会主义必须坚持公有制主体，把发展生产力放在首位。其四，国有制改革必须按照生产关系适应生产力这一规律办事。

从上述学者们的观点来看，"生产力一元决定论"是马克思历史唯物主义的主流解释。普列汉诺夫是对马克思历史唯物主义决定论阐述的第一人，并由此形成了普列汉诺夫的生产力一元决定论，他的观点也极大影响了后来学者对马克思主义理论的研究事业。不过，普列汉诺夫在生产力和生产关系、经济基础与上层建筑之间关系的论述上，却引发较大的争议，让生产力一元决定论陷入质疑之中。国外部分学者提出一些新思想企图推翻"生产力一元决定论"，以拯救历史唯物主义，比如阿尔都塞提出"多元决定论"、卢卡奇的"总体性思想"等。这类观点实质上都曲解了马克思所说的"坚持以一个原则解释全部历史过程"的观点。国内学者则主张"生产力一元决定论"，而非"经济决定论""经济唯物主义"，同时他们都反驳"多元决定论""社会一体化"等质疑理论。他们的关注点在生产力如何作用生产关系，生产关系如何反作用生产力上，并提出诸如"辩证决定""一元的、线性的决定"等新观点以修正"归根到底的决定""事后决定"的旧观点。如果仅从论证过程和过程结果来看，这些新观点确实加强了对"生产力一元决定论"的解释，实现了创新。但是学者们对于生产力是如何决定生产关系，生产关系是如何反作用于生产力这一基本观点的实现机制与作用过程提出不同的看法。

---

① 于祖尧：《坚持和发展马克思的生产力决定论——为纪念〈生产力研究〉创刊十周年而作》，载于《生产力研究》1996 年第 6 期，第 4~6 页。

三、"科学技术是第一生产力"研究

"科学技术是第一生产力"是邓小平同志根据世界经济发展新趋势对马克思主义生产力理论和科学技术学说的创造性论断，对于我国进行科学技术创新与现代化建设具有重大意义，学术界对该命题的研究成果颇多。

王森洋[①]从背景、科学技术对现代生产力的作用、自然科学和社会科学的关系、思想来源这四个方面对"科学技术是第一生产力"这一论断进行了分析。他认为，20世纪以来经济发展出现一些新趋势：科学技术发展迅速且对经济增长贡献率逐渐增大、技术革新和经济周期波动变短、科技与生产两者关系变化以及科学改变了社会生产的面貌。这些新趋势就是"科学技术是第一生产力"的提出背景。科学技术会让生产力的要素构成发生根本性的改变，使得科学技术对现代生产力起首要作用。而社会科学和自然科学呈现大融合趋势，都将变成直接生产力。最后，他认为这一论断的思想来源正是马克思对生产力的相关论述。罗绍贤[②]认为科学技术是第一生产力，是指科学技术能够对生产力发展起到第一变革的作用。其根本原因就在于现代的科学技术发生了变化。科学和技术的联系更为紧密，成为一个有机整体，引发社会生产力的"质变"，社会生产力发展成为"现代生产力"，而生产力的变化又会改变科学技术的属性，科学只能表现出精神性，而技术只能表现出物质性，现在两者成为有机整体，也就意味着科学技术具备了精神性和物质性相统一的特征。在此基础上，科学技术会派生出两个新的特征。第一，潜在性和显在性相统一的特征。过去科学和技术未结合时，科学只能以潜在形式作为间接生产力，只有渗透到实体要素才能转变成直接生产力，而现在科学和技术紧密结合，潜在性变成显在性，科学能够直接转变成生产力，且转化的过程更为直接、明显、突出。第二，智能性的特征。由于智能性的存在，科学技术

---

①　王森洋：《"科学技术是第一生产力"理论的来源》，载于《毛泽东邓小平理论研究》1991年第6期，第7~12页。

②　罗绍贤：《科学技术何以成为第一生产力新探》，载于《马克思主义研究》1996年第3期，第17~21页。

能够对生产力发展变革产生加速效果和倍增效应，使其成为倍增的生产力。正是因为这两个特征的出现，使得科学技术成为第一生产力。罗绍贤还从现实中找到现代生产力的具体应用，他认为科研生产一体化模式就是典型的例子，未来的发展中要通过建立这种新模式推动现代生产力发展。郑文范、温飞[1]首先对马克思主义生产力学说中科学技术和生产关系的问题进行深刻剖析，阐明了生产力应该包括科学技术，并且科学技术对于经济发展具有重大作用。而邓小平创新性提出的"科学技术是第一生产力"的结论则是对马克思主义生产力学说的继承和发展。接着又分析科学技术渗透在生产力的各种要素之中，并提出生产、技术、科学构成"生产—技术—科学—技术—生产"的循环链条，在这个链条中，生产是科学技术的基础，而科学技术对于生产有主导作用和超前作用，这才使得科学技术成为第一生产力。梁树发[2]强调科学技术是生产力一直都是马克思主义观点，科学技术是第一生产力是由科学技术本身的性质功能以及科学技术与生产关系日渐密切这两方面所决定。我国主张科学技术是第一生产力不是主张科学技术决定论，也不是主张技术万能论，而是强调要发挥科学技术对于生产力的第一作用，通过科学技术改善劳动者素质，改善经济效益，实现技术跨越式发展。杨春学[3]首先通过对马克思《资本论》中科学技术思想的解读，认为邓小平同志提出的"科学技术是第一生产力"的思想源泉正是马克思主义政治经济学，这一论断是对马克思主义政治经济学的重大发展，其现实意义是为"科教兴国"战略提供理论基础。随后杨春学又分析了科学、技术、经济之间的关系以及它们互动过程的趋势，提出科学技术成为独立生产力形态为"科学技术是第一生产力"论断成立奠定了基础，此外，科学技术还能决定现代生产力的各种构成要素以及影响其组合的质变，是现代生产力发展的加速器。最后，又以美国经济增长核算以及产业革命历史为例说明科学技术是当代文明的重要推动力。

---

① 郑文范、温飞：《准确理解和把握科学技术是第一生产力》，载于《中国高校社会科学》2015年第2期，第21~26页。

② 梁树发：《"科学技术是第一生产力"与科技决定论辨析》，载于《思想理论教育导刊》2003年第3期，第40~43页。

③ 杨春学：《论科学技术是第一生产力》，载于《经济学动态》2021年第9期，第22~32页。

梳理相关研究，我们可以发现，"科学技术是第一生产力"这一论断基本上得到了国内学术界一致认同。目前，学者们主要都是从思想来源、提出背景、作用机制等方面对该论断进行分析，力图从不同的视角来证明"科学技术是第一生产力"这一论断的合理性与科学性，都认识到其思想源泉是马克思主义生产力理论以及马克思对科学技术的相关论述，都认为该论断是基于实践背景下对马克思主义生产力理论的创新性发展，并且都能结合该论断对中国现代化建设和经济发展提出合理的建议。当然，学者们对该问题的研究也存在不同之处：第一，研究的侧重点不同。早期学者比如王淼洋通过实践来源和思想来源两个视角侧重分析该论断的出现原因，之后的学者更多是将研究集中在科学技术如何对生产力起到首要的作用。第二，研究的内容日益完善。早期研究的焦点主要集中在单个方面，而后期研究的内容逐渐丰富。比如杨春学对该论断的研究包括实践背景、思想源泉、实际意义、作用机制、形成基础、对现代生产力要素的影响以及实例分析。

四、马克思生产力理论的当代拓展

实践是检验真理的唯一标准，马克思主义必然随着时代的发展而不断发展。进入 21 世纪之后，经济社会发展呈现出新气象、新特征和新趋势，也面临着新问题、新挑战和新任务，学术界关于马克思主义生产力理论的研究也必然随着时代的发展而不断深入。

第一，从生态视角拓展马克思主义生产力理论。廖福霖[①]认为社会生产力已经从工业文明生产力转变为生态文明生产力（简称"生态生产力"），生态生产力体现了生产力理念的转变、运行机制的更新、发展模式创新、要素优质和其结构优化，发展呈现层次性、空间广泛性等特征，它是工业文明生产力的扬弃，能够促使生产力实现第二次飞跃，成为 21 世纪先进生产力。温莲

[①]　廖福霖：《生态生产力发展的基本特征》，载于《福建师范大学学报》（哲学社会科学版）2007 年第 4 期，第 63~67 页。

香①在马克思《资本论》中以不同视角解读了自然力概念，认为自然力源于自然界或社会，能够被无偿应用于生产过程，并带来额外的收益。并对其"不费分文"的特征展开了详细阐述，认为自然力体现了马克思生产力理论的生态属性，我们要基于可持续发展的视角对自然力开放利用：节约自然力、认识尊重自然力、高效利用自然力、依靠科学技术创新，提高自然有效供给以及可持续利用自然力。任暟②从生态环境的视角研究马克思生产力理论，认为"环境生产力"源于马克思对自然生产力的论述，是当前自然资源过度开采、环境形势严峻的背景下，马克思生产力理论同我国生态环境建设相融合的产物。环境生产力从"人—社会—自然"的角度考察生产力，不仅拓宽了马克思"自然生产力"概念的内涵，丰富了马克思主义生产力理论体系，还揭示了自然生产力和社会生产力相反相成的对立统一关系，同时也凸显了我国生产力发展的生态文明取向，对于推动我国生态文明建设意义重大。任保平、李梦欣③通过对"增长的极限"的论述和对传统生产力的反思，提出绿色生产力这一概念，强调我们在利用、改造自然过程中要考虑自然资源可承受能力。绿色生产力的发展又会创造出绿色财富，绿色财富是社会财富的一部分，它和物质财富共同构成了新的财富理论，这种新的财富理论称为绿色财富理论，它扩展了政治经济学财富理论的内容，突出了绿色生态财富的价值，是对传统财富理论的扬弃。并在此基础上，构建了绿色生产力的基本框架和发展模式，提出发展绿色生产力就是保护生产力。

第二，从文化视角丰富马克思主义生产力理论。李春华④认为生产力理论是马克思历史唯物观的基础，但是鉴于当时所处的经济时代以及面临的主要任务，马克思主义生产力理论存在时代局限性，从"文化生产力"的视角来

---

① 温莲香：《论马克思生产力理论中的自然力向度》，载于《当代经济研究》2013 年第 2 期，第 11～16 页。

② 任暟：《环境生产力论：马克思"自然生产力"思想的当代拓展》，载于《马克思主义与现实》2013 年第 2 期，第 76～83 页。

③ 任保平、李梦欣：《新时代中国特色社会主义绿色生产力研究》，载于《上海经济研究》2007 年第 4 期，第 5～13 页。

④ 李春华：《文化生产力：丰富和发展马克思生产力理论的新视角》，载于《马克思主义研究》2009 年第 9 期，第 72～79 页。

看，马克思主义生产力理论的时代局限性体现在生产力内涵、生产力要素、划分生产力形态标准、精神文化生产商品化与市场化以及社会发展动力五个方面，而文化生产力的诞生，可以帮助我们重新认识生产力理论的五个局限性，进而深化了马克思主义生产力理论，赋予了马克思主义生产力理论鲜明的时代内涵。吴峰、赵迎欢①认为当下文化产业蓬勃发展，新兴文化业态涌现，物质生产力和精神生产力的二元划分已经无法解释这些情况，故文化生产力这一概念应运而生，文化生产力由软能力和硬能力两个方面构成，软能力包括提供文化服务、凝练价值理性，而硬能力包括生产文化产品和繁荣文化产业，两种能力相辅相成、联动发展。同时，通过对文化生产力的理解框架进行分析，发现文化生产力和历史唯物主义的思想是相通相融的，这就意味着文化生产力不仅创造性发展了马克思生产力理论，还是历史唯物主义生产力概念的内涵和外延的进一步拓展，不管从现实意义还是理论意义来看，这对我国社会主义转型都提供了价值理性的导航和指引。

第三，将新发展理念与马克思主义生产力理论结合，实现马克思主义生产力理论中国化。白暴力、方凤玲②分别从创新、协调、绿色、开放和共享对马克思生产力构成理论、生产力系统理论、自然生产力理论、生产力发展理论、生产力价值目标理论进行了详细论述，并进一步分析了"五大发展理念"是生产关系一定要适应生产力这一规律的丰富与发展，最后得出结论："五大发展理念"是以习近平同志为核心的党中央对我国经济社会发展规律的深刻认识，不仅进一步深化和发展了马克思主义生产力理论，而且为我国未来发展生产力指明了方向。

文献梳理表明，学者们基于社会的具体发展从不同的视角对马克思主义生产理论进行了当代拓展。比如廖福霖、任暟、温莲香、任保平、李梦欣等学者面对日益严峻的自然环境形势，从生态维度对马克思主义生产力理论进

---

① 吴峰、赵迎欢：《论"文化生产力"及其对历史唯物主义的创新与发展》，载于《教学与研究》2013 年第 11 期，第 72～78 页。

② 白暴力、方凤玲：《"五大发展理念"对马克思主义生产力理论的丰富和发展》，载于《经济纵横》2017 年第 7 期，第 1～8 页。

行拓展解读，提出诸如"环境生产力""绿色生产力""生态生产力"等相关概念以期丰富马克思主义生产力理论，进而推动中国特色社会主义生态文明建设。李春华、吴峰、赵迎欢等学者则从"文化生产力"的视角对新兴的文化产业、文化服务、文化业态等社会新趋势、新特征进行分析，实现了对马克思主义生产力理论的"文化生产力"拓展。还有学者如白暴力、方凤玲结合最新的治国理政新理念，对马克思主义生产力理论进行反思和再解读，进一步推进了马克思主义中国化。

五、文献评述

《资本论》是一部伟大的、从头到尾贯彻辩证唯物主义和历史唯物主义的政治经济学著作，科学阐释了资本主义产生、发展以及最终被社会主义取代的一般规律与历史趋势。生产力理论是马克思主义政治经济学理论体系的重要理论基石，也是马克思主义政治经济学的重要组成部分。从马克思之前的生产力理论到马克思的生产力理论，进而到新中国成立以来关于生产力理论的一系列观点的提出，国内学术界关于生产力问题的讨论从来没有停止过，且伴随着中国社会经济不断发展而不断深入，研究角度颇多，研究成果丰富，可谓百家争鸣、各有千秋。如前所述，国内学术界从"马克思生产力理论内涵及其争论、'生产力一元决定论'的争议、'科学技术是第一生产力'论断研究、马克思生产力理论的当代拓展"四大方面展开的研究，在主要观点上都是一致与分歧并存、合理与不足同在。但总体而言，这些研究都体现出了很强的学术性、实践性、时代性。

从学术性的角度来看，这些研究坚持唯物辩证法，兼顾批判与吸收，将生产力概念内涵由物质生产力发展到社会生产力，将生产力要素构成由传统生产要素发展到组合生产要素，将发展目标由生产力效率发展到生产力质量，不断探索完善马克思主义生产力理论体系建设，逐步推进马克思主义生产力理论向前发展，为创新发展马克思主义政治经济学贡献了中国智慧。

从实践性的角度来看，这些研究致力于推进马克思主义中国化，坚持理论联系实际，兼顾继承与发展，将马克思主义生产力理论的基本原理同中国实际相结合，从"科学技术是第一生产力"的深刻解读到"生态生产力""文化生产力"的认识提出，逐步形成了具有中国特色的马克思主义生产力理论体系，为中国特色社会主义进一步解放和发展生产力这一伟大实践提供了重要的理论指引，尤其是抓住了"科学技术"这一生产力中最核心的要素，就把握了现代经济发展的重要源泉，就能够为我国社会主义现代化建设寻找更好的物质基础，对于促进我国社会主义现代化建设具有重大而深远的现实意义。

从时代性的角度来看，马克思主义生产力理论并非固定不变的教条，而是随着时代变化并在实践中不断丰富和发展的科学理论。这些研究充分考虑了当代社会发展的新特点和新规律，以发展的眼光从不同视角提出诸多新思路与新概念，让马克思主义生产力理论焕发出了时代的活力，不仅深化和扩展了马克思主义生产力理论，而且丰富和完善了中国特色社会主义政治经济学理论体系。正是在不断解放生产力和发展生产力的过程中，我们搞清了以经济建设为中心的党在社会主义初级阶段基本路线的理论，搞清了新时代中国特色社会主义的主要矛盾已经转化为人民日益增长的美好生活需要和不平衡充分的发展之间的矛盾，增强了对社会主义社会初级阶段特征的把握和基本纲领的认识，延伸了对社会主义本质的新认识和新概括，确立了实现共同富裕这一社会主义的基本目标和根本价值取向。

目　录

三、"科学技术是第一生产力"论断研究

四、马克思生产力理论的当代拓展

一、马克思生产力理论
内涵及其争论

什么是生产力以及关于生产力定义问题的几个争论

孙冶方 *

这是我正在写作的《社会主义经济论》导言中的四节（初稿）。主要回顾和评述了我国经济学界对生产力定义问题的争论，阐明我对生产力定义的一些看法。这里需要特别指出的是：我不赞同斯大林关于生产力二因素论，而主张生产力三因素论。在我看来，生产力三因素论是马克思的观点，当前，我国经济建设中原材料问题很尖锐，在许多情况下，由于原材料品质低劣、种类不齐、型号不全，还有物资供应体制的不合理，大大影响了生产力的迅速发展。生产力二因素论的观点是妨碍经济科学对生产力问题的研究的。所以，生产力二因素论和三因素论的争论，不仅仅是概念之争，而且具有重要的现实意义。

我在文中所持的看法，曾在好些地方和单位的学术报告中讲过。现在把导言中的有关几节先发表出来，以便参加学术界对这个问题的讨论，并广泛地听取意见。

一、什么是生产力

在马克思主义的经典著作中，"生产力"这个"词"或"术语"有两种含义。第一种含义是指生产水平、生产效率。它与"劳动生产率"是同一含义。在这种场合下，这个词在德文原文以及其它西方文字中都是用的单数。第二种含义是指生产力诸因素。在这种场合下，这个词在德文原文以及其它西方文字中都是用的复数。二者是不可分的。

---

* 孙冶方：中国科学院经济研究所顾问。

在解放后最初的十五年间，关于生产力定义问题，经济学界曾发生过三场争论：

第一场发生在解放初期，争论的内容是关于生产力因素是两个（劳动力和生产工具）还是三个（劳动力、生产工具和劳动对象）的问题。

第二场发生在 1958 年前后，争论的内容是关于生产力的因素可否分为人的因素和物的因素两类，人的因素和物的因素的相互关系是不是政治经济学的研究对象。

第三场发生在 1959 年 6 月至 1960 年底，争论的内容是生产力有没有内部矛盾，生产力能否自我"增殖"；生产力发展是不是完全依赖于生产关系的反作用。

下面我通过评论这三场争论来表明我对生产力定义的看法。

二、关于生产力定义问题的争论之一——生产力三因素论和两因素论的争议

马克思在《资本论》第 1 卷第 5 章第 1 节"劳动过程"中说："劳动过程的简单要素是：有目的的活动或劳动本身，劳动对象和劳动资料。"① 我认为，马克思在这里所说的"劳动过程的简单要素"，也就是指生产力的简单要素。因为生产力作为生产水平或劳动生产率，是劳动过程的结果。而作为生产力的要素，又形成劳动过程的要素。所以，根据马克思的这个论述，我们应该承认，生产力的因素有三：第一，劳动或劳动力；第二，劳动对象；第三，劳动资料或手段，也就是劳动工具。

生产力有三个因素，这是马克思主义政治经济学的奠基人在他最有权威的伟大著作《资本论》中所说的话。马克思的这个话，如同我们将在下面证明的那样，是完全符合客观真理的。按理说，生产力由三个因素所组成，或称三因素论，这不应该有争论了。但是，在建国初期，非但发生了关于生产力三因素和二因素的争论，而且还把坚持三因素的观点说成是"反马克思主

① 《资本论》第 1 卷，人民出版社 1975 年版，第 202 页。

义"。之所以发生这样的争论，乃是由于斯大林在三十年代出版的《联共党史简明教程》第4章第2节"辩证唯物主义与历史唯物主义"中对生产力的因素提出了另外一种说法，他说："生产物质资料时所使用的生产工具，以及因有相当生产经验和劳动技能而发动着生产工具并实现着物质资料生产的人，这些要素总和起来，便构成为社会生产力。"显然，斯大林是不同意三因素论的。他主张生产力因素有二：第一，劳动力；第二，劳动工具。

斯大林为什么把劳动对象——原材料——排除在生产力因素之外呢？他在后来的另一部著作中有过他自己的解释。他说："马克思主义者说道生产资料的生产时，首先是指生产工具的生产，——马克思把这叫做'机械性的劳动资料，其综合可称为生产的骨骼系统和肌肉的系统'，这个系统组成'一个社会生产时代的突出特征'。把一部分生产资料（原料）和包括生产工具在内的生产资料等量齐观，这就是违反马克思主义，因为马克思主义认为，和其他一切生产资料来比，生产工具是具有决定作用的。谁都知道，原料本身不能生产生产工具，虽然某几种原料也是生产生产工具所必需的材料，可是，没有生产工具是不能生产任何原料的。"①

斯大林的这段话强调生产工具的重要性，这是无可非议的。但应该指出，他为了替他的生产力两因素论辩解，却并没有很好地考虑马克思本人的话。

首先，"把一部分生产资料（原料）和包括生产工具在内的生产资料等量齐观"的，恰恰是马克思本人而不是别人。我们在前面已经引证过的马克思关于"劳动过程简单要素"所讲的那一段话，他非但把劳动对象（原料）同劳动工具并列，而且，在顺序上还把劳动对象放在劳动工具之前。他说："劳动过程的简单要素，是有目的的活动或劳动本身，它的对象和它的手段。"

其次，斯大林说，生产工具的总和"组成社会生产一定时代的作为特征的标志"。这句话的表面上是对的，生产工具确实非常重要。我们都非常熟悉马克思讲过的一段话，他说："动物遗骸的结构对于认识已经绝迹的动物的机体有重要的意义，劳动资料的遗骸对于判断已经消亡的社会经济形态也有同

---

① 斯大林：《苏联社会主义经济问题》，人民出版社1961年版，第42~43页。

样重要的意义。各种经济时代的区别，不在于生产什么，而在于怎样生产，用什么劳动资料生产。"① 比如：手工工具时代、蒸汽机时代、电气时代以及现在所说的自动控制、原子能时代等等，都是由劳动工具本身的变革所造成的。然而，最早的石器时代、青铜器时代和铁器时代的划分，却不完全如此。它除了劳动工具的变化外，还有制造劳动工具的原材料。马克思在《资本论》第2版再版时，曾对上面所引过的那段话加了注，注说："尽管直到现在，历史著作很少提到物质生产的发展，即整个社会生活以及整个现实历史的基础，但是至少史前时期是在自然科学研究的基础上，而不是在所谓历史研究的基础上，按照制造工具和武器的材料，划分为石器时代、青铜时代和铁器时代的。"② 就我们在任何一个历史博物馆中所陈列的那三个时期的劳动工具来看，例如：石器时代的石斧、青铜器时代的青铜斧、铁器时代的铁斧，它们在形式上都很少有差别。也就是说，尽管都是斧，但三个时代却有三种不同的原材料。所以，形成人类历史上这三个时期生产力的飞跃发展，促成人类社会的经济形态从原始公社阶段发展成为奴隶社会，再从奴隶社会进步成为封建社会，原材料也是重大的标志之一。

第三，斯大林说，"原材料本身不能生产生产工具，课时没有生产工具是不能生产任何原材料的"。这也是站不住的。一般来说，没有生产工具，固然生产不出原料（其实，光凭双手，把五谷或棉、麻种籽撒在适当的荒地上，也能生长出一些粮食和棉、麻这些原料来的），但是，没有原料，那也是制造不出任何生产工具的。没有金属造不出金属工具，没有青铜连铜器时代也是不会有的。斯大林自己也不得不说："某几种原料也是生产生产工具所必须的材料"，既然如此，为什么又要把原材料排除在生产力因素之外呢？

二因素论在中国的拥护者对于为什么把原材料排除在生产力因素之外，还补充过一个理由，他们说，原材料是劳动力和生产工具所创造的。因此，原材料的一切进步，都是劳动力和生产工具的进步的结果，上述两因素已经包括了原材料这个因素。所以，在劳动力和生产工具之外，再列出原材料这

①② 《资本论》第 1 卷，人民出版社 1975 年版，第 204 页。

第三个因素便是多余的了。这种解释是不能成立的。因为生产工具也是劳动力创造的，生产工具的一切进步都是劳动力进步的结果，即劳动者科学技术知识的增长和劳动熟练程度的提高。按照二因素论的逻辑，劳动力也就是生产力，根本无需谈论什么生产力的因素问题了。

最近有位同志还说："劳动过程或生产的要素是三个，但是，生产力是由人和生产工具（也就是劳动资料或劳动手段）两个要素构成的，它不包括劳动对象在内。正如构成战斗力的要素与构成战斗的要素不同。战斗力是由人和武器构成的，不包括战斗对象，即不包括敌人本身在内。……在战斗的因素中，一定要把战斗的对象——敌人包括在内。不包括战斗对象这一因素就构成不了战斗，但是战斗力却不一定不包括战斗对象。同样，生产也一定要有劳动对象，不包括劳动对象，也就构成不了生产。所以生产有三个要素：从事生产劳动的人——生产者，生产工具（劳动资料或劳动手段）和劳动对象。……但生产力……却只有两个因素：生产者，生产工具"。用战斗力和战斗或战争的例子来说明生产力和生产的区别，从表面看好像是非常有利于生产力二因素论的。因为，哪有人会把战斗的对象——敌人，算在自己的战斗力中去的呢！但是，只要仔细想一想，就会发现，战争和战斗的例子正好很不利于生产力两因素论，而有利于生产力三因素论。首先，作为战斗的对象，不仅仅是敌人，而且还有敌人把守的阵地。同时，更重要的是，谁都知道，任何两个国家的两支军队，即使人和武器的量和质（包括政治觉悟、体质等等）都是一样的，但是它们的战斗力还有可以由于：第一，双方阵地的地形不同；第二，有没有实战经验；第三，平时的野外操练，特别是军事演习抓得好不好，而大不一样。双方的占地就是战斗的对象，阵地地形的有利与否可以增强或减弱我的战斗力。而实战中训练出来的战斗力更是以现实的敌人为战斗对象得来的战斗力，平时的操练和演习中得来的战斗力则是从假想的战斗对象中训练出来的战斗力。光是人加武器，既无实战经验，平时又不操练、演习，那么，只等于戏台上的跑龙套，是毫无战斗力的，这难道不是很明白的吗？所以战斗力离开了战斗对象是培养不起来的，正同离开了劳动对象也形成不了生产力是一个道理。

　　这里，有必要进一步对自然条件加以考察。因为并不是一切劳动对象都是劳动创造的。马克思说过："土地（在经济学上也包括水）最初以食物，现成的生活资料供给人类，它未经人的协助，就作为人类劳动的一般对象而存在。所有那些通过劳动只是同土地脱离直接联系的东西，都是天然存在的劳动对象。例如从鱼的生活要素即水中，分离出来的即捕获的鱼，在原始森林中砍伐的树木，从地下矿藏中开采的矿石。相反，已经被以前的劳动可以说滤过的劳动对象，我们称为原料。例如，已经开采出来正在洗的矿石。一切原料都是劳动对象，但并非任何劳动对象都是原料。劳动对象只有在它已经通过劳动而发生变化的情况下，才是原料。"① 马克思还说过："撇开社会生产的不同发展程度不说，劳动生产率是同自然条件相联系的。这些自然条件都可以归结为人类本身的自然（如人种等等）和人的周围的自然。外界自然条件在经济上可以分为两大类：生活资料的自然富源，例如土壤的肥力、鱼产丰富的水等等；劳动资料的自然富源，如奔腾的瀑布、可以航行的河流、森林、金属、煤炭等等。在文化初期，第一类自然富源具有决定性的意义；在较高的发展阶段，第二类自然富源具有决定性的意义。"② 正因为如此，所以不同的民族，即使处在文明的同一阶段，往往因为所处的自然条件不同而贫富悬殊。我们中华民族不是以地大物博而自豪吗？这地大物博就是作为富有的劳动对象而为劳动生产力的发展提供了自然基础。此外，帝国主义宗主国由于掠夺殖民地而发展自己的生产力，也岂不就是因为它们不仅剥削了殖民地的廉价劳动力，而且也剥削了丰富的自然资源即劳动对象吗？由此，怎么能说劳动对象不构成为生产力的因素之一呢？

　　马克思在《资本论》中，恩格斯在《英国工人阶级状况》中，以至在他们的许多论文和通讯中，都曾经用很多篇幅，详细地叙述了美国南北战争时，由于美棉不能来到欧洲，于是欧洲各国的主要是英国的纺织工业不得不采用印度和埃及棉花。由于当时印度和埃及的棉花品质不如美国棉花好，主要是

----

① 《资本论》第 1 卷，人民出版社 1975 年版，第 202～203 页。
② 《资本论》第 1 卷，人民出版社 1975 年版，第 560 页。

杂质多、纤维短，所以断头多，停车频繁，从而影响了棉纺织业的劳动生产力。而纺织工人的工资，都采取计件工资制，因此，当时欧洲纺织工人特别是纺纱工人的工资普遍下降，工人阶级的生活水平也普遍下降。马克思和恩格斯所详细论述过的这个历史事实，也证明了影响生产力水平的，不仅有劳动力和生产工具这两个因素，而且还有劳动对象这个因素。也就是说，生产力应该有三个因素而不是两个因素。

作为劳动对象的原材料的品质的好坏能够影响劳动生产力，这同作为劳动对象的土地的好坏会影响劳动生产力，从而产生级差地租是一个道理。影响劳动生产力的东西，不能构成生产力的因素，这是说不通的。

然而，我们要用很大篇幅来谈论这个生产力三因素问题，不仅因为象上面所说的那样，这是一个很重要的政治经济学理论问题和历史事实问题，而且还是当前国民经济建设中的一个重要实际问题，甚至毫不夸张地可以说，这是有关人类经济发展前途的问题。我在这里想说的是关于合成材料，特别是关于工程塑料的问题。

现在我国的科学技术文献都在谈论新的工业革命问题。然而引起人们（至少是我们的经济学家们）注意的，主要是劳动工具的革命，即原子能和电子计算机自动控制系统的出现，但是却不注意或很少注意劳动对象的革命。事实表明，合成材料，特别是工程塑料的出现，可以毫无愧色地称之为劳动对象的革命，它和原子能、电子计算机自动化装置一起，构成了当代工业革命的重要内容。

促成我注意这个问题的是1973年中东战争爆发后，国际石油垄断资本家为了抬高石油价格而故意渲染所谓的"能源危机"。当时，就有许多自然科学家证明，即使是地球上的石油煤炭等天然燃料资源都开采完了，人们还会有太阳能和包括潮汐在内的水力以及原子能等等用不尽的能源可利用。更何况，现在已发现的石油、天然气、煤炭等天然燃料资源的枯竭，不仅对我们这一代不是现实问题，就是对下一、两代的人来说，也不会是现实问题。

但是，从人类的长远前途来说，地球就这么大，各种矿藏总是有限的。如果说，天然燃料资源开发完毕以后，在地球转动着的这个限度内，有太阳能和水力这样的用不完的能源可以利用。那么象铁、铜等金属矿开采完毕以后，人们将用什么材料来制造生产工具呢？难道说，人类可以依靠废金属回收来维持日益增加、日益庞大的生产设备的再生产吗？就在我考虑这一问题的时候，报纸给我提供了解答。新华社的一条消息说，塑料齿轮的耐磨性能已经超过了合金钢。当时，我被陈伯达、"四人帮"以及他们的那个顾问剥夺了自由，不能对这个问题作深入一步的研究。自从我重新获得自由以后，我才有机会在几位青年化学家的帮助之下，接触了一些化学专业性资料。这些资料不仅使我解决了地球内部蕴藏的天然资源挖掘完毕以后，将用什么东西来补充日益扩大的生产设备的制造材料问题，而且还帮助我进一步肯定了生产力三因素论。原来，采用合成材料逐步代替金属材料，这一步是遥远将来的事情了，而就是现实。据西德 1970 年出版的哈根·伯因豪尔和恩斯特·施玛克在他们合著的《展望 2000 年的世界》一书中说："一百多年来，黑色金属是基本的结构材料，是一个国家工业发展水平的主要标志，钢的吨数是衡量经济威力的指标。而今天，黑色金属已经开始丧失这种主宰的地位，钢铁已不再是无可争议地反映工业发展水平的唯一结构材料了。……对黑色金属的需要减少了。……到 1995 年，50% 以上的扁钢和钢板材料将被塑料代替。"

以上材料也给我们解答了另一个问题，为什么从总的生产水平来说，连苏联自己也承认，它们还远远落后于美国，但是钢的生产，苏联却已经超过了美国很多，1978 年美国的钢产量只有 12650 万吨，而苏联却已达到 15150 万吨。这并不能标明苏联的总的生产水平和技术水平已经超过了美国，恰恰相反，因为苏联的工程塑料的生产（具有金属性能，可以代替钢铁和其他金属用的塑料生产）还远远落后于美国。美国的合成材料产量：1973 年 1253 万吨，1974 年 1233 万吨，1975 年 1100 万吨；而苏联 1974 年只有 250 万吨，1975 年只有 280 万吨。一吨合成材料可替代六吨钢材用，美国以平均年产 1200 万吨合成材料计，可代替钢材 7000 万吨使用量，再加上钢产量美国可达 20000 万吨，而按同样方法计算，苏联只有 17000 万吨。所以，美国还是超过了苏联。

讲到这里，我们还没有把劳动对象的革命问题讲完。因为现在的塑料或合成材料的生产还都是以石油、天然气、煤炭做原料，就是说，它还是以地下的矿藏资源做原料的，还是会开采完的。在开采完了以后怎么办呢？许多自然科学家已经对此作了种种试探性的回答。例如：英国环境科学与工程委员会主席鲁滨逊于 1976 年英国化学年会上在题为"化学和新的工业革命"的开幕词中提出了代替石油、天然气和煤炭等烷烃化合物的两种途径：第一种途径是为了某些目的可以用无机材料代替有机材料，这种无机材料而且具有优异的热稳定性和抗氟化性能。在建筑、交通器具、家具方面使用无机材料可以大大减少火灾的发生。但是这种无机材料的代用品有一个弱点，那就是容易破碎，自然科学家现在正在解决这个问题。第二种途径是直接利用微生物酶和太阳能来生产木质素，用此来作为生产合成材料的原料。达到地面的太阳能等于已知的煤气和石油的总藏量的一百二十倍，而且没有任何污染问题。①

　　不错，代替烷烃化合物的这两种途径还不过是自然科学家的一种设想，还在试验中，有一些问题也还没有被突破。然而，问题已经提出来了。正确地提出问题就等于解决了问题的一半。如果这两关被突破，也就实现了劳动对象的一次彻底革命。英国环境科学和工程委员会这位主席在这次年会上的开幕词中不仅号召化学家，而且还号召生物学家、物理学家、工程师以及经济学家共同合作，来攻开这个劳动对象问题上的科学难关。而对我们经济学家来说，首先就要强调劳动对象在生产力革命中的重要作用，要宣传马克思的生产力三因素论，而不要再宣传斯大林的生产力两因素论。

三、关于生产力定义问题的争论之二——生产力中人的因素和物的因素的关系是不是政治经济学的研究对象

　　生产力的三种因素，从发挥人在生产过程中的能动作用的观点出发，又可以分作人的因素和物的因素这样两大类。劳动力是能动的因素：生产工具

①　E. A. Robinson Presidential Address. Chemistry and the New industrial Revolution, *Chemical Society Reviews*, 1976, Vol. 5, No. 3, P. 317, 载于《化学协会评论》1976 年第 5 卷第 3 期，第 317 页。

和劳动对象是被动的物的因素。

从生产关系和生产力的关系的角度来说生产关系是人的因素，生产力（指生产水平即物质财富水平这一意义上的生产力）是物的因素。

从资金和资本的角度来说，马克思用 C 来代表的生产资料是物的因素，用 V 来代表的工资是人的因素。

不论在革命战争中或是在经济建设过程中，毛泽东同志总是特别强调人的主观能动作用，反对唯武器论和"大""洋"思想。毛泽东同志这种思想是革命阶级的辩证唯物主义思想。毛泽东同志在第一个五年计划时期提出的一整套两条腿走路、三个并举的方针，其中心思想就是为了发挥人的因素的积极能动作用。所以，这才是符合马克思主义辩证唯物主义的。我在 1958 年北京经济学界纪念《关于正确处理人民内部矛盾的问题》发表一周年的座谈会曾作了题为《要懂得经济学必须学点哲学——再读毛泽东同志〈关于正确处理人民内部矛盾的问题〉的几点体会》的发言，建议经济学家为了宣传好党的一整套"两条腿"走路的方针，应该认真研究社会主义经济建设中"人"的因素和物的因素的关系问题。

这件事，当时有位同志就向我提出一个问题，他说：马克思说政治经济学是研究人与人的关系的，你却要求经济学者研究人与物的关系，这怎么符合呢？

我很感谢这位同志。因为我在发言时没有考虑到如何把这两种表面上看来不同的提法联系起来加以说明。1964 年，某刊物编辑部索稿，我就在这个发言的记录稿前面加上一个补充说明，予备修改后发表。不料因此遭到了严厉申斥，认为这是坚持反马克思主义观点。

研究生产力的人的因素和物的因素这种提法是不是反马克思主义的，我们还是请教一下马克思本人吧！

马克思说过："既然生产的物的因素和人的因素是由商品构成的，资本家就得通过 $G-W<^A_{Pm}$，通过货币资本到生产资本的转化，来完成这两个因素的结合。"[1]

---

[1] 《资本论》第 2 卷，人民出版社 1975 年版，第 37 页。着重号是引者加的。

马克思还说过："不论生产的社会形式如何，劳动者和生产资料始终是生产的因素。但是，二者在彼此分离的情况下只在可能性上是生产因素。凡要进行生产，就必须使它们结合起来。实行这种结合的特殊方式和方法，使社会结构区分为各个不同的经济时期。"①

以上引文的着重点是引者标出的。由此可以看出，生产的（也就是生产力的）人的因素和物的因素的提法，正是马克思本人的提法。不仅如此，马克思还认为，正是生产的人的因素和物的因素之不同的结合方式和方法，形成了不同的社会结构或社会形态。

马克思主义政治经济学（广义的政治经济学）告诉我们，人类历史上存在过的，或者现在还存在着的各种不同社会形态，正是由于在那里，生产的人的因素和物的因素的结合方式是极不相同的。也就是说，劳动者和生产资料的结合方式和方法是极端不相同的。

在原始公社时期，劳动者是作为自己所使用的简陋工具（石器）的制造者和使用者，在集体的劳动过程中同这些简陋工具结合起来的。

在奴隶社会中，奴隶是让自身变成了奴隶主所有的一种"会说话的工具"以后才能与已经被奴隶主所霸占着的生产资料相结合起来。

在封建农奴制社会中，农奴作为土地的附属物局部地失去了人身的自由，承担了徭役、贡税等义务后才能和作为生产资料的土地相结合起来。

封建社会的佃农必须承担繁重的地租才能和属于地主所有的土地相结合；自耕农为了获得一小块土地，就必须花去原来可以用于农业生产的资金去支付地价。

在资本主义社会里，工人必须一方面有人身的自由，另一方面把自己的劳动力变成商品出卖给资本家之后才能和生产资料相结合。

在社会主义社会中，劳动者就以社会主人的地位，通过政府劳动部门、工会或生产队的合理调配与公有的生产资料结合起来。

这就证明，要了解不同的社会形态，就必须研究生产过程中人的因素和

---

① 《资本论》第 2 卷，人民出版社 1975 年版，第 11 页。着重号是引者加的。

物的因素以及这二者的结合方式。社会主义社会应该自觉地改进这种结合的方式、方法，促进生产的发展。

因此，把研究生产力的人的因素和物的因素的关系，说成是反马克思主义的提法是错误的。对于这种只从教科书里读马克思主义政治经济学的几条定义或教条，把马克思本人说的话，诬称是反马克思主义，从而乱扣帽子的作风，是应该坚决废止的。

那么，马克思关于人的因素和物的因素的提法，和他本人首先提出的政治经济学是研究人和人在社会生产过程中的相互关系的原理，是不是协调的呢？是不是有矛盾呢？

没有丝毫矛盾，是完全协调的。

首先，我们在前面引证过的恩格斯的那段话，已经说得很明白，虽然"经济学所研究的不是物，而是人和人之间的关系，归根到底是阶级和阶级之间的关系；可是这些关系总是同物结合着，并且作为物出现"[①]。正如我在前面对恩格斯这段话所作的解释那样，这里所说的人和人之间的关系，是指物质财富生产过程中的相互关系，是经济关系。然而，这种关系是无论如何不能离开物的。离开了物质财富的生产过程来谈经济学，那纯粹是空谈。

其次，经济学所研究的人和物的结合，这里的物也不是指一般自然物，而是指劳动生产物，或为人的劳动所开发和调整过并为人所占有的自然物（土地等）。而这种物，显然只是代表过去的劳动。所以，我们这里所说的人和物的结合，就是指活劳动和物化劳动（或曰过去的劳动）的结合，指消费和积累的关系。总之这一切都是生产关系。

四、关于生产力定义问题的争论之三——生产力有没有内部矛盾的问题

1959 年 6 月至 1960 年底，在我国经济学界围绕着平心同志提出的生产力发展规律问题展开了一场争论，其中一个主要问题是生产力有没有内部矛盾。

[①] 恩格斯：《卡尔·马克思〈政治经济学批判〉》，引自《马克思恩格斯选集》第 2 卷，人民出版社 1972 年版，第 123 页。

　　这里，首先应该搞清楚这场争论的历史背景。我们都知道，党在过渡时期，曾正确地提出了一条总路线，这就是：基本上完成国家工业化，同时对于农业、手工业和资本主义工商业基本上完成社会主义改造。毛泽东同志为此在时间上也大体做过一个正确的部署，指出："这个过渡时期大约需要十八年，即恢复时期的三年，加上三个五年计划。"① 毛泽东同志还特别指出："不要脱离这条总路线，脱离了就要发生'左'倾或右倾的错误。"②"走得太快，'左'了；不走，太右了。要反'左'反右，逐步过渡，最后全部过渡完。"③ 在党的过渡时期的总路线的指引下，头几年，国民经济得到了稳步发展，社会主义改造也进行得比较顺利。但是，面对着胜利，一些同志的头脑却渐渐热起来了，急躁情绪发生了。把原本预定在 18 年内即在 1967 年基本完成的任务，却从农业合作化运动在全国范围内开展起来的 1955 年到 1957 年初就用三步并作一步走的快速办法完成了。接着在 1958 年初又批了"反冒进"，用不到半年的时间在农村实现了"一大二公"的人民公社化，不少地区开始实行公社所有制，有的地区还组织了"县联社"，一个劲地在生产关系的变革上作文章，在所有制上不断升级，这是一股来势汹汹的思潮。这股思潮不顾生产力发展水平，只是加快从集体所有制向全民所有制过渡；鼓励大办公共食堂，吃饭不要钱，提出：共产主义在我国的实现，已经不是什么遥远将来的事了。这股思潮允许公社可以共生产队的产，穷队可以共富队的产；否定等价交换，否定按劳分配。结果农民的生产积极性受到严重挫伤。与此同时，这股思潮确实如同平心同志所说的那样，把"生产力简单化"，不顾生产力发展的规律，乐于召之即来挥之即去的情景，随心所欲地列"纲"，比如：以钢为纲，先订一个钢的高指标，然后推算原材料、燃料、电力、运输、机械等部门的任务，自上而下地压指标，结果弄虚作假成风，不少地区的所谓"大炼钢铁"，实际上是"砸锅炼铁"，不惜把群众做饭的锅砸了回炉来充炼铁的指标数。这种在所有制上的不断"升级""冒进"，经济建设中的"高

① 《毛泽东年谱（一九四九—一九七六）第二卷》，中央文献出版社 2013 年版，第 437 页。
② 《关于建国以来党的若干历史问题的决议注释本》，人民出版社 1983 年版，第 4 页。
③ 《毛泽东思想形成与发展大事记》，中央文献出版社 2011 年版，第 575 页。

指标""浮夸风"、瞎指挥，给国家带来了极大的混乱。

平心同志在论生产力的文章中所持的主要观点，是反对当时那股"把生产关系绝对化，把生产力简单化"的错误思潮的。他说：假如生产力的"每一次增长都需要生产关系来推动，每一次变化都要受生产关系控制，非但生产关系要疲于奔命，而且生产力也会完全变成为受生产关系支配的被动东西，那么，在生产中最活跃最革命的力量就不是生产力，而是生产关系了。生产力与生产关系的矛盾也就很难理解了，马克思主义的生产关系适应生产力性质的定律必须修改成为生产力适应生产关系的定律了"①。历史事实说明，那股错误思潮确实是在"修改"马克思主义关于生产关系一定要适应生产力性质的规律。历史事实也说明，这种"修改"不过是唯意志论而已，最终还是失败了。

平心同志围绕着生产力内部矛盾问题曾写了十多篇文章。他的许多观点都是正确的。如：

"生产力发展是服从它自己运动规律的，生产关系只有在它这种规律相适合而不是相抵触的时候，才能够对生产力起较大的推动作用，但是生产关系不能超越过这种规律的活动范围来推动生产力前进。"②

"生产力包含生产物质财富所使用的劳动资料（首先是生产工具）和具有劳动经验与生产技能使用劳动资料生产物质财富的人，各个历史时代作用于社会生产中人的要素与物的要素的矛盾的统一体，就是一定社会经济形态中的生产力总和。""当着社会生产力和生产关系对发展生产提供了必要的物质条件和社会条件的时候，当劳动者的积极性和创造性不是收到摧折和束缚而是得到最高或较高发展的时候，生产中的人的因素，就可以发挥最大的或较大的作用。""按当时技术水平和科学水平，促进生产工具的改变，从而推动生产力的发展。而生产工具的更新引起的社会生产力新发展，又会唤起劳动

----

① 平心：《论生产力与生产关系的相互推动和生产力的相对独立增长》，载于《学术月刊》1960年第7期。

② 平心：《再论生产力性质——关于生产力的二重性质的初步分析》，载于《学术月刊》1959年第9期。

者的生产性能的改变。这种连锁反应愈强，社会生产力增长的速度愈高，社会生产力变革的幅度也就愈大。"①

平心同志说：政治经济学不仅要研究生产关系，而且也要研究生产力，"研究各个历史阶段的生产力性质、特点、变化和发展，研究他们与生产关系的内在矛盾和交互作用"②。等等。

平心同志围绕着生产力内部矛盾提出的许多观点大都有合理的可取之处，但是，却遭到了非常不公平的批判。这是应当拨乱反正的。他所持的生产力三因素和论生产力中人的因素和物的因素的结合等观点，与我的看法也是相通的。

这里需要特别说明的是，生产力总是在一定社会生产关系下存在和发展的，因此，生产力中的人总是社会的人，平心同志坚持这个观点，我认为是正确的。但是对这个问题的评述至今还不一致，有的同志在肯定平心观点的同时，还是坚持生产力中的人是自然人。只要我们读读马克思《资本论》、《政治经济学批判》导言，恩格斯《反杜林论》等著作，都可以看到他们对人是社会人的论述。马克思说："人是最名副其实的社会动物。"③ 恩格斯对杜林关于鲁滨逊抽象人的批判，这更是人们所熟知的。不错，马克思确实讲过，在劳动过程中，"人自身作为一种自然力与自然物质相对立"④。马克思为什么要这样讲呢？他本人曾作过解释："劳动过程，就我们在上面把它描述为它的简单的抽象的要素来说，……是人和自然之间的物质变换的一般条件，是人类生活的永恒的自然条件，因此，它不以人类生活的任何形式为转移，倒不如说，它是人类生活的一切社会形式所共有的。因此，我们不必来叙述一个劳动者与其他劳动者的关系。"⑤ 显然，马克思不过是在方法论的意义上才讲到了自然人的问题。因此，生产力中的人是社会人而不是自然人，这是马克思主义的观点。

① 平心：《论生产力性质》，载于《学术月刊》1959 年第 6 期。

② 平心：《论生产力运动和生产关系性质》，载于《新建设》1959 年第 7 期。

③ 马克思：《〈政治经济学批判〉导言》，引自《马克思恩格斯选集》第 2 卷，人民出版社 1972 年版，第 87 页。

④ 《资本论》第 1 卷，人民出版社 1975 年版，第 202 页。

⑤ 《资本论》第 1 卷，人民出版社 1975 年版，第 208～209 页。

也要指出，平心同志在阐述自己的观点时，确实也有表述不够确切和概念不够科学的地方。例如：尽管他曾经正确地强调了"生产力运动的内在规律不能脱离生产关系孤立地发生作用"，但是，他在实际论述中还是机械地把生产关系和生产力分开了，而不是始终如一地在生产关系和生产力的矛盾运动中来揭示生产力运动的内在规律。他关于生产力可以"自己增殖"的观点就是一例。平心同志在谈到生产力内部的"社会联系"时，他认为分工就是生产力，我觉得这似乎有些简单化了。因为从生产力要素组成来看，分工既不是劳动者本人，也不是劳动手段，更不是劳动对象，而是一种在生产过程中劳动者之间的社会关系，这种关系一方面是依照生产技术（即生产资料特别是生产工具）的情况和需要而形成的社会劳动关系，这在任何社会形态的物质生产中都存在；另一方面，这种关系又在不同社会形态下具有不同的形式。马克思说："分工产生的生产力，不费资本分文。这是社会劳动的自然力。"① 所以，由分工而产生的新的社会生产力，是由社会劳动带来的。我们只能在转化的意义上来理解分工是生产力，而不能在二者之间直接划等号。这就如同思想意识一旦掌握了人民群众，就会转化为巨大的物质力量，但并不能说思想意识就等于是物质力量一样的道理。平心同志关于对生产力的"社会属性"的解释，也是值得商榷的。他在讲到这个问题时说："一定历史阶段劳动者的社会地位、生活面貌与精神机能，一般的劳动性质，生产的社会属性，劳动组织性质，生产资料使用目的性与社会作用，生产力诸因素新陈代谢的特点以及生产力变化和发展的各种社会条件，所有这一切综合起来，规定着一定社会经济形态的生产力的社会属性。"② 显然，平心同志在这里是把生产关系的某些因素网络在生产力之中。这就与他一再声明的"生产力的内在规律不能脱离生产关系孤立地发生作用"相违逆了。

（原文发表于《经济研究》1980 年第 1 期）

---

① 《资本论》第 1 卷，人民出版社 1975 年版，第 423 ~ 424 页。
② 平心：《再论生产力性质》，载于《学术月刊》1959 年第 9 期。

《资本论》中关于生产力的问题

熊映梧[*]

《资本论》不仅深刻地揭示了资本主义的本质，而且概括了社会再生产的一般原理，其中包括不少有关生产力的精辟论述。本文想对《资本论》中有关生产力的问题，谈些粗浅的看法。

一、生产力是《资本论》中研究生产关系的出发点

马克思在《资本论》第 1 卷初版序言中写道："我要在本书研究的，是资本主义生产方式以及和它相适应的生产关系和交换关系。"[①] 有的同志说，马克思这里讲的"资本主义生产方式"就是指的资本主义生产关系。我看这种解释不符合马克思的原意。

第一，把这段话里的"生产方式"说成是生产关系（或生产关系的总和），就会使这句话变得文理不通、不合逻辑。且马克思紧接着还写道："到现在为止，这种生产方式的典型地点是英国。"[②] 显然，马克思讲的是以英国为典型的资本主义生产方式，是指资本主义特有的相对于前资本主义而言机器生产方式。这种生产方式在当时的其他资本主义国家里，尚未普遍建立；而资本主义生产关系和交换关系，当时在西欧各国已广泛存在。这也印证了马克思讲的生产方式并非生产关系的同义词。

第二，马克思在《政治经济学批判序言》中指出："物质生活的生产方式制约着整个社会生活、政治生活和精神生活的过程。"[③] 如果把生产方式和生产关系看作同一的概念，岂不是说只有生产关系制约着整个社会生活的过程？

* 熊映梧：黑龙江大学经济学院副教授。
①② 《马克思恩格斯全集》第 23 卷，人民出版社 1972 年版，第 8 页。
③ 《马克思恩格斯全集》第 13 卷，人民出版社 1962 年版，第 8 页。

显然这是不符合马克思的唯物史观的。马克思正是运用唯物史观这个锐利的思想武器，揭示"现代社会的经济运动规律"。如果马克思不以资本主义社会再生产过程作为研究对象，抛开生产力，仅仅考察资本主义生产关系，恐怕是写不出《资本论》这样博大精深的著作的。

第三，从《资本论》全书的结构和内容来看，马克思始终是把资本主义社会再生产作为一个整体来研究的。《资本论》第1卷是研究资本的直接生产过程。资本主义生产过程是劳动过程和价值增殖过程的统一，资本主义再生产是物质资料再生产和资本主义生产关系再生产的统一过程。《资本论》第2卷是研究资本的流通过程。马克思关于资本循环和周转的理论，如果舍象了资本的特殊形式，留下的是关于资金运动和使用价值流通（或称"物流"）的一般原理。马克思从产品实现的角度，研究了社会资本的再生产和流通，揭示了国民经济按比例发展的普遍规律。《资本论》第3卷是研究资本主义社会生产的总过程，考察资本的各种形态——产业资本、商业资本、借贷资本以及土地所有权，阐明各种资本及土地所有权如何参与剩余价值的瓜分。剩余价值的分配是受平均利润率规律支配的，而平均利润率规律反映了资本主义生产关系与生产力之间的矛盾运动的规律；离开了反映资本的技术构成（生产力状况）的资本有机构成，这个规律也就不复存在了。

第四，贯串《资本论》全书的主线，是资本与雇佣劳动的关系。为什么马克思能够科学地说明资本与雇佣劳动的关系呢？因为马克思牢牢地抓住了资本主义社会的基本矛盾——生产社会性与资本主义私人占有之间的矛盾；而这个基本矛盾恰恰是资本主义社会生产关系和生产力之间矛盾的具体表现。

以上所述证明，《资本论》的研究对象决不仅仅是资本主义生产关系，而是资本主义社会再生产过程的整体。

认为《资本论》的研究对象仅仅是资本主义生产关系的同志，往往忽视了马克思是按照"生产力—生产方式—生产关系"这样的层次顺序研究资本主义经济形态的。

马克思的观点是：生产力决定生产方式，生产方式决定社会关系（首先是生产关系）。他在《资本论》中就是按照这个观点去分析资本主义经济形态的。例如，马克思在分析资本主义生产过程时，首先研究了生产的一般性质。进而，详尽地考察了资本主义生产方式发展的过程。资本主义从历史上继承了简单协作这种旧的生产方式，但是，它仅仅是资本主义的起点，并不构成资本主义生产方式的特殊发展时代。资本主义早期的技术经济基础，是工场手工业的生产方式。因此，机器工业的生产方式代替工场手工业，乃成为资本主义经济发展的必然归宿。同旧的生产方式比较起来，机器是最适合于资本主义需要的剥削手段，所以，马克思说机器是"资本的物质存在形式"①。

马克思把生产方式视为生产力和生产关系之间的中间环节；斯大林把生产方式当作生产力和生产关系的统一体。怎样评论这两种观点的问题，这里暂且存而不议。但是，马克思把社会经济结构分为三个层次的观点有一个明显的优点，即可以防止在分析复杂的经济生活时发生简单化的倾向。从总体和长期发展过程来看，社会生产力的状况决定生产关系，这是历史发展的普遍规律。然而，事物的发展是曲折的、复杂的，一个社会往往先继承历史上旧的生产方式，并暂时利用旧的生产方式为自己服务，然后再创造出一个适合自己需要的新的生产方式。人们在实际运用生产力决定生产关系这一原理时，常常发生两种片面性：一是机械地理解这个原理，好象生产力状况直接地每日每时地决定着生产关系的性质和具体形式；二是只看到同一生产力状况可以容纳几种生产方式，因而有意无意地忽视甚至否定生产力决定生产关系的原理。在总结中国革命的历史经验的时候，这两种片面性都出现过。

总之，从《资本论》的研究对象和研究方法，可以得出一条重要的启示：政治经济学必须把社会再生产当作一个整体来研究，并且按照生产力—生产方式—生产关系的层次顺序去分析经济问题，切忌片面地考察生产关系，或者简单化地解释生产力决定生产关系的原理。

《资本论》既然是按照生产力—生产方式—生产关系的层次顺序去分析资本主义经济形态，因而，马克思始终把生产力作为研究一切经济问题的出发点。

---

① 《马克思恩格斯全集》第 23 卷，人民出版社 1972 年版，第 468 页。

马克思的劳动价值论，是同社会分工、劳动生产率等等密切联系在一起的。商品的价值量决定于生产这种商品的社会必要劳动时间；社会必要劳动时间是在现有的社会正常的生产条件下，在社会平均的劳动熟练程度和劳动强度下制造某种使用价值所需要的劳动时间。可见，社会必要劳动时间是受许多变量决定的一个"动态"概念，归根到底，是受生产力状况制约的。正因为如此，马克思得出结论说："商品的价值量与体现在商品中的劳动的量成正比，与这一劳动的生产力成反比。"[①]

马克思的剩余价值论，是同资本主义特殊的生产方式分不开的。资本主义的经济实质是剩余价值。而生产剩余价值的两种基本方法，都是以生产力的一定发展程度为条件的：绝对剩余价值的生产是"以劳动生产率发展到能够把必要劳动时间限制为工作日的一个部分为前提"[②]；"相对剩余价值的生产使劳动的技术过程和社会组织发生根本的革命"，"因此，相对剩余价值的生产以特殊的资本主义的生产方式为前提"[③]。机器是生产剩余价值的手段，剩余价值生产是以资本主义特有的机器生产方式作为物质基础的。

二、《资本论揭示了生产力发展的一般规律》

马克思生活在自由资本主义时代，他的历史责任是揭示资本主义发生、发展、灭亡的规律。因此，他在《资本论》中自然把分析的重点放在资本主义生产关系方面。但是，他对生产力也做了认真的考察，留下不少精辟的论述。例如：

其一，马克思从实际出发，分析了他那个时代生产力的构成情况。他没有拘泥于生产力"二要素论"或"三要素论"的模式。

生产力"二要素论"，在《资本论》中找不到根据。生产力"三要素论"，往往援引"劳动过程的简单要素是：有目的的活动或劳动本身，劳动对

---

① 《马克思恩格斯全集》第 23 卷，人民出版社 1972 年版，第 53~54 页。
② 《马克思恩格斯全集》第 23 卷，人民出版社 1972 年版，第 558 页。
③ 《马克思恩格斯全集》第 23 卷，人民出版社 1972 年版，第 557 页。

象和劳动资料"① 为根据。其实，马克思在这里讲的是一个生产过程所必须具备的起码条件。至于一个复杂的生产过程，它所包含的要素多得多。马克思认为："劳动生产力是由多种情况决定的，其中包括：工人的平均熟练程度，科学的发展水平和它在工艺上的应用程度，生产过程的社会结合，生产资料的规模和效能，以及自然条件。"② 诚然，劳动生产力和社会生产力不是等同的概念，后者在内涵和外延方面都比前者宽广。但是，两者是同类概念，区别在于："劳动生产力"仅仅是从"劳动"这个角度考察生产力，而"社会生产力"则是从总体上综合考察生产力。③ 既然劳动生产力是由多种因素决定的，那末，社会生产力的构成因素当然更复杂一些。

其二，马克思提出了关于生产力整体性的观点。这是揭示社会生产力的特征及其发展规律的一个关键。

我国经济学界关于生产力的"二要素论"、"三要素论"或"多要素论"之争，给人一种错觉：似乎社会生产力是几个因素的机械相加。人们往往忽视了"生产力的整体性"这个基本特征。

马克思在论述"协作"的意义时，用一个骑兵连的进攻力量作比喻，从"劳动者"这一个侧面，提出关于生产力的"整体性"的原理。不言而喻，这个原理适用于构成社会生产力的诸因素相互之间的关系。事物作为一个整体，往往同它的单个要素在质和量两方面均有所不同，甚至有本质的差别。社会资本不是个别资本机械相加。社会生产力，作为一种"社会力量"，决不是劳动者、工具、劳动对象等生产要素的简单之和。现实生活中常常可以看到这样的事例，几个企业的机器设备、人员、原材料和能源供应情况大致相同，可是形成的现实生产力却大不一样。造成这种状况的一个重要原因，就在于是否把企业生产力当作一个整体，合理地组织起来。

马克思还指出："结合劳动的效果要么是个人劳动根本不可能达到的，要么只能在长得多的时间内，或者只能在很小的规模上达到。这里的问题不仅

---

① 《马克思恩格斯全集》第 23 卷，人民出版社 1972 年版，第 202 页。
② 《马克思恩格斯全集》第 23 卷，人民出版社 1972 年版，第 53 页。
③ 参见拙文《综合生产力论》，载于《北方论丛》1981 年第 4 期。

是通过协作提高了个人生产力，而且是创造了一种生产力，这种生产力本身必然是集体力。"① 过去，有人把这段话误解了，以为光靠简单协作就可以改变生产力的性质。实践证明，片面强调协作的意义是不对的。协作，只能作为生产力的一个因素发挥作用。决不能离开生产力的整体性，孤立地评价协作的作用。

其三，马克思揭示了生产力发展的一条普遍规律——按比例分配社会劳动。

马克思说："要想得到和各种不同的需要量相适应的产品量，就要付出各种不同的和一定数量的社会总劳动量。这种按一定比例分配社会劳动的必要性，决不可能被社会生产的一定形式所取消，而可能改变的只是它的表现形式，这是不言而喻的。"② 他在《资本论》中精辟地阐明了按比例分配社会劳动的原理。

在高度社会化的资本主义经济体系中，按比例分配社会劳动成为一件极其复杂的事情。《资本论》第 2 卷第 3 篇专门论述了这个问题。我认为，过多地在马克思假设的再生产图式上做文章，往往忽视了最根本的原理。有的同志总想从马克思的再生产图式中，寻求社会主义国民经济有计划发展的具体答案，或者从马克思的图式推导出不少的派生的公式，并且拿这些公式去解释现实的经济问题。我看这种做法是不可取的。其实，马克思的图式只是为了证明两大部类之间必须保持适当的比例，并未提供如何实现按比例的"万灵药方"。马克思图式的不少假设条件，如第 I 部类的资本有机构成是 4∶1，第 II 部类的资本有机构成是 2∶1，前者的积累率大大高于后者……未必适用于一切场合。总之，马克思关于社会再生产的理论，揭示了国民经济按比例发展的规律及其在资本主义条件下实现的特殊形式，为我们研究社会再生产问题指明了方向。为了切实解决国民经济中的比例关系问题，我们要从实际出发，认真调查研究，在马克思主义理论和实际相结合的方针指导下，求得

---

① 《马克思恩格斯全集》第 23 卷，人民出版社 1972 年版，第 362 页。
② 《马克思恩格斯选集》第 4 卷，人民出版社 1972 年版，第 368 页。

科学的结论。

其四，马克思在论述绝对剩余价值和相对剩余价值的生产时，阐明了增加社会剩余产品的两个基本途径。

增加社会剩余产品的一个途径，是增加投入社会再生产的劳动量。在人类社会经济发展史上，很长一个时期里，主要是依靠增加劳动量来增加社会产品和剩余产品。这一点对于经济不发达、劳动力资源丰富的国家来说尤为重要。当前，在讨论改善我国产业结构的时候，不少同志主张在我国多搞点"劳动密集型"的产业，这是适合我国国情的。当然，搞"劳动密集型"产业也必须讲求经济效果，使多投放的活劳动转化为产品，增加企业盈利和国民收入。

增加社会剩余产品的另一个重要途径，是提高劳动生产率，特别是"剩余劳动的生产率"。马克思强调指出："社会的现实财富和社会再生产过程不断扩大的可能性，并不是取决于剩余劳动时间的长短，而是取决于剩余劳动的生产率和这种剩余劳动借以完成的优劣程度不等的生产条件。"① 目前，我国的剩余劳动生产率，尤其是农业的剩余劳动生产率很低，要把农业这个"基础"建设好，归根到底，是提高农业剩余劳动的生产率。

以上只是概述了马克思在《资本论》中有关生产力问题的一些观点，目的是想证明：马克思在《资本论》及其他许多重要著作中，对于生产力给予了充分的重视。我们在研究马克思的唯物史观和经济学说的时候，千万不要忽视或忘掉这个根本问题。

根据以上论述，简单地讲几点意见：

（1）我们生活的时代比马克思时代的生产力又有了巨大的发展。因而，我们对现代生产力要作出科学的概括，并在此基础上探讨新出现的许多社会经济问题。

可是，在当代生产力大发展的这个重要时期，我们却把生产力当作"工艺学的范畴"，政治经济学拒绝研究生产力这个社会科学的基本范畴；用"二要素论"或"三要素论"来对待极其复杂的现代生产力。现在世界上许多自

———————————

① 《马克思恩格斯全集》第25卷，人民出版社1974年版，第926页。

然科学家、经济学家、社会学家和哲学家都在密切注视自然科学和技术的新突破及其在经济生活和社会生活中引起的反响。我们从事政治经济学和《资本论》研究的人，不能对此漠不关心。

（2）要把生产力当作一个"系统"来考察。"系统论"是当代自然科学的一个重大成果。我国著名的科学家钱学森等同志倡导用系统工程研究社会经济问题，这是很好的。的确，系统论为我们提供了一个有效的科学研究方法，使人们能够更深刻地窥见事物的内部结构，更好地掌握客观规律。现代生产力，可以说是一个复杂的"超大系统"。马克思曾经形象地把劳动资料区分为"骨胳系统"、"肌肉系统"、"脉管系统"；把他那个时代的机器体系分为三个子系统：发动机、传动机构、工具机，并指出：工具机是十八世纪产业革命的起点。时至今日，情况是大大不同了。在现代生产力系统中，它的"神经系统"——以电子计算机网络为中心的现代信息系统，日益发挥着决定性的作用。研究现代生产力，无疑的要以马克思主义基本原理为指导。但是，如果以为可以在经典著作中找到现成的答案，那是幼稚的。因为，马克思列宁不可能预见到电子计算机时代是个什么样子。

（3）抛掉经济学不研究生产力的偏见，各门经济学科都要重视生产力。

我们在社会主义建设过程中，天天碰到的大量的经济问题，大部分是属于生产力的合理组织问题。当前国民经济的调整工作，实质上就是要使产业结构合理化，这显然也是属于生产力范畴的问题。政治经济学对这样重大的问题不可以不闻不问。

我认为，对生产力的研究确是刻不容缓的事情。如果你主张"联系生产力研究生产关系"，那你对生产力多少也要做一些考察，决不能象过去那样完全置生产力于不顾，孤立地研究生产关系；如果他主张研究"生产方式"，或者认为"要把生产力的研究放在首位"，也应当允许他去探讨。如果大家都认真地研究了生产力，弄清楚了生产力是一个什么范畴，有什么特点和发展规律，也许会比较容易解决关于政治经济学对象的争论。

（4）建立自然科学工作者和经济科学工作者的联盟。

从政治经济学史来看，古典经济学的大师，如配第、魁奈、斯密·李嘉图等人，他们都有很丰富的自然科学知识。马克思恩格斯在创立马克思主义的时代，也充分吸取了他们那个时代自然科学的成果，马恩也有很高的数学和自然科学水平。很遗憾，我们这几代经济学者懂得高等数学和自然科学的人很少。这也是一些同志不愿过问生产力问题的一个原因。当今科学发展的一个重要趋向是综合化，互相渗透，建立自然科学工作者和经济科学工作者之间的联盟是时代的迫切要求。要建立这样的联盟，经济科学工作者就要尽量学点数学和其他自然科学知识，自然科学工作者也要多少学点经济学。如果双方互不了解，这个联盟是很难建立的。科学界不少有识之士已经一再发出了这样的呼吁，我们应当尽快地付诸实行。

（原文发表于《学术月刊》1981 年第 11 期）

唯物史观和政治经济学视域下的生产力

——马克思"生产力"思想的历史考察

王满林*

生产力是马克思主义理论体系中的基本概念，但是马克思并没有给生产力下过明确的定义，这就为后世学者在生产力问题上争论不休埋下了伏笔。仅就国内学界而言，学者们围绕生产力的定义及其构成要素问题，曾经进行了旷日持久的争论。可是这些争论经常忽略掉一个重要的理论前提，那就是马克思是在唯物史观和政治经济学双重视域下使用生产力概念的。离开这一前提，关于生产力问题的争论注定是没有结果的。本文将首先考察生产力概念在马克思之前的发展，然后对生产力概念的双重视域及其内涵进行分析，最后研究生产力概念的误释及其原因。希望本文的研究能够推动生产力问题的最终解决，为准确而全面地理解马克思主义的基本原理打下坚实的基础。

一、马克思之前的生产力理论

"任何真正的哲学都是自己时代的精神上的精华。"[1] 在马克思把生产力引进自己的理论体系之前，生产力概念已经经历了近 70 年的发展过程。1776年，斯密《国富论》出版，在这本著作中，生产力概念第一次面世。1803年，法国经济学家萨伊在《政治经济学概论》中提出了与斯密不同的生产力理论。在德国学界，李斯特 1841 年出版了《政治经济学的国民体系》，舒尔茨1843 年出版了《生产运动》，他们进一步发展了生产力概念在经济学中的使用。1844 年，赫斯撰写了《论货币的本质》一文，第一次在历史观意义上使

---

  * 王满林：北京师范大学哲学学院博士研究生。
  ① 《马克思恩格斯全集》第 1 卷，人民出版社 1995 年版，第 220 页。

用生产力概念。马克思最终能够建立起自己的生产力理论，在很大程度上得益于这些学者的早期探索。

（一）斯密和萨伊的生产力理论

斯密被称作"国民经济学之父"。在《国富论》中，除了劳动分工、自由市场等代表性理论之外，他还创造性地提出了生产力概念。不过，斯密讲的生产力其实是"劳动生产力"。他认为劳动是社会财富的源泉，劳动生产力标志着劳动者在一定时间内完成的工作量的大小。劳动生产力受到劳动者的熟练程度、技巧和判断力的影响，而这些又"似乎都是分工的结果"①。物质生产是任何一个社会的存在基础，但是只有到了资本主义社会，当生产成为一种牟利手段的时候，大规模的分工才发展起来，与此同时劳动效率的重要性也真正凸显。因此斯密提出劳动生产力概念，本身就是时代发展的产物。

萨伊反对劳动价值论，所以他不再使用劳动生产力概念，而是提出了生产的三要素说。他认为劳动、资本和自然"这三者是创造产品所不可缺少的因素"②，与三者对应的生产力是工人的生产力、资本的生产力和自然的生产力。萨伊提出新的生产力理论，与资本主义经济的进一步发展有关。斯密所处的时代是英国工场手工业开始向机器大工业过渡的时期，所以他举的很多例子都是工场手工业的例子，他的生产力理论也主要强调劳动者的熟练程度、技巧和判断力。而到了萨伊所处的时代，机器和相应的自然力在资本主义生产中的作用越来越重要，所以除了劳动因素之外，萨伊开始强调资本和自然的作用（资本通过转化为机器等生产条件发挥作用）。

从概念内涵来看，虽然斯密和萨伊都讲生产力，但是由于限定词的不同，他们所理解的生产力并不是同一类型。"劳动"是一个过程，所以劳动生产力是来自于劳动过程的生产力，它包含了劳动者、劳动工具和其他劳动条件的作用，反映的是各种生产要素影响下的劳动效率。"工人""资本"和"自

---

① 亚当·斯密：《国民财富的性质和原因的研究》上卷，商务印书馆1972年版，第5页。
② 萨伊：《政治经济学概论》，商务印书馆2009年版，第79页。

然"都是实体，所以萨伊的生产力是指蕴含在这些生产要素中的生产能力。一个强调劳动过程，一个强调生产要素，这是两种有代表性的生产力概念类型。下面可以看到，李斯特和舒尔茨的生产力理论就是这两种类型的进一步发展。

（二）李斯特和舒尔茨的生产力理论

李斯特一生致力于德国资本主义的发展研究，他认为生产力是指"获致物质财富的力量"[①]，强调"财富的生产力比之财富本身，不晓得要重要到多少倍"[②]。李斯特批评斯密仅仅强调劳动分工的重要性，认为促使人从事物质生产的各种原因最终有赖于社会状况，包括"科学与艺术""公共制度与法律"[③] 等。所以李斯特反对劳动是财富的源泉的观点，拒绝使用劳动生产力概念。但是尽管这样，李斯特的生产力也不是指某一生产要素的生产力，而是强调在整个社会状况影响下的"获致物质财富的力量"。同时，尽管李斯特认为精神劳动也具有生产性，但并不代表他提出了精神生产力的概念，他的生产力归根结底还是物质生产力，他所强调的精神条件和政策条件最终都是通过促进或制约物质生产来影响生产力的。所以从这个意义上说，李斯特的生产力概念是接近于"劳动生产力"的。李斯特强调劳动的外部条件，与他所面对的德国现状密切相关。19世纪上半叶，德国的政治和文化氛围都严重阻碍着资本主义的发展，所以李斯特不像斯密和萨伊那样强调劳动者或机器和自然力的作用，而是希望为生产力的发展构建一个好的社会条件。

舒尔茨是德国国家统计学专家，他提出的生产力理论具有浓厚的统计学色彩。在舒尔茨看来，畜力、水力、风力等自然力，以及人力、蒸汽力等都是生产力，这些生产力可以通过换算进行加和，进而可以计算出一个国家的生产力密度。[④] 他认为人类物质生产的进步，就在于对自然力的征服以及各种

---

① 弗里德里希·李斯特：《政治经济学的国民体系》，商务印书馆1961年版，第123页。
② 弗里德里希·李斯特：《政治经济学的国民体系》，商务印书馆1961年版，第118页。
③ 弗里德里希·李斯特：《政治经济学的国民体系》，商务印书馆1961年版，第121页。
④ 参见张一兵：《舒尔茨：物质生产力的量与质性结构》，载于《学术界》2018年第11期。

生产力的充分结合："通过人的精神和外在自然的力之间的分工，生产力更广泛地结合起来……"① 所以，舒尔茨和萨伊一样，把人力与自然力放在同等的位置上，从生产要素的角度使用生产力概念。但是舒尔茨的贡献在于，他的理论具有了历史视角，开始把生产力的发展与人类历史的发展联系起来。这一点直接启发了赫斯，使他得以从历史观层面来建立新的生产力理论。

（三）赫斯的生产力理论

赫斯关于生产力的论述主要出现在《论货币的本质》一文中。因为赫斯不是经济学家，而是哲学家，所以他能够突破经济学视域的局限，在历史观的层面上看待生产问题。在赫斯看来，生产力的发达取决于人类交往的发达。当人没有联合起来的时候，只有依靠抽象的交往手段，即货币，来实现人的能力和生产力的提高，但是当人能够联合起来的时候，就应该消灭货币。赫斯通过提出货币异化的思想，批判资本主义，论证共产主义。单就生产力概念而言，虽然国内也有研究者强调赫斯对马克思的启发意义，但遗憾的是并没有把握到赫斯生产力概念的真正内涵。② 理解赫斯生产力概念的关键之处，是要注意到他对生产能力和生产力做出的区分，有时他直接把两者简称为"能力"和"力量"。实际上，赫斯所谓的能力（生产能力）是指人们所具备的生产技能，属于生产过程中的主体因素；而力量（生产力）则是指人们在生产过程中所拥有的物质力量，主要是指生产工具。能力与力量是相伴随而发展的。比如他说："这种荒唐举动只有当它确实有助于发展我们的力量和能力的时候，对我们说来才是有益的和需要的。在我们的力量和能力已经发展起来以后，如果我们不向共产主义过渡，我们就只会彼此使对方毁灭。"③ 这里说的是，在货币的使用有助于发展生产工具和生产技能的时候，货币对于人类是有益的，但是当生产工具和生产技能发展起来以后，这种人类交往形

---

① 参见张一兵：《舒尔茨：物质生产力的量与质性结构》，载于《学术界》2018 年第 11 期。
② 比如杨乔喻把赫斯的生产力概念理解为"共同活动构成生产力"。参见杨乔喻：《探寻马克思生产力概念生成的原初语境》，载于《哲学研究》2013 年第 5 期。
③ 莫泽斯·赫斯：《论货币的本质》，载于《国际共运史研究资料》1982 年第 4 期。

式就过时了。又比如他说："我们大家毫无例外地每时每刻都在为牟利而买卖我们的活动、我们的生产力、我们的能力、我们自身。"① 这句话的意思是说，人们为了生存、牟利，使劳动过程、生产工具、生产技能和劳动者都处于买和卖的状态中。

赫斯的生产力理论在两个方面有重要突破。第一，把生产力理解为人们在生产过程中拥有的物质力量，从而确立了人对于生产力的创造和主导地位。萨伊和舒尔茨看到了自然力在生产过程中的作用，所以把自然力也看作是一种生产力，但是对于赫斯来说，只有人类的创造物才是生产力。李斯特强调外部条件对于生产力的重要性，这是一种把所有积极的社会因素都泛化为生产力源泉的倾向，赫斯则把生产力拉回到了生产过程之中。第二，建立起生产力和交往的对应关系，从二者的关系出发解释社会历史的运动。赫斯看待生产力问题是以人类历史为视角的，所以其生产力概念不同于劳动生产力。劳动生产力是衡量劳动效率的，而赫斯的生产力则是标志人类生产发展的客观因素。

值得注意的是，赫斯的生产力理论并不是凭空而来。从《论货币的本质》与《生产运动》的文本联系中，可以看出舒尔茨对赫斯产生了直接影响。首先，赫斯在文章中引用了《生产运动》中的话，并且用大段文字批判了舒尔茨反对废除货币的观点。其次，从理论层面来看，舒尔茨在《生产运动》中依据物质生产的发展，将人类历史从工具层面上划分为"手工、工具、工场制造和机器的阶段"②，赫斯也许就是从这里看到了生产力发展与人类历史进步的相关性。同时，舒尔茨也已经关注到了交往与生产的伴随关系。③ 所以可以确定，尽管赫斯对舒尔茨是一种批判的态度，但是在生产力问题上，他受到了舒尔茨的启发。

以上三个方面的理论资源，构成了马克思使用生产力概念的理论背景。马克思在《1844 年经济学哲学手稿》中四次引用斯密有关"劳动生产力"的论述，一次引用萨伊有关"自然生产力"的论述。但由于此时生产力问题并

---

① 莫泽斯·赫斯：《论货币的本质》，载于《国际共运史研究资料》1982 年第 4 期。
②③ 参见张一兵：《舒尔茨：物质生产力的量与质性结构》，载于《学术界》2018 年第 11 期。

不是马克思关注的对象，所以这些引用并没有引起他关于生产力的讨论。直到马克思创立了唯物史观并再次进入经济学研究时，"劳动生产力"概念才正式被他所使用。在此之前，马克思关注生产力问题是从《评弗里德里希·李斯特的著作〈政治经济学的国民体系〉》开始的。在这篇文章中，马克思一方面批判了李斯特的生产力理论，认为李斯特大谈生产力其实是一种"玩弄辞藻、夸夸其谈的手法"①，另一方面马克思还表达了对舒尔茨式的生产力理论的明确反对："那里谈到水力、蒸汽力、人力、马力。所有这些都是'生产力'。"② 马克思从一开始就无法接受将人力与其他自然力相提并论的做法。就与赫斯的思想关系而言，一方面马克思在《德法年鉴》时期就看到了《论货币的本质》一文，而且1845年赫斯还参与了《德意志意识形态》有关章节的写作③，所以很难认为赫斯的生产力理论没有影响到马克思。但是另一方面，从马克思的思想历程来看，他是在批判唯心史观的过程中逐渐发现物质生产的重要性的，因此即使没有赫斯的影响，马克思也一定会建立起物质生产与人类历史之间的理论联系。

二、马克思生产力概念的双重视域及其内涵

关于马克思的生产力概念是否具有双重视域及其内涵，曾经有学者进行过这方面的思考，但遗憾的是并没有引起学界的足够重视。比如法国学者勒费弗尔认为，生产力在马克思的著作中有两种含义，一种是作为历史哲学范畴的反唯心主义意义上的含义，一种是作为经济范畴的生产率意义上的含义，第二种含义后来变成了最主要的含义。④ 在国内，孙冶方曾明确提出生产力具有两种含义，一种是指生产效率，一种是指生产力诸因素。⑤ 胡钧强调生

---

① 《马克思恩格斯全集》第42卷，人民出版社1979年版，第241页。
② 《马克思恩格斯全集》第42卷，人民出版社1979年版，第261页。
③ 郭丽兰、王东：《赫斯在多大程度上影响着马克思》，载于《新视野》2013年第2期。
④ 北京图书馆马列著作研究室编：《马恩列斯研究资料汇编（1980年）》，书目文献出版社1982年版，第133～140页。
⑤ 孙冶方：《什么是生产力以及关于生产力定义问题的几个争论》，载于《经济研究》1980年第1期。

产力与劳动生产力是两个不同的概念，生产力是指生产过程中的诸要素或力量，劳动生产力是指"劳动者的实践能力"①。此外，鲁克俭反对认为生产力有哲学和经济学两种用法，他把生产力看作是质与量的统一。② 这些学界前辈的研究和对话，尽管最终没有形成定论，但却给我们思考生产力问题带来了很大的启发。马克思的理论既不是单纯的哲学，也不是单纯的经济学，当生产力概念贯穿唯物史观和政治经济学时，它的概念内涵难道是一成不变的吗？

（一）马克思生产力概念的双重视域

《德意志意识形态》是马克思集中阐述唯物史观的著作，其中还没有涉及经济学的内容；与之相反，《资本论》第 1 卷则以经济学分析为主，涉及唯物史观的论述比较少。通过比较这两部著作中的生产力概念，可以看出生产力在两种视域下的使用情况。首先，马克思对生产力概念的提法不同。在《德意志意识形态》中，主要的提法就是"生产力"，个别的还有"工业生产力""全部生产力"和"生产力的总和"等。在《资本论》第 1 卷中，主要的提法是"劳动生产力"，此外还有"劳动的生产力""社会的劳动生产力""社会劳动的生产力""劳动的社会生产力""劳动过程的生产力"等。由此可见，政治经济学视域下的生产力是与"劳动"联系在一起的，各种提法都是以"劳动生产力"为基础的，这与唯物史观视域下生产力的提法截然不同。其次，在两部著作中，与生产力相对应的概念不同。在《德意志意识形态》中，生产力与"交往形式""共同体形式""私有制"等表示生产关系的概念相对应。在《资本论》第 1 卷中，生产力与"劳动时间""价值量"等经济学概念相对应。最后，从马恩全集的英译本来看，两种视域下的生产力采用了不同的表达方式。在《德意志意识形态》中，生产力使用的是"the productive forces"③，在《资本论》第 1 卷中，生产力使用的则是"the productive

---

① 胡钧：《生产力与劳动生产力》，载于《当代经济研究》2001 年第 2 期。
② 鲁克俭：《对生产力概念的重新审视》，载于《信阳师范学院学报》（哲学社会科学版）1999年第 1 期。
③ *Marx and Engels Collected Works*（Volume 5），Lawrence and Wishart，Electric Book，2010，P. 32.

power"①。前者是具体名词，后者是抽象名词。综上所述，即使不考虑两种语境下生产力概念的具体内涵，仅仅从以上三个方面，即提法、对应概念和英文表达中，就可以看出生产力概念在两种视域下是不同的。

实际上，因为唯物史观和政治经济学是不同的理论体系，其研究对象和抽象程度都不一样，所以它们的概念体系也是不同的。唯物史观是从宏观层面对社会历史规律的揭示，它需要高度抽象的概念，因此生产力、生产关系、经济基础、上层建筑等构成了唯物史观的概念体系。政治经济学则是对资本主义社会的经济活动及其规律的研究，是更微观、更具体层面的研究，所以它使用的概念也更为具体。而生产力的问题之所以复杂，就在于唯物史观和政治经济学两个理论体系都使用了生产力概念。在这样的情况下，为了避免由此造成的理解混乱，一种策略是直接根据提法的不同，判定"生产力"和"劳动生产力"是两个不同的概念；另一种策略是认为生产力概念只有一个，但是要对它在唯物史观和政治经济学中的不同内涵做出区分。本文认为后一种策略更为可取，因为在中文语境中，"生产力"不仅与各种生产力提法中的"生产力"具有相同的书写方式，而且"劳动生产力"有时也被简称为"生产力"，这样第一种策略不仅不是一劳永逸的解决办法，而且还有可能带来理解上的错误。所以从内涵的区分上来理解生产力概念更为可取。

（二）马克思生产力概念的双重内涵

关于唯物史观视域下的生产力，马克思在 1846 年 12 月 28 日致安年科夫的信中有一段重要的表述："人们不能自由选择自己的生产力——这是他们的全部历史的基础，因为任何生产力都是一种既得的力量，是以往的活动的产物。可见，生产力是人们应用能力的结果，但是这种能力本身决定于人们所处的条件，决定于先前已经获得的生产力，决定于在他们以前已经存在、不是由他们创立而是由前一代人创立的社会形式。后来的每一代人都得到前一

---

① *Marx and Engels Collected Works*（Volume 35），Lawrence and Wishart, Electric Book, 2010, P. 55.

代人已经取得的生产力并当做原料来为自己新的生产服务……"① 这段话虽然没有表明生产力具体是指什么，但是却为我们理解生产力指明了方向——生产力是人类历史活动的产物，可以通过继承而获得，并作为"原料"为生产服务。

一个现实的生产过程，至少包括一定的生产关系、劳动者、科学技术或劳动技能、生产资料、自然条件等要素。在这些要素中，有的明显不属于生产力。第一，一定的生产关系。生产关系是与生产力相对应的社会形式，生产力在一定的生产关系下发挥作用。因此生产关系不是生产的"原料"，而是生产的外部条件，所以它不属于生产力。第二，劳动者。劳动者是生产过程的主体，但是劳动者不是生产力。生产力是后一代人从前一代人那里取得的，因此生产力既不是"前一代人"，也不是"后一代人"，而是作为某种东西被继承的。所以生产力是劳动者作为主体所拥有的东西，生产力不包括劳动者。第三，自然条件。自然条件在生产过程中也许会发挥很大的作用，但是自然条件不是人类历史活动的产物，所以并不属于生产力。自然条件在生产中被应用的程度是由生产力发展的程度决定的，而不是相反。

那么，在排除了生产关系、劳动者和自然条件之后，就只剩下生产过程中用到的科学技术或劳动技能和生产资料了，这两个方面是否构成了生产力概念的内涵呢？这是问题的关键，也是分歧所在。比如段忠桥认为，生产力由劳动者的体力和智力构成，不包括生产资料②；林剑认为，生产力就是指生产资料③。之所以出现如此截然对立的观点，是因为他们都只抓住了马克思关于生产力论述的一个方面。在笔者看来，不应该把作为主体力量的科学技术和劳动技能与作为客体力量的生产资料对立起来，应该看到二者具有的内在一致性。正如马克思所指出的："机器体系随着社会知识的积累、整个生产力的积累而发展……社会的生产力是用固定资本来衡量的，它以物的形式存在

---

① 《马克思恩格斯文集》第 10 卷，人民出版社 2009 年版，第 43 页。

② 段忠桥：《对生产力、生产方式和生产关系概念的再考察》，载于《马克思主义与现实》1995 年第 3 期。

③ 林剑：《马克思历史观视野中的生产力、生产关系及其矛盾运动》，载于《江海学刊》2005 年第 6 期。

于固定资本中。"① 马克思充分认识到了"无形"的生产力和"有形"的生产力之间的关系，即作为科学技术和劳动技能的主体力量是生产力发展的核心，作为生产资料的客体力量是生产力发展的物质体现和客观标志。

马克思曾经明确地把生产力区分为"主体的"和"客体的"："生产力……既包括表现为个人特性的主体的生产力，也包括客体的生产力。"② 所以从生产活动中主体力量和客体力量的划分来看，我们可以把唯物史观意义上的生产力概念内涵界定为：一个社会在物质生产领域所具备的主体力量与客体力量的总和。③ 首先，生产力是社会生产力，是一个社会所具备的生产力量的总和。其次，生产力中的主体力量包括应用于生产过程的科学技术、劳动技能、生产工艺等。没有应用到生产过程的科学技术，不是现实的生产力，有可能是未来的生产力。最后，生产力中的客体力量是主体力量的产物，主要体现为劳动资料。同时，经过人类改造的劳动对象也属于生产力，比如杂交水稻等。由于马克思曾经有过"一切生产力即物质生产力和精神生产力"④ 的说法，所以有人认为马克思提出了一种衡量精神产品生产能力的生产力概念。但马克思显然不是这个意思，因为按照唯物史观的基本观点，作为人类历史基础的生产力只能是物质产品的生产力。其实，这里的说法恰恰印证了本文对生产力概念的界定，"物质生产力和精神生产力"指的是生产力的客体方面和主体方面。马克思还曾经说过"机器即死的生产力"⑤，也就是说，机器等生产力量是死的生产力，科学技术等生产力量是活的生产力。因此，物质生产力和精神生产力、死的生产力和活的生产力，都只能理解为生产力中的客体力量和主体力量的不同说法，而不能认为马克思提出了新的生产力概念。

政治经济学视域下的生产力是"劳动的生产力"。马克思在《资本论》第1卷中指出："生产力当然始终是有用的、具体的劳动的生产力，它事实上

① 《马克思恩格斯文集》第8卷，人民出版社2009年版，第187页。
② 《马克思恩格斯文集》第8卷，人民出版社2009年版，第146页。
③ 德国哲学家阿·科辛从主观因素和客观因素的区分上界定生产力概念，与本文的界定比较接近。参见阿·科辛：《马克思列宁主义哲学词典》，东方出版社1991年版，第341页。
④ 《马克思恩格斯全集》第46卷（上册），人民出版社1979年版，第173页。
⑤ 《马克思恩格斯文集》第8卷，人民出版社2009年版，第206页。

只决定有目的的生产活动在一定时间内的效率。"① "劳动生产力是由多种情况决定的,其中包括:工人的平均熟练程度,科学的发展水平和它在工艺上应用的程度,生产过程的社会结合,生产资料的规模和效能,以及自然条件。"② 从这两处引用可以看出,劳动生产力的大小受到生产过程中多种现实因素的影响,所以劳动生产力是现实的生产能力的反映,它标志着物质生产活动在一定时间内的效率。从劳动效率这个意义上讲,马克思的劳动生产力与斯密的劳动生产力并无二致,但是从劳动生产力的影响因素上看,马克思大大完善了这一概念。斯密强调劳动者的熟练程度、技巧和判断力,以及劳动分工,萨伊强调劳动、资本和自然三要素,李斯特强调社会的政治和文化因素。马克思则在强调这些传统因素的同时,增加了"科学的发展水平和它在工艺上应用的程度"这一日益凸显的影响因素,使劳动生产力概念获得了与时俱进的发展。

通过以上论述可以看到,虽然都是"生产力",但是在两种不同的视域下,其内涵是有巨大差异的。但同时,既然都是"生产力",两者之间就有着无法割裂的内在联系。唯物史观视域下的生产力是潜在的生产能力,它经过生产关系的中介,以及自然力的使用,在劳动者手中转化为现实的生产能力,即一定大小的劳动生产力。用马克思的话来说就是:"已生产出来的生产力部分……会提高所使用的活劳动的生产力,从而增加体现这种活劳动的年产品量。"③ 这里的第一个"生产力"是唯物史观意义上的,第二个"生产力"则是政治经济学意义上的。

三、马克思生产力概念的误释及其原因

与本文从主体力量与客体力量的划分来界定唯物史观视域下的生产力不同,国内的教科书或哲学辞典一般都把生产力划分为劳动者、劳动资料和劳动对象三个要素,或者是劳动者和劳动资料两个要素。"三要素说"与"二要

---

① 《马克思恩格斯文集》第 5 卷,人民出版社 2009 年版,第 59 页。
② 《马克思恩格斯文集》第 5 卷,人民出版社 2009 年版,第 53 页。
③ 《马克思恩格斯文集》第 8 卷,人民出版社 2009 年版,第 550 页。

素说"争论的焦点在于劳动对象是否是生产力的要素，但两者都肯定了劳动者作为生产力要素的地位。其实，强调生产力包括人的要素和物的要素并没有什么问题，问题在于如何理解生产力中人的要素。生产力中人的要素只能理解为人们所具备的可应用于生产过程的主体力量，包括科学技术、劳动技能、生产工艺等，但绝不是作为劳动主体的劳动者。生产力的发展归根结底是人类的发展，但是作为"文明的果实"①、可以由前一代人传给后一代人的却不能是劳动者自身。而且，把劳动者即人力当作生产力看待，并将其与物力并称的做法，正是马克思在《评弗里德里希·李斯特的著作〈政治经济学的国民体系〉》中严厉批判过的。所以马克思的生产力概念在国内学界出现了严重的误释。

　　将劳动者纳入生产力要素的理论错误，具有严重的现实后果。如果认为劳动者是生产力的要素之一，那么在很大程度上，生产力的发展就代表了劳动者的发展。但事实上，劳动者的发展与生产力的提高未必一致，甚至有可能背道而驰。从资本主义的发展历史来看，生产力提高的结果是劳动的机械化和简单化，是劳动者劳动技能的衰退，而不是劳动者的自由发展。因此，尽管生产力的发展为人的发展提供了物质基础，但是不能用生产力的发展直接代替人的发展。由于生产力的发展在社会实践中往往表现为科技进步和经济增长，所以如果对生产力的关注取代了对人的关注，就容易产生对科技进步和经济增长的片面追求。在我国的经济社会建设中，"唯 GDP 论"曾经甚嚣尘上，劳动者的发展并未受到足够重视。2017 年党的十九大报告中明确指出，我国社会主要矛盾已转化为"人民日益增长的美好生活需要和不平衡不充分的发展之间的矛盾"，正式地将人民的美好生活问题提了出来，可以认为这是对过去重视生产力发展而轻视人的发展的有力纠偏。

　　要想纠正对唯物史观意义上的生产力概念的错误理解，有必要在理论上考察其误释源头。从历史上看，中国的老一辈学者对于马克思主义的理解深受苏联理论界的影响，中国最早的马克思主义教科书也直接借鉴于苏联的教

---

① 《马克思恩格斯文集》第 1 卷，人民出版社 2009 年版，第 613 页。

科书体系。其中，与国内的生产力理论有直接联系的，是斯大林对生产力概念的定义。他在《论辩证唯物主义和历史唯物主义》中提出："用来生产物质资料的生产工具，以及有一定的生产经验和劳动技能来使用生产工具、实现物质生产资料生产的人，——所有这些因素共同构成社会的生产力。"① 所以，斯大林明确地把劳动者和生产工具看作是生产力的要素。但是，根据笔者的考察，斯大林还不是最早把劳动者要素纳入生产力概念的。其实，就马克思恩格斯之后的马克思主义理论家的著作来看，一直到普列汉诺夫、列宁，他们都是在马克思的本意上使用生产力概念的。比如普列汉诺夫曾经写道："发展中的公民社会，是由人们所使用的生产力的发展所决定的。"② 在这里，生产力是作为人们的使用对象而存在的，那么就不可能包括"劳动者"自身了。列宁在生产力问题上也有类似明确的表述："前者正是在于发展社会的生产力（为生产而生产）；后者则使居民群众不能利用生产力。"③ 这句话说明列宁所理解的生产力也是不包括"劳动者"的。

那么，把"劳动者"要素纳入生产力概念的始作俑者到底是谁呢？根据已有的材料来看，此人应该是苏联早期著名的理论家布哈林。从历史上看，布哈林在苏联曾经享有极高的学术地位。"他在斯大林著书立说之前、在三十年代之前是历史唯物主义的正统代表。"④ 布哈林在 1921 年底出版了《历史唯物主义理论》，这本书的写作背景是："到那时为止，还没有一本系统阐述历史唯物主义的教科书。"⑤ 也就是说，这本书是苏联第一本系统阐述历史唯物主义的教科书，"并在他政治上不幸的 1929 年以前，一直是作为苏联思想家最杰出的代表作而受到人们的重视"⑥。在这本影响深远的著作中，布哈林是这样描述生产力的："如果我们知道了生产资料如何，工人如何，那末我们也

① 《斯大林选集》下卷，人民出版社 1979 年版，第 442 页。
② 《普列汉诺夫哲学著作选集》第 2 卷，生活·读书·新知三联书店 1961 年版，第 162 页。
③ 《列宁全集》第 2 卷，人民出版社 1984 年版，第 126 页。
④ 中国社会科学院马列主义毛泽东思想研究所编：《论布哈林和布哈林思想》，贵州人民出版社 1982 年版，第 298 页。
⑤ 郑异凡：《布哈林论》，中央编译出版社 2006 年版，第 119 页。
⑥ 中国社会科学院马列主义毛泽东思想研究所编：《论布哈林和布哈林思想》，贵州人民出版社 1982 年版，第 299 页。

就知道这些生产资料和工人们在一定数量的时间里会生产多少东西；前两个量决定第三个量——生产出来的产品。前两个量加在一起，就构成了我们所说的社会物质生产力。"① 从这段论述可以看出，由于布哈林并没有区分生产力的不同视域，所以他的生产力定义就表现为"四不像"。因为"在一定数量的时间里会生产多少东西"，这是从劳动生产力的意义上讲的，但是根据马克思的观点，决定劳动生产力大小的绝不仅仅包括生产资料和工人的情况；如果他定义的是唯物史观意义上的生产力，那就不应该涉及到一定时间内的劳动产量的问题。所以，生产力的定义在布哈林这里就是错误的。

实际上，布哈林的《历史唯物主义理论》出版后尽管在苏联被奉为经典，但是卢卡奇在1923年就写了书评，指出这本书存在的重大问题。卢卡奇认为，从整体上说，《历史唯物主义理论》在追求理论通俗化的过程中，"把问题本身简单化"了。我们可以看到，布哈林关于生产力的论述就是这样，看起来通俗易懂，但实际上把复杂的问题简单化了，简单化的结果是造成了理论上的错误。然而尽管这样，《历史唯物主义理论》在历史上产生的影响已无法抹去。即使后来因为政治原因，布哈林及其理论著作在苏联国内也开始遭到批判，但是他关于生产力是人和物的统一的观点却"初步奠定了苏联理论家关于此问题理解的主调"②。也就是说，斯大林的生产力定义也是在布哈林观点的历史影响下形成的。所以，追溯到最后我们发现，在定义生产力概念时，如果不注意区分马克思使用生产力概念的双重视域，将会导致多么严重的理论后果。

四、结语

国内学界关于生产力问题的讨论从来没有停止过，从生产力的定义、要素到发展动力，几乎都还存在着争议。但是，学者们进行的许多有益的探索，已经大大推动了生产力问题的解决。在本文看来，解决生产力问题的核心在

---

① 尼·布哈林：《历史唯物主义理论》，人民出版社1983年版，第127页。
② 许恒兵、谭孟灵：《重释生产力与生产关系的辩证法理论》，载于《长白学刊》2015年第3期。

于正确理解马克思生产力概念的科学内涵，而要做到这一点，关键在于认识到马克思是在唯物史观和政治经济学双重视域下使用生产力概念的。只有这样，看似复杂的问题才会变得清晰起来。总的来说，本文通过考察马克思之前的生产力理论、马克思生产力概念的双重视域及其内涵和马克思生产力概念的误释及其原因，得出了以下几点结论：

第一，斯密、萨伊、李斯特和舒尔茨提出并发展了经济学中的生产力理论，其中由斯密所创造的"劳动生产力"概念，构成了马克思在政治经济学视域下的生产力概念的理论来源；赫斯在历史观意义上提出的生产力理论，则直接影响了马克思在唯物史观视域下的生产力概念的创立。第二，两种视域下生产力概念的不同，在马克思的文本中体现在提法、对应概念以及英文表达中，而这些不同最终取决于唯物史观和政治经济学在研究对象和抽象程度上的差异。唯物史观意义上的生产力是指一个社会在物质生产领域所具备的主体力量与客体力量的总和；政治经济学意义上的生产力是指物质生产活动在一定时间内的效率。第三，肇始于布哈林，并由斯大林所确立的对生产力的理解方式，导致了中国学界对生产力概念的误释，其中最大的问题就是把劳动者纳入生产力要素之中。而布哈林的错误在于，在将生产力理论通俗化的过程中，混淆了两种视域下的生产力概念内涵。

（原文发表于《江汉论坛》2021 年第 3 期）

论《资本论》生产力理论的深刻
内涵与时代价值

卫兴华　　田超伟[*]

　　《资本论》第 1 卷问世距今已有 150 年，但这部思想巨著仍然闪烁着真理的光芒。2016 年 5 月 17 日，习近平总书记在哲学社会科学工作座谈会上明确指出："有人说，马克思主义政治经济学过时了，《资本论》过时了。这个说法是武断的。"[①]《资本论》的内容博大精深，是一个思想理论宝库，其中的生产力理论是马克思的唯物史观与《资本论》的基础性理论。生产力是社会发展的最终决定力量。我国建设社会主义的根本任务是大力发展生产力，逐步实现共同富裕。这是马克思主义所强调的一个根本性原则。因此，中国特色社会主义政治经济学就不能不研究怎样更好更快地发展生产力。我们要认真研究的马克思生产力理论，包括什么是生产力、决定生产力发展的要素有哪些、怎样把握生产力和生产关系相互关系的规律、如何科学发展生产力等问题。

　　应该看到，我国学界对马克思生产力理论的理解还存在一些误区与盲区。例如，对生产力这一基本范畴的定义缺少马克思主义共识；在生产力的构成要素上，二要素论、三要素论曾长期流行；对于科学技术是生产力的构成要素，在"左"风时期竟然不知道这是马克思的观点，并受到批判；还有人将生产力决定论和生产力标准论错解为"唯生产力论""唯生产力标准论"等等。马克思关于生产力发展方式和规律的理论，如扩大再生产中的外延型与内涵型、粗放型与集约型经营，按比例平衡发展，促进人与自然的和谐等思

---

　　* 卫兴华：中国人民大学荣誉一级教授、中国特色社会主义经济建设协同创新中心研究员；田超伟：中国人民大学经济学院博士研究生。
　　① 习近平：《在哲学社会科学工作座谈会上的讲话》，载于《人民日报》2016 年 5 月 19 日。

想，需要被充分挖掘和利用。我们应力求全面系统完整地把握马克思的生产力理论，澄清相关理论是非，为创建中国特色社会主义政治经济学理论体系提供学理支撑。

一、生产力是社会制度变迁与人类社会发展的最终决定力量

贯穿《资本论》的主要方法论是辩证唯物主义和历史唯物主义。唯物史观告诉我们，人类社会的发展、生产关系的变革以及制度变迁在根本上是由生产力决定的。马克思在《政治经济学批判》序言中对此做了经典的表述："人们在自己生活的社会生产中发生一定的、必然的、不以他们的意志为转移的关系，即同他们的物质生产力的一定发展阶段相适合的生产关系……社会的物资生产力发展到一定阶段，便同它们一直在其中运动的现存生产关系或财产关系（这只是生产关系的法律用语）发生矛盾。于是这些关系便由生产力的发展形式变成生产力的桎梏。那时社会革命的时代就到来了。"① 在《资本论》第 1 卷第 2 版跋中，马克思引用一位德国评论家描述的《资本论》中所运用的方法，并表示赞同他的评论。"生产力的发展水平不同，生产关系和支配生产关系的规律也就不同。……这种研究的科学价值在于阐明支配着一定社会有机体的产生、生存、发展和死亡以及为另一更高的有机体所代替的特殊规律。"② 生产力决定生产关系，生产关系要与生产力的发展状况相适应。生产力的发展总是在或慢或快地进行着的，新的生产力不断出现，新的生产力出现和发展又会引致新的生产关系产生。

《资本论》主要研究资本主义经济制度及其发展规律，且是紧密结合生产力的发展状况进行研究的。它根据资本主义发展的不同阶段，如协作、分工和工场手工业以及机器大工业的三个阶段，首先具体考察和论述了三个阶段生产力的发展状况；然后，阐明适应这种生产力的发展状况，资本主义生产关系也经历了相应的发展阶段。

---

① 《马克思恩格斯文集》第 2 卷，人民出版社 2009 年版，第 591～592 页。
② 《资本论》第 1 卷，人民出版社 2004 年版，第 21 页。

虽然马克思主义认为生产力决定生产关系，生产力是人类社会发展和社会制度变迁的最终决定力量，但是，它不否认生产关系的发展可以出现跳跃性，并认为生产关系对生产力具有反作用，有时社会制度的变革对生产力的发展具有重大推进作用。马克思所强调的生产或生产力的决定作用，是从"归根到底"意义上讲的。"根据唯物史观，历史过程中的决定性因素归根到底是现实生活的生产和再生产。无论马克思或我都从来没有肯定过比这更多的东西。如果有人在这里加以歪曲，说经济因素是唯一决定性的因素，那么他就是把这个命题变成毫无内容的、抽象的、荒诞无稽的空话。"① 回顾我国近现代历史，新中国是在生产力落后的基础上建立社会主义制度的。旧中国生产关系严重阻碍了生产力的发展，只有通过共产党领导的革命斗争，建立社会主义，才能解放和发展社会生产力。这不能简单地用生产力决定生产关系来说明。

同一社会制度内部会有不同的发展阶段，例如马克思就论述了资本主义社会生产力和生产关系发展的三个历史阶段。我国还处于社会主义初级阶段，不能把马克思所说的发达资本主义国家转向社会主义后要建立的单一公有制作为我国社会主义的起点模式。改革开放前，在生产力比较落后、社会主义制度刚刚确立的条件下，违反生产关系一定要适合生产力状况的规律，刮"共产风"，人为拔高生产关系，又违反生产力的发展规律搞"大跃进"，造成了严重的损失。改革开放后，我们吸取"左"风时期的经验教训，从我国实际国情出发，实行公有制为主体多种所有制经济共同发展的基本经济制度和社会主义市场经济，坚持以经济建设为中心，把解放和发展生产力作为根本任务，使经济社会取得举世瞩目的成就，人民物质文化生活水平普遍大幅改善。

但是，有的学者将生产力决定生产关系、生产力是社会经济发展的决定力量，错解为"唯生产力论"；把生产力标准论错解为"唯生产力标准论"。其实，"唯生产力论"（也称庸俗生产力论）把生产力的决定作用绝对化，这是列宁、斯大林反复批评过的错误观点。邓小平也批评过"唯生产力论"，他

① 《马克思恩格斯文集》第10卷，人民出版社2009年版，第591页。

指出："马列主义没有'唯生产力论'这个词，这个词不科学。列宁在批判考茨基的庸俗生产力论时讲，落后的国家也可以搞社会主义革命，我们也是反对庸俗的生产力论。"① "唯生产力标准论"把生产力标准绝对化、唯一化，将生产力标准作为评价社会经济制度和社会主义事业得失成败的唯一标准。生产力标准固然是判断社会经济制度优劣性和社会主义事业成败的标准，但绝不是唯一标准。发展生产力不是最终目的，社会主义的根本目的是消灭剥削、消除两极分化，最终实现共同富裕。而践行这一目标，只有生产力的发展是不够的，还必须发展和完善社会主义生产关系。改革开放以来，我国在发展生产力、增加经济总量上取得了巨大成就，但是发展过程中也产生了一些重大问题，如居民收入差距过大，出现贫富两极分化，这与我国在一段时期内重视生产力的发展而忽视社会主义生产关系发展和完善密切相关。

总结新中国成立以来、改革开放前后两个时期经济社会发展中的经验与教训，可以肯定，建设中国特色社会主义，必须坚持把生产力标准、社会主义生产关系标准和上层建筑标准统一起来。目前，中央大力实施精准扶贫、精准脱贫，注重改善民生，逐步缩小收入差距，践行共享发展理念，就是着力于社会主义生产关系的发展和完善。

二、如何界定生产力概念的内涵及其构成要素

在《资本论》中，关于生产力的称谓有很多，其中以"生产力""劳动生产力""社会劳动生产力"等概念使用频率最高。什么是生产力？生产力与"劳动生产力"的含义是否一致？生产力的构成要素有哪些？这些看似简单的概念问题，实则属于最基础、最需要弄清楚的理论问题，需要形成基本理论共识。因此，我们应回归马克思有关生产力的论述的本意。

（一）生产力的概念界定

政治经济学界对生产力的定义有不同见解。马克思主义指出，社会生产

① 《邓小平年谱（一九七五——一九九七）》上，中央文献出版社 2004 年版，第 222～223 页。

包括两个方面：一方面是人与自然关系的生产力；另一方面是人与人相互关系的生产关系。于是有的学者就侧重于从人与自然的关系的角度，将生产力定义为人们利用、改造、控制自然的能力。但人们利用和改造自然是手段而非目的，目的是生产出满足人们需要的物质产品。因此，应侧重于用生产物质资料的能力来定义生产力。我们认为，如果较完整地界定生产力，可以讲生产力是人们适应自然、利用自然和改造自然，来生产物质资料以满足人们需要的能力。马克思在《资本论》中指出："生产力当然始终是有用的、具体的劳动的生产力。"① 又说"生产力，即生产能力。"② 所谓生产能力，当然是指生产出有用产品的能力。根据《资本论》中多次使用生产力概念的本意，可以得出结论，马克思认为生产力是人们具体劳动生产使用价值或社会财富的能力。马克思讲生产力主要是指能对生产关系和社会发展起决定作用的物质生产力，但他也讲过生产精神产品的"精神生产力"。

有必要特别说明，在《资本论》中，马克思是把生产力与劳动生产力当作内涵一致的概念交互使用的。例如，前面引证过"生产力当然始终是有用的、具体的劳动的生产力"，这里清楚地表明生产力与"劳动生产力"即具体劳动的生产力概念是一致的。再如，《资本论》中讲"不论在一定的情况下结合工作日怎样达到生产力的这种提高……结合工作日的特殊生产力都是社会的劳动生产力或社会劳动的生产力。这种生产力是由协作本身产生的"③，这里突出强调社会的劳动生产力，以与个人的劳动生产力相区别。这里生产力与劳动生产力的概念也是通用的。在论述相对剩余价值生产时马克思指出："相对剩余价值与劳动生产力成正比。它随着生产力提高而提高，随着生产力降低而降低。"④ 同样是把生产力与劳动生产力作为相同概念使用。

马克思在《资本论》中既集中地先讲了决定劳动生产力的五方面要素，又在后面分别对这五方面的要素进行分析。有必要说明，马克思对劳动生产

---

① 《资本论》第 1 卷，人民出版社 2004 年版，第 59 页。
② 《资本论》第 3 卷，人民出版社 2004 年版，第 1000 页。
③ 《资本论》第 1 卷，人民出版社 2004 年版，第 382 页。
④ 《资本论》第 1 卷，人民出版社 2004 年版，第 371 页。

力概念的应用，是继承古典政治经济学家的用语。李嘉图等强调生产力是劳动的生产力，而庸俗经济学家则强调资本的生产力。马克思说："劳动的社会生产力好像是资本天然具有的生产力，是资本内在的生产力。"① 在资本主义生产方式下，资本支配雇佣劳动，主导着生产与分配，不仅劳动的生产力表现为资本的生产力，而且，对自然力的利用、分工协作、机器的使用、科学技术等推进的生产力也通常表现为资本的生产力。此外，也不能把生产力与劳动生产率割裂开来。劳动生产率是生产力或劳动生产力的表现形式。马克思指出，生产力或劳动生产力"事实上只决定有目的的生产活动在一定时间内的效率"②。生产力或劳动生产力的高低可以用劳动生产率来衡量。发展生产力的要素与提高劳动生产率的因素是一致的，在《资本论》中有时也会把二者当作含义一致的概念并用。

（二）生产力的构成要素

1. 生产力是由多种要素构成的，其构成要素是不断发展的

《资本论》首先从总体上列举了决定劳动生产力的诸要素，然后又分别将其作为单独的生产力要素展开论述。在《资本论》第 1 卷第 1 章讲商品时，马克思就根据当时资本主义经济的现实，概述了决定生产力发展的多种要素。"劳动生产力是由多种情况决定的，其中包括：工人的平均熟练程度，科学的发展水平和它在工艺上应用的程度，生产过程的社会结合，生产资料的规模和效能，以及自然条件。"③ 其中"生产过程的社会结合"指的是分工、协作和管理等。这里所讲的生产力的构成要素是多方面的，除了劳动、劳动对象、劳动资料这些劳动过程的简单要素之外，还包括生产的组织与管理、自然力以及科学技术。马克思在《资本论》第 3 卷第 51 章指出："就劳动过程只是人和自然之间的单纯过程来说，劳动过程的简单要素是这个过程的一切社会发展形式所共有的。但劳动过程的每个一定的历史形式，都会进一步发展这

---

① 《资本论》第 1 卷，人民出版社 2004 年版，第 387 页。
② 《资本论》第 1 卷，人民出版社 2004 年版，第 59 页。
③ 《资本论》第 1 卷，人民出版社 2004 年版，第 53 页。

个过程的物质基础和社会形式。"① 这段话所讲的"进一步发展这个过程的物质基础",既包括原有要素的发展,又说明有新的生产力要素增加。马克思在《资本论》中揭示资本主义经济运动规律的同时,对构成现实生产力的新的要素,如分工协作、科技、管理等,进行了细致深入的分析。

马克思把生产力要素区分为适用于一切社会的"简单要素"和社会化大生产新发展的要素。"劳动过程的简单要素是:有目的的活动或劳动本身,劳动对象和劳动资料。"② "简单要素"是指任何社会历史发展阶段下的生产都需要的最基本的要素。这个提法本身就意味着随着生产的发展会有新的生产力要素加入发展过程。

马克思在《资本论》中详细分析了协作对于提高生产力的作用,将其视为生产力的要素。他先后指出:"结合工作日的特殊生产力都是社会的劳动生产力或社会劳动的生产力。这种生产力是由协作本身产生的"③,分工协作"与独立的手工业比较,在较短时间内能生产出较多的东西,或者说,劳动生产力提高了"④。马克思重视管理劳动在生产中的作用,称正如同乐队需要指挥一样。不过,资本主义的管理劳动具有二重性,一是适应社会化生产而进行组织管理,二是为资本获得剩余价值而加强管理。社会主义公有制经济中管理工作不再具有二重性,管理工作只为社会主义发展生产力服务。

《资本论》把自然力的利用也作为生产力的要素,强调在大工业生产中对自然力的利用要与科技相结合。马克思指出,"大工业把巨大的自然力和自然科学并入生产过程,……生产力的这种提高并不是靠增加另一方面的劳动消耗换来的"⑤。马克思在《资本论》中多次强调"自然力"的利用在生产力中的重要作用,如利用土地、阳光雨露、河流瀑布、矿产资源等发展生产力,尤其是在农业生产中自然力发挥着举足轻重的作用。马克思重视自然力在生产发展中的作用,还可以从他的一个重要观点中看出来,即劳动不是财富的

---

① 《资本论》第 3 卷,人民出版社 2004 年版,第 1000 页。
② 《资本论》第 1 卷,人民出版社 2004 年版,第 208 页。
③ 《马克思恩格斯文集》第 5 卷,人民出版社 2009 年版,第 382 页。
④ 《资本论》第 1 卷,人民出版社 2004 年版,第 393 页。
⑤ 《资本论》第 1 卷,人民出版社 2004 年版,第 444 页。

唯一源泉，劳动和自然才是财富的源泉。任何物质财富都是由劳动和自然构成的。

马克思十分重视科学技术的发现及其在生产中的应用。他反复讲科技是生产力要素。"生产力中也包括科学"①，"生产力是随着科学和技术的不断进步而不断发展的"②。马克思在《政治经济学批判（1861—1863 年手稿）》中专门有一节讲"机器、自然力和科学的应用"，其中说道："生产过程成了科学的应用，而科学反过来成了生产过程的因素即所谓职能。……科学获得的使命是：成为生产财富的手段，成为致富的手段。"③ 由此可见，科学技术是生产力要素的重要构成部分，在生产力发展过程中发挥着日益显著的作用。这既是马克思的科学结论，也被社会历史发展的实践所证实。正如恩格斯所说，马克思是非常重视科技的发展与进步的。"在马克思看来，科学是一种在历史上起推动作用的、革命的力量。任何一门理论科学中的每一个新发现——它的实际应用也许还根本无法预见——都使马克思感到衷心喜悦，而当他看到那种对工业、对一般历史发展立即产生革命性影响的发现的时候，他的喜悦就非同寻常了。"④

马克思在《资本论》中研究的是资本主义经济制度，当时已经注意到资本主义在发展生产力中怎样利用先进的科技、怎样有效利用自然力、怎样改进企业管理、怎样通过改变独立的手工业的生产方式采用简单协作和分工协作推动生产力的发展。马克思敏锐地发现，随着社会历史的发展，生产力要素也在发展，新的生产要素不断出现。在现代社会生产中，新的先进的生产要素不断涌现，诸如互联网、大数据等，生产的自动化、信息化、智能化水平不断提高，形成了新的生产方式、产业模式和经济增长点。当前，面临新一轮科技革命、产业变革和国际激烈竞争，我国要加快实施《中国制造2025》，着力建设制造强国，在社会化大生产中积极开发、引进新的高质量高

---

① 《马克思恩格斯文集》第 8 卷，人民出版社 2009 年版，第 188 页。
② 《资本论》第 1 卷，人民出版社 2004 年版，第 698 页。
③ 《马克思恩格斯文集》第 8 卷，人民出版社 2009 年版，第 356～357 页。
④ 《马克思恩格斯选集》第 3 卷，人民出版社 2012 年版，第 1003 页。

性能生产要素，尤其要重视最新的信息技术的研发与应用，抢占制造业新一轮竞争制高点。

2. 科学技术可以作为独立的生产力要素发挥作用

邓小平强调指出，现代化生产中，科学技术是第一生产力。现在学界的有关论著包括政治经济学教材，都承认科技是生产力要素，这已形成共识，但是一般不把科学作为独立的生产力要素，而认为它是渗透到生产三要素中起作用。当然，新的科技发明会革新原有生产要素，但是，新的科技可以在生产中发挥独立作用。马克思在《资本论》中明确指出："大工业则把科学作为一种独立的生产能力与劳动分离开来"①，"科学作为独立的力量被并入劳动过程而使劳动过程的智力与工人相异化"②。例如，在劳动者、劳动对象与劳动资料基本不变的情况下，科学的施肥、新的灌溉方法的采用可以直接提高农业生产力。工业生产中各要素结构的科学组合可以直接推动生产力的发展。在21世纪现代经济生活中，"互联网＋"利用信息通信技术和互联网平台，将开放、平等、互动等网络特性应用到传统产业，通过大数据的分析与整合，改造传统产业的生产方式，让互联网与传统行业进行深度融合，创造新的发展生态，增强经济发展动力，提升社会的创新力。

科学技术在生产力系统中发挥着日益重要的作用。习近平总书记在党的十八届五中全会上提出创新、协调、绿色、开放、共享的新发展理念，其中创新发展居于首要位置，"把创新作为引领发展的第一动力"③。科技创新是国家竞争力的核心，是各类创新中最关键的创新。习近平总书记指出："谁牵住了科技创新这个牛鼻子，谁走好了科技创新这步先手棋，谁就能占领先机、赢得优势。"④ 这些新理念发展了关于科学技术是生产力、是第一生产力的思想。我国要积极落实创新发展理念，瞄准世界科技前沿，全面提升科技创新能力，力争在基础科技领域做出大的创新，在关键核心技术领域取得大的突

---

① 《马克思恩格斯文集》第5卷，人民出版社2009年版，第418页。
② 《马克思恩格斯文集》第5卷，人民出版社2009年版，第743页。
③ 《在党的十八届五中全会第二次全体会议上的讲话（节选）》，载于《求是》2016年第1期。
④ 《习近平在上海考察时强调　当好全国改革开放排头兵　不断提高城市核心竞争力》，载于《人民日报》2014年5月25日。

破。要全面实施创新驱动发展战略，落实战略性新兴产业发展规划，加快人工智能、集成电路、第五代移动通信等技术研发和转化，推动 3D 打印、移动互联网、云计算、大数据等领域取得新突破。

3. 生产力二要素、三要素论均不符合马克思的原意和生产实践

关于决定生产力的要素问题，学界长期存在生产力二要素、三要素的争论。生产力二要素（即劳动者和生产工具）论，来源于苏联政治经济学教科书，并曾长期流行于有关教材和论著中。二要素论既偏离了马克思的本意，也明显不符合生产力发展的实际情况。一个显而易见的事实是，只有劳动者和生产工具这两种生产要素，没有作为劳动对象的自然资源、原材料，是不可能生产出物质资料的。只有生产工具而没有煤炭、石油等能源和基础设施，也无法进行工业生产。主张生产力二要素论，与其对生产力的一般界定息息相关。只将生产力定义为人们利用、改造、控制自然的能力，便将劳动对象和其他要素排除在生产力要素之外。其理论逻辑是，劳动对象是被改造的对象，它不能直接用于改造或征服自然，因而不能成为生产力要素。然而，根据前面的论述，这种对生产力的界定本身就偏离了马克思的原意。由其衍生而来的生产力二要素论也是不符合生产实践的。

有的学者以《资本论》中所讲的劳动过程的三个简单要素为理论根据，主张生产力三要素（即劳动、劳动对象与劳动资料）论。生产力三要素论把劳动对象和生产工具以外的劳动资料纳入生产力要素，但是，这也不完全符合马克思的原意。这里存在对劳动过程的"简单要素"的错解和误解。马克思讲的是"简单要素"，不是劳动过程的全部要素。毋庸置疑，不能把原始社会生产中也存在的简单的三要素固化，将其等同于当今世界现代化大生产中的全部生产要素。因此，不能把马克思所讲的劳动过程三个"简单要素"误解为生产力的全部要素。

4. 由生产力要素问题引起的两次风波

在我国历史上，这一理论问题因认识上的不一致曾被上纲上线、提升到政治高度展开争论与批判，由此引发过两次风波。1938 年以后直到 20 世纪 50 年代前期，生产力二要素论在苏联和我国政治经济学界占据正统地位。

1950 年，我国学界前辈王学文先生在担任高级党校（即现在的中共中央党校）政治经济学教研室主任时，其出版的《政治经济学教程绪论》一书讲，生产力的构成要素包括劳动、劳动对象和劳动资料三个方面，提出生产力三要素论。这一观点受到公开批判。最终，王老先生被免去职务，调离党校。20 世纪 50 年代后期至改革开放前期，我国学界曾进行过生产力二要素三要素之争，多数学者放弃了二要素论，连 1958 年出版的苏联政治经济学教科书（第三版）也讲生产力三要素了，基本在生产力三要素上基本形成了共识。但是，生产力三要素并不包括科学技术等发展了的新的生产力要素。这为另一次风波的产生埋下了隐患。

第二次由生产力要素问题引起的风波发生在"文革"后期的 1975 年。当时，邓小平听取由胡耀邦主持起草的《科学院汇报提纲》时，赞同汇报提纲中讲"科学技术也是生产力"，并明确表示"科学技术叫生产力"。该提纲的起草者们不知道马克思多次讲过科学技术是生产力要素的话，因而，在《科学院汇报提纲》中没有这方面的引证，为后来惹下了麻烦。邓小平再次被解除职务后，"四人帮"掌握的舆论工具对科学是生产力的论断展开批判。粉碎"四人帮"后，邓小平复出。他进一步讲，"科学技术是第一生产力"，从此科技是生产力要素的观念日益深入人心。

抛开政治和意识形态因素不谈，关于生产力问题上的认识分歧和其构成要素的争论以及由此引发的两次风波，究其根源在于很多人没能全面、系统、完整地理解把握马克思在《资本论》和有关著作中的生产力理论，存在理解上的诸多误区或盲区。

三、生产力发展的规律与路径

马克思在《资本论》中论述了推动生产力发展的多种要素、提高劳动生产率的重要作用、加快资本循环与周转的必要性、内涵的扩大再生产与外延的扩大再生产、固定资本的折旧基金怎样用于扩大再生产、集约型发展和粗放型发展、社会再生产中两大部类按比例发展的规律，提出了要重视自然资源的有效利用和生态平衡，等等。《资本论》深刻揭示了当时资本主义社会条件下生产力发展的规律，并阐述了社会化大生产和市场经济条件下生产力发展的一般规律，这些关于生产力发展的理论可以用来指导我国现阶段生产力的有效发展，推进国民经济全面协调可持续发展。

（一）生产力及其要素的发展

生产力发展的过程就是生产力各要素协同创造物质财富和精神财富的过程。前面已经论述了构成生产力的要素的多个方面。在生产力系统中，生产力各要素效能的提高、组合的优化、作用的充分发挥，都会促进生产力水平的提高。劳动者科技文化素质的提升、创新意识与能力的增强、劳动熟练程度的提高，科学技术的发明创造并应用于生产，分工协作和组织管理的优化，生产资料数量的增加和质量的改善，自然力的充分利用，信息、交通、物流基础设施的完备与现代化……这些都会推动社会劳动生产力的发展。在生产力及其要素的发展中，科学技术处于领先地位，或渗透到其他要素中，或独立发挥作用。生产力的发展固然是在一定的生产关系下实现的，但是生产力作为最活跃和最革命的因素，是自行按照其内在规律发展着的。

我们认为，当代生产力发展的一般规律可以概述为：多要素协同推进、科技领先、劳动主创、循序发展、波浪式前进。发展生产力，要着力于充分发挥各生产要素的各自功能和组合功能，尤其要重视科学技术的发明与应用，重视发挥劳动者主观能动性和创造性，积极引进新的先进生产要素。面对新一轮科技、产业革命的机遇与挑战，我国必须加快实施创新驱动发展战略，落实创新发展理念，以创新引领发展，加强科技创新和管理创新，培养创新型高素质人才，以抢占生产力发展的先机。

（二）生产力发展的方式

1. 发展生产重在提高劳动生产率

发展生产重在提高劳动生产率，即重在低投入、高产出。如果只是高投入低产出或高投入高产出，不能提高人均财富和收入；只有低投入高产出，提高劳动生产率，才能增加人均财富和收入。《资本论》中对提高劳动生产率的途径多有论述：一是将提高劳动生产率作为资本积累的一个重要因素；二是提高劳动生产率可以节省投入而增加社会财富。马克思在《资本论》中以旧中国和英国为例进行比较："一个英国的纺纱工人和一个中国的纺纱工人以同样的强度劳动同样多的小时，……在同一个时间内，中国人纺一磅棉花，英国人可以纺好几百磅。"① 因此，一个国家生产力高低不能简单用产值来衡量，而应当用劳动者同一时间所生产的产品数量和质量来衡量。现在国际上普遍使用GDP衡量各国经济发展或生产力发展的水平，其形式上是价值指标，实际上是使用价值指标。我国在发展经济过程中不仅要重视量的积累，还要重视质的提升；尤其是当前面对经济新常态，推进供给侧结构性改革，去产能、去库存的问题突出，必须着力于低投入、高产出，提升供给的质量，增加有效供给，生产出更多科技含量高、环境污染少、资源消耗少的中高端产品。

2. 扩大再生产与集约经营相结合

在资本主义生产方式下，资本积累和扩大再生产的主要来源是剩余价值的资本化，而固定资本的折旧基金是其另一来源。《资本论》论述了积累基金和折旧基金分别用于原有企业和新增企业的不同情况。折旧基金一般只用于本企业的扩大生产，积累基金则既可以用于本企业的扩大生产，也可以用于建立新企业。马克思把扩大再生产分为外延的扩大和内涵的扩大两种类型。长期以来，我国有关论著和辞典中，把外延的扩大再生产等同于粗放型扩大，把内涵的扩大再生产等同于集约型扩大。这是一种错解。不能将外延型只理解为没有新技术的利用和效益、效率的提高，也不能将内涵型解读为没有厂房面积和设备的增加，只靠新技术的利用和效率、效益的提高扩大生产。马克思在《资本论》第2卷第17章"剩余价值的流通"中写道："积累，剩余价值转化为资本，按其实际内容来说，就是规模扩大的再生产过程，而不论这种扩大是从外延方面表现为在旧工厂之外添设新工厂，还是从内涵方面表现为扩充原有的生产规模。"② 这里不涉及以有无技术和效率的提高为标准

---

① 《资本论》第1卷，人民出版社2004年版，第699页。
② 《资本论》第2卷，人民出版社2004年版，第355页。

来划分内涵型和外延型扩大再生产的问题，扩大原企业就属于内涵型扩大，扩建新企业就属于外延型扩大。从实际经济发展情况来看，进行扩大再生产，无论采取扩大原有企业的方式，或是新建企业的方式，都既可以只是在原有技术水平下机器设备的扩大，又可以是伴随先进机器设备的增加或更新，提高技术和效率。① 其实，外延扩大再生产可以与集约经营相结合，如新建的高新技术企业；而内涵扩大再生产也能与粗放经营相统一，如原企业低水平重复建设。虽然英文中外延的与粗放的是同一词，内涵的与集约的也是同一词，但一字或一词多义中外皆然，要看其用在什么地方。例如，讲某个概念的内涵与外延，就绝不能置换为某个概念的集约与粗放。

我国提出转变经济增长方式，是要由粗放型转向集约型，不能理解为由外延型转向内涵型，不能忽视和否定外延型发展。据统计，2016 年我国每天新增企业 1.5 万个。我国经济进入新常态，应对经济下行压力，增加合理有效的投资是必要的，以刺激经济增长。当前我国推进供给侧结构性改革，重在以科技创新驱动经济发展，提高供给的质量与效率，既要减少和消除产能过剩的重复建设，又要积极推进转型升级、发展高新技术产业。

3. 推进生产按比例平衡发展

马克思在《资本论》第 2 卷详细论述了两大部类即生产生产资料的部门与生产消费资料的部门之间、各部门内部的产品和价值的实现问题，以及所耗费资本的实物和价值补偿问题。资本主义社会再生产的结构比例失衡往往无法避免，一般通过经济危机强制实现平衡。马克思很重视社会再生产按比例平衡发展的客观规律，主张社会主义生产发展要克服资本主义生产的无政府状态，实行按比例平衡发展。马克思在《1857—1858 年经济学手稿》中说："一切节约归根到底都归结为时间的节约。……社会必须合乎目的地分配自己的时间，才能实现符合社会全部需要的生产。因此，时间的节约，以及劳动时间在不同的生产部门之间有计划的分配，在共同生产的基础上仍然是

---

① 卫兴华：《澄清对马克思再生产理论的认识误区》，载于《中国社会科学》2016 年第 11 期。

首要的经济规律。"① 马克思关于劳动时间的有计划分配的论述可以为现代经济资源配置问题提供理论指导。在社会主义国家，国民经济按比例发展曾是通过自觉的计划调节实现的。不过从发展的视角来看，当代资本主义国家纷纷加强对经济的宏观调控，在发展市场经济中引入计划调节，力求规避或消解经济危机、实现按比例平衡发展。我国实行社会主义市场经济，要将"看得见的手"和"看不见的手"结合起来，自觉地实现国民经济有计划按比例发展。现代经济中结构问题错综复杂，如生产与消费、制造业与服务业、实体经济与虚拟经济、城市与农村等结构矛盾，需要创新、加强计划调节和宏观调控方式，综合运用多种手段，促进经济全面协调发展。习近平总书记把协调发展作为新发展理念之一，这是对马克思关于发展生产力理论的遵循与发展。

4. 发展生产要重视资源节约和生态平衡

马克思在《资本论》中论述到，在资本主义生产方式下，伴随着资本积累，不仅雇佣工人受到资本的盘剥，而且自然资源受到资本的掠夺，生态环境遭到破坏。马克思重视节约资源、促进生态平衡。他在《资本论》中指出：社会生产力的提高，可利用的自然资源会相应减少，要重视森林、矿藏等资源的枯竭；要"社会地控制自然力，从而节约地利用自然力"②，"社会化的人，联合起来的生产者，将合理地调节他们和自然之间的物质变换，……靠消耗最小的力量，在最无愧于和最适合于他们的人类本性的条件下来进行这种物质变换"③。这里就表达了促进人与自然的和谐的可持续发展的思想。伴随着经济长期快速发展，我国面临的资源环境的约束趋紧，资源消耗巨大，生态环境承载力逼近临界点，空气、水、废弃物污染问题日益突出。在发展生产力过程中促进节约资源、保护环境，推进可持续发展，已变得刻不容缓。中央提出绿色发展理念，推动绿色低碳循环发展，加强环境治理，正是对保护环境、保持生态平衡、促进人与自然的和谐思想的高度重视和着力践行。

---

① 《马克思恩格斯文集》第 8 卷，人民出版社 2009 年版，第 67 页。
② 《资本论》第 1 卷，人民出版社 2004 年版，第 587 页。
③ 《资本论》第 3 卷，人民出版社 2004 年版，第 928～929 页。

四、中国特色社会主义政治经济学要研究怎样更好更快地发展生产力

《资本论》的研究对象是"资本主义生产方式以及和它相适应的生产关系和交换关系"①，而生产力不是其研究对象。究其原因，这与马克思写作《资本论》的任务或目的有关。第一，马克思的政治经济学的任务，是揭示资产阶级与无产阶级的本质关系，是为无产阶级革命提供理论武器。马克思没有义务为资本家出谋划策，研究怎样快速发展生产力。第二，《资本论》固然系统地考察了资本主义生产力的发展阶段，但这是就资本主义既有生产力的状况来考察的，重在研究随着生产力的发展，资本主义生产关系怎样随之变化，劳动对资本的隶属关系怎样随着生产力的发展由形式隶属发展到实质隶属。所以，马克思不是把发展生产力作为自己的研究任务，考察生产力的发展是服从于研究资本主义生产关系的宗旨的。

构建中国特色社会主义政治经济学理论体系，应是对马克思主义政治经济学的继承、发展与创新。由于马克思的政治经济学与中国特色社会主义政治经济学的研究任务不同，前者主要服务于革命的任务，后者服务于社会主义建设的任务，因此，其研究对象也需要发展与创新。马克思、恩格斯、列宁一再讲，社会主义要快速发展生产力，要有更高的劳动生产率，以提高人民的生活水平，实现共同富裕。中国特色社会主义的根本任务是要解放和发展生产力，那么，中国特色社会主义政治经济学就不能不研究怎样更好更快地发展生产力，但不是从技术层面研究生产力发展问题，比如怎么样织布、采煤、炼钢、开发芯片等，而是研究社会层面上生产力的发展问题。因此，中国特色社会主义政治经济学的研究对象既包括中国特色社会主义生产关系，也包括怎样更好更快地发展生产力。目前，这两方面的研究都还很不够，存在理论认识上的诸多误区和混乱。

中国特色社会主义政治经济学是从三个维度研究生产力的发展问题。其一是怎样改革不适应生产力发展的旧体制，以促进生产力的发展，如怎样通

---

① 《资本论》第1卷，人民出版社2004年版，第8页。

过改革由计划经济转向社会主义市场经济体制。其二是怎样改进决定生产力发展的诸要素，如怎样推进科技创新来促进生产力的发展、怎样提高劳动者的科学技术水平、怎样提高生产资料的质量等。其三是生产力的社会层面，如怎样推进全面协调可持续发展、转变发展方式、优化经济结构，落实创新、协调、绿色、开放、共享的新发展理念等。

（原文发表于《中国高校社会科学》2017 年第 4 期）

生产力和生产关系的二维理论
及其马克思经济学的发展

程启智　罗　飞*

经济学在一般意义上，可定义为研究人们生产活动的一门社会科学，因此生产力和生产关系这对范畴，不仅是马克思唯物史观的还是他全部经济学的理论基础。众所周知，马克思的全部经济学被统称为政治经济学，也如斯密的全部经济学一样，这在当时是合理的。但是，随着人们对经济学认识的深化与扩展，斯密的政治经济学已衍生出各种分支而成蔚为大观之现代经济科学，而马克思主义经济学却仍然在政治经济学一面大旗下发展，不仅不合时宜，也违背科学发展的一般规律，例如物理学和化学，虽然也都是很古老的学问，但现在它们早已"儿孙满堂"。马克思政治经济学发展的这种状况，固然有多种原因，但与苏联教科书的要素生产力和所有制生产关系教条不无关系。为此，本文下面先论述马克思的二维生产及其生产力理论，然后论述他的二维生产关系理论，最后，基于这种二维理论，认为马克思经济学至少可发展出马克思主义的纯经济学、政治经济学和制度经济学三门理论经济学分支学科。

一、要素与协作：生产及其生产力的二维理论

（一）人类生产活动的两个维度：要素与协作按照马克思的观点，生产应构成经济学研究的出发点。因此先要证明他在生产理论上是否二维的

众所周知，在《资本论》第 1 卷第 5 章，马克思一开始考察的"劳动过

---

* 程启智：男，中南财经政法大学经济学院教授、博士生导师，马克思主义当代发展研究院副院长，生态文明与可持续经济研究中心主任，中国经济规律研究会常务理事；罗飞：男，中南财经政法大学经济学院政治经济学专业博士生。

程"即生产活动，就是从生产要素的维度进行分析的。他说："在劳动过程中，人的活动借助劳动资料使劳动对象发生预定的变化"①，所以，"劳动过程的简单要素是：有目的的活动或劳动本身，劳动对象和劳动资料"②。后二者统一称为生产资料，所以，生产的基本要素也可称为二要素。由此可见，马克思是有要素维度生产理论的。

按照马克思的观点，"孤立的一个人在社会之外进行生产……就像许多个人不在一起生活和彼此交谈而竟有语言发展一样，是不可思议的"③。所以，人类的任何生产活动都是社会性的。其次，人类的生产活动必须既有劳动对象也有劳动资料，否则生产活动就成为安徒生"皇帝新衣"的童话故事。据此，我们在考察生产活动时完全可以把生产资料当作既定的前提，存而不论，仅从生产的社会性角度即协作维度，来考察人们在生产活动中的分工与合作。

我们知道，马克思在《资本论》第1卷用了三章即第11、12和13章的篇幅专门考察人类的协作生产活动。首先，他说："许多人在同一生产过程中，或在不同的但互相联系的生产过程中，有计划地一起协同劳动，这种劳动形式叫作协作。"④ 然后，他又从协作的维度分析了人类生产活动的三种形式，亦即资本主义生产发展过程中的三种方式：简单协作、工场手工业和机器大工业。

所以，马克思的生产理论是由要素理论和协作理论构成的二维体系。

（二）生产力的两个维度：要素生产力和协作生产力

逻辑上讲，上述的二维生产理论若能成立，二维的生产力理论也是能成立的，因为撇开了生产社会形式而分析的生产活动，从它的效率或力量来看就是生产力。实际上，国内理论界过去一直是强调要素生产力的，只是改革开放后在批判苏联教科书的生产力教条时，似有否定要素生产力趋向，所以，

---

① 《资本论》第1卷，人民出版社1975年版，第205页。
② 《资本论》第1卷，人民出版社1975年版，第202页。
③ 《马克思恩格斯全集》第30卷，人民出版社1995年版，第25页。
④ 《资本论》第1卷，人民出版社1975年版，第362页。

下面要证明的是，马克思本人是有要素生产力理论的。

首先，马克思本人说过，生产力是由多种因素决定的，"其中包括：工人的平均熟练程度，科学的发展水平和它在工艺上应用的程度，生产过程的社会结合，生产资料的规模和效能，以及自然条件"①。

其次，马克思特别在以下两种意义上突出和强调生产资料要素在生产力中的重要地位及其在判断社会经济形态上的重要意义：第一，他认为，考察早期历史尤其缺少文字记载历史的社会经济形态时，劳动资料如同"动物的遗骸对于认识已经绝迹的动物机体有重要意义"一样，"对于判断已经消亡的社会经济形态也有同样重要的意义"。② 第二，他认为，生产资料在性质、形态和效能上的根本性变革，对于生产方式和社会经济形态变革有重大意义。例如他说："大工业的起点是劳动资料的革命"③。也因此，他在分析生产力决定生产关系性质的一些场合时，径直就用生产资料代称生产力概念。④

至于协作生产力，马克思是有明确论述的。他说，由于"许多人在同一生产过程中，或在不同的但互相联系的生产过程中，有计划地一起协同劳动"，就可以"不仅……提高了个人的生产力，而且是创造了一种生产力"⑤。

再次，马克思还归纳了协作本身导致生产力提高的九种原因或途径：一是由于提高劳动的机械力；二是由于扩大这种力量在空间上的作用范围；三是由于与生产规模相比相对地在空间上缩小生产场所；四是由于在紧急时期短时间内运用大量劳动；五是由于激发个人的竞争心和集中他们的精力；六是由于使许多人的同种作业具有连续性和多面性；七是由于同时进行不同的操作；八是由于共同使用生产资料而达到节约；九是由于使个人劳动具有社会平均劳动的性质。⑥

最后，马克思不仅把协作本身视为一种生产力，而且，他还认为，以分工为基础的协作，由于分工和专门化，必须构造某种协作劳动的组织形式，

① 《资本论》第 1 卷，人民出版社 1975 年版，第 53 页。
② 《资本论》第 1 卷，人民出版社 1975 年版，第 204 页。
③④ 《资本论》第 1 卷，人民出版社 1975 年版，第 432 页。
⑤ 《资本论》第 1 卷，人民出版社 1975 年版，第 362 页。
⑥ 《资本论》第 1 卷，人民出版社 1975 年版，第 366 页。

而这又创造了一种新的社会劳动生产力。①

所以，马克思的生产力理论也是由要素生产力理论和协作生产力理论构成的二维体系。

（三）要素生产力和协作生产力的互动演化

固然，马克思本人并没有明确把他的生产力理论划分为二维体系，虽然他在这两个方面均有论述。那么，我们现在把他的生产力理论划分为两个维度，有什么意义呢？或者说，这样做对理论的发展有无推进？否则，这样做就是多余的。我们认为，把马克思的生产力理论划分为要素生产力和协作生产力这样两个维度，有助于分析生产力发展的内在演化过程及其机制，从而推进生产力理论的发展。

我们先以数人抬一重物为案例，来剖析二维生产力如何互动演化，以推动生产力的变革和发展。从人手抬重物的生产方式变革到用肩抬的生产方式，显然是由于要素生产力的变革，即人手工具变革到扁担和绳子（当然劳动工具的改进，本身就提高了要素生产力），同时这一要素生产力的变革又导致协作方式的变革，进而提高协作生产力，例如由过去三人以上协作才能抬起重物的生产力，提高到二人便可抬起同一重物的协作生产力。而协作方式的变革，则会进一步引起生产工具即要素生产力的演进，例如由于抬的协作方式，引起人们对其工具的改进，如由木棍改进为扁担，则会进一步提高要素生产力。协作不仅会引起生产工具的变革，还会引起劳动者的智力和体力即劳动力这一人的要素的生产力提高，例如他将学会如何与其他人相配合的抬的技能，而不再是过去单干"举"或"背"的技能。不仅如此，协作还引起分工和专业化，比如专业化用肩抬的技能，从而蜕化了用手抬的技能。同时，由于协作本身的需要，还会分工和专业化出一个作为生产力要素的管理职能，如喊号子的职能，以组织和协调他们的分工与合作，而这又会进一步提高协作生产力。

---

① 《资本论》第 1 卷，人民出版社 1975 年版，第 403 页。

上述要素生产力和协作生产力的互动演化过程，《资本论》在分析资本主义协作的三章中，也作了大致相同的论述。下面我们从以下七个方面归纳马克思关于协作生产力和要素生产力的互动演进思想。

（1）简单协作导致生产资料的节约和规模扩大，从而提高了作为物的要素的生产力。

马克思说，即使简单协作，由于"同时使用较多的工人，也会在劳动过程的物质条件上引起革命。……一方面……生产资料的交换价值，丝毫不会因为它们的使用价值得到更有效的利用而有所增加。另一方面，共同使用的生产资料的规模会增大"①。

（2）简单协作会刺激劳动者的竞争心和好胜心，从而提高作为人的要素的生产力。

马克思说："且不说由于许多力量融合为一个总的力量而产生的新力量……单是社会接触就会引起竞争心和特有的精力振奋，从而提高每个人的个人工作效率。"②

（3）简单协作推进分工和专业化，进而使协作生产力自身获得进一步发展。

马克思认为，工场手工业的起点虽然是简单协作，但是，专门从事某件产品生产的手工业者，就会"渐渐地固定为系统的分工"，"成为特殊工人的专门职能"，所以，工场手工业不仅引进了分工，而且还"进一步发展了分工"。③

（4）协作导致作为要素生产力的管理职能的产生，而管理有助于提高协作生产力。

马克思说："一切规模较大的直接社会劳动或共同劳动，都或多或少地需要指挥，以协调个人的活动，并执行生产总体的运动……所产生的各种一般职能"，即对协作劳动进行"管理、监督和调节的职能"。马克思接着又以一

---

① 《资本论》第1卷，人民出版社1975年版，第360～361页。
② 《资本论》第1卷，人民出版社1975年版，第362～363页。
③ 《资本论》第1卷，人民出版社1975年版，第375页。

个乐队需要指挥、一个军队需要军官为例证，说明管理职能的分工，对提高
协作劳动生产力的意义。①

（5）分工和专业化导致要素生产力的改进和提高。

首先，分工和专业化会促进劳动者技能的改进和完善，从而提高作为劳
动力要素的生产力。马克思说："在局部劳动独立化为一个人的专门职能之
后，局部劳动的方法也就完善起来。"②

其次，分工和专业化还导致劳动资料的改进和变革，从而提高作为物的
要素生产力。马克思说："一旦劳动过程的不同操作彼此分离，……过去用于
不同目的的工具就必然要发生变化"，即出现"劳动工具的分化和劳动工具的
专门化"。③

（6）要素生产力的改进和提高导致协作方式的改变，即由劳动力的协作
转变为劳动资料的协作，从而使协作生产力获得了巨大的发展空间。

马克思认为，手工工具一旦被机器代替，人力必然被自然力取代，生产
过程中凭经验的协作也必然被自然科学的应用及其劳动资料的协作代替，即
"劳动过程的协作性质现在成了由劳动资料本身的性质所决定的技术上的必要
了"。所以，大工业通过机器把巨大的自然力和自然科学并入协作生产过程，
大大提高了劳动生产力。④

（7）工场手工业分工和社会分工的相互促进，导致产业集聚和专业化扩
展，从而促进整个社会的生产力发展。

马克思认为，社会分工是在自然分工的基础上产生的，但社会分工发展
到一定程度，就会产生工场手工业的分工，后者又会进一步推动社会分工的
发展，尤其是"随着劳动工具的分化，生产这些工具的行业也日益分化"；而
且，"一旦工场手工业的生产扩展到某种商品的一个特殊阶段，该商品的各个
生产阶段就变成各种独立的行业"。⑤ 不仅如此，马克思还注意到这种分工和

① 《资本论》第1卷，人民出版社1975年版，第367页。
② 《资本论》第1卷，人民出版社1975年版，第376页。
③ 《资本论》第1卷，人民出版社1975年版，第378页。
④ 《资本论》第1卷，人民出版社1975年版，第423～424页。
⑤ 《资本论》第1卷，人民出版社1975年版，第390～391页。

专业化的互动过程，将导致产业集聚现象的产生和社会其他领域的分工和专业化发展。他说，"把一定生产部门固定在国家一定地区的地域分工，由于利用各种特点的工场手工业生产的出现，获得了新的推动力"；而这种分工不仅"扩展到社会的其他一切领域"，还"为专业化、专门化的发展……奠定基础"。①

上述研究表明，马克思在《资本论》第 1 卷第 11 ~ 13 章中，为我们勾画了一幅协作生产力和要素生产力相互促进、共生演化而推动生产力发展的图景。所以，把生产力系统分为要素生产力和协作生产力两个方面，有助于我们认识和研究生产力系统自身是如何内在地变革和演进的，而无需求助于外在的生产关系反作用。②

二、所有制关系与依赖关系：生产关系二维理论

众所周知，人们在生产活动中一方面和自然发生关系，同时也相互发生关系，前者为生产力，后者为生产关系。如同上述对生产力的考察可以从要素和协作两个不同维度进行分析一样，对生产关系的考察，除所有制关系维度外，也可以从其他角度如依赖关系维度来分析。马克思本人也是这样做的。

马克思的所有制理论大家都很熟悉，也无争议，故无需赘述，这里只想强调：所有制理论，是从生产的两个基本要素即生产资料和劳动力必然结合的角度分析的生产关系，其理论任务，是为了分析生产资料所有者（资本）与劳动者（劳动）之间利益的冲突关系，以揭示五大经济社会形态及其基本制度更替的规律，三卷本的《资本论》便是其典范。

除此之外，马克思还从人们在生产中的交往与合作关系角度即相互依赖关系角度考察过生产关系，这即依赖关系理论。由于该理论长期被我们忽略，因此这里将简要介绍该理论的形成过程。③

---

① 《资本论》第 1 卷，人民出版社 1975 年版，第 392 页。

② 当然，这并不否定生产关系对生产力的反作用，而是强调，生产力的发展首先要从自身的内在因素找原因。

③ 其形成过程的详细论述，请参见拙文：《马克思生产关系二维理论体系形成过程的系统考察》，载于《学海》2013 年第 1 期，第 93 ~ 102 页。

首先，马克思早期就有了该思想，他说："只有在社会中，自然界对人来说才是人与人联系的纽带，才是他为别人的存在和别人为他的存在。"① 其次，在《德意志意识形态》中马克思和恩格斯从人们交往与合作的角度或相互联系角度论述过生产关系。他们认为，人们在生产中的社会关系"是指许多个人的合作"，这种合作就是人们之间的"物质联系"。② 最后，马克思在《1857~1858年经济学手稿》中正式把这一维度的生产关系表述为依赖关系。他说："一切产品和活动转化为交换价值，既要以生产中人的（历史的）一切固定的依赖关系的解体为前提，又要以生产者互相间的全面的依赖为前提"③，并把前者定义为"人的依赖关系"，把后者定义为"物的依赖关系"。④

固然马克思生前并未说过他的生产关系理论是二维的，但有根据证明它们是有区别的，即马克思在考察同一生产关系时是有着不同的观察视角、分析层次和理论任务的。

前已述及，所有制理论是从生产二要素必然结合的视角来考察人们在生产中的社会关系，而依赖理论是从人们在生产中必然交往与合作的视角来考察的社会关系。由于观察的角度不同，在前者表现为人们在生产资料占有上的冲突关系，而在后者则表现为人们在生产中的相互合作或相互依赖关系。

其次，它们在研究的理论层次上也是完全不同的。霍奇逊在强调社会科学研究中的不同层次时，曾以自然科学为例说："现实是由不同的实体层次组成的……可能有一个层次和物理学研究的物质有关，有一个层次与化学研究的分子有关，有一个层次与生物学关注的生命器官有关，等等。这些层次本身还可以继续细分，例如，在物理学中，量子物理与机械物理研究的就是不同的层次。"⑤ 同样的道理，在考察作为社会形式的生产活动即生产关系时，

① 马克思：《1844年经济学哲学手稿》，载于《马克思恩格斯全集》第3卷，人民出版社2002年版，第301页。

② 《马克思恩格斯选集》第1卷，人民出版社1972年版，第34页。

③ 《马克思恩格斯全集》第30卷，人民出版社1995年版，第105页。

④ 《马克思恩格斯全集》第30卷，人民出版社1995年版，第107页。

⑤ 杰弗里·M.霍奇逊：《经济学是如何忘记历史的：社会科学中的历史特性问题》（高伟等译），中国人民大学出版社2008年版，第13页。

也可以从两个不同层次来研究：一个是所有制理论，它揭示的是人们在生产中因生产资料占有而引起的生产关系层次；一个是依赖理论，它揭示的是人们在生产中因交往与合作即相互依赖而引起的生产关系层次。后者，显然属于一眼能见到的现象形态；而前者，相对而言属本质形态，它是由马克思独创的。

　　关于这两种不同理论层次的对待和处理，马克思也为我们提供了其范例。虽然《资本论》的主题是所有制理论，以揭示资本与劳动之间对立的生产关系，但在第1卷第1篇的"商品和货币"章节中，我认为，马克思主要运用的是生产关系依赖理论和方法，以揭示在商品所有者之间平等的交换关系基础上如何形成价值规律及货币。而且，马克思在第4章仍是从现象形态层次出发，运用依赖理论来考察资本总公式的矛盾，以及劳动与资本之间平等的交换关系，所以，他在末了才会说："劳动力的买和卖是在流通领域……进行的，这个领域确实是天赋人权的真正乐园。那里占统治地位的是自由、平等、所有权和边沁。"但一离开流通领域，立即"就会看到，我们的剧中人的面貌已经起了变化"。① 很明显，这里所说的"面貌"的"变化"，是要进入生产领域即另一个层次，并运用所有制理论才能剖析出来的，即如何从"自由、平等、所有权和边沁"的物的依赖关系，"变化"为资本家剥削工人剩余价值的不平等的所有制关系。可见，在生产关系理论体系中，马克思对依赖理论和所有制理论是分层次运用的，且并不因依赖理论属现象层次的理论而弃之不用。

　　最后，所有制理论和依赖理论，各有不同的理论任务。大家公认，所有制理论的解释对象，针对的是生产资料所有者（资本）与劳动者（劳动）之间的生产关系，其理论任务是揭示五大经济社会形态及其基本制度更替的规律。而依赖理论的解释对象，由前述可知，它针对的是人们之间在生产过程中的交往与合作关系，例如，前资本主义社会人们之间的合作体现为人的依赖关系，即如马克思所说，"他们只是作为具有某种规定性的个人而互相发生

① 《资本论》第1卷，人民出版社1975年版，第199～200页。

关系"①；而在资本主义社会，人们之间的合作，统统简化为单一的抽象的"物的依赖关系"②。毋庸置疑，这种解释合作关系的理论，相对所有制理论而言，它具有掩盖生产资料所有者剥削劳动者剩余劳动的秘密之功效，但另一方面，它却具有揭示人们之间如何有秩序合作的规律之功效，这也正是它的理论任务之所在。或许因前一功效之故，马克思生前没有系统地研究该理论，但更重要的原因，是当时的社会实践还未提出研究该理论之任务。但现在就不同，中国社会主义市场经济的制度变革急切地提出了该理论任务！

三、马克思经济学发展的三个理论分支

在我国，经济科学通常分为理论经济学和应用经济学两个大类，而理论经济学，又分为政治经济学和西方经济学，两个具有完全不同研究纲领和硬核的学科。我们知道，所谓西方经济学在新古典理论范式下已发展出众多的分支，如新政治经济学、法经济学、新制度经济学（狭义的）等，以便能够更细化地解释不同的经济和社会问题。如果马克思经济学还要与之竞争，就不能仅停留在政治经济学一面大旗下发展。为此，本文提出马克思主义理论经济学发展的三分支方向：一是以所有制理论为范式的传统政治经济学的发展；二是以依赖理论为范式的马克思主义制度经济学的创立和发展；三是以马克思的二维生产及生产力理论为范式的马克思主义纯经济学③的创立和发展。

（一）二维生产及其生产力理论范式的马克思主义纯经济学发展

所谓纯经济学，是指撇开了生产社会形式或生产关系的研究生产一般的经济学。可能这难免让人联想到新古典经济学和马克思曾批判过的庸俗经济学，因为它们的理论特点就是抽掉了经济范畴特定的生产关系或社会属性。但是，在这个问题上，我认为要把马克思批判的"庸俗"内容，与它们的可借

---

① 《马克思恩格斯全集》第 30 卷，人民出版社 1995 年版，第 113 页。
② 《马克思恩格斯全集》第 30 卷，人民出版社 1995 年版，第 114 页。
③ 经济学在广义上可视为经济科学或理论经济学，但在狭义上即指纯经济学，因此马克思主义纯经济学也可简称为马克思主义经济学。下文即在狭义上用之。

鉴的、具有科学成分的内容区别开来。况且马克思并不否定研究生产一般，他说："生产一般是一个抽象，但是只要它真正把共同点提出来，定下来……，它就是一个合理的抽象。"① 可见，对撇开了生产关系和社会形式的生产及其生产力进行研究，与"庸俗"无涉，也是马克思经济学的一项重要研究内容。

我认为，自所谓"边际革命"开始而发展的新古典经济学，它的真正革命意义，正在于撇开了生产的社会形式而专注于研究生产一般，从而才发展出精细化的、数学的且众多的经济学分析方法和工具。所以，新古典经济学的问题并在不在于此，而在于它把从一般得到的结论直接当作特殊，即直接当作对特定社会经济问题的答案。所以，如果剥去了新古典经济学把一般当作特殊或把特殊当作一般的外衣，剩下的科学内核是可以为马克思主义经济学借鉴和吸收的。这里不可能详尽而全面地讨论这一问题，只在马克思的二维生产及其生产力理论上，简要地探讨新古典经济学中的生产函数与增长理论，对于发展马克思主义经济学的意义。

首先，我们知道，在新古典经济学的生产和增长理论中，柯布—道格拉斯生产函数理论处于一个核心地位。如果我们把生产函数中的资本要素 K，看成生产资料要素，那么，该生产函数理论就成了马克思要素生产理论的数学表达。

其次，新古典增长理论与新增长理论的重要区别在于，前者把技术当作外生变量，并假定规模报酬不变，而后者则把技术内生化了，并假定报酬递增。因此，新古典增长理论的缺陷，在一定意义上，如同马克思主义传统的要素生产力理论的缺陷一样，缺少了技术演进思想即生产力演进的内在机制分析。而新增长理论，撇开其先进的数学工具，更重要的是，它有一个技术内在的演进思想。而这种演进思想，与上述二维生产力理论的内在互动演进思想在一定意义上是相通的，而且我还认为，马克思主义二维生产力理论，对于技术内在演进关系可能会有更好的解释力，或者说，能为其提供一个更佳的微观机制分析框架。②

---

① 《马克思恩格斯全集》第30卷，人民出版社1995年版，第26页。
② 如果把它与生产关系及其制度的互动演化综合在一起，则能提供一个历史唯物主义范式的新增长理论。

（二）所有制理论范式的马克思主义政治经济学发展

马克思创立的所有制理论范式政治经济学，集中体现在他竭尽全力撰写的《资本论》上。虽然《资本论》也包含了经济科学的很多内容，但是，它的主体理论是所有制理论，其主题是研究资本所有者与劳动力所有者之间的生产关系，以揭示现代社会两大对立阶级即资产阶级与无产阶级之间对立的经济根源，以及资本主义与社会主义两大社会形态更替的规律。之后，主要是苏联的马克思主义学者们才将其发展为所有制理论范式的马克思主义政治经济学，并成型为"经典教科书"。应该肯定苏联学者们（包括斯大林本人）对马克思经济学的这一发展功绩，即将《资本论》的主题独立出来成为马克思全部经济学的一个理论分支，但问题是，他们并不清楚所做的这一理论意义，更要命的还在于，他们将该教科书的理论视为马克思全部的、正宗的经济学理论，并固化为理论教条。后来国内外马克思主义学者们虽然批判了其理论教条，但都没有认识到这一发展的理论价值之所在，因此，其所有的工作仍然是在政治经济学这一面大旗下发展马克思主义经济科学。如果我们要根据社会的进步及其新的经济和社会条件来发展马克思经济学，那么，我们就要遵循知识与科学的发展规律，将马克思全部的经济思想细化为不同的理论分支独立发展。由于所有制理论范式政治经济学的发展方向是清晰的，且国内外马克思主义学者们也在这上面已做出众多贡献，如在劳动价值理论、资本积累理论、再生产理论、价值转型理论、危机理论、社会主义初级阶段及其基本经济制度理论上的发展。这是周知的，故这里不再赘述。

（三）依赖理论范式的马克思主义制度经济学发展

首先，我们要证明，为什么所有制理论不能成为而依赖理论可以成为马克思主义制度经济学的范式？固然，所有制理论范式的政治经济学，也可以称为制度经济学，因为它揭示了社会制度的本质和更替规律，但是，所有制理论所说的制度，显然是指五大社会形态的基本经济制度，即由人们在生产资料占有上不同而引起的生产关系及其制度。这种用所有制理论和方法揭示和分析的制度，和现代制度经济学所说的"制度"（institutions），或者说与中国社会转型中的制度变迁的"制度"，是两个完全不同的概念，它们在内涵上有根本的区别，因为后者所说的"制度"，是指人们在生产中必然的交往与合作关系所形成的、约束他们在经济活动中的行为的规则。例如：计划经济体制中人们之间的交往与合作关系，是遵循该体制所赋予的每个人的职位和名分如厂长、车间主任、工人等等职位来规范和界定他们在经济活动中各自的权益和行为边界，以进行合作；而在市场经济体制中人们之间的交往与合作关系，是遵循人们拥有的不同要素如资本、管理、技术、劳动力等等，通过市场平等协商和交易来规范和界定他们在经济活动中各自的权益和行为边界，以进行合作。由此可见，所有制理论不可能成为研究这类"制度"的马克思主义制度经济学的理论范式；而依赖理论的研究对象正好与这类"制度"相吻合，从而可成为创建马克思主义制度经济学的范式。严格说，如果用马克思的所有制理论来研究这类制度问题，实在有使马克思创立的所有制理论范式政治经济学被庸俗化的危险！

前已述及，马克思生前没有专门研究依赖理论范式的经济学，主要是因为当时社会实践没有提出该理论任务。但是，现今就不同了，尤其是当下中国，急切而强烈地提出了该理论任务。因为中国正在发生一场伟大的经济和社会转型及其制度变迁过程。说"伟大"：一是因为它在人口众多的超级大国中发生，其经验必将对世界产生重大影响；二是因为这场社会和经济转型，远了说至少是自明代就开始了①，近了说是自 1840 年鸦片战争以来就开始了，但在这个大国却几经周折和磨难，历经数百年或一百多年，才在 20 世纪 70 年代末以来的社会主义市场经济变革中，让我们真正地看到了它成功的曙光，以及它所带来的经济繁荣之希望。对此，难道我们不应该创建属于中国自己的制度经济学，即有自己话语体系的制度经济学，来解答中国转型及其制度

---

① 从五大社会形态理论来说，大多学者认为，中国自明代就有了资本主义萌芽；但从马克思的三大社会形态理论来说，经过宋、元两朝商品经济的繁荣和发展，明代社会则较为普遍地出现了物的依赖关系及其社会形态的萌芽，例如众多文献（包括文学作品）就记载了当时人们对金钱及其世俗崇拜的现象。

变迁问题吗?! 而还是亦步亦趋地跟在西方老师的后面用新制度经济学的话语体系来解答中国自己的问题?!

创建属于中国自己话语体系的制度经济学,可以有不同的理论范式选择。目前显然有两大范式可选:一是新古典经济学范式,亦即新制度经济学范式,在此范式下是用中国的经验重写属于西方经验的新制度经济学;二是马克思经济学范式,亦即马克思的生产关系依赖理论范式,在该范式下是用中国经验创建马克思主义制度经济学。从理论竞争及其繁荣来说,这两种范式的制度经济学当然可以并行不悖。但是,从建立中国制度变革的理论自信来说,选择后者,则更有理论逻辑的自恰性和意识形态的合法性(暂且不论其范式的优势)。

众所周知,20 世纪 70 年代末以来中国走的是一条社会主义市场经济变革之路,但我们知道,马克思主义理论曾认定市场经济与公有制是不相容的,它乃是资本主义道路。可见,中国这场伟大的社会变革不仅涉及利益关系的重新调整,更重要的是,还涉及意识形态和理论观念的革命,也就是说,能否合乎马克思主义内在逻辑地解答社会主义与市场经济相容问题,关系到这场变革是否合法性。客观讲,中国的马克思主义学者们在 20 世纪 80 年代运用马克思创立的所有制理论范式政治经济学原理,在这一点上做出了不可磨灭的贡献,例如:关于商品经济不可逾越的讨论、关于所有制结构与所有制社会结构的区分、关于所有制与所有制实现形式的辨析、关于基本经济制度与经济体制的划分、关于社会主义初级阶段的确认等等。正是有了学者们 10多年的这些前期理论探讨,才有党的十五大报告对社会主义基本经济制度重新定义、正式确认:公有制为主体、多种所有制经济共同发展,是中国社会主义初级阶段的基本经济制度。应该说,这是中国共产党对传统的社会主义理论一个重要的创新和突破,它解决了社会主义与市场经济相容的理论难题,使这场伟大的社会变革在逻辑上与合法性上有了马克思主义的理论自信;而且,自改革开放以来,中国 30 多年的经济发展实绩也充分证明,这一社会主义基本经济制度和市场经济是相容的。

然而,我们对随之而来的计划经济体制向市场经济体制转型的制度变迁,却一直缺少马克思主义理论自信，或者说，掌握这场制度变迁的话语权几被新古典主义范式的新制度经济学所垄断。当然，我们在这里并非说新制度经济学的理论和方法不能借鉴和运用，而是说相应的体制转型及其制度变革的讨论与理论支撑，缺少了马克思主义范式制度经济学的声音，这对于一个以马克思主义为主流意识形态的国家来说，显然是不正常的，也是不应该的。所以，我们必须在生产关系所有制理论范式的政治经济学之外，创立另一维度的生产关系理论即依赖理论范式的马克思主义制度经济学，以解答体制转型中的制度问题，从而在制度变迁问题上也能树立起马克思主义的理论自信。如此一来，中国这场社会主义市场经济变革就能统一在马克思主义理论基础之上。

【参考文献】

［1］《资本论》第 1 卷，人民出版社 1975 年版。

［2］《马克思恩格斯全集》第 30 卷，人民出版社 1995 年版。

［3］《马克思恩格斯全集》第 3 卷，人民出版社 2002 年版。

［4］《马克思恩格斯选集》第 1 卷，人民出版社 1972 年版。

［5］程启智：《马克思生产关系二维理论体系形成过程的系统考察》，载于《学海》2013 年第 1 期，第 93～102 页。

［6］程启智：《物的依赖关系与马克思主义产权经济学之当代重建》，载于《马克思主义研究》2007 年第 4 期，第 28～34 页。

［7］程启智：《论马克思生产关系二维理论：所有制和依赖理论》，载于《当代经济研究》2009 年第 6 期，第 7～12 页。

［8］程启智：《生产力的二维理论：要素生产力和协作生产力及其互动演化——兼论马克思主义经济学在当代的发展与借鉴》，载于《河北经贸大学学报》2014 年第 1 期，第 15～22 页。

（原文发表于《福建论坛·人文社会科学版》2016 年第 3 期）

关于马克思生产力理论的一点思考

李其庆[*]

社会生产力是一个什么样的结构？多年来，理论界一直存在着二要素、三要素、四要素、多要素的争论。最近，有的同志在谈到这一问题时写道："马克思主义一般讲生产力有三要素：1. 参加生产劳动的人；2. 劳动工具、机器等；3. 生产劳动的对象、材料、零件等。这里没有强调讲科学技术。当然，马克思也讲到科学技术是一种独立的生产能力，又说它是一般的社会生产力，但是没有强调它是生产力的重要因素。在一般的历史唯物主义书籍中，讲到生产力的构成因素时，也都只讲上面列举的三条。"他接着分析了产生这一问题的原因："这要用历史唯物主义的观点去理解。因为在马克思那个时代，科学技术对发展生产力还没有今天这么重要。马克思是在一百多年前逝世的，当时他对科学技术的认识受到时代的局限。马克思是人，不是神，他没有也不可能预见到今天科技成了这么重要的生产力构成因素"。我认为这种理论观点是值得商榷的。

马克思的生产力学说在历史唯物论中占有极其重要的地位。对于这个理论必须从整体上去理解。马克思是通过三个不同的但又彼此互相联系的层次来阐述这一理论的。他在对资本主义生产过程的研究中，首先通过劳动过程分析了生产力要素及其作用，进而结合协作、分工和机器大工业等资本主义生产发展的三个阶段论述了生产力的发展及其不同形式，最后，马克思通过资本主义生产关系在生产力发展中的建立，揭示了生产力决定生产关系和生产力与生产关系相互作用的原理，并从生产力同生产关系矛盾的对立运动中，阐明了资本主义生产关系发生、发展和灭亡的规律。马克思生产力理论的表

述运用了从抽象到具体的方法，同时也体现了逻辑与历史的统一。

　　马克思在《资本论》第 1 卷第 5 章"劳动过程和价值增殖过程"中指出："劳动过程的简单要素是：有目的的活动或劳动本身，劳动对象和劳动资料。"① 这三者作为生产力的人的要素和物质要素在生产过程中结合在一起，并同时发生作用。马克思还指出，生产力中人的要素是生产力诸因素中起主导作用的要素，因为在人与自然界的物质变换过程中，人是这一过程的引起者、调整者和控制者②，所以人是"主要生产力"。③ 马克思关于生产力要素的论述讲的是人类生产活动的基本条件，是对劳动过程的高度抽象，马克思没有也不可能在这里"强调讲科学技术"。马克思是在生产力的发展问题上论述科学的作用的。马克思认为，科学是历史发展总过程的产物，它抽象地表现了这一发展总过程的精华。他把科学看作生产力增长的最重要的形式。他指出："提高劳动生产力的主要形式是协作、分工和机器或科学的应用"④，已经生产出来的生产力和由这种生产力构成的新的生产的物质基础"是以科学力量的巨大发展为前提的"。⑤ 马克思认为，固定资本是社会生产力的指示器，而"固定资本的发展表明，一般社会知识，已经在多么大程度上变成了直接的生产力，从而社会生活过程的条件本身在多么大的程度上受到一般智力的控制并按照这种智力得到改造"⑥。马克思指出，劳动的社会生产力，首先是科学的力量。他写道："在固定资本中，劳动的社会生产力表现为资本固有的属性；它既包括科学的力量，又包括生产过程中社会力量的结合，最后还包括从直接劳动转移到机器即死的生产力上的技巧。"⑦ 在谈到生产力的发展及其引起的革命后果时，马克思高度评价了科学的作用。他写道："用暴力（马克思认为暴力本身就是一种经济力。——笔者）消灭资本，——这不是通

　　① 《马克思恩格斯全集》第 23 卷，人民出版社 1972 年版，第 202 页。
　　② 参看《马克思恩格斯全集》第 23 卷，人民出版社 1972 年版，第 201～202 页。
　　③ 《马克思恩格斯全集》第 46 卷（上册），人民出版社 1979 年版，第 410 页。
　　④ 《马克思恩格斯全集》第 47 卷，人民出版社 1979 年版，第 290 页。
　　⑤ 《马克思恩格斯全集》第 46 卷（下册），人民出版社 1980 年版，第 267 页。
　　⑥ 《马克思恩格斯全集》第 46 卷（下册），人民出版社 1980 年版，第 219 页。
　　⑦ 《马克思恩格斯全集》第 46 卷（下册），人民出版社 1980 年版，第 229 页。

过资本的外部关系，而是被当作资本自我保存的条件，——这是忠告资本退位并让位于更高级的社会状态的最令人信服的形式。这里包含的，不仅是科学力量的增长，而且是科学力量已经表现为固定资本的尺度，是科学力量得以实现和控制整个生产的范围和广度。"① 从上面引证的马克思的论述中，我们可以清楚地看到，马克思已经深刻认识到科学对于推动生产力发展所起的决定性作用。马克思生活在资本主义上升时期，当时，资本主义生产方式在英法等国已经完全成熟，大工业把自然力和自然科学并入生产过程，极大地提高了劳动生产率。科学已经为直接的生产过程服务，成为生产财富的手段、致富的手段。因此，马克思对科学与生产力关系的认识并没有超过时代的界限。马克思同时代的某些自然科学家也在不同程度上取得了这样的认识。马克思的独特贡献，在于他看到了科学是一种在历史上起推动作用的革命力量，并指出，生产力的发展不仅在生产关系上引起新的变化，加深生产力和生产关系的矛盾，而且造成资本主义自身最终灭亡的条件。

从马克思生产力理论的三个层次中我们可以看到，生产力要素与生产力（要素）的发展是两个不同的问题。如果我们把注意力放在生产力发展问题上，就会发现马克思关于科学的论述是多么丰富、精辟而又深刻。马克思指出："科学这种既是观念的财富同时又是实际的财富的发展，只不过是人的生产力的发展即财富的发展所表现的一个方面，一种形式。"② 这里马克思清楚地说明了科学是生产力发展的一种形式。马克思说生产力中也包括科学，是指科学作为生产力发展形式体现在生产力三要素之中。这是因为：首先，科学是通过人的发明创造，物化为机器等生产资料，被应用于生产过程，创造了更高的生产力，所以，这种物化劳动以生产力本身的形式出现。其次，科学技术为劳动者所掌握，使劳动者能够不断提高劳动技能、革新劳动工具、改进生产方法，使自然力发挥更大的效用，创造更高的劳动生产率。因此，在生产力的物质要素和人的要素的发展中，科学技术起着重大使用，造成了

---

① 《马克思恩格斯全集》第46卷（下册），人民出版社1980年版，第268～269页。
② 《马克思恩格斯全集》第46卷（下册），人民出版社1980年版，第34页。

生产力的巨大增长，从而由一般生产力转化为直接生产力。

科学是生产力的发展形式，但又不是唯一的形式。马克思列举的其他形式还有协作、分工、合作社、股份公司、世界市场的开辟乃至人口的增加等等。我们不可能把它们都列为生产力要素，而且如果我们把科学技术看作是一种特殊的生产或产业，它也同样包含劳动过程的三个要素。可见，生产力要素是一回事，生产力要素的发展又是另一回事，虽然两者之间有着不可分割的联系：生产力三要素都以发展的形式存在着；生产力发展的任何形式都离不开生产力三要素。持本文开头列举的理论观点的同志把这两个相互联系但又有重要区别的问题混为一谈，从而得出了马克思没有在生产力要素问题（第一个问题）上，"强调讲科学技术"（第二个问题）的结论。

把科学技术看作是生产力发展的一种形式而不是生产力要素，涉及的不仅仅是一个理论问题，而且是一个具有实践意义的问题。因为弄清这个问题可以使我们认识到，在大力发展科学技术的同时，也要注意其他提高劳动生产力的形式，如劳动的社会结合、组织管理等等。随着社会的进步，这些非科技形式也不断丰富和发展，而且越来越显示出它们的重要作用。此外，科技的发展需要一个较长的过程，往往是几代人的积累，而劳动的社会结合和组织管理等等则可以在较短时期内得到应用并发挥作用。科学技术固然重要，但是如果我们片面强调一种生产力发展形式，而忽视其他形式，就有可能带来工作指导的偏差，给我们的事业造成损失。

区分生产力要素与生产力（要素）的发展这两个不同的问题对于正确理解邓小平同志关于"科学技术是生产力，而且是第一生产力"的论断具有重要的理论意义。这个论断涉及的显然是生产力的发展形式而不是生产力要素。因为就生产力要素而言，人的因素才是占主导地位的。这个论断的含义是：在生产力诸发展形式中，科学技术是占第一位的。邓小平同志的观点同马克思的生产力理论是完全一致的，它对于指导我国的社会主义现代化建设具有重大而深远的意义。

（原文发表于《马克思主义与现实》1991 年第 4 期）

二、"生产力一元决定论"争论

坚持和发展马克思的生产力决定论

——为纪念《生产力研究》创刊十周年而作

于祖尧[*]

马克思创立的关于生产力决定作用的科学理论，是历史唯物主义的核心，也是政治经济学的基础。关于生产力在社会发展中的决定作用的原理是经过古今中外实践检验证明的颠扑不破的真理。它决不会因时代变迁而过时。

邓小平在新的历史条件下坚持和发展了马克思关于生产力决定作用的理论。在邓小平关于有中国特色的社会主义理论体系中，生产力理论占有极重要的地位。例如，关于社会主义的根本任务是发展生产力的理论；关于必须以经济建设为中心的理论；关于社会主义初级阶段的理论；关于改革的进一步解放和发展生产力的革命的理论；关于发展是硬道理和分三步走的战略；关于坚持生产力标准的理论；关于社会主义也可以搞市场经济的论述；关于中国的发展离不开世界和对外开放的理论；等等，无一例外地都和生产力决定论联系在一起的。可以说，生产力决定论是邓小平有中国特色的社会主义理论的重要基石，也是有中国特色的社会主义经济理论的最重要的组成部分。要深入领会和掌握有中国特色的社会主义理论，必须认真地全面地学习邓小平的生产力决定作用的理论；必须深入研究这一理论的渊源，分析邓小平在新时期如何继承和发展马克思关于生产力的理论。

这里，我们不妨就几个有关生产力的热门话题，谈谈应当怎样学习和领会、运用生产力决定论。

例一，关于如何理解生产力标准。

在谈到评价改革措施是否符合社会主义原则时，邓小平同志指出："判断

---

* 于祖尧：中国社会科学院经济研究所副所长、教授。

的标准，应该主要看是否有利于发展社会主义社会的生产力，是否有利于增强社会主义国家的综合国力，是否有利于提高人民的生活水平。"① 生产力标准论就是生产力决定论。这三个"有利于"并不是并列的，其中最重要的是第一项即发展社会主义社会的生产力。这是实现第二和第三个"有利于"的前提和基础。综合国力的增强和人民生活水平的提高是生产力发展的结果，因而也是生产力发展的标志。但是，怎样才能有利于发展生产力呢？能否把生产力的发展仅仅归结为人们通常所理解的 GDP 的增长速度呢？应当承认，GDP 的增长速度是衡量生产力增长的一项重要指标。但它不是唯一的指标，更不能把它绝对化，凌驾于其它一切指标之上。人们不会忘记，历史上曾经有过喧嚣一时的"超英赶美"的"大跃进"，也有过 20 世纪 70 年代后期雄心勃勃的"洋跃进"。改革开放后几度出现过追求不切实际的超高速增长，实现产值高速增长是受多种因素制约的。有暂时起作用的因素，也有长期起作用的因素；有一时的超高速，也有持久、稳步、有效的高速度。实践表明，如果根据暂时的景气来判断经济状况，从而把一时的景气与生产力标准混同，那么，对宏观经济的去向就可能产生误导。生产关系必须适合生产力性质，这是人类社会经济发展的根本规律。强调生产力标准，首先要判明生产力的性质及现状，从而使我们的改革措施和各项经济政策适应社会生产力的性质及其发展趋势的要求。我国现阶段生产力呈多层次的趋势，经济结构具有多元化的特点。因此，改革步骤切忌一刀切、切忌一阵风。农村实行家庭承包、开展互助合作，是适应以手工劳动为主的生产力性质的。在农村生产力没有发生质的飞跃之前，轻率地推行规模经营，势必又重开"大锅饭"。相反地，对城市现代化的国有大工业，如果硬要把社会化的生产资料量化到个人，虽然可以不开"大锅饭"了，但社会化生产力与私人占有的矛盾重演就难以避免了。所以，坚持生产力标准，切忌简单化。

例二，如何理解计划与市场都是手段，目的是发展生产力。

计划和市场是社会化商品经济条件下调节资源配置的两种方式或手段。

---

① 《邓小平文选》第三卷，人民出版社 1993 年版，第 372 页。

近代世界经济发展史早已证实了这一点。事实上，早在上一个世纪末，社会主义制度还孕育在母胎里的时候，在西方工业化国家垄断组织就已经在很大程度上对全国经济实行有计划的调节。但是，市场和计划作为调节手段并不是人们可用可不用的"大观园里的丫环"（孙冶方语），并不是哪位天才的发明创造，而是社会化生产力发展的产物，是社会用以调节生产力与生产关系的矛盾所能作出的唯一选择。资本主义有市场，但没有全社会范围的统一管理和调节，社会化的生产力便起来反抗私人占有制。同样，社会主义有全社会统一管理和协调，但由于排斥市场，多层次的生产力也便起来反抗"一大二公"的生产关系。但是，无论计划或市场，作用都是相对的、有限的。因为生产力是最活跃、最具有革命性的因素，而生产关系、经济体制却具有相对稳定性。因而，生产力与生产关系的矛盾是绝对的，计划和市场只能在不断地调节生产关系和生产力的矛盾中推进经济的发展。所谓"市场失灵"或者所谓"政府失灵"，都只是种表象，根源还在于生产关系与生产力的矛盾。所以，只有坚持历史唯物主义的生产力决定论，才能科学地理解计划与市场都是手段的论点。

例三，关于发展生产力和坚持公有制为主体。

邓小平同志指出："讲社会主义，首先就要使生产力发展，这是主要的。""社会主义原则，第一是发展生产，第二是共同富裕。"邓小平同志又指出："过去行之有效的东西，我们必须坚持，特别是根本制度，社会主义制度，社会主义公有制，那是不能动摇的。""在改革中，我们始终坚持两条根本原则一是以社会主义公有制为主体，一是共同富裕。"[①]

邓小平的社会主义观中，发展生产力占极重要的地位。他把发展生产力和社会主义本质、任务、原则密切地联系在一起。因为要消灭贫穷，避免两极分化，实现共同富裕，必须以生产力的大发展为物质前提。中国的现实是，社会主义基本制度已经建立，但依然是发展中国家，区域经济发展极不平衡，6500万人至今仍生活在绝对贫困之中。在这种条件下，公有化范围越广，公

---

① 《邓小平文选》第三卷，人民出版社1993年版，第142、172页。

有化程度越高，那就意味着贫困范围越普遍化，贫困程度越深重。但贫穷决不是社会主义。所以，要建设社会主义，必须把发展生产力放在首位。

但是，能否由此引申出"所有制是手段，发展生产力才是目的"的判断呢？过去我们犯了历史唯心主义的错误，在所有制改造中贪大求公，忽视了生产力的决定性作用，违背了生产关系必须适合生产力性质规律的要求。但是，现在因此走到另一极端，把所有制问题贬为微不足道的"手段"，也是不恰当的。

"所有制手段论"，在理论上不是前进，而是后退。经济学所说的所有制，是劳动者与生产资料结合的形式或方式，它是实现物质资料生产的前提和基础；各种不同的生产方式正是以不同形式和性质的所有制区别开来的。按照马克思的论点，所有制即是生产关系的总和。怎么可以和作为资源配置手段的计划与市场等量齐观呢？所有制是不能由人们按照自己的意志选择的，它是由生产力决定的。适合生产力性质的所有制就能充当生产力发展的促进力量；相反地，不适合生产力性质的所有制便会阻碍生产力的发展。在所有制改革上搞"唯意志论"，最终是要受到生产力的惩罚的。前车之覆，后车之鉴。如果我们现在接受了"所有制手段论"，恐怕很难与历史唯心主义彻底划清界限。这里，我们不妨重温一段马克思的精辟论述：

> "社会——不管其形式如何——究竟是什么呢？是人们交互作用的产物。人们能否自由选择某一社会形式呢？决不能。在人们的生产力发展的一定状况下，就会有一定的交换和消费形式。在生产、交换和消费发展的一定阶段上，就会有一定的社会制度……
>
> ……人们不能自由选择自己的生产力——这是他们的全部历史的基础，因为任何生产力都是一种既得的力量，以往活动的产物。"①

由此看来，要摆脱所有制改革上追求"一大二公"的"唯意志论"，只有坚持马克思的历史唯物主义。

----

① 《马克思致安年柯夫（1846 年 12 月 28 日）》，引自《马克思恩格斯〈资本论〉书信集》，人民出版社 1976 年版，第 15～16 页。

例四，关于社会主义国有制改革。

关于社会主义国有企业的改革，必须讲两句话，一句是社会主义国有制经济缺不了；一句是现行社会主义国有制模式和范围不改不得了。这两句话缺一不可。为什么？根本的原因就在于必须按照生产关系一定要适合生产力性质的规律办事，必须遵循社会化生产力性质的要求选择国有制模式，使之恰当地协调利益主体多元化与社会化生产力的矛盾。离开生产力的决定作用，仅在"产权明晰化"上做文章，势必把企业改革引上歧路。

在无产阶级夺得政权之后，只有通过社会主义国有化和国有制来实现"剥夺剥夺者"，为社会主义奠定经济基础。舍此别无它途。因此，社会主义国有化和国有制的存在是不可避免的。马克思和恩格斯说过："无产阶级将利用自己的政治统治，一步一步地夺取资产阶级的全部资本，把一切生产工具集中在国家即组织成为统治阶级的无产阶级手里，并且尽可能地增加生产力的总量。"[1]　"无产阶级将取得国家政权，并且首先把生产资料变为国家财产。"[2]　只要我们承认资本主义存在着社会化生产力和私人资本主义占有制的矛盾，承认资本主义制度本身不能自发地消除这个矛盾，承认无产阶级专政的必要性，那么，对社会主义国有化和国有制就不能轻率地采取全盘否定的态度。至于在完成了"剥夺剥夺者"之后，国有制采取何种模式，国有制限定在什么范围，则是另一个问题。但解决这后二个问题也决不能无视生产力的现状及其发展趋势。

（原文发表于《生产力研究》1996 年第 6 期）

---

① 《共产党宣言》，引自《马克思恩格斯选集》第 1 卷，人民出版社 1972 年版，第 272 页。
② 《反杜林论》，引自《马克思恩格斯选集》第 3 卷，人民出版社 1972 年版，第 320 页。

关于"生产力一元决定论"的若干理论问题

——基于经典文本的解释、辩护和重申

肖 磊*

生产力决定生产关系、生产关系反作用于生产力,是人类社会发展的基本规律。这一规律必须运用唯物的、实践的、辩证的思维方法,特别是要运用唯物辩证法的基本原理进行正确解读。本文试图澄清与基本原理有关的三个基本理论问题:第一,生产力对生产关系的作用并不是事后意义上的"归根到底的决定",也不是事前意义上的"多元决定",而是"辩证决定";第二,生产关系产生的"生产力前提"不同于生产关系对生产力的"决定性的反作用",不能将反作用理解为事后意义上的"系统因果性";第三,马克思、列宁设想的"东方道路"是一个历史发展的特殊性问题,它与英国工场手工业产生后生产关系对生产力的"决定性的反作用"不是同一个问题,不能等同视之,不能用"东方道路"的特殊性否定"生产力一元决定论"的普遍性。

一、正确理解经典作家关于生产力与生产关系矛盾的有关论述

生产力和生产关系的矛盾法则是马克思历史研究的主线,也是人类社会发展的基本规律。马克思有时将其直接看作"生产资料与生产关系"的关系,有时将其称为"生产力与交往形式"的关系,有时称作"生产力与社会关系之间的联系"。特别地,马克思还直接将二者之间的关系称为"生产力(生产资料)的概念和生产关系的概念的辩证法"①。从经典文本来看,马克思对基

---

* 肖磊:西南财经大学马克思主义学院、《经济学家》编辑部副研究员。

① 参见《马克思恩格斯文集》第8卷,人民出版社2009年版,第33~34页。

本原理的具体表述主要有以下三种方式。

一是直接表述为生产力与生产关系（或交往形式、社会形式）的对立、矛盾、冲突、对抗等。这种用语在马克思的著作中是最常见的。根据马克思的表述，生产关系是人们在其中获得一定生产力的"社会形式"①，生产力在一定的生产关系中运动，当生产力发展到与生产关系不能相容的地步时，二者之间就会通过斗争和对抗的形式表现出来。因此，在这里，生产力与生产关系表现为社会经济运动中对立的两个方面。

二是采用"适合"或"适应"等语词来表述二者之间的关系。这也是马克思经常使用的表达方式，斯大林将其概括为"生产关系一定要适合生产力性质的规律"②。这种表述的涵义在于：生产力是历史发展的基础，是既定的历史条件；生产关系作为生产和生产力借以实现的"社会形式"，它只能对生产力起适合或不适合的功能性作用，因而生产关系依据生产力的发展而改变，生产关系依据生产力而具有不同的形式。这是理解二者之间的内在联系的关键之点，马克思有专门的解释。在致安年科夫的信中，马克思指出："人们不能自由选择自己的生产力——这是他们的全部历史的基础，因为任何生产力都是一种既得的力量，是以往的活动的产物……他们的物质关系形成他们的一切关系的基础。这种物质关系不过是他们的物质的和个体的活动所借以实现的必然形式罢了……人们永远不会放弃他们已经获得的东西，然而这并不是说，他们永远不会放弃他们在其中获得一定生产力的那种社会形式。恰恰相反。为了不致丧失已经取得的成果，为了不致失掉文明的果实，人们在他们的交往［commerce］方式不再适合于既得的生产力时，就不得不改变他们继承下来的一切社会形式。"③

三是采用"随着……，则……"的语句来论述二者之间的关系。这种论述表达的是一种典型的"时序因果关系"，即生产力的发展在前，生产关系的变革在后，生产力发展是引起生产关系变化的根本原因。马克思采用这种表

---

① 《马克思恩格斯文集》第 10 卷，人民出版社 2009 年版，第 43 页。
② 《斯大林选集》下卷，人民出版社 1979 年版，第 576 页。
③ 《马克思恩格斯文集》第 10 卷，人民出版社 2009 年版，第 43～44 页。

述的情况比前面两种要少一些，但观点是没有变的。马克思多次指出，生产力的变化引起生产方式的变化，进而引起生产关系的变化，例如，"社会关系和生产力密切相联。随着新生产力的获得，人们改变自己的生产方式，随着生产方式即谋生的方式的改变，人们也就会改变自己的一切社会关系。手推磨产生的是封建主的社会，蒸汽磨产生的是工业资本家的社会"①。

　　除了这些表达方式之外，马克思还使用了其他的一些语词，但并不是太常见。例如，有时也采用"决定"或"制约"等语词来表达二者之间的关系。这些表述同上面的三种论述并不矛盾，只是换了一种说法而已。同时涵盖三种表述的概括性总结是在《〈政治经济学批判〉序言》中提出的，马克思认为，这是指导他的整个研究的总的结果。可见，马克思确实是将生产力和生产关系看作人类社会发展中对立统一的两个方面，并且将其相互之间的运动视为质变与量变、对立统一和否定之否定的过程。在黑格尔的《逻辑学》中，质变量变规律属于"存在论"的范围，而对立统一规律属于"本质论"的范围。但这两个规律并不是相互外在的规律。在同一的生产过程中，不存在没有生产关系的生产力，也不存在没有生产力的生产关系，二者统一于具体的生产活动之中。

　　用"决定与反作用"来概括生产力与生产关系之间的关系，强调的是二者之间的作用方式在无数的相互作用中所具有的根本性和主导性。"决定与反作用"是相互作用的主要形式，是在无数的相互作用中起支配作用的方式。没有相互作用，也就没有所谓的辩证决定；同样地，没有辩证决定，也就没有具体的相互作用。相互作用始终只是比辩证决定更为一般的概念，它表达的是事物之间的"普遍联系"。辩证决定与相互作用的关系，实际上就是事物之间"内在联系"与"普遍联系"的关系。在《资本论》中，马克思使用了"决定性的反作用"这样的语词："从直接生产者身上榨取无酬剩余劳动的独特经济形式，决定了统治和从属的关系，这种关系是直接从生产本身中生长

_____

　　① 《马克思恩格斯文集》第 1 卷，人民出版社 2009 年版，第 602 页。

出来的，并且又对生产发生决定性的反作用。"①

　　这里，生产关系对生产力的"决定性的反作用"，是以承认生产力对生产关系的"决定性作用"为前提的。"决定性的反作用"只是而且仅仅表明，不改变旧的生产关系，新的生产力就不能获得发展，新的生产关系只是在旧的生产关系中成长起来的生产力的发展条件。在这个意义上，在辩证作用的具体环节上，也可以说，生产关系是决定性的，是矛盾的主要方面。所以，马克思指出："从资本的观点来看，资本以前的各个生产阶段都同样表现为生产力的桎梏。而资本本身，如果理解得正确，只有当生产力需要外部的刺激而这种刺激同时又表现为对生产力的控制的时候，才表现为生产力发展的条件。"② 这句话表明了"决定性的反作用"的真正涵义。毛泽东对这一观点有过明确的论述："诚然，生产力、实践、经济基础，一般地表现为主要的决定的作用，谁不承认这一点，谁就不是唯物论者。然而，生产关系、理论、上层建筑这些方面，在一定条件之下，又转过来表现为主要的决定的作用，这也是必须承认的。当着不变更生产关系，生产力就不能发展的时候，生产关系的变更就起了主要的决定的作用……这不是违反唯物论，正是避免了机械唯物论，坚持了辩证唯物论。"③

　　这是从矛盾的主要方面和非主要方面的相互转化的角度来讲的，要说明的是矛盾的特殊性。"生产力决定生产关系"是"一般条件下"的普遍规律，而"生产关系的决定性的反作用"则是"在一定条件下"的特殊情况，这个"一定条件"就是指不变更生产关系、生产力就不能发展的时候，是在生产关系成为生产力发展的桎梏的时候，是在矛盾双方处于对立状态的时候。这恰恰不是否定生产力的首要性和发展性，而正是表明了生产力对生产关系的支配作用。虽然旧的生产关系在一定时间内阻碍新的生产力的发展，但是新的生产力并不是凭空产生的，它是在旧的生产关系的母体中孕育成长的，它是旧的生产力在旧的生产关系中发展的结果，而旧的生产关系在成为生产力发

① 《马克思恩格斯文集》第7卷，人民出版社2009年版，第894页。
② 《马克思恩格斯文集》第8卷，人民出版社2009年版，第96页。
③ 《毛泽东选集》第一卷，人民出版社1991年版，第325～326页。

展的障碍之前正是通过促进生产力发展而获得历史合法性的。

在此，不能将生产力与生产关系之间的关系理解成主要矛盾和非主要矛盾的关系，从而将生产力一元决定论理解成主要矛盾起决定作用。生产力一元决定论是指，作为"统一体的一个方面"的生产力在一般条件下起决定性作用、起支配作用，而生产关系对生产力的"决定性的反作用"，则是以生产力的决定性作用为前提条件和先在条件的，因此，在特殊条件下，当生产关系成为矛盾的主要方面起支配作用的时候，即当生产关系阻碍生产力发展的时候，生产关系的变化就会对生产力的进一步发展产生决定性的反作用。在社会历史进程中，生产力和生产关系谁占主导地位，是随着具体条件而变化的，并且这种变化是朝着自己的对立面转化的。当原来的主要方面变成非主要方面，原来的非主要方面变成主要方面，矛盾也就随之变化，旧的矛盾为新的矛盾所代替，但是这种变化并不是单纯的重复，而是否定之否定。这就完全不同于多元决定论。

现实中人们理解的多元决定论又分为两种：一种是主张多种因素作用于同一事物的"多因素论"，另一种则是主张事物是多种矛盾的统一体，因而事物的发展进程是多种矛盾共同决定的，这就否定了根本矛盾（例如社会发展中生产力与生产关系的矛盾）和基本矛盾（例如资本主义社会中的生产的社会化与私人占有之间的矛盾）的决定性作用，否定了必然性，这种决定论就是阿尔都塞的矛盾的"多元决定"，用现代的表述方式可称之为"系统决定"或"有机决定"。

毛泽东指出，"在复杂的事物的发展过程中，有许多的矛盾存在"，在不同的情况下，主要矛盾和非主要矛盾的地位发生变化，但不管怎样，"其中必有一种是主要的，起着领导的、决定的作用，其他则处于次要和服从的地位"，"事物的性质，主要地是由取得支配地位的矛盾的主要方面所规定的"。[1] 虽然毛泽东这一论点启发了法国哲学家阿尔都塞，但阿尔都塞提出的"矛盾与多元决定"却完全不同于毛泽东的决定论。阿尔都塞的多元决定论强

---

[1] 《毛泽东选集》第一卷，人民出版社1991年版，第320、322页。

调的是事物的进程是由多种矛盾所构成的统一体，从而反对黑格尔式单一的矛盾决定的辩证展开体系（历史和逻辑相统一）。阿尔都塞认为，黑格尔的矛盾是单一的矛盾决定论，因而是抽象的和不现实的，马克思对黑格尔辩证法合理内核的吸收不在于唯物主义的"颠倒"，而在于真正地改造了辩证法的内在结构，从而形成了一种包含经济基础、上层建筑及其他方面各种矛盾对历史进程的多元决定，即"在各有关领域中活动的'不同矛盾'"并不是像黑格尔辩证法中那样构成"一个简单矛盾的内在统一体"，而是在"构成统一体的同时，重新组成和实现自身的根本统一性，并表现出它们的性质：'矛盾'是同整个社会机体的结构不可分割的，是同该结构的存在条件和制约领域不可分割的；'矛盾'在其内部受到各种不同矛盾的影响，它在同一项运动中既规定着社会形态的各方面和各领域，同时又被它们所规定"①。

　　阿尔都塞的这一观点虽然表述得极其复杂和费解，但实际上就是毛泽东关于主要矛盾和非主要矛盾思想的极端化。如果将黑格尔的方法理解成"历史和逻辑相统一"的客观唯心主义的历史辩证法，那么阿尔都塞的辩证法则是一种以"矛盾"为核心的"共时性"的辩证法，它着眼于历史进程中某一时刻（横断面）存在的各种矛盾的复合体的性质。这显然并不是马克思辩证法的全部，将其视为马克思辩证法的基本结构，是对马克思思想的极大误解。马克思在《资本论》中的辩证法，不仅遵循了历史和逻辑相统一的方法达到范畴的自己运动，而且对黑格尔的《逻辑学》的结构进行了科学改造，马克思完全克服了卢卡奇所指责的黑格尔生硬地将范畴塞进"正反合"的框架中的毛病。毛泽东的《矛盾论》是对列宁的辩证法思想的继承和发展，他所论的矛盾包括"各个物质运动形式的矛盾，各个运动形式在各个发展过程中的矛盾，各个发展过程的矛盾的各个方面，各个发展过程在其各个发展阶段上的矛盾以及各个发展阶段上的矛盾的各个方面"②，因而绝不是阿尔都塞所论述意义上的多元决定论。同时，毛泽东的"矛盾"概念也存在层次性，

---

① ［法］阿尔都塞：《保卫马克思》，顾良译，商务印书馆 2016 年版，第 88、89 页。
② 《毛泽东选集》第一卷，人民出版社 1991 年版，第 317 页。

不同矛盾的普遍性程度是不同的，生产力与生产关系、经济基础与上层建筑之间的矛盾属于人类社会发展中的根本矛盾，而生产的社会性与占有制的私人性的矛盾属于资产阶级社会的基本矛盾。这是同阿尔都塞的多元决定论完全不同的。马克思的"生产力一元决定论"与毛泽东对生产力和生产关系的辩证理解没有任何实质性的区别。

阿尔都塞不赞成恩格斯的命题——"历史过程中的决定性因素归根到底是现实生活的生产和再生产"①，这就表明了阿尔都塞所理解的马克思的辩证法是不同于马克思的。恩格斯的解释可以重新表述为：第一，人们在一定的前提下创造历史，其中，经济条件是决定性的，政治、意识等条件起作用，但不起决定性作用，政治归根到底是由历史的、经济的原因而产生和发展起来的；第二，历史是由许多的单个人的具有冲突性的意志的合力而形成的不自觉的结果，单个人的意志归根到底是由经济情况所决定的生活条件造成的。恩格斯的特别说明，所针对的是机械的、单一因素的"经济决定论"观点，其论证的逻辑是要解释什么因素决定了历史斗争或者说政治上层建筑和国家的进程或事件。在这个意义上，经济运动（生产力和生产关系的矛盾），归根到底决定了历史的一般进程和总体趋势，而这种决定是通过无穷无尽的偶然事件实现的，众多因素的相互作用与经济运动归根到底的决定作用并不矛盾，相反，经济运动的必然性恰恰是通过偶然性为自己开辟道路的，是通过无数的偶然因素的相互作用而实现的。所谓的"归根到底"，指的是由经济运动造成的社会发展的一般趋势在背后作为偶然事件或者各因素相互作用的内在根据而间接地、有中介地发挥作用。非本质条件能够改变事物发展的个别外貌，但经济状况决定事物发展的一般进程。

在 1894 年的一封信中恩格斯进一步给出了"归根到底"的解释，这种解释包括三个方面：第一，作为全部社会历史决定性基础的经济关系不仅包括生产和交换的方式，而且包括全部技术、地理环境、各种残余经济成分和外部环境；第二，政治、法律、宗教等因素相互之间发生相互作用并对经济基

---

① 《马克思恩格斯文集》第 10 卷，人民出版社 2009 年版，第 591 页。

础发生作用，"是在归根到底不断为自己开辟道路的经济必然性的基础上"发生的；"通过各种偶然性来为自己开辟道路的必然性，归根到底仍然是经济的必然性"；第三，经济状况并不是自动地发生作用，而是人们在既定、制约他的环境中，在现有的现实的关系的基础上，在一个有明确界限的既定社会内，自己创造自己的历史，其中，经济关系不管受到其他关系的多大影响，它在归根到底的意义上都是决定性的，是"贯穿始终的、唯一有助于理解的红线"①。对于这一更为明确的解释，阿尔都塞没有提及，所以，他的反驳的文本依据是片面的。恩格斯的特别说明只是用另一个方式解释了唯物史观的基本原理，而并没有对基本原理添加新的内容。因此，不能将恩格斯的解释理解为生产力在事后意义上起归根到底的决定作用，更不能将其理解为机械决定论意义上的最后的决定因素。

二、正确理解资本主义产生的"生产力前提"

前面是一般理论的探讨，下面将具体分析资本主义生产关系产生的生产力前提以及资本主义生产关系对生产力发展的决定性的反作用。由于这种反作用的显著性，人们容易产生这样的看法：在英国资本主义形成过程中，先产生了工场手工业的资本主义生产关系，后来才有了机器大工业的生产力发展，正是由于生产力的事后确认才使资本主义生产方式获得有机转变，或者说"系统性转变"，因而生产力在事后起归根到底的决定作用。事实上，这一论述忽略了两个极为重要的问题：一是工场手工业中的资本主义生产关系产生的生产力前提，也就是说，在这种生产关系发生反作用之前，是由于生产力发展造成了生产关系的转变；二是机器的生产力基础问题，机器的产生是工场手工业分工的结果，是从工具的结合开始的，而工场手工业的企业内分工则是建立在行会手工业社会分工的基础上的，这里面有一条明确的生产力变化的线索，资本主义生产关系的产生、发展及统治地位的形成都密切地与生产力发展的这一连续的线索相联系着。

---

① 《马克思恩格斯文集》第10卷，人民出版社2009年版，第667~669页。

马克思在《资本论》中研究了工场手工业的劳动方式如何产生机器大工业的生产力前提，即在工场手工业中由于精细的分工而产生的劳动工具特别是复杂的机械装置如何孕育出机器，从而首先实现劳动资料的变革，这是大工业的起点。同时，马克思也指出了工场手工业的生产力前提，就是劳动力和生产资料的规模的扩大、劳动力在生产上的集中，正是这种规模较大的生产才导致了以分工为基础的工场手工业的形成，这可理解为"生产力的量变"①。马克思认为，工场手工业是资本主义时代的开始，在时间上大致从16世纪中期持续到18世纪最后30年。而以简单协作为基础的手工工场则是资本主义的萌芽时期，萌芽是一种过渡性质的生产方式，在这种生产方式中，"劳动对资本的从属只是形式上的，就是说，生产方式本身还不具有特殊的资本主义的性质"②。

资本主义萌芽是一种普遍的现象，是商品经济发展的产物，凡是商品经济发展到一定程度都会产生一些劳动力集中并在形式上受商业资本控制的雇佣劳动现象。但是，"萌芽"是种子，是内因，是一种内在的必然性，它要借助外部条件才能生根、开花和结果。西欧最早发生资本主义萌芽的意大利、荷兰被后进的英国所超过，其原因恰恰在于各种外因或偶然因素的差异。这些因素中，起主要作用的仍然是生产力方面的。

第一，最初引起生产力量变的因素主要有两个方面：一是从15世纪最后30多年开始的并持续到整个16世纪的农业革命；另一个是"15世纪末各种大发现所造成的新的世界市场的贸易需要"③。第一次农业革命奠定了英国工场手工业的生产力条件，正是由于"农业革命对工业的反作用"才导致了"工业资本的国内市场的形成"④。没有农业生产力的进步，就没有商品经济的进一步发展，也就没有商业资本的最初积累。"剩余价值的全部生产，从而资本的全部发展，按自然基础来说，实际上都是建立在农业劳动生产率的基

① 赵磊：《历史唯物主义研究中的得与失——与孟捷教授商榷》，载于《政治经济学报》2017年第9期。
② 《马克思恩格斯文集》第5卷，人民出版社2009年版，第847页。
③ 《马克思恩格斯文集》第5卷，人民出版社2009年版，第860页。
④ 《马克思恩格斯文集》第5卷，人民出版社2009年版，第854页。

础上的。"① 英国史学家的研究表明，从根本上改造英国传统农业面貌的农业革命发生在 16 世纪，至 17 世纪结束，而不是像传统观点认为的那样发生在 18 和 19 世纪。②

地理大发现之后开始的世界市场革命，是促使英国资本主义形成和发展的另外一个重要的生产力条件。之所以说这是一个生产力条件，是因为地理大发现是航海技术进步的结果，地理大发现为新的市场和新的生产资料来源提供了可能性。地理大发现改变了世界市场的航线，破坏了意大利北部的商业优势，使英国成为世界市场的中心，这是英国商业发展的最重要的外部因素，也是英国超过意大利成为资本主义诞生地的主要原因。世界市场的建立使英国毛纺织产业获得了快速发展，毛纺织产业的发展带动了养羊业的发展，进而成为推动 15 世纪末至 16 世纪前半期第一次圈地运动高潮的直接原因。圈地运动不仅造成劳动者和生产资料的分离、工场手工业和农业的分离，为农村工业和沿海城市的工业提供了大量雇佣劳动者，而且成为解放束缚农业生产力发展的生产关系的重要推动力，使农业真正地成为资本主义性质的大规模农业。

第二，在英国资本主义形成过程中，人口数量变化也是一个重要的生产力条件。14 世纪发生的"黑死病"使英国的人口几乎减少一半，人口数量的剧烈减少是促使英国庄园经济制度解体并导致"敞田制"广泛存在的直接原因，而"敞田制"是圈地运动的直接的制度前提。历史资料显示，圈地运动并没有导致农业生产的下降，英国的农业产量一直在快速增长，这说明尽管大量公田和自耕地被圈占，但农业劳动生产率也在快速提高。15 世纪中叶到 16 世纪中叶英国人口的快速增长，为农业和工业资本主义发展提供了大量劳动力，而农业革命则保证了新增人口的物质需要，打破了农业生产的"马尔萨斯陷阱"，使整个经济呈现出人口增长、市场扩大、生产力进步三者协同发展的局面，为工场手工业提供了生产力前提。

---

① 《马克思恩格斯文集》第 7 卷，人民出版社 2009 年版，第 888 页。
② 参见侯建新：《工业革命前英国农业生产与消费再评析》，载于《世界历史》2006 年第 4 期。

由此可见，英国资本主义萌芽和工场手工业的产生都是生产力发展的结果，都是生产力和生产关系对立运动的产物。虽然以工场手工业为基础的资本主义生产关系对生产力的革命性突破产生巨大促进作用，但在发生这种决定性的反作用之前，生产关系却是生产力发展的结果，因而最终还是生产力的决定作用居于优先地位。

"生产力一元决定论"包括决定和反作用两个阶段：第一个阶段是生产力发展到一定水平导致旧的生产关系趋向解体；第二个阶段是新的生产关系促进生产力发展，对生产力发生"决定性的反作用"。在社会历史发展中，后一阶段很重要，但绝不能忽视前一阶段的重要性和根本性。毛泽东说："生产关系的革命，是生产力的一定发展所引起的。但是，生产力的大发展，总是在生产关系改变以后。"[①] 这一论述准确地概括了生产力与生产关系之间的辩证关系。那么，能否颠倒过来用事后的"决定性的反作用"的胜利来论证事前的生产关系变革的合法性？生产力发展到什么水平才能够导致生产关系的变革？第一个问题我们在下一部分论证东方道路时进行探讨，第二个问题马克思已经给出了答案。

马克思曾经反复强调这样一种观点："资本主义社会的经济结构是从封建社会的经济结构中产生的。后者的解体使前者的要素得到解放。"[②] 这是一种辩证的理解方式，即将封建社会的解体与资本主义社会的产生看作同一进程的两个方面，生产力的发展既是引起封建社会解体的原因，也是导致资本主义萌芽的原因，即旧的生产力在旧的生产关系中的发展，并受到旧的生产关系的束缚，而新的生产关系的形成以旧的生产关系的解体、生产要素的游离和解放为前提，不管是旧的生产关系的解体还是新的生产关系的形成，"只有在物质的（因而还有精神的）生产力发展到一定水平时才有可能"[③]。因而，物质生产力是必要条件。

进一步地，可以说，在解体和形成的同一过程中，导致生产关系的变革

---

① 《毛泽东文集》第八卷，人民出版社 1999 年版，第 132 页。
② 《马克思恩格斯文集》第 5 卷，人民出版社 2009 年版，第 822 页。
③ 《马克思恩格斯文集》第 8 卷，人民出版社 2009 年版，第 155 页。

的必要条件，只需要生产力达到使旧的生产关系不能维持再生产（逐渐解体）而新的生产关系可以在形式上存在（萌芽）的临界点。马克思说："资本关系本身的出现，是以一定的历史阶段和社会生产形式为前提的。在过去的生产方式中，必然发展起那些超出旧生产关系并迫使它们转化为资本关系的交往手段、生产资料和需要。但是，它们只需要发展到使劳动在形式上从属于资本的程度。"① 马克思还说："就生产方式本身来说，例如，初期的工场手工业，除了同一资本同时雇佣的工人人数较多而外，和行会手工业几乎没有什么区别。行会师傅的作坊只是扩大了而已。"② 这些表述说明，生产力发展的临界点也就是新旧两种生产关系的临界点，在这个临界状态中，旧的生产方式被赋予一种形式上的新的社会属性，从而呈现为一种过渡形态，这种过渡性质的社会形式就是我们经常所说的"萌芽"。马克思曾经详细地描述过货币转化为资本的各种"原始的历史形式"、各种中间类型和混合类型及其过渡方式③，马克思还详细地描述了资本主义发展过程中生产力、生产方式和生产关系变化的历程④，如果将这一历程提炼成普遍化的表述，即可视为生产力和生产关系运动的一般规律、一般理论：生产力达到临界点，旧的生产关系解体，新的生产关系形成；生产要素在新的生产关系中组合，使生产方式（即劳动方式）发生变化；变化了的生产方式一方面创造新的物质生产力，另一方面使自己在新的物质生产力的基础上得到发展，从而产生彻底的经济革命；经济革命一方面使新的生产关系普遍化和现实化，另一方面则发展出更高水平的劳动生产力、生产条件和交往关系，造成生产力和生产关系之间的矛盾尖锐化，进而为新的生产方式创造现实条件，为新的社会形态、新的社会生活过程创造物质基础。

　　这一理论可称为"生产力的临界点理论"，它从另一个角度具体地解释了生产力和生产关系的辩证关系，从而区别于"生产力—生产方式—生产关系"

① 《马克思恩格斯全集》第49卷，人民出版社1982年版，第126页。
② 《马克思恩格斯文集》第5卷，人民出版社2009年版，第374页。
③ 参见《马克思恩格斯文集》第8卷，人民出版社2009年版，第164~166页。
④ 参见《马克思恩格斯全集》第49卷，人民出版社1982年版，第126页；《马克思恩格斯文集》第8卷，人民出版社2009年版，第546~547页。

以及事后意义上的"生产力有机决定论"两种解释模式。

三、正确理解经典作家关于东方道路问题的论点

所谓东方社会发展道路，具体来讲，包括三个相关的问题：一是马克思研究的亚细亚生产方式的特征及其在社会形态演变中的定位，二是马克思和恩格斯对俄国农村公社能否跨越"卡夫丁大峡谷"的理论设想，三是列宁对俄国十月革命和俄国社会主义道路的理论解释。第一个问题涉及社会形态演变的顺序和东西方差异的问题，本文不做探讨。第二个问题和第三个问题是直接相关的，本文中的"东方道路"主要是指俄国社会主义发展的道路问题，也就是跨越"卡夫丁大峡谷"问题。

19 世纪 70 年代俄国的学者和理论家对俄国的发展道路问题发生了争论和分歧。1881 年 2 月 16 日，查苏利奇致信马克思，请求马克思说明对俄国农村公社的可能命运以及世界各国必然经历资本主义生产各阶段理论的看法。在《给维·伊·查苏利奇的复信草稿》的初稿中，马克思论证了俄国农村公社跨越"卡夫丁大峡谷"在理论上的可能性："因为它和资本主义生产是同时代的东西，所以它能够不通过资本主义生产的一切可怕的波折而吸收它的一切肯定的成就……和控制着世界市场的西方生产同时存在，使俄国可以不通过资本主义制度的卡夫丁大峡谷，而把资本主义制度的一切肯定的成就用到公社中来。"[1] 但是，马克思认为这只是一种纯理论上的可能性，能否实现取决于它所处的历史环境。

实际上，早在 1877 年《给"祖国纪事"杂志编辑部的信》中，马克思已经提出俄国不必走西欧资本主义发展道路：不能把"关于西欧资本主义起源的历史概述彻底变成一般发展道路的历史哲学理论"，不能认为"一切民族，不管他们所处的历史环境如何，都注定要走这条道路"，如果那样做，"会给我过多的荣誉，同时也会给我过多的侮辱"[2]。

---

① 《马克思恩格斯全集》第 19 卷，人民出版社 1963 年版，第 431、435、436 页。
② 《马克思恩格斯全集》第 19 卷，人民出版社 1963 年版，第 130 页。

马克思 1877 年和 1881 年的主要观点，是通过俄国革命掌握国家政权，来首先消除各种对农村公社的破坏性力量并保卫农村公社的存在，使其具备自由发展的条件。同时，马克思也明确地提到，以世界市场为中介吸收资本主义的肯定成果（主要是生产力）的设想。[①] 在致查苏利奇的复信草稿的第二稿中，马克思仍然保留了这个观点[②]："俄国是在全国广大范围内把土地公社占有制保存下来的欧洲唯一的国家，同时，恰好又生存在现代的历史环境中，处在文化较高的时代，和资本主义生产所统治的世界市场联系在一起。俄国吸取这种生产方式的肯定成果，就有可能发展并改造它的农村公社的古代形式，而不必加以破坏（我顺便指出，俄国的共产主义所有制形式是古代类型的最现代的形式，而后者又经历过一系列的进化）。"[③]

但是恩格斯认为，必须先有西欧无产阶级革命的成功，才能够为农村公社提供样板，才能够保卫农村公社并缩短俄国进入共产主义社会的时间，减轻转变的痛苦，因此，能够改造俄国农村公社的只有西欧资本主义国家的无产阶级。所以，我们发现，在马克思恩格斯共同署名的《共产党宣言》俄文版序言中，结论变成了如果俄国革命"成为西方无产阶级革命的信号而双方相互补充"，俄国农村公社的土地公有制可以成为共产主义的起点。而马克思在复信的草稿提到的是西方资本主义国家的内部矛盾越来越尖锐，处于危机、对抗、冲突状态，没有提到过西方资本主义制度的变革或革命。

这些观点，后来恩格斯在 1893 年 2 月 24 日和 10 月 17 日致丹尼尔森的两封信中又进一步阐述了："在俄国，从原始的农业共产主义中发展出更高的社会形式，也像任何其他地方一样是不可能的，除非这种更高的形式已经存在于其他某个国家，从而起到样板的作用。"[④] 在 1894 年《"论俄国的社会问题"跋》中，恩格斯说："对俄国的公社进行这种改造的首创因素只能来自西方的工业无产阶级，而不是来自公社本身。西欧无产阶级对资产阶级的胜利

---

① 参见王东：《晚年马克思新解》，载于《教学与研究》1996 年第 5 期。
② 在第三稿中没有提及这个观点，但保留俄国农村公社与资本主义是同时代的这一历史条件的说明。
③ 《马克思恩格斯全集》第 19 卷，人民出版社 1963 年版，第 444 页。
④ 《马克思恩格斯文集》第 10 卷，人民出版社 2009 年版，第 664 页。

以及与之俱来的以公共管理的生产代替资本主义生产，这就是俄国公社上升到同样的发展阶段所必需的先决条件。"①

如果按照马克思之前的观点，通过世界市场的联系而获取资本主义的肯定成果，那么西方资本主义的消灭就不一定是前提条件。但是，恩格斯在后来的文献中（1893 年给丹尼尔森的两封信以及 1894 年的《"论俄国的社会问题"跋》）却认为这一前提条件是马克思和他共同的看法："无论他还是我都认为，实现这一点的第一个条件，是外部的推动，即西欧经济制度的变革，资本主义在最先产生它的那些国家中被消灭。"②

对于这种分歧的一种可能的解释是，马克思在致查苏利奇的信的草稿中设想过另外一条道路，即以世界市场为中介，利用资本主义的肯定成果，跨越资本主义制度的"卡夫丁大峡谷"，但马克思最终放弃了这种想法，而采用了和恩格斯相同的观点。这也可能就是马克思为什么就这封信写了三个草稿，而最终只给出一个简短结论的原因。

俄国十月革命以后，第二国际认为当时俄国的生产力水平和文化水平没有达到社会主义的高度，列宁则提出另外的命题："我们为什么不能首先用革命手段取得达到这个一定水平的前提，然后在工农政权和苏维埃制度的基础上赶上别国人民呢？"③ 之所以发生这种争论，原因在于俄国十月革命建立在对世界革命近期到来的预期之上，但后来西欧发达地区的革命没有成功，于是，革命后的苏联就面临在一国能否建设社会主义和怎样建设社会主义的问题。列宁的命题实际上与马克思曾经产生而最终放弃了的设想是一致的，但列宁并没有提到马克思关于跨越"卡夫丁大峡谷"的设想。列宁认为，革命是必然的，也是必要的，世界发展的一般规律并不排斥个别发展阶段的特殊性，反而以这种特殊性为前提。

列宁的解释搁置了"生产力要达到何种程度才能保证新生的社会具有可持续性"这一重要问题。实践表明，促使资本主义生产关系解体的"临界"

---

① 《马克思恩格斯全集》第 22 卷，人民出版社 1965 年版，第 500 页。
② 《马克思恩格斯文集》第 10 卷，人民出版社 2009 年版，第 649 页。
③ 《列宁选集》第 4 卷，人民出版社 1995 年版，第 777 页。

生产力水平似乎要到自动化、信息化、智能化时代才能出现，社会主义要保持与世界市场的联系才能够获得资本主义的肯定成果。这两个条件在当时的苏联都不具备。相反地，苏联没有完成的事情，当代中国却在逐渐完成，"中国道路"在一定程度上正在实现马克思的关于跨越的理论设想，并超越了苏联模式。

通过不断改革的办法调整生产关系以适应生产力发展的需要，以世界市场为中介利用资本主义的生产力，创造性地提出"社会主义市场经济"的制度设计，这些实践创造性地走出了一条具有中国特色的社会主义道路，创造了经济快速发展的世界奇迹。当前世界正在孕育第四次工业革命，人类社会已经进入信息化时代，并开始向智能化时代迈进，无人工厂、无人商店已经开始出现，信息网络正在实现需求和供给的即时反馈，自动化、智能化生产方式快速发展，新科技创新不断涌现，这些新的趋势表明，人类社会正在接近发生系统性变化的生产力临界点。资本主义制度与这种生产力的发展而产生的对人的排斥是矛盾的，这种矛盾正在尖锐化，它必将引起革命性变化；随着世界资本主义向生产力临界点靠近并逐渐趋向解体，中国对社会主义道路的探索将具有更广泛的世界历史意义和人类学意义。

马克思的设想和列宁的命题能否用生产力在事后意义上的有机或系统决定来解释呢？在马克思和列宁看来，这些观点只是"东方道路"的特殊性问题，它与基本原理并不冲突。从经典文本来看，无论是马克思、恩格斯，还是列宁和毛泽东，他们都没有在事后决定的意义上理解基本原理。恩格斯所反复提示的"归根到底的决定"指的是经济基础决定上层建筑，指的是经济运动的必然性通过各种偶然因素的交互作用而表现出来。

诚然，毛泽东说过这样的话："一切革命的历史都证明，并不是先有充分发展的新生产力，然后才改造落后的生产关系，而是要首先造成舆论，进行革命，夺取政权，才有可能消灭旧的生产关系。消灭了旧的生产关系，确立了新的生产关系，这样就为新的生产力的发展开辟了道路。"[①] 这句话，是不

[①]　《毛泽东文集》第八卷，人民出版社 1999 年版，第 132 页。

是表明要颠倒基本原理中的逻辑顺序才能解释历史发展的特殊性呢？显然不是，生产力与生产关系的矛盾不是自动地表现出来的，而是通过社会矛盾表现出来的，当生产力与生产关系的矛盾发展到一定程度，代表先进生产力的社会阶级与落后的社会阶级的矛盾就会成为社会各阶级的主要矛盾，就会产生社会变革的动力，只有当原来统治社会的宏观政治权利（政权）被革命冲击或消灭之后，上层建筑的性质发生了改变（或者是旧的上层建筑性质的改变，或者是旧的上层建筑被消灭），新的生产关系（微观的经济权利）才能广泛地建立起来，新的生产力才能得到充分的发展。这里，起决定性作用的是生产力发展，但是主要矛盾和矛盾的主要方面却是不断发生变化的。

事前意义上的多元（矛盾）决定论或多因素决定论，以及"事后意义上的生产力归根到底的决定作用"，可以翻译成这样的表述：生产关系是生产力、阶级斗争、国家间关系等各种偶然因素共同决定的或由其中的某个单一因素决定的（否定生产力的一元决定），而这样产生的生产关系要获得一种普遍性的地位、造成社会形态的系统性转变或整体性变迁，就必须通过这种生产关系造成的生产力的优势和生产力的发展来确认，如果没有这种事后的生产力发展来保证其合法性，那么生产关系就可能倒回去，就不可持续。也就是说，只有带来生产力发展并由生产力发展来确认的生产关系才是可持续的，生产关系的产生则需要考虑各种因素造成的总和，生产力并不起决定作用，国家可以决定生产关系，阶级斗争可以决定生产关系，国家间的竞争也可以决定生产关系。按照这种观点，生产关系就是可选择的，一定的生产关系的产生也是偶然的，甚至生产关系是可以超阶段的，因此，社会发展就没有规律性可循。这实际上是半截子的唯物主义，是唯心主义的观点。它是另外一种世界观的表现，这种观点主张事物的发展是受偶然性支配的，认为进化并不遵循一定的规律，从而否定了人类实践中的主观能动性和客观必然性的辩证关系。

四、结语

马克思和列宁的理论设想、苏联模式及中国道路的超越，不仅没有否定"生产力一元决定论"，而且从理论和实践两个方面证明了"生产力一元决定论"的科学性。历史和实践表明，不能将生产关系对生产力的反作用解释为"生产关系的决定性作用"，也不能将"生产力的归根到底的决定作用"进一步解释为"事后意义上的决定作用"，而主张事前意义上的"多元决定论"。

通过文本的研究，我们可以得出这样的结论，经典作家在基本原理的理解上没有实质性分歧，他们对唯物史观的认识是一致的。当然，这并不意味着，在侧重点上，在基本原理的应用上，在对形势的判断上以及具体策略的考虑上，他们也是完全一致的。马克思恩格斯反复强调："这些原理的实际运用"，"随时随地都要以当时的历史条件为转移"①；列宁反复强调"具体问题具体分析"；毛泽东反复强调"实事求是"，这些重要的提示说明了，基本原理的理解和灵活应用并不是一件简单的事情，它需要掌握马克思主义的辩证法思想，需要达到辩证思维的高度。正如列宁所指出的，马克思主义的革命辩证法是"马克思主义中有决定意义的东西"②，只有运用唯物辩证法来理解唯物史观，才能够把握马克思主义的精髓。马克思意义上的"决定"是"辩证决定"，无论是系统决定、有机决定，还是事后决定或归根到底地决定，都不能够完全概括基本原理中各个范畴的相互关系。

【参考文献】

［1］孟捷：《历史唯物论与马克思主义经济学》，社会科学文献出版社2016年版。

［2］赵磊：《历史唯物主义研究中的得与失——与孟捷教授商榷》，载于《政治经济学报》2017年第9期。

［3］孟捷、赵磊：《生产力一元决定论的超越与辩护——关于〈历史唯物论与马克思主义经济学〉的对话》，载于《天府新论》2017年第4期。

［4］丁堡骏：《两个马克思及其对当代中国特色社会主义的现实意义》，载于《政治经济学评论》2017年第3期。

---

① 《马克思恩格斯文集》第2卷，人民出版社2009年版，第5页。
② 《列宁选集》第4卷，人民出版社1995年版，第775页。

［5］傅筑夫：《再论资本主义萌芽——关于资本主义萌芽的几点补充意见》，载于《社会科学战线》1983 年第 1 期。

［6］吴于廑：《历史上农耕世界对工业世界的孕育》，载于《世界历史》1987 年第 2 期。

［7］张光明：《略论"倒过来的革命"——关于列宁的〈论我国革命〉》，载于《社会主义研究》2009 年第 5 期。

［8］金志霖：《中世纪英国行会和雇佣工人——兼论雇佣工人与生产资料的关系》，载于《历史研究》1990 年第 6 期。

［9］王乃耀：《十六世纪英国农业革命》，载于《史学月刊》1990 年第 2 期。

［10］胡潇：《论生产关系与生产力的质量对应运动》，载于《求索》1984 年第 1 期。

（原文发表于《马克思主义研究》2018 年第 1 期）

生产力一元决定论和有机生产方式的变迁

——对历史唯物主义核心思想的再解释

孟 捷[*]

第一章 生产方式的结构与生产关系的两重功能

生产力一元决定论长期以来一直被奉为历史唯物主义的核心思想。普列汉诺夫在其《论一元论历史观之发展》一书中提出，用财产关系或生产关系解释政治、法律等上层建筑的起源，其实并不是马克思的发明，法国波旁王朝时期的历史学家，如基佐和梯也尔，已在相当程度上认识到这一点；马克思的独到贡献在于，将财产关系或生产关系进一步归结于生产力的发展水平，将生产力发展视为社会发展的根本动力。用普列汉诺夫的话来说，马克思的这一发现，将对于社会历史发展的解释唯物主义地置于一个统一的基础上，即形成了所谓"一元论历史观"。[①] 自第二国际成立以来，生产力一元决定论在其运用中还有如下特点：它将生产力在塑造一种生产方式或经济社会形态时所具有的归根结底的作用，等同于生产力的发展在历史过程中的直接决定作用。这样一来，生产方式及生产关系的任何发展和变革，都被看作生产力发展的直接结果；而上层建筑和意识形态的变化又被看作生产关系或经济基础变化的结果。这种意义上的生产力一元决定论，在斯大林的《辩证唯物主义和历史唯物主义》一书中被进一步法典化，最终成为所有教科书

　＊ 孟捷：中国人民大学经济学院教授、博士生导师。本文是孟捷教授出版的《历史唯物论与马克思主义经济学》一书的前三章。由于这三章在内容上构成一个有机整体，《政治经济学报》2016 年第 6 卷第 1 期将其作为一篇独立的文章，以《生产力一元决定论和有机生产方式的变迁——对历史唯物主义核心思想的再解释》为题发表。

　① 参见普列汉诺夫：《论一元论历史观之发展》，博古译，上海三联书店 1961 年版，第 2 章；也可参见王荫庭编：《普列汉诺夫读本》，中央编译出版社 2008 年版。

一致采用的标准理论。然而，在马克思主义外部或内部的批评者看来，这种片面的生产力决定论或经济决定论，其实难以解释历史发展的全部复杂情况。① 自恩格斯以来，尽管不同时代的马克思主义者一直在申辩，认为历史唯物主义既然承认生产关系对生产力、上层建筑对经济基础的反作用，就不同于生产力决定论或经济决定论，但这些申辩似乎并不足以让批评者们信服。还有一些马克思主义者，如阿尔都塞，力图通过其多元决定的观点克服历史唯物主义的一元决定论，但最终又与韦伯式的强调各种社会权力具有同等重要性的观点做了妥协。

　　本书的前三章试图在回顾既往理论的基础上，对生产力和生产关系的相互关系提出一种新的解释。为此我们特别倚重于卢卡奇晚年的本体论著作，其中的核心思想，即社会存在的最终不可分割的要素是人的目的论活动，为我们重释生产方式及其结构奠定了基础。我们将生产方式定义为以榨取剩余为目的的生产活动，并在此前提下，批评了科恩对历史唯物主义的功能解释——这是对第二国际以来一直流行的生产力一元决定论的最为晚近且颇有影响的解释。科恩（或者生产力一元决定论）的关键失误，在于忽略了生产关系（或所有关系）不只具有适应或促进生产力的发展这一种功能，生产关系还具有另一种功能，即帮助统治者榨取更多的剩余。生产关系的这两重功能并不总是协调一致的，这一点意味着，生产关系的变化并不总是服从于生产力发展的需要，某种来自生产力以外的因素，也会造成生产关系的改变。然而，不管最初造成生产关系变化的原因是什么，只有当一个生产方式趋向于将剩余的榨取越来越多地建立在生产力发展的基础上，才会促成该生产方式在整体上不可逆转的变革，即本文所说的有机生产方式的变迁。有机生产方式的变迁包含着新的历史过程因果性的概念，根据这种概念，生产力作为

①　生产力一元决定论和经济决定论是内在地相互联系的。根据经济决定论，生产关系（其总和构成经济基础）是脱离上层建筑而自主地变化的，这一变化可以解释上层建筑随之发生的改变。而生产力决定论则解释了生产关系的这种相对于上层建筑的自主变化植根于生产力的发展。如果生产力决定论不成立，则生产关系变化的原因就需另作解释，这意味着，上层建筑的改变将有可能成为生产关系变化的直接原因，这样一来，经济决定论就随之失效了。因此，在逻辑上，生产力决定论和经济决定论共同构成了对历史唯物主义的决定论解释的两个互相关联的部分。

历史发展的根本动因，不必一定在"事先"的意义上，也可以在"事后"的意义上体现出来。笔者希望，上述极为扼要地加以解释的这些观点，在保留了生产力一元决定论的合理内容的同时，也为兼容历史唯物主义批评者的意见预留了空间。

本章在结构上安排如下，第一节由文本分析出发，简略地讨论了马克思的"生产力—生产方式—生产关系原理"，透过这一原理，我们可以发现马克思本人和通常所说的生产力一元决定论其实保有某种距离。第二节至第四节对生产方式做了一个较为精细的结构分析，在张闻天的理论贡献的基础上，我们区分了生产关系的两重性，并以卢卡奇晚年的本体论思想为借镜，从目的论活动的角度解释了生产方式概念。第五节简略地讨论了生产力和生产关系之间两种可能的因果关系。从内容及其与后两章的关系来看，这一章可以看作重释历史唯物主义的一个预备性讨论。

第一节　楔子：所谓"生产力—生产方式—生产关系原理"

1980 年，马家驹、蔺子荣发表了《生产方式和政治经济学的研究对象》一文，他们提出，按照马克思在《资本论》中的规定，政治经济学的研究对象应当是人类社会各个历史阶段上特定的生产方式以及与之相应的生产关系；更为重要的是，在他们看来，马克思所讲的生产方式并不是生产力和生产关系的统一，而是介于这两者之间从而把它们联系起来的一个范畴，即两者之间的中介。[①] 在发表于 1997 年的一篇论文中，吴易风进一步重申了这种观点，提出在马克思那里存在着所谓"生产力—生产方式—生产关系原理"，而不是生产力和生产关系直接相互作用的原理。[②] 为了证实这种观点，吴易风进行了详细的文本考证，根据他的梳理，从 1846 年 12 月 28 日致安年柯夫的信开始，在《哲学的贫困》、《资本论》（德文版）、《资本论》（第 1 卷法文版）等一

---

① 马家驹、蔺子荣：《生产方式和政治经济学的研究对象》，载于《经济研究》1980 年第 6 期。

② 吴易风：《论政治经济学或经济学的研究对象》，载于《中国社会科学》1997 年第 2 期；该文收录于张宇、孟捷、卢荻主编：《高级政治经济学——马克思主义经济学的最新发展》，经济科学出版社 2002 年版。

系列论著中，马克思多次强调了这一原理。譬如，在致安年柯夫的信里，马克思这样写道："随着新的生产力的获得，人们便改变自己的生产方式，而随着生产方式的改变，他们便改变所有不过是这一特定生产方式的必然关系的经济关系。"① 再如，马克思在《资本论》（第 3 卷）中写道："对资本主义生产方式的科学分析却证明：资本主义生产方式是一种特殊的、具有独特历史规定性的生产方式；它和任何其他一定的生产方式一样，把社会生产力及其发展形式的一定阶段作为自己的历史条件，而这个条件又是一个先行过程的历史结果和产物，并且是新的生产方式由以产生的现成基础；同这种独特的、历史规定的生产方式相适应的生产关系，——即人们在他们的社会生活过程中、在他们的社会生活的生产中所处的各种关系，——具有独特的、历史的和暂时的性质。"②

出版于 1859 年的《政治经济学批判》（第一分册）的序言，一般被看作马克思对历史唯物主义基本结论的经典表述。也唯独在这篇序言中，马克思没有提到"生产力—生产方式—生产关系原理"，而只谈到生产力和生产关系的直接相互作用。不过，吴易风指出，一般研究者所忽略的是，在 1867 年问世的《资本论》（第 1 卷）和 1872 年出版的《资本论》（法文版）里，马克思对这篇序言做了征引，但在征引的同时，马克思也对序言里的表述做了重大修改，即把"同他们的物质生产力的一定发展阶段相适合的生产关系"，分别修改成"一定的生产方式以及与它相适应的生产关系"，以及"一定的生产方式以及从这种生产方式中产生的社会关系"。③ 通过上述细致的文本分析，吴易风提出，《政治经济学批判》序言的表述事实上是一个孤证，在绝大多数的其他场合，马克思的表述都具有如下特点："不是生产力直接决定生产关系，也不是生产力和生产关系的统一构成生产方式，而是生产力决定生产方式，生产方式决定生产关系

---

① 马克思、恩格斯：《〈资本论〉书信集》，人民出版社 1976 年版，第 17 页。
② 《资本论》第 3 卷，引自《马克思恩格斯全集》第 25 卷，人民出版社 1974 年版，第 993 页。
③ 参见《马克思恩格斯全集》第 23 卷，人民出版社 1972 年版，第 99 页；《资本论》第 1 卷法文版，中国社会科学出版社 1983 年版，第 61 页。

即经济关系"。①

　　吴易风和马家驹等人的观点在方法论上具有重要意义，不过，在他们的观点中也存在可以商榷的地方：第一，他们把生产方式作为生产力和生产关系的中介，与作为生产力和生产关系的统一（这是教科书里通常采用的关于生产方式的定义，因斯大林的倡导而流行）对立了起来。而在笔者看来，这两种定义在某种意义上是可以相互沟通的；第二，他们依然按照决定论的方式解释生产力、生产方式、生产关系这三者的联系，例如，用吴易风的话来说："生产力—生产方式—生产关系原理的基本内容是：第一，生产力决定生产方式。……生产力的变化引起生产方式的变化，新的生产力要求产生和它相适应的新的生产方式。第二，生产方式决定生产关系。……生产方式的发展引起生产关系的发展，生产方式的改变导致生产关系的改变。"② 显然，这种诠释并没有克服主张生产力决定生产关系的传统理论所固有的弊端。

　　重新发现马克思的"生产力—生产方式—生产关系原理"，为我们摆脱对历史唯物主义的决定论的理解提供了一个契机。将生产方式作为生产力和生产关系的中介的观点，可以用来发展一种不同于生产力一元决定论的解释。譬如，生产方式作为劳动和分工的特定组织方式，自然要以某种生产力水平为前提，但生产力与生产方式之间未必是决定论的关系，因为劳动和分工的组织也受到生产关系以及其他制度因素的制约，在生产力水平相同的条件下完全可能表现出不同的形态。在下一节里，我们将以不同于吴易风等人的方

---

　　① 引自张宇、孟捷、卢荻主编：《高级政治经济学——马克思主义经济学的最新发展》，经济科学出版社2002年版，第53页。在上述讨论的基础上，吴易风还进一步考察了政治经济学的研究对象，他提出，第一，按照马克思在《资本论》第1卷第1版序言里的规定，政治经济学的研究对象是资本主义生产方式以及与之相适应的生产关系，而不单纯是生产关系；第二，马克思对生产方式的研究包括了对资源配置的研究，不同的生产方式和生产关系下有着不同的资源配置方式，不存在超历史的资源配置的合理性。这些观点同时意味着对两个阵营的批判，一方面，吴易风指出，传统政治经济学有违马克思的定义，把研究对象仅仅规定为生产关系，这就把生产方式排除在外，同时也排除了生产关系范畴所包容不了的资源配置问题；另一方面，针对新古典经济学，他提出应该研究具体生产方式和生产关系下的具体的资源配置方式，而非局限于研究资源配置一般。

　　② 引自张宇、孟捷、卢荻主编：《高级政治经济学》，经济科学出版社2002年版，第54页。

式重新诠释生产方式作为中介的含义，并将它与斯大林倡导的"统一"说（即生产方式作为生产力和生产关系的统一）相结合。依照我们的解释，生产力和生产关系是通过将这二者统摄在内的生产方式这一整体而互相联系的，我们将生产方式界定为以占有剩余为目的的生产活动，生产力的一切变化都必须有利于扩大这一剩余，另一方面，生产关系的改变也要服务于对剩余的更大规模的占有，在此意义上，生产力和生产关系的相互联系是以实现生产方式的这一目的为中介的。

第二节　巴里巴尔对生产方式的结构分析

法国哲学家巴里巴尔在他与阿尔都塞合著的《读〈资本论〉》一书里对生产方式提出了一种结构分析。依照他的观点，生产方式是由三种因素和两重关系构成的，这三种因素是：劳动者、生产资料和非劳动者；两重关系是：所有权关系、现实的或物质的占有关系。巴里巴尔将所有这些构成因素和关系称作"一切生产方式的……各个不变要素"[①]。

巴里巴尔详细讨论了第二种关系，即他的所谓现实或物质的占有关系。在他看来，马克思曾在两种不同意义上使用过"占有"一词，有时用它指所有权关系，有时又用它指占有关系。例如，根据他的引证，马克思在《资本论》（第1卷）曾有以下两种表述：

"当他（指劳动者——引者注）为了自己的生活目的对自然物实行个人占有时，他是自己支配自己的。后来他成为被支配者"；

"资本占有这部分剩余劳动"。[②]

巴里巴尔认为，在这两处，占有一词所表达的分属不同含义，第二句话里的占有表达的是所有权关系（即剩余劳动的占有关系），第一句里的占有则不表现所有权关系，用他的话来说，"它属于马克思所说的'劳动过程'的分

---

① 巴里巴尔：《关于历史唯物主义的基本概念》，引自阿尔都塞、巴里巴尔：《读〈资本论〉》，李其庆译，中央编译出版社2001年版，第261页。

② 《资本论》第1卷，引自《马克思恩格斯全集》第23卷，人民出版社1972年版，第555、557页。

析",而劳动过程在马克思那里指的是人对自然的占有,在这里马克思没有让资本家作为占有者出现,只有劳动者、劳动资料和劳动对象。

巴里巴尔进而讨论了生产力和构成生产方式的所有组分(即三种因素和两重关系)之间的关系。他提出,生产力并不是对生产方式的所有构成因素的罗列,只有在第二种关系中,即在人对自然的占有中,生产力才能体现出来。他还认为,在劳动过程中,单纯依靠劳动者并不能推动生产资料,非劳动者或资本家的监督和指挥是使劳动者推动社会生产资料,使个别劳动成为社会劳动,并使劳动过程具有合目的性的必要条件。

在巴里巴尔看来,生产方式是一个复杂的整体,其中各个因素不是一次性地被联系在一起,而是"被两种不同的关系联系在一起",换言之,这些要素的结合"不是一切生产的各个'因素'之间的简单关系,而是这两种关系的关系以及它们之间相互依存的关系"。构成生产方式的三种因素(劳动者、生产资料和非劳动者)一方面通过所有权关系相互联系起来,另一方面,也通过巴里巴尔界定的第二种占有关系联系起来。在巴里巴尔看来,后一种联系对于理解什么是生产力是关键的,因为生产力不是孤立的要素,而是占有自然的整体方式,他甚至认为:生产力不是要素,不是物,而是一种生产关系。①

巴里巴尔关于生产力也是生产关系的主张,在内容上虽有其合理性,但在表述上毕竟显得突兀。英国学者里格比在评论这一观点时,就对他提出了批评。参照里格比的评论,被巴里巴尔视作生产力的生产关系,其实是劳动关系,也就是在劳动过程中的协作和分工关系,这种劳动关系应该和作为剩余劳动占有关系的生产关系(或生产的社会关系,也可称为所有制关系或所有关系)区分开来。②

把劳动关系和生产的社会关系或所有关系相区分,这在历史唯物主义研

---

① 巴里巴尔:《关于历史唯物主义的基本概念》,引自阿尔都塞、巴里巴尔《读〈资本论〉》,中央编译出版社2001年版,第261、289页。

② 里格比:《马克思主义与历史学》,吴英译,译林出版社2012年版,第29页。里格比的这部著作较全面地介绍和评析了20世纪70～80年代西方学者围绕历史唯物主义的争论,具有重要的文献价值。

究中是一个重要步骤，后文还将继续讨论这一区分在理论上的意义。值得一
提的是，对劳动关系的重视，在西方马克思主义者中间还曾引发了一场争论，
里格比在概括这场争论时提出，围绕劳动关系的定义，出现了三种不同的观
点：其一是将劳动关系视为生产的社会关系，其二是将劳动关系看作有别于
生产力和生产的社会关系的独立概念，其三是将劳动关系作为生产力（这是
巴里巴尔的观点）。里格比赞同第三种观点，理由是："生产的劳动关系在本
质上不同于生产的社会关系，后者涉及的是对剩余劳动的占有问题。劳动关
系是劳动组织过程的内在组成部分，会对劳动生产率产生重要影响。似乎没
有什么理由能够说明，为什么不应该将劳动关系包括在社会生产力范畴之内，
像那些在生产过程中使用的要素一样。"① 笔者认为，在定义劳动关系时，其
实可以在里格比提到的这几种观点之间达成某种妥协。劳动关系自然具有属
于生产力的维度，但劳动关系也镌刻着社会生产关系的烙印，将其完全归结
为生产力或生产关系，都是不妥当的。劳动关系在概念上的这种特点意味着
它是一种中介，但承认这种中介地位并不意味着要取消其作为概念的独立性。
接下来我们在介绍中共早期重要领导人、著名理论家张闻天的观点时，还将
涉及这里的问题。

第三节　张闻天论生产关系的两重性

1963 年，张闻天撰写了《关于生产关系的两重性问题》一文。1979 年，
该文正式刊发于《经济研究》杂志。② 在这篇文章里，张闻天系统地表达了
他对历史唯物主义基本原理的新阐释。张闻天的理论工作，不仅代表了中国
学者对历史唯物主义研究的真正改进，而且在当时的世界范围内，也是十分
新颖而深刻的。从写作时间来看，张闻天的这篇著作要远早于科恩、巴里巴
尔等西方马克思主义者关于历史唯物主义的著作，他在近乎封闭的研究环境
下，提出了自己的理论创见。

---

① 里格比：《马克思主义与历史学》，吴英译，译林出版社 2012 年版，第 31 页。
② 张闻天：《关于生产关系的两重性问题》，载于《经济研究》1979 年第 10 期。

张闻天将马克思《雇佣劳动与资本》里的一段论述作为研究的出发点。[①]
在他看来,参照马克思的这段论述,可以对生产力、生产关系、生产方式等
范畴的含义及其相互关系做出如下解释。

第一,生产关系可以划分为两类,一类是直接与生产力相联系的生产关
系,或用他的话来说,是"直接表现生产力的生产关系",这种生产关系是
"人们为了进行生产,依照生产技术(即生产资料,特别是生产工具)情况和
需要而形成的劳动的分工和协作的关系"。在文中,张闻天曾建议将这种生产
关系称作"生产关系一般",在个别地方,他还曾以"直接生产关系"代指这
种生产关系。张闻天认为,在马克思的笔下频繁出现的生产方式概念,指的也
就是"生产关系一般"。在他看来,上述生产关系一般并不能独立存在,而需要
和一定社会形态里特殊的生产关系或所有关系相结合,"这种特殊的生产关系,
即一定社会形态中的生产资料和生产品的所有关系。任何生产关系一般,都必
须在所有关系的形式中表现出来。生产关系一般是内容,而所有关系是形式"。
他还指出,所有关系事实上是"包摄所有这些生产、分配、交换和消费关系的
总的形式",是作为总体的生产关系,而不只是对生产资料的所有关系。

第二,生产力和生产关系的矛盾,表现为上述两种生产关系的矛盾,"生
产关系内这两方面的对立统一关系,这种一般和特殊的关系,内容和形式的
关系,这就是我们所说的生产关系的两重性"。"在一定的历史条件下,所有
关系对生产关系一般的发展,起促进的作用;但是到一定的发展阶段,这种
所有关系又阻碍这种发展。""显然,这里被消灭的是生产关系的特殊,即所有
关系,而不是生产关系一般;那表现生产力的生产关系一般不但不能消灭,而
且还要继续保存和发展下去,不过要在另一种所有关系……中表现出来而已"。

第三,上述两重生产关系之间的矛盾,还进一步表现为不同阶级之间的

---

① 张闻天征引的这段话如下:"人们在生产中不仅影响自然界,而且也互相影响。他们如果不以
一定的方式结合起来共同活动和互相交换其活动,便不能进行生产。为了进行生产,人们便发生一定
的联系和关系;只有在这些社会联系和社会关系的范围内,才会有他们对自然界的关系,才会有生
产。"有趣的是,在这段话里,马克思定义的生产关系,其实只是劳动关系,马克思在这里并没有提
出有别于劳动关系的所有关系或生产的社会关系的定义。马克思:《雇佣劳动与资本》,引自《马克思
恩格斯全集》第6卷,人民出版社1961年版,第486~487页。

矛盾。从事直接生产的阶级，在生产关系内总是代表生产力的；而剥削阶级，在生产关系内总是代表所有关系。

第四，不能把生产力等同于技术；不能把生产力和生产关系的矛盾看作人和生产技术的矛盾，而不是生产关系内部的矛盾；不能把生产力最后决定生产关系，看作生产技术最后决定生产关系。张闻天在论及这个问题时毫不吝惜笔墨，他指出，技术本身并不等同于生产力，因为技术只有同人的劳动相结合，为人们所掌握、所推动，才能成为生产力的重要的物的因素。所以，马克思把生产力看作劳动的生产力，"任何生产力，一定要表现为劳动的生产力，才是名副其实的生产力"。"生产技术的作用，也只有在人的生产关系中，才能表现出来，脱离了生产关系的生产技术，不过是一堆无用的死东西。"这样一来，"生产技术的发展过程，完全要受到它所在社会的生产关系的内在矛盾的制约，是很自然的了"。①

张闻天主张生产关系具有两重性，以及生产力和生产关系的矛盾转化为两重生产关系的矛盾，给人留下深刻的印象。他对生产关系两重性的界分，实质上暗示了后文还将详细讨论的问题：①生产关系实质上具有两重功能；②某种所有关系在特定时期的流行，并非必然由生产力水平所决定，而可能只是服从于剩余榨取的需要。

————————

① 在上述观点的基础上，张闻天对斯大林的生产关系定义展开了批判，其要旨是认为斯大林的定义使生产关系变得片面而狭窄。鉴于他的这一批判极为独到而深刻，值得引述如下："（1）由于它（指斯大林的定义——引者按）排除了政治经济学研究表现生产力的生产关系方面，而只研究所有关系，它就使所有关系只有形式而没有内容，同时也就使生产关系失去了内在矛盾的动力。这样，生产关系就被人为地简单化和片面化了。（2）它把所有关系看作生产关系的一个组成部分、一个因素，而不承认所有关系是生产关系的总和，它是包摄所有表现生产力的生产关系，即生产、分配、交换、消费关系的所有关系。这样，它就缩小了所有关系，即全社会经济结构的意义。（3）它把阶级关系（或社会集团的关系）看作生产关系的另一个组成部分，而不知所有关系即阶级关系，阶级关系即是生产关系的总和。这样，它也就缩小了阶级关系的意义。（4）它把生产关系的一个方面，即分配关系同所有关系和阶级关系并列起来。殊不知所有关系，阶级关系，不但在生产资料的所有制中而且也在产品的分配中表现出来，不但在产品的分配中，而且也在生产、交换和消费的关系中表现出来。生产关系如果没有生产、分配、交换和消费的四个方面，不但是片面的，而且是不可能存在的。（5）它把阶级关系和人们在生产中'互相交换自己的活动'混淆在一起，并且把生产中人们'互相交换自己的活动'同产品的交换、即社会内劳动置换关系混淆在一起了。"张闻天：《关于生产关系的两重性问题》，载于《经济研究》1979 年第 10 期，第 42 页。

　　张闻天就劳动关系、生产力和所有关系的相互关系的讨论，大体属于前文介绍的西方马克思主义者的第二类观点，即把劳动关系作为有别于生产力和所有关系的独立概念。这种观点的缺陷，是在强调劳动关系的独立性的同时，相对忽略了劳动关系作为中介的地位。除此之外，张闻天的理论还有如下两点缺失。第一，他偏重强调劳动关系和所有关系（或生产的社会关系）的区别，相对忽略了所有关系对劳动关系的影响。20世纪70年代，美国学者布雷弗曼发展了资本主义劳动过程的理论，详细考察了后面这种影响。[1] 考虑到这一点，像张闻天那样以生产关系一般来代指劳动关系，便是不适当的，因为在劳动关系中可能包含着反映特定所有关系即特定社会权力的内容。为此，就应该以直接生产关系（这也是张闻天使用过的概念）代替生产关系一般，作为劳动关系的同义词。第二，在张闻天那里，表现生产力的生产关系仅限于劳动关系，他在此忽略了，某些所有关系也有表现生产力，或者更准确地来说，适应和促进生产力的功能。例如，《资本论》里谈到的对铁路建设起到重要推动作用的股份公司，作为一种特定的所有关系，就发挥了这种功能。[2]

　　基于上述讨论，劳动关系和所有关系事实上都有两个功能，即一方面表现、适应和促进生产力，另一方面服务于对剩余的占有。为此，可以提出表1-1所概括的四种组合：①表现生产力的劳动关系；②表现生产力的所有关系；③服务于剩余占有的劳动关系；④服务于剩余占有的所有关系。在这四种组合中，只有①和④是张闻天认可的。

表1-1　　　　　　　两种生产关系及其双重功能：四种组合

	表现、适应和促进生产力	服务于对剩余的占有
劳动关系	①	③
所有关系	②	④

[1]　布雷弗曼：《劳动与垄断资本》，方生等译，人民出版社1979年版。
[2]　马克思："假如必须等待积累去使某些单个资本增长到能够修建铁路的程度，那末恐怕直到今天世界上还没有铁路。但是，集中通过股份公司转瞬之间就把这件事完成了。"《资本论》第1卷，引自《马克思恩格斯全集》第23卷，人民出版社1972年版，第688页。

在转入下一节的讨论之前，还需就生产力、劳动关系、所有关系这几个基本概念的含义做一番说明。

（1）生产力：从其构成来看，生产力涉及劳动者、劳动资料、劳动对象，甚至地理空间诸要素。① 从劳动过程的角度看，生产力是依循特定的劳动关系对这些要素进行开发、组合和利用的能力，在此意义上，劳动关系也在一定程度上是生产力的组成部分。与此相应，生产力还包含着各种可以直接运用于生产的科学技术知识，以及用于协调或组织劳动关系的"组织知识"。②

（2）劳动关系：是生产中的协作和分工关系，它不仅直接表现生产力，而且在某种程度上也是生产力的一部分。③ 另一方面，劳动关系的形成也受着剩余占有关系，即所有关系的制约。因此，在劳动关系中，既有表现生产力、属于生产力的部分，也有表现所有关系、属于所有关系的部分。劳动关系在此意义上体现为一种概念的中介或过渡。

（3）所有关系（或生产的社会关系）：是与剩余劳动和剩余产品的占有直接相关的权力关系。依照科恩的定义，"生产关系是对人和生产力的有效的权力关系，而不是法律上的所有权关系"④。大致来说，所有关系涉及如下三个方面的内容：①对生产资料及其他资源的支配权力；②对他人劳动力的支配权力；③决定产品分配的权力。这些权力关系也会对劳动关系的形成和变化发挥直接的影响。

现实的生产，是生产力、劳动关系和所有关系的某种结合，这种结合导向生产方式的概念。在以下的讨论中，我们将在匈牙利思想巨匠卢卡奇的晚

---

① 科恩在讨论生产力的要素时，将空间也列入其中。参见科恩：《卡尔·马克思的历史理论：一种辩护》，段忠桥译，高等教育出版社 2008 年版，第 69~70 页。

② 哈贝马斯曾将"技术知识"和"组织知识"相区分，并将两者列入生产力的构成要素，见哈贝马斯：《重建历史唯物主义》，郭官义译，社会科学文献出版社 2000 年版，第 148 页。

③ 经典作家认为劳动关系可以直接形成生产力，例如："一定的生产方式或一定的工业发展阶段始终是与一定的共同活动的方式……联系着的，而这种共同活动方式本身就是'生产力'"；"受分工制约的不同个人的共同活动产生了一种社会力量，即扩大了的生产力"。见马克思、恩格斯：《德意志意识形态》，引自《马克思恩格斯全集》第 3 卷，人民出版社 1960 年版，第 33、38 页。

④ 科恩：《卡尔·马克思的历史理论：一种辩护》，段忠桥译，高等教育出版社 2008 年版，第 81 页。对生产关系作为一种权力关系而非权利关系的详细论述，见该书第 8 章。

年本体论思想的基础上，发展一个新的关于生产方式的结构分析，即把生产方式看作由两类目的论活动组成的有机整体。

第四节　作为目的论活动的生产方式：以卢卡奇晚年本体论思想为借镜

20 世纪 70 年代初，卢卡奇在去世以前，一直致力于《关于社会存在的本体论》一书的写作。在这部巨著中，卢卡奇提出了如下核心论点：社会存在的最终不可还原的要素，是人的目的设定以及实现这一目的的活动。他这样写道："我们迄今的阐述使我们得出这样的结论，就其基本的本体论结构而言，社会存在乃是某种统一的东西：社会存在的最终'要素'是人的目的论设定。"①

在经济领域存在着两种类型的目的论活动，第一种类型是劳动，即人与自然之间的物质变换。卢卡奇提出："劳动作为经济领域的最后的、无法再予分割的要素，乃是基于目的论设定……就这个基础的方面而言，经济领域同其他社会实践领域根本没有区别。……因此，从这个角度来看，整个社会存在的构造在本体论上是统一的。"② 谈到劳动与目的的设定的关系，读者大概立即会记起马克思就蜜蜂的劳动和建筑师的劳动加以比较的那段名言，马克思是这样说的："最蹩脚的建筑师从一开始就比最灵巧的蜜蜂高明的地方，是他在用蜂蜡建筑蜂房以前，已经在自己的头脑中把它建成了。劳动过程结束时得到的结果，在这个过程开始时就已经在劳动者的表象中存在着，即已经观念地存在着。他不仅使自然物发生形式变化，同时他还在自然物中实现自己的目的，这个目的是他所知道的，是作为规律决定着他的活动的方式和方法

---

① 卢卡奇：《关于社会存在的本体论》下卷，白锡堃、张西平、李秋零等译，重庆出版社 1993 年版，第 411~412 页。遗憾的是，该书在卢卡奇生前并未竣稿，因而具有未完成著作所有的一些缺点，如重复、冗余、叙述线索往往不够清晰等。自其问世以来，该书也一直为卢卡奇研究者所轻视。但在笔者看来，如果撇开这本书表面的缺陷，细读下去，便会在其中发现大量思想的珍珠。卢卡奇的难能可贵之处在于，他对马克思的经济学著作，尤其是《资本论》及其卷帙浩繁的手稿极为熟悉，并从中提炼、汲取了大量思想资源，以形成和丰富他的哲学思想，这一点是许多当代马克思主义哲学家所不及的。也正是由于这个原因，他的许多观点往往可以直接在经济学分析中加以运用。

② 《关于社会存在的本体论》下卷，白锡堃、张西平、李秋零等译，重庆出版社 1993 年版，第 392 页。

的，他必须使他的意志服从这个目的。"①

卢卡奇对劳动中的目的论设定及其实现做了细致的分析。他指出，一方面，在劳动过程中，由观念产生的目的论设定，在本体论上先于其物质的实现。另一方面，劳动中的观念因素与其物质的实现，是只有在思维中才能相互隔离开来的活动。目的论设定，只有通过物质的实现过程，才能成为真正的目的论活动，否则只能是一种意愿。在劳动过程中，有两个重要的环节，第一个环节是设定目的，另一个环节则是确定手段。一个成功的劳动过程，必须扬弃目的和手段之间的异质性，促成"设定的目的"和"设定的因果性"之间的"同质化"，也就是"造成某种自身同质的东西：劳动过程以及最终的劳动产物"。卢卡奇就此写道，"人们不应忽略这样一个朴素的事实，即设定的目的能否实现，这仅仅取决于在确定手段时究竟在多大程度上把自然的因果性转变成了——本体论意义上的——设定的因果性。目的的设定产生于社会的人的需要；然而为了使它成为一种真正的目的设定，对于手段的确定，即对于自然的认识，必须达到一定的与这些手段相适应的水平；如果这些手段尚未获得，那么目的的设定就仅仅是一项乌托邦工程，一种梦想。"②

卢卡奇的上述分析，有助于我们加深对生产力概念的理解。正如前文提到的，谈论生产力，绝非只是对生产力的要素加以罗列，从劳动过程的目的论设定的特点来看，生产力归根结底意味着促成"设定的因果性"，并使之达成"设定的目的"的能力。这种能力一方面体现在目的的设定上，另一方面体现在手段的确定上，而无论是在哪个环节，观念形式和知识都起着重要作用，都是生产力的重要的组成要素。③

除了劳动之外，在经济领域中还存在第二种目的论设定。卢卡奇指出："目的论设定的这种第二种形式在非常低级的社会阶段上就已经出现了，在这

① 《马克思恩格斯全集》第23卷，人民出版社1972年版，第202页。在《1844年经济学哲学手稿》中，马克思已经强调了人的劳动和动物的劳动的区别。

② 卢卡奇：《关于社会存在的本体论》下卷，白锡堃、张西平、李秋零等译，重庆出版社1993年版，第16、19页。

③ 法国人类学家、马克思主义者戈德利耶强调了这一点，即思想、表象是生产力的重要组成部分。见 Godelier, M. *The Mental and the Material.* London：Verso, 1986, pp. 131–137.

种设定中，主体所设定的目的直接就是让别人进行目的的设定。"① 第二种目的论设定与第一种目的论设定是相联系的，或者说，是为了促成第一种目的论设定："这种第二性的目的设定的对象不再是某种纯自然物，而是一群人的意识；这种目的设定的意图已不再是直接改变一个自然对象，而是促成人们做出一种当然是以自然对象为准的目的论设定；同样，实现目的的手段也不再是直接影响自然对象，而是要在他人那里实现这样的影响。"②

卢卡奇笔下的第二种目的论设定包括不同的类型，其中一个类型是社会化生产所需要的协调和控制活动。③ 在经济生活中，一切包含协作和分工的社会化生产都要以这种类型的目的论设定为条件。中国古代思想家柳宗元在《梓人传》里就曾观察到，那位在生产中专门负责协调和管理的梓人，已经无须从事直接生产活动，而只需对他人发号施令，即进行指挥和协调。另一方面，第二种目的论设定与统治和隶属关系的形成是联系在一起的。卢卡奇指出，"这类目的论设定可以自发地或者以制度的形式为了对被统治者进行统治服务"④。在这种情况下，第二种目的论设定就发展成为监督和控制活动，它不仅要改变他人的意识，而且要支配或占有他人的意志，唯此才能形成对他人的统治关系。⑤ 在中国古代的《诗经》里，就有一首《七月》，记录了类似农奴的西周村社农民，每天在里宰的监督下，进行大规模的集体耕作。

卢卡奇曾结合人类向阶级社会的过渡，谈到第二种目的论活动得以发展

---

① 卢卡奇：《关于社会存在的本体论》下卷，白锡堃、张西平、李秋零等译，重庆出版社1993年版，第51、364页。

② 卢卡奇：《关于社会存在的本体论》下卷，白锡堃、张西平、李秋零等译，重庆出版社1993年版，第51页。

③ 在卢卡奇笔下，交换活动是第二种目的论活动的另一个类型。卢卡奇写道："商品交换也是通过实际的目的论的活动把某种观念的东西变成实在的东西，在这一点上，商品交换的充满活力的全过程和劳动的全过程是相同的。"《关于社会存在的本体论》下卷，白锡堃、张西平、李秋零等译，重庆出版社1993年版，第365页。

④ 卢卡奇：《关于社会存在的本体论》下卷，白锡堃、张西平、李秋零等译，重庆出版社1993年版，第163页。

⑤ 马克思："占有他人的意志是统治关系的前提。因此，没有意志的东西，例如动物，固然能服劳役，但这并不使所有者成为领主。"《马克思恩格斯全集》第46卷（上册），人民出版社1979年版，第503页。

的动因，他将这一动因归于剩余的占有。人类社会一旦产生超过必要需要的剩余，就出现了谁占有剩余这一问题。只有某种被垄断的合法化的暴力才能确保并扩大对剩余的占有，在此意义上，对剩余的占有必然导致社会阶级的分野和国家的形成。卢卡奇甚至把剩余的占有对于社会存在的结构性影响，与劳动范畴本身的出现对社会存在的决定性影响相类比，他写道："劳动中对某种新东西的生产本身，就使社会存在超越了自然界；这标志着人与自然界的物质变换的一种具有新品质的形式，这一事实本身就突出了劳动所具有的新的特殊性。如果劳动以及从劳动中产生的分工发展到更高的水平，从而再次创造出某种同样具有新的品质的现象，即人能够生产出比自身再生产所需要的更多的价值，那么这种新产生的经济现象就必然在社会中造成全新的结构，即阶级结构以及从其中产生的一切。"① 以第一种目的论设定即劳动为前提的剩余的生产，推动了第二种目的论设定的发展，后者反过来影响和型塑了第一种目的论设定即直接劳动本身的发展。

卢卡奇的这些理论观点，有助于我们从一个新的角度发展对生产方式的结构分析。首先，两类目的论设定在物质生产领域的相互影响、相互渗透，界定了生产方式的概念。② 生产方式是由上述两类目的论活动构成的有机整体，它自身也是一种目的论活动，笔者将其定义为以扩大统治阶级对剩余的占有为目的的生产活动。生产方式下属的两类目的论活动在实际中难以分离，但在概念上可以分别加以考察。其中第一类目的论活动是以人和自然的物质变换为内容的直接劳动；第二类目的论活动则可被称为协调—控制活动，即对直接劳动者的指挥、役使和监督。从这个角度看，在分析上将生产方式还原为三种生产力要素和两重生产关系（如巴里巴尔）就是不适当的，这些要素和关系并不能脱离目的论活动而获得自主的存在。生产力的个别要素（如机器或劳动对象）一旦脱离目的论活动的整体来考察，事实上就不再属于社

① 卢卡奇：《关于社会存在的本体论》下卷，白锡堃、张西平、李秋零等译，重庆出版社1993年版，第261～262页。另可参见该书第254～257页的讨论。

② 生产方式或可区分为两个亚种，即微观意义的生产方式和宏观意义的生产方式，前者指的是在奴隶主庄园或资本家企业内进行的生产活动，后者则是指的整个社会生产。

会存在，而倒退为无机或有机物。正像卢卡奇在批判布哈林时所说的，"只有基本的充满活力的经济整体才能被当作经济领域的范畴加以考察；而布哈林就曾经宣扬过的、如今仍然很流行的观点，即似乎可以把技术视为经济的基本'要素'，乃是根本站不住脚的。"① 根据这个观点，对生产方式的进一步分析，应该以下探到两种目的论活动的水平为限，而不能还原到个别要素。图1–1表达了生产方式的结构及其下属的两种目的论活动的关系，由于两种目的论活动是相互渗透的，因此图中的两个系统互有交叉，劳动关系作为生产力和生产关系的中介，恰好处在这个交叉位置。

以占有剩余为目的的生产方式

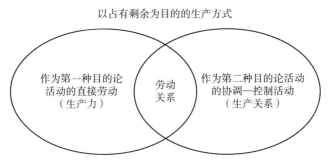

图1–1　生产方式及其下属的两类目的论活动

在《资本论》里，马克思经常在不同意义上使用生产方式概念。笔者认为，在上述讨论的基础上，可以把马克思笔下这些不同含义统一起来。生产方式的第一种用法是指生产的物质方式，用科恩的话来说，"这是指人们运用他们的生产力劳动的方式，他们安排的各种物质过程，他们的专业化的形式和分工"。生产方式的第二种用法是指生产的社会方式，科恩认为，这一含义涉及以下三个方面，即生产的目的、剩余劳动的形式以及剥削方式。生产方式的第三种用法则是前两种用法的结合，即将生产方式看作生产的物质方式和社会方式的统一。② 从前述目的论活动的角度看，生产方式的这三个用法是

---

① 卢卡奇：《关于社会存在的本体论》下卷，白锡堃、张西平、李秋零等译，重庆出版社1993年版，第368页。

② 科恩：《卡尔·马克思的历史理论：一种辩护》，段忠桥译，高等教育出版社2008年版，第98～105页。

相互补充的，其中第一种用法和第二种用法分别对应的是第一和第二种目的论活动，第三种用法则可以视为由两种目的论活动构成的有机整体即生产方式本身。

卢卡奇对两种目的论设定的论述，还有助于我们从一个新的角度理解生产关系。生产关系（包括劳动关系和所有关系）实际上是促成两种目的论活动的制度条件，其中劳动关系横跨了两种目的论活动，即在直接劳动和协调—控制活动中都发挥作用，而所有关系则大体对应于第二种目的论活动，并作为一种权力关系促成和调节这种活动。卢卡奇指出："这些设定（指第二种目的论设定——引者注）同劳动本身的一个很重大的差别只是在于，它们所引起并予以实现的目的并不是直接针对社会同自然界的物质变换的某一具体情况，而是旨在影响他人，使之完成设定者所希望的劳动活动。……在这方面，各种目的和手段是很不相同的（从奴隶制到农奴制时直接使用暴力手段到今天使用控制手段）。"[1] 卢卡奇在此谈到的暴力和控制手段，对应于历史上不同类型的生产关系，后者作为一种权力关系，不仅包含了暴力或强制，而且是与所谓共识（consent）联系在一起的，这种联系使得生产关系不同程度地表现为某种合约关系。在本书第三章，我们还将结合法国人类学家、马克思主义者戈德利耶的观点正式讨论这一问题，并与新制度主义经济学加以比较。

20 世纪七八十年代，戈德利耶对历史唯物主义进行了十分重要的概念重构，他的理论贡献大致可以归结为以下三个命题：其一，包括生产关系在内的一切社会关系都包含所谓"精神成分"（mental part，或译思想成分）；其二，在人类历史上，政治、宗教、血族等不同制度型式都曾起到生产关系的作用，并因此成为各自社会中最为显著的决定力量；其三，具有统治和剥削功能的生产关系在不同程度上表现为统治者和被统治者之间交换服务的关系，即合约关系。上述第二个和第三个命题将留待本书第三章再作讨论，这里先

---

① 　卢卡奇：《关于社会存在的本体论》下卷，白锡堃、张西平、李秋零等译，重庆出版社 1993 年版，第 364 页（重点标识为笔者添加）。

来看第一个命题。

　　根据戈德利耶的解释，第一个命题还可换作如下表达：思想和表象是社会关系的"内在成分"，是"社会关系的形成（以及再生产）的必要条件"。[①]这种稍显晦涩的表达，如果结合以卢卡奇的本体论思想，其实并不难了解。首先，和第一种目的论活动一样，第二种目的论活动顾名思义也是以目的设定及其实现为特点的，因而也要依靠各种表象、原理和规则来组织这种活动；其次，在第二种目的论活动中，这些表象、原理和规则还被用于改变他人的观念和意志，故而具有将既定生产关系合法化（或去合法化）的功能。基于思想或表象的这种双重作用，戈德利耶提出，每一种社会关系都包含着精神成分。

　　戈德利耶的这些观点为马克思主义意识形态理论增添了新的内容，依照这种观点，观念形式或意识形态不仅是对社会关系的反映，而且构成了社会关系的内在成分。由此出发，前述有关生产关系具有两重功能的观点，也可得到进一步的丰富和发展。既然任何生产关系都包含着"精神成分"，即对应着一套规则、原理和表象，那么具有不同功能的生产关系，自然也对应着不同的规则、原理和表象。生产关系的两重性及其矛盾，就会因此转化为两套不同的"精神成分"乃至意识形态之间的矛盾，而解决后一矛盾，便成为克服两种生产关系的矛盾的先决条件。在现代经济学家的著作里，我们可以找到一些现成的例子，作为这种思想的具体的、尚无充分自觉的运用。卡萝塔·佩蕾丝是一位演化经济学家，因提出技术—经济范式变迁的理论而知名，在她那里，技术—经济范式"由一套普遍的、通用的技术原则和组织原则所构成，代表着一场特定的技术革命得以运用的最有效方式，以及利用这场革命重振整个经济并使之现代化的最有效方式。一旦得到普遍采纳，这些原则就成了组织一切活动和构建一切制度的常识基础"[②]。她指出，新的技术—经

---

　　① Godelier, M. *The Mental and the Material.* London：Verso，1986，P. 151，170.
　　② 佩蕾丝：《技术革命与金融资本》，第 21 页（译文略有修改）。另见 Perez，C.，"Technological Revolutions and Techno-economic Paradigms"，*Cambridge Journal of Economics*，2010，Vol. 34，No. 1，P. 186，194。

济范式通常会与旧范式形成冲突，为了促成一场技术革命，其先决条件是以新范式代替旧范式。① 从戈德利耶的观点来看，这种技术—经济范式事实上正代表着生产关系（以及生产力）之中的精神成分；佩蕾丝所说的两种技术—经济范式的冲突，则可看作两种经济关系的矛盾的表现形式。

生产方式下属的两种目的论活动，分别对应于两种获取剩余的方法：其一是在第一种目的论活动的范围内提高生产力，以更有效率的方式利用他人劳动；其二是改变第二种目的论活动赖以进行的生产关系，以更野蛮而残酷的方式役使他人劳动。② 这两种方法虽然彼此之间互有联系，但它们作为两种并列的取得剩余的方法，意味着在涉及生产方式的改变时，两种目的论活动的任何一方都有可能是率先造成变化的动因。

第五节　生产力和生产关系之间两种可能的因果关系

从上一节的讨论出发，我们可以对生产力和生产关系之间可能形成的因果关系作一个类型学分析，即将这些因果关系归纳为以下两种类型。

第一种类型的因果关系：第一种目的论活动及其相对应的生产力系统首先发生变化，这一变化涉及生产力要素品质的提高，直接构成生产力的那一类劳动关系的改变，以及进入第一种目的论活动系统的科学技术知识存量的增长。③ 当这一变化在给定生产方式内部积累到一定程度，可能引起第二种目

---

① 参见佩蕾丝：《技术革命与金融资本》，田方萌等译，孟捷校，中国人民大学出版社 2007 年版，第 165 页。

② 在《资本论》里，马克思将这两种方法分别命名为相对剩余价值生产和绝对剩余价值生产。正如本书第二章还将讨论的，这种区分在理论上可以一般化，并推广到资本主义以外的其他生产方式。

③ 要注意的是，并非一个社会的所有发明或科学技术知识的增长，都体现为生产力的变化，此处的衡量标准是这些知识存量的增长是否能为直接生产活动所接纳。那些未能引入物质生产领域，或者为后者所排斥的知识存量的增长，并不造成生产力的变化。我们可以在马克思那里找到一个例子来说明这一点。马克思曾关注过一个非常有趣但极为深刻的现象，即在奴隶制盛行的古代社会，有些技术（较为复杂的机械）在当时的军队中得到了运用和发展，却无法在生产中采纳。造成这一现象的原因在于，古代社会的生产依靠的是奴隶，后者往往会破坏性地使用工具，而军队主要是由自由人组成的，因而不存在奴隶劳动所造成的那些限制（见《马克思恩格斯全集》第 46 卷（上册），人民出版社 1979 年版，第 47 页）。这个例子提醒我们，当生产力在发展，而生产关系尚未改变的时候，后者事实上"默许"了生产力的发展，因而，在第一种类型的因果关系中，生产力虽然是率先变化的，但也要以生产关系的"在场"为前提。

的论活动和所有关系的变化。在这种情况下，因果关系遵从由生产力发展到生产关系改变的顺序。

在国内，自 20 世纪 50 年代以来，一直有一些学者主张生产力发展的根据或动力来自生产力内部。平心大概是主张这类观点的最为知名的早期代表。董辅礽也主张这种观点，在他看来，生产力自身包含着推动其发展的内在矛盾，如生产工具与劳动力的矛盾、生产工具与劳动对象的矛盾、生产工具与生产工具的矛盾，这些矛盾的产生和解决，推动着生产力的发展。近年来，卫兴华教授也力主这种观点，并试图对生产力发展的根据何以在生产力内部作进一步的论证。[①] 这一类观点的问题在于，它将第一种类型的因果关系无条件地普遍化了。但问题是，并非生产方式的一切变革都可归于这一类型。

在历史上，符合第一种因果关系的实例比比皆是。以中国上古史为例，耦耕曾是一种长期流行的劳动关系，它和相当于土地所有制关系的井田制、村社制度结合在一起，构成"三位一体"的生产关系，历经夏商周三代，直至战国才最终衰落。根据历史学家李根蟠等人的研究[②]，耦耕，即两人一起进行翻土的耕作，是伴随黄河流域原始沟洫农业的发展而出现的。为了在同一地块上连年种植庄稼，产生了翻土的需要，翻土工具即耒耜也应运而生。耒耜起初是木石工具，后来虽逐步在耜上施金，但仍沿用了两人并耕的形式。之所以如此，除了因为耜的尺寸很窄之外，还因在田间挖掘沟洫时，两人并作是最合适的形式。易言之，只有在两人并耜挖沟的条件下，才产生了耦耕的概念。迟至春秋，耦耕以及与之相适应的井田制和村社制度仍然相当流行。只是到了战国，由于新兴生产力即牛耕和铁制工具的发展，耦耕才最终式微。牛耕和铁制工具的普及为个体家庭开展独立经营提供了便利，独立的自耕农经济因此得以发展，以井田制和村社制度为核心的领主封建制所有关系也随

① 平心：《再论生产力的性质》，载于《学术月刊》1959 年第 9 期；董辅礽：《关于生产力的几个问题》，引自《论生产力》下册，吉林人民出版社 1980 年版，第 252 页。均转引自卫兴华，《科学把握生产力与生产关系研究中的唯物史观》，引自《清华政治经济学报》第 2 卷，社会科学文献出版社 2014 年版，第 12~13 页。卫兴华的观点亦见此文，尤见第 14 页，后文还将涉及对其观点的评价。
② 李根蟠：《耦耕纵横谈》，载于《农史研究》1983 年第 1 期；陈振中：《青铜生产工具与中国奴隶制社会经济》，中国社会科学出版社 2007 年版，第 11 章。

之衰落，并因农民的分化而向新兴的地主封建制过渡。① 在这个故事里，生产力的变革，即铁制农具和牛耕的普及，是造成劳动关系（耦耕）以及以井田制和村社制度为代表的所有关系消失的直接动因，因而是第一种关系的一个典型例证。

现在来看第二种类型的相互关系，此时生产方式的变革是以生产关系尤其是所有关系的质变居先，生产力的根本改变居后。在这种情况下，因果关系遵从了从生产关系的变化到生产力变化的顺序。

戈登·柴尔德是 20 世纪杰出的马克思主义考古学家，在讨论苏美尔和古埃及的青铜革命时，他曾指出，冶金业的这一革命，是以剩余在一个社会里的集中为前提的，否则便无法供养冶金业的发展所需要的职业或半职业工匠。换言之，生产关系的改变，是这场技术革命的前提。他写道："事实上，埃及和美索不达米亚青铜时代的开始与一项我们称之为'城市革命'的社会变革相一致。我称之为极权主义的确立。它系统而有序地从农民那里获取剩余物品，并集中到王室和庙宇。"可以设想，"极权的经济方式是冶金业诞生的必要条件。相对庞大的剩余财产必须积累起来并吸引人们去从事勘探、采矿、熔炼、分配、铸造这些具有风险的职业。这样的一笔剩余财产确实首先在极权经济体制下聚集在法老宫廷和苏美尔庙宇里"。②

一个更为重要的例证来自马克思、恩格斯的著作。在讨论资本主义的历史起源时，他们明确谈论过这种类型的相互关系。卢卡奇在 20 世纪 20 年代撰文批评布哈林的技术决定论观点时，就引用了马克思《资本论》里的观点，以说明生产关系相对于生产力或技术的首要性。③ 在国内，自 20 世纪 50 年代以来也有一些学者持有生产关系决定生产力的观点，并与上文提到的主张生

---

① "由于铁器和牛耕的发明及普遍应用，生产力大为提高，人们开辟了荒地，逐渐占为私有财产，这就破坏了'井田'制度，使土地渐可买卖。"《童书业古代社会论集》，中华书局 2006 年版，第 180 页。

② 柴尔德：《青铜时代》，收录于柴尔德：《考古学导论》，上海三联书店 2013 年版，第 108、110 页。柴尔德接下来还论及，在埃及和两河流域，何以"建立起冶金工业的生产关系也束缚了它进一步的发展"，见该书第 110 页。

③ Lukács, G., "N. Bukharin: Historical Materialism", in R. Livingstone, ed., *Political Writings*: 1919 – 1929, London: New Left Books 1972, pp. 134 – 142.

产力的发展根源完全来自生产力内部的观点相对立。①

生产关系，尤其是所有关系的变化，大致属于第二种目的论活动的改变，从生产方式变革的整体来看，这种改变必然带来剩余占有方式和剥削方式的改变。在《德意志意识形态》和《资本论》等著作里，经典作家结合资本主义工场手工业的兴起，讨论了资本主义历史起源，其中涉及生产力、生产关系的变化及其相互关系，根据笔者的阅读和整理，可以将他们的观点概括为以下几点。

第一，在西欧封建社会晚期，城市之间的商业联系扩大，甚至在各个城市之间出现了生产的分工，每一个城市都有自己的特殊的工业部门占据优势，城市经济的地域局限性开始消失。

第二，不同城市之间的分工的直接后果就是工场手工业的产生，即超出行会制度范围的生产部门的出现。在不同国家，工场手工业的初步繁荣具有不同的历史条件，在意大利和法兰德斯，工场手工业的初步繁荣的历史前提，是同外国各民族的交往。在英法两国，工场手工业的最初发展是依靠国内市场出现的。人口增长和资本积累的程度也影响着工场手工业的初步发展。

第三，随着工场手工业的产生，各国之间开始了竞争，即展开了商业斗争，这种斗争是通过战争、保护关税和各种禁令的方式来进行的。商业自此以后具有了政治的意义。

第四，随着工场手工业的出现，工人和雇主的关系也发生了变化。行会中的帮工和师傅之间的宗法关系，被工场手工业中的工人和资本家之间的金钱关系代替了。

第五，美洲和东印度航路的发现扩大了交往，从而使工场手工业和整个生产的发展有了巨大的高涨。商业和工场手工业的扩大，加速了资本积累，进一步提高了工场手工业相对于传统行会的优势。

---

① 代表这一派观点的有李洪林和胡钧等人，参见李洪林：《只有生产关系才能成为生产力发展的动力》，载于《光明日报》1957 年 1 月 23 日；胡钧《论生产力发展的根本动力》，载于《经济纵横》2011 年第 3 期。

　　第六，自 17 世纪中叶以后，商业和航运相对于占次要地位的工场手工业发展得更快，殖民地开始成为巨大的消费者；各国经过长期的斗争，瓜分了已经开辟的世界市场。新形成的世界市场是推动工场手工业发展的重要因素。马克思在《资本论》里曾就此指出，"世界市场的扩大和殖民制度"，"二者属于工场手工业时期的一般存在条件"。① 最强大的海上强国英国凭借其海军的霸权，在商业和工场手工业方面也占据了优势。在 17 世纪，商业和工场手工业不可阻挡地集中于一个国家即英国，这种集中逐渐使英国占据了世界市场的最大份额。对英国工场手工业产品的需求，超过了既有的工业生产力所能满足的程度，"这种超过了生产力的需求正是引起中世纪以来私有制发展的……动力，它产生了大工业"。②

　　从马克思、恩格斯的以上论述中可以看出，在这一过程中首先发生变化的，是城市之间贸易和分工的发展，以及交往关系（既包括分工协作关系，也包括交换关系）在空间上的扩大。这种变化改变了生产的目的和剩余占有的方式，即使其越来越服从于交换价值和利润动机的支配。劳动对资本的形式隶属正是在这种条件下出现的，它发生在传统的行会制度以外。以这种方式组织起来的手工工场进一步扩大了生产，满足了日益增长的需要。此后，伴随殖民地的开辟和世界市场的不断扩大，对工场手工业产品的需要超过了既有的工场手工业所具有的生产能力，从而诱发了生产力的根本变革，促成了马克思所谓"特殊的资本主义生产方式"（即建立在机器大工业基础上的生产方式）的兴起，以及生产力在世界历史上前所未见的革命

---

　　① 《马克思恩格斯全集》第 23 卷，人民出版社 1972 年版，第 392 页。
　　② 笔者的概括主要依靠的是《德意志意识形态》里的论述，见《马克思恩格斯全集》第 3 卷，人民出版社 1960 年版，第 60～67 页。在《资本论》里，则有以下几处重要段落代表了马克思的意见，在谈论从绝对剩余价值生产向相对剩余价值生产的过渡时他说："而现在，对于由必要劳动变成剩余劳动而生产剩余价值来说，资本只是占有历史上遗留下来的或者说现存形态的劳动过程，并且只延长它的持续时间，就绝对不够了。必须变革劳动过程的技术条件和社会条件，从而变革生产方式本身，以提高劳动生产力。"另外还有："资本起初是在历史上既有的技术条件下使劳动服从自己的。因此，它并没有直接改变生产方式。""就生产方式本身来说，例如初期的工场手工业，除了同一资本同时雇用的工人较多外，和行会手工业几乎没有什么区别。行会师傅的作坊只是扩大了而已。"因此，起初只是量上的区别。分别见于《马克思恩格斯全集》第 23 卷，人民出版社 1972 年版，第 350、344、358 页。

性跃迁。

劳动对资本的形式隶属之所以发生，是以社会生产方式的整体变化为前提的。在形式隶属出现以前，生产力也有所发展①，与此同时，劳动关系和交往关系也在变化。但和生产力以及行会手工业生产方式的这种渐变相比，劳动对资本的形式隶属是生产关系的一个质变，在这一质变的前提下，才进一步诱发了生产力的根本变革。正因为如此，与资本主义起源相关联的这个例子才被看作第二种类型因果关系的代表。

"分析的马克思主义"的代表人物、牛津大学哲学家科恩作为生产力一元决定论的辩护者，也在某种意义上承认这里存在着第二种类型的因果关系，即劳动对资本的形式隶属在时间上要早于生产的技术方式或生产力的根本变革。但科恩认为，这一现象并不违背生产力一元决定论。在科恩的理论中，生产力一元决定论被转换成"生产力在解释上（相对于生产关系）的优先性"（详见第二章的讨论），即生产关系的性质要以生产力的发展水平来解释，而非相反。据他看来，生产力的这种"解释上的优先性"并不要求具有资本主义特征的生产力一定先于资本主义生产关系而出现，而只要求"新生的生产力不能在前资本主义生产关系中使用和发展，以及资本主义结构是生产力的进步所必需的"。劳动对资本的形式隶属一旦出现，就会催生具有资本主义特征的生产力的革命，这在科恩看来反过来证明了他的观点，即一种生产关系之所以流行，在于促进了生产力的发展。②

科恩的这种观点虽然有助于说明资本主义生产关系何以成为流行的生产关系，但对于这种生产关系最初何以出现，不是一个令人满意的解释。正如英国学者里格比指出的，科恩的上述辩护实质上是向对手做了让步，即在一定意义上承认了生产关系在推动生产力发展中的决定作用。③ 要在生产力一元

---

① 马克思曾提到，劳动对资本的形式隶属，要求生产力"只需要发展到使劳动在形式上从属于资本的程度"。见《直接生产过程的结果》，引自《马克思恩格斯全集》第49卷，人民出版社1982年版，第126页。

② 科恩：《卡尔·马克思的历史理论：一种辩护》，段忠桥译，高等教育出版社2008年版，第210页。

③ 里格比：《马克思主义与历史学》，译林出版社2012年版，第138页。

决定论的前提下解释形式隶属的出现，唯一可利用的论据是形式隶属要以生产力的一定程度的发展为前提。但正如前文业已提及的，在发生形式隶属的时候，生产力的发展水平和以往相比并没有产生质变，因此，要将形式隶属的产生这一生产关系的突破性变化完全归因于具有渐变特点的生产力，是非常困难的。生产力在一定程度上的发展更应看作造成形式隶属的必要条件，而非充分条件。

虽然在历史唯物主义的架构里，上述两种类型的因果关系都存在，第一种类型的因果关系却成了最为流行的解释。在这种情况下，诺思（或译诺斯）提出对马克思的下述诘难就不难理解了，他写道："马克思模型的局限性，在于没有一个理论解释技术变革率，还在于在忽视其他变革原因的情况下对技术的强调。"① 诺思的第一个意见，即认为马克思的理论模型没有解释技术变革率（或变革速度），体现了他对马克思的误解。回顾一下《资本论》就能发现，这部著作实在堪称技术变革的政治经济学，其中几乎所有重要理论都是以技术变革为前提的，马克思分析了资本主义技术变革的动因、它所采取的特定发展形式以及这种发展的界限。如果这还不算技术变革率的分析，真不知在诺思的心目中马克思的模型究竟为何物了。一个反证是，即便科恩——作为生产力一元决定论的当代代表——也曾提出，生产关系透过其反作用，在影响生产力发展所采取的特殊形式和速度上起着重要作用。②

---

① 诺思：《经济史上的结构与变迁》，商务印书馆1993年版，第29页。

② 科恩：《卡尔·马克思的历史理论：一种辩护》，高等教育出版社2008年版，第195页。值得一提的是，在一篇写于20世纪60年代初的手稿里，美国著名马克思主义经济学家巴兰和斯威齐强调指出，生产关系对于生产力发展潜力的限制作用是生产力和生产关系的矛盾的主要表现，他们写道："重要的并不是生产力在一个给定的经济与社会秩序中是否发生某种增长，而是这种增长的可实现潜能在这一秩序的架构中得以实现的程度。这些潜能本身的出现取决于多种因素：科学知识的推进、新的技术机会的开辟、人类能力和技能的改良范围的扩大以及许多其他因素。核心的问题是，流行的生产关系是促进还是阻碍、鼓励还是压抑这些潜能的真正实现。因此，若以生产力的发展为一方，既定的生产关系为另一方，两者之间冲突的产生，并非必然以经济增长的消失为征兆，而是反映为以下事实，即无论增长是否发生，都表现为这种增长与可见的、触手可及的、可实现的增长潜能之间的不成比例上面。这一现象以及在所实现的增长和增长潜能之间的鸿沟的加深，表明了现存财产关系以及依赖于这种财产关系的经济、社会和政治的制度业已转变为实现增长潜能的明显障碍。"见 Baran, P., and P. Sweezy, "Some Theoretical Implication", *Monthly Review*, 2012, Vol. 64, No. 3, pp. 26–27.

诺思的第二点意见，即马克思具有技术决定论倾向，是对马克思最为常见的批评，这种批评不仅来自非马克思主义者，也来自马克思主义者。[1] 在回应这一批评时，应注意林岗教授在比较诺思和马克思的理论时曾经提出的一点，即马克思和诺思所考察的经济变迁分属不同的类型，马克思所关注的是经济社会形态的变迁，或社会基本制度框架的变革，生产力和技术的发展自然是其根本前提；诺思所关注的则不仅包括基本制度框架的根本变革，还包括一定基本制度框架内的制度的边际调整，后者未必与生产力或技术的变化相关。[2] 林岗的这一看法是相当中肯的，触及历史唯物主义的要害之处，后文在涉及有机生产方式变迁的问题时还将有进一步的讨论。

第二章　科恩对生产力一元决定论的辩护：一个批判的考察

在这一章里，我们将通过对科恩的批判性考察，继续深化在第一章里得出的初步结论。科恩是牛津大学的哲学家，在发表于 20 世纪 70 年代末的《卡尔·马克思的历史理论：一种辩护》一书里，他试图为传统的生产力一元决定论进行一次新的辩护。[3] 科恩的论述由两个核心原理构成，即所谓发展原理和生产力首要性原理。由于科恩不仅在论述中借鉴了来自当代分析哲学的论证技巧，而且在提出其发展原理时还采用了新古典方法论个人主义假设，因而成为英美"分析马克思主义"流派的代表人物。这一章由三节构成，第一节讨论科恩的发展原理；第二节讨论生产力首要性原理，即科恩对生产力和生产关系的相互关系的功能解释；第三节通过对科恩和布伦纳的比较，继续深化了对科恩的批评，指出生产力一元决定论的根本缺陷，在于假定生产关系仅仅具有一种功能，即适应和促进生产力的发展。

---

[1]　马克思的思想总体上是复杂的，足以容纳不同的解释。英国学者里格比就认为，在马克思那里存在两种理论，即生产力决定论和与之对称的生产关系决定论。见里格比《马克思主义与历史学》，吴英译，译林出版社 2012 年版，第 8 章。

[2]　林岗：《马克思主义与经济学》，经济科学出版社 2007 年版，第 208 页。

[3]　科恩在其著作里坦承，他"要辩护的是一种老式的历史唯物主义，一种传统的观念"。见《卡尔·马克思的历史理论：一种辩护》，段忠桥译，高等教育出版社 2008 年版，序言第Ⅲ页。

第一节 评科恩的发展原理

科恩对生产力一元决定论的辩护分别由他提出的两个原理构成，即所谓发展原理和生产力首要性原理。科恩将发展原理概括为如下命题：

生产力趋向发展贯穿整个历史。

生产力首要性原理则被概括为：

一个社会的生产关系的性质是由其生产力发展水平来解释的。

相对于生产力首要性原理而言，发展原理是科恩理论中更为独特且更为要害的部分。这是因为，首先，发展原理是生产力一元决定论的前提，如果发展命题是错误的或片面的，自然会影响到生产力一元决定论能否成立。其次，在历史唯物主义研究中，发展原理的提出和论证，即便非为科恩首创，也因科恩的论证而达到了极其彻底的程度。① 这种彻底性体现在，科恩试图在完全脱离生产关系的前提下建立人的动机模型和行为模型，以证明生产力趋向发展的规律。在科恩之前，大约只有普列汉诺夫提出过与发展原理类似的问题，但在提出问题的同时，普列汉诺夫又在很大程度上取消了问题，因为他将问题转换为地理环境对生产力发展的制约，普氏写道："归根到底决定全部社会关系发展的生产力的发展，是由地理环境的属性所决定的。"② 英国学者里格比在谈论普列汉诺夫的贡献时指出："普列汉诺夫意识到，……如果我们根据生产力的发展来解释社会和政治的变迁，那么又根据什么来解释生产力的这种发展呢？像马克思一样，普列汉诺夫简单地假设生产力具有内在的发展倾向，即使在某些社会条件下，这种发展是以'极慢的速度'实现的。

---

① 自20世纪50年代以来，国内主张生产力发展的源泉在于生产力内部的一派观点，以自己的方式提出了"发展原理"。在其最近的文章中，卫兴华教授在完全不知晓科恩的前提下还试图对这一原理进行论证，他提出，要论证生产力之所以会发展需解决以下问题：第一，生产力发展的动机；第二，生产力发展的过程和行为。他把发展生产力的动机归结于人的消费需要，把发展生产力的过程归结为知识的增进，这些观点大致对应于科恩的论证，只是不如科恩的分析更为明晰和彻底。见卫兴华：《科学把握生产力与生产关系研究中的唯物史观》，引自《清华政治经济学报》第2卷，社会科学文献出版社2014年版，第15页。

② 普列汉诺夫：《马克思主义基本问题》，引自王荫庭编《普列汉诺夫读本》，中央编译出版社2008年版，第192页。

他更关注的问题是，生产的发展为什么会在不同的时间和地点上存在着非常大的不平衡。"① 在普列汉诺夫以后，科恩再度提出了发展命题，而且，和普列汉诺夫不同，科恩没有在提出问题后又立即改变问题的性质，而是试图真正回答这个问题，这样一来，科恩就在历史唯物主义思想史上占据了一个非常特殊的地位。透过科恩对发展原理的论证，我们就有可能发现，自第二国际成立以来流行的生产力一元决定论，会在何种意义上因其论证逻辑的透彻反而导向自我矛盾的尴尬境地。

科恩对发展原理的论证并不复杂，在他看来，如下三个"事实性命题"支持了发展原理。②

（1）人，就其特性而言，多少是有理性的。

（2）人的历史境遇是一种稀缺的境遇。

（3）人具有的聪明才智使其有能力改善其境遇。

科恩的论证有几点值得商榷。

第一，由第三个命题可以看到，在科恩那里，历史发展的最终动力，是知识的进步。这样一来，对发展命题的解答就变成，生产力的发展是人类知识或智慧发展的结果。科恩在这一点上和圣西门的见解非常相像，后者曾是普列汉诺夫在其《论一元论历史观的发展问题》里批评的对象。③圣西门非常深刻地看到，在欧洲社会制度的发展中，财产关系起着基础性的作用，而财产关系的这种作用又来自实业发展的需要。在继续解释实业发展的动力时，圣西门又提出，实业是人类智慧发展的必然结果。这样一来，知识的发展在他那里就成为推动历史发展的最为基本的因素。为此他还力求发现知识发展的规律，提出知识的演进遵循三个阶段（即依次经历神学阶段、形而上学阶段和实证阶段），换言之，历史发展服从于这种人类智慧或知识发展的规律。不仅如此，在解释知识的发展时，圣西门也像科恩那样诉诸个人的理性，在

---

① 里格比：《马克思主义与历史学》，译林出版社 2012 年版，第 78 页。

② 科恩：《卡尔·马克思的历史理论：一种辩护》，段忠桥译，高等教育出版社 2008 年版，第 182 页。

③ 参见王荫庭编：《普列汉诺夫读本》，中央编译出版社 2008 年版，第 21~22 页。

他看来，社会是由个人组成的，社会理性的发展不过是个人理性的发展在更大规模上的再现。

把生产力的发展还原为进化的学习过程，这在一定限度内是成立的。问题在于，科恩对知识的定义是相对狭窄的，从其论述来看，他所理解的知识大体局限于直接劳动过程的技术知识，那些同样隶属于直接劳动过程、与劳动关系或分工的组织与协调相联系的组织知识则没有得到应有的重视，这样一来，人类的学习过程就被曲解了。如果我们认可后一类知识的重要性，知识的发展就不能还原为孤立个体的学习过程，而是由特定的社会关系所决定的集体学习，承认后者自然会导向对生产力一元决定论的反动。①

第二，如果说科恩只是无意识地效法了圣西门，他和新古典微观经济学的亲缘性则是一目了然的。和其他"分析的马克思主义者"一样，科恩在论证中运用了方法论个人主义，即以个人理性和资源稀缺性为前提，将发展原理还原为个体的最大化选择。科恩这样做，在逻辑上有其必然性，因为他要彻底撇开生产关系来解释生产力的发展，这样一来，生产的主体必然沦为孤零零的个人。然而，科恩所遗忘的是，在历史上，个人多半是不独立的，那些最重要的主体往往不是个人，而是不同类型的生产组织，如原始氏族或部落、奴隶制或农奴制庄园、资本主义企业等。至于个体生产者如自耕农或独立的手工业者，正如马克思一度指出的，他们只是部分地构成封建生产方式的基础，并在某些经济过渡时代（如原始社会向奴隶制过渡时期，或封建社会向资本主义过渡时期）特别地繁盛过，自身并不构成一个独立的经济时代。② 对这些生产组织而言，其所面临的历史境遇并不是抽象意义的稀缺，而是能否取得以及以何种方式取得更多的剩余。在原始社会晚期，伴随考古学

① 哈贝马斯曾试图把生产力的进步解释为进化的学习过程，在他那里，学习过程不仅涉及技术和组织知识的进步，而且涉及"道德—实践领域"的知识进步，后者带来他所谓"社会一体化"的发展，即作为一个生活世界所必需的统一价值及规范的确立和再生产。见哈贝马斯：《重建历史唯物主义》，郭官义译，社会科学文献出版社2000年版。

② 马克思："小农经济和独立的手工业生产，一部分构成封建生产方式的基础，一部分在封建生产方式瓦解以后又和资本主义生产并存。同时，它们在原始的东方公有制解体以后，奴隶制真正支配生产以前，还构成古典古代社会全盛时期的经济基础。"《资本论》第1卷，引自《马克思恩格斯全集》第23卷，人民出版社1972年版，第371页注释。

家柴尔德所称的新石器时代的第一次革命，即人类实现了对食物供给的支配，剩余及其占有的问题就出现了；相应地，阶级差别也产生了。① 在这种情况下，人们所面临的任务就不是简单地改善其稀缺的境遇，而是如何更多地生产和占有剩余，发展生产力只是实现这一目的的手段。

第三，发展原理只解释了生产力发展的趋势，排除了生产力会出现停滞乃至倒退的情况。科恩承认，在特定情况下，生产力不仅会停滞，而且可能出于社会内部原因而倒退，他举了罗马帝国衰落后的例子，当时欧洲的生产力水平在长达两百年间出现了长期退化的现象，但他又把这种倒退看作历史理论不能回答的反常情况而予以排除。② 科恩的做法或许可以从经典作家那里找到根源，马克思、恩格斯曾专门指出，生产力的停滞和倒退是历史上常见的现象，但他们又把这种停滞和倒退归于"一些纯粹偶然的事件，例如蛮族的入侵，甚至是通常的战争"，这些事件"都足以使一个具有发达生产力和有高度需求的国家处于一切都必须从头开始的境地"。③ 马克思、恩格斯的这种观点意味着，生产力的停滞或倒退，不是从社会组织内部的原因来解释的，而是归结于外在的偶然原因。诺思和托马斯曾针对这一点提出了批评，他们认为："马克思未能认识到经济增长（从而生产力的发展——引者按）并不是必不可免的"，而是以"有效率的所有权"为前提的。④ 如果制度安排不能导致有效率的所有权，生产力就不能得到发展。诺思等人的这种观点，足以表明他们支持的是前一节提到的生产力和生产关系的第二类相互关系。

根据以上讨论，生产力的发展（以及停滞和倒退）趋势不能脱离既定的

---

① 柴尔德：《人类创造了自身》，安家瑗、余敬东译，陈淳校，上海三联书店2012年版，第5章"新石器时代革命"。

② 科恩认为：发展原理"没有说生产力总是发展的，更没有说生产力从不会衰退"，见科恩：《卡尔·马克思的历史理论：一种辩护》，高等教育出版社2008年版，第163页。关于古罗马瓦解后生产力倒退的例子和科恩的评论，参见上引书，第186～187页。

③ 马克思、恩格斯：《德意志意识形态》，引自《马克思恩格斯全集》第3卷，人民出版社1960年版，第61～62页。马克思、恩格斯在此还指出："只有交往具有世界性质，并以大工业为基础的时候，只有一切民族都卷入竞争的时候，保存住已创造出来的生产力才有了保障。"

④ 诺思、托马斯：《西方世界的兴起》，厉以平、蔡磊译，华夏出版社2009年版，第223～224页。

生产方式，在抽象的个人层面来论证。特定的生产方式或获取剩余的方式，会决定生产力的发展所采取的形式和这一发展的速度。在这里，我们可以结合奴隶制生产方式与技术进步的关系进一步考察这一点。

20 世纪 20 年代，在对布哈林《历史唯物主义》一书的评论中，卢卡奇就曾讨论了奴隶制生产方式与生产力发展之间的关系。布哈林当时流露出这样的观点：社会经济的发展归根结底取决于所谓技术。以奴隶制为例，布哈林认为，奴隶劳动只适应某种低水平的技术，一旦采用新的技术，如一些复杂的机械，就会遭到奴隶的蓄意破坏。因此，为了采用新技术，就必须废除奴隶制。

与布哈林的观点相反，卢卡奇认为，布哈林在此颠倒了因果关系。奴隶制并非由于低水平的技术而变得可能，相反，正是因为奴隶制成为统治劳动的形式，才使得劳动过程的合理化以及采纳合理化的技术变得不可能。[①] 在这种情况下，奴隶制生产方式作为一种剩余榨取方式，就限制和妨碍了技术和生产力的发展。在其晚年的本体论著作里，卢卡奇又回到他早年和布哈林争论的问题上来，他在书中反复提到，在奴隶制生产中，由于暴力在第二类目的论活动里作为直接的甚至唯一的手段发挥作用，就造成了这种剥削方式的原始性及其在经济上缺乏效率，即除了外延型的增长外，不可能在给定的生产范围内提高生产率。[②]

卢卡奇的这些看法植根于马克思对奴隶制生产方式的分析，并与后者完全一致。正如前文提到的，马克思发现，在古代社会，一些先进技术最早是在军队里得到运用的，而不是运用于生产。这种奇特的现象证明了奴隶制生产方式对于新技术的运用有一种内在的阻碍力量。但即便如此，在奴隶制生产方式下，生产力（不能把生产力仅仅归结为技术）也在一定限度内得到过发展。这里可以提醒读者留意马克思在北美内战期间所写的著作，在那里

① Lukacs, G., "N. Bukharin: Historical Materialism", in *Political Writings*: 1919 – 1929, ed. by R. Livingstone, New Left Books 1972, pp. 134 – 142.

② 卢卡奇：《关于社会存在的本体论》下卷，白锡堃、张西平、李秋零等译，重庆出版社 1993 年版，第 327 页。

马克思专门讨论了北美蓄奴州奴隶制经济的发展规律。马克思的这一分析通常不太为人注意，值得在此费些笔墨加以介绍。

马克思指出，在北美奴隶制经济中，生产的发展存在两个特点。第一，在奴隶制生产方式下，生产的扩张靠的是人力投入这样的粗放经营，而不是技术进步，这一点是由奴隶制生产关系的性质决定的，马克思写道："由奴隶耕种的、作为南部输出品的棉花、烟草、糖等等作物，只有在仅需简单劳动的天然肥沃的广大土地上大规模使用大批奴隶来经营才是有利的。主要不靠土地的肥沃性而靠投资、工作者的知识和积极性而种植的集约化作物，是与奴隶制度的本性相矛盾的。"[1] 第二，与第一点相联系的是，为了实现生产的扩张，奴隶制生产方式"就必须获得新的领地，以便使一部分奴隶主带着奴隶得到新的肥沃的土地，并且使剩下来的那一部分奴隶主得到新的市场供他们繁殖和出卖奴隶。举例来说，如果美国没有取得路易西安纳、密苏里和阿肯色，弗吉尼亚州和马里兰州的奴隶制度早就该被扫除了"[2]。这意味着，奴隶制生产方式天然有扩展的需要，这种扩张一方面需要有更多的土地，另一方面也正好为奴隶的繁殖开辟新的人口市场。

因此，在马克思看来，这种外延的粗放式扩张，而非技术进步，才是推动奴隶制经济发展的动因。此外，马克思还指出，也正是这种扩张最终激化了美国社会的阶级矛盾，成为北美内战爆发的原因。在第三章里我们还将谈到这一点。

马克思对北美资本主义奴隶制的分析表明，生产力的发展采取何种具体形式，以及这种发展所具有的限度，是由生产关系的性质决定的。依据马克思的分析，一方面，技术——作为生产力的因素之一——之所以无法得到发展，取决于奴隶制生产方式的"本性"；另一方面，奴隶的大规模使用——作为奴隶制下生产力发展的最主要杠杆——也同样取决于这种"本性"。马克思的这些观点显然不同于流行的生产力一元决定论的解释，并为后来卢卡奇对

---

① 马克思：《北美内战》，引自《马克思恩格斯全集》第15卷，人民出版社1963年版，第353页。
② 马克思：《北美内战》，引自《马克思恩格斯全集》第15卷，人民出版社1963年版，第353、354页。

布哈林的批判提供了背书。

基于上述讨论，科恩用来支持发展原理的三个命题，或可替换为以下三个截然不同的命题：

（1）人们必须在特定的生产关系下结合起来才会有现实的生产，由此而形成的生产方式是以扩大对剩余的占有为目的的。

（2）在给定的生产方式内，生产力会在某种特定的形式上、以特定的速度得到发展，剩余的供给也会因此而增加。

（3）在这种特定形式上得到发展的生产力会遇到制度本身造成的极限，变革生产关系就成为生产力持续发展的必要条件。

因此，我们最终的结论是：

在整个历史中，随着生产关系的变革，生产力有不断发展的趋势。

这个结论的潜台词是，如果生产关系不能得到顺利的变革，生产力的进一步发展就会遇到阻碍。与科恩不同，上述原理——如果可以称作"新发展原理"的话——不仅解释了生产力发展的原因，而且可以解释生产力得不到发展的原因。新的命题还避免了科恩的下述武断，即把任何生产力的停滞或倒退都作为非典型情况预先从发展原理中予以排除。

第二节　评生产力首要性原理及所谓功能解释

在20世纪70年代西方学者围绕历史唯物主义的争论中，一些学者和张闻天类似，也区分了生产关系的两重性，即把生产关系区分为生产的物质关系（或劳动关系）和生产的社会关系（即所有关系）。科恩本人也接受这种区分。在讨论生产力首要性原理时，科恩据此提出，生产力的变化首先引起生产的物质关系的变化，然后再引起生产的社会关系的变化。在提出这一观点时，科恩还特地批评了与张闻天的见解相类似的另一种观点，即主张生产力和生产的物质关系联系得太过密切，以至于后者的变化不可能是前者变化的结果，两者毋宁是同时变化的，因此并不存在独立于生产的物质关系的生产力的变化。科恩不同意这种观点，在他看来，生产力不仅可以脱离生产的社会关系单独发展，也可以脱离生产的物质关系即劳动关系单独发展。①

在上述准备工作之后，科恩对生产力首要性原理进行了论证，科恩将这种论证视为一种功能解释，根据这种解释，"被解释的东西的特性是由它对解释它的东西的影响决定的"②。举例来说，鸟长有空心骨是因为空心骨有利于飞行，在这里，被解释的现象（鸟长有空心骨）是根据它有利于鸟的飞行这一原因来解释的。科恩认为，对于生产力和生产关系的相互关系，也可做类似解释，他写道："流行的生产关系之所以会流行，原因就在于它们是促进生产力发展的生产关系。现存的生产力水平会决定什么样的生产关系将提高其水平，而那类提高其水平的生产关系也就会流行。换句话说，如果 K 类型生产关系流行，那是因为就现存的生产力发展水平来看，K 类型生产关系适应这一生产力的发展。"③ 科恩提出，在这段话里包含着以下三个命题：

（1）生产力的发展水平解释了哪些生产关系适合生产力的发展，而哪些不适合生产力发展；

（2）某一类生产关系的流行，是因为促进了生产力；

（3）生产力的发展水平解释了经济结构（作为生产关系的总和）的性质。

依照科恩的意见，上述第（1）个命题可以解释哪些生产关系适合生产力的发展，但不能解释哪一种生产关系最终流行；第（2）个命题解释了一种生产关系流行的必要条件；将这两个命题合并，会得到第（3）个命题，只有这个命题表达了生产力首要性原理。④

需要指出的是，科恩的生产力首要性原理和生产力一元决定论并不完全

---

① 参见科恩：《卡尔·马克思的历史理论：一种辩护》，段忠桥译，高等教育出版社 2008 年版，第四章第六节以及第六章第六节的论述。

② 科恩：《卡尔·马克思的历史理论：一种辩护》，段忠桥译，高等教育出版社 2008 年版，第317 页。

③ Cohen, G. A. *History, Labour and Freedom*, Oxford University Press, 1988, P. 10. 译文引自段忠桥：《理性的反思与正义的追求》，黑龙江大学出版社 2007 年版，第 51~52 页。

④ 科恩不仅在《卡尔·马克思的历史理论：一种辩护》一书中，而且在其他地方阐释了其功能解释的含义，对此段忠桥教授有全面而精当的介绍。此处的三个命题即转引自段忠桥教授的上引著作（段忠桥：《理性的反思与正义的追求》，黑龙江大学出版社 2007 年版，第 51~52 页）。

一致。生产力一元决定论的初始含义，是认为生产力的发展，会推动生产关系也发生相应的变化。而在科恩那里，这一原本具有本体论性质的命题，变成了纯粹认识论的命题，这体现在，科恩只限于以生产力的发展水平"解释"流行的生产关系的性质，而不是从生产力的发展出发，推演出生产关系如何变化以响应这种发展。换言之，一种生产关系何以成为流行的生产关系，对他而言已不再是必须回答的问题。

科恩这样做在某种意义上为生产力一元决定论卸除了负担，因为按照他的解释，历史唯物主义无须从生产力的发展出发，推演出生产关系的相应变化，而只需根据生产力的水平解释生产关系的性质。但这样一来也给科恩的理论招致了负面后果。在上述第（1）个命题中，他实际上承认，适合生产力发展的生产关系并不止于一种。在第（2）个命题中，由于科恩只解释了一种生产关系得以流行的必要条件，而没有解释其充分条件，这就带来了段忠桥教授指出的下述可能性，即对科恩而言，一种生产关系之所以流行，可能源于和生产力无关的其他因素，尽管这一生产关系在功能上适合于生产力的发展水平。① 在这种情况下，由于在解释生产关系的变化时默认了生产力以外的因素，科恩就不自觉地走向了他要为之辩护的生产力一元决定论的反面。②

科恩对问题性质的转换，即他将一个本体论的问题转化为认识论的问题，决定了他所解释的仅仅是一种生产关系的性质必须和生产力发展水平相适应这种静态匹配关系。借用一个譬喻，这相当于某种生物学理论只能解释昆虫的外观在色彩上和环境相一致，至于昆虫的外观何以变得与环境一致，则无从解释。在此意义上，科恩的生产力首要性命题事实上可以兼容前文概括的生产力和生产关系之间的两类因果关系。加拿大马克思主义者伍德敏锐地观察到这一点，她写道：科恩的解释"不包含任何特定的时序先后性（Temporal Sequence）。生产力动态可能会冲破社会关系的外表，并推动后者相应地改

---

① 段忠桥：《理性的反思与正义的追求》，黑龙江大学出版社 2007 年版，第 55 页。
② 科恩对非决定论因素的引入还体现在他的下述观点上，即生产力的发展水平并不解释所有生产关系的特性，而只能解释一部分生产关系的特性。由这个观点出发可以引出有关资本主义生产关系多样性的结论。见科恩：《卡尔·马克思的历史理论：一种辩护》，高等教育出版社 2008 年版，第 193 ~ 194 页。但科恩并没有令人信服地证明，这种非决定论观点是如何与他的基本理论相契合的。

变；或者，停滞的生产力由于其不能发展，从而导致社会关系的变化，以鼓励和加速技术进步。的确，科恩的公式能够对应这两种情形"①。

第三节　科恩与布伦纳：一个比较

从方法论的角度看，科恩对生产力首要性的功能解释，近似于经济学里的比较静态分析。所谓比较静态分析是以各种变量的均衡关系为出发点的，它要研究的是当一个变量发生变化时，各种变量之间的新的均衡位置将在何处出现。在科恩那里，生产力和生产关系在初始状态下的彼此适应，类似于一种均衡关系。由于不同的生产力水平是和不同的生产关系相对应的，当生产力首先发生改变后，为了重建均衡，就要求有新的生产关系。

比较静态分析不属于动态分析，这体现在，第一，这种分析方法抽象了时间，因为它假定朝向新的均衡的调整是立即实现的；第二，它没有提供一个因果解释，以说明何以变量 A（而非变量 B）作为自变量而先行变化。这一分析方法事实上默许，任何一个变量都有可能作为自变量而先行变化。在科恩的分析中涉及两个变量，即生产力和生产关系，其中生产力被看作自变量，然而，在逻辑上也可以反过来，即以生产关系为自变量来解释整个体系的变化。科恩自己就承认了这种可能性，他说：反对生产力首要性原理的一个"最有希望的思路也许是提出一种关于生产关系的发展命题，一种这样的主张，即生产关系趋向特定方面的变化贯穿整个历史，而且这不是因为它们之中的生产力的提高"。不过，科恩又说，"我们认为，要证实任何这样的主张都会是极其困难的"。② 然而，若从比较静态的方法看，提出一种"生产关系的发展命题"并没有什么实质的困难。如果存在困难的话，也只在于这一新的发展命题和历史事实之间的符合程度。但是，要在历史理论和历史事实之间完美地缔结一致，在科恩的理论中也不是没有困难的，正如里格比尖锐

---

① Wood, E. M., "The Separation of the Economic and the Political in Capitalism", *New Left Review*, 1981, I / No. 127, P. 73.

② 科恩：《卡尔·马克思的历史理论：一种辩护》，段忠桥译，高等教育出版社 2008 年版，第 189 页。

地指出的，科恩的功能解释"在历史经验上的疑难是，尽管特定的阶级结构未能推动生产力的发展，尽管有一种趋向于停滞，甚至危机和倒退的内在倾向，但这种阶级结构持续存在了几个世纪"①。科恩解决这种矛盾的办法仅仅是，宣布这些经验是历史的"反常"情况，并最终对其置之不理。

有趣的是，里格比在批判科恩的观点时，还曾试图论证这种"生产关系发展原理"。在他看来，马克思的确提供了一种不同于生产力决定论的替代理论，这首先体现在，马克思将生产关系视为现实生产过程的条件，例如，马克思说："一切生产都是个人在一定社会形式中并借这种社会形式而进行的对自然的占有。在这个意义上，说财产（占有）是生产的一个条件，那是同义反复。……如果说在任何财产形式都不存在的地方，就谈不到任何生产，因此也就谈不到任何社会，那么，这是同义反复。"② 里格比在此基础上提出，在马克思那里同时存在着两种不同的理论："在第一种理论中，以生产力首要性为基础，物质生产产生社会关系。在第二种理论中，生产本身被视为一种社会活动，它受到劳动工具分配的制约，而工具的分配又是由特定的生产关系决定的，……马克思承认生产本身是一种社会活动，这就为一种对历史变迁非常不同的解释开启了理论空间，这种解释不同于生产力决定论给出的解释。"③

里格比所指的后一种理论，在以布伦纳为代表的当代马克思主义史学家的论著里得到了更为充分的发展。在其关于近代欧洲从封建主义向资本主义过渡的研究中，布伦纳提出，在 16～17 世纪欧洲的不同国家和地区，由于存在完全不同的阶级斗争形势，产生了迥然不同的生产关系，进而塑造了生产力发展的不同轨迹。在英国，特定的阶级斗争形势导致农业生产关系变得资本主义化，即出现了"地主—资本主义佃农—农业雇佣工人"这样的阶级结构（这也是后来马克思在《资本论》里论述的英国资本主义农业的阶级结构）；在法国，则带来了绝对主义国家和广泛的自耕农经济；在德国东部和波

---

① 里格比：《马克思主义与历史学》，译林出版社 2012 年版，第 151 页。
② 《马克思恩格斯全集》第 46 卷（下册），人民出版社 1979 年版，第 24～25 页。
③ 里格比：《马克思主义与历史学》，译林出版社 2012 年版，第 175～176 页。

兰等地，出现了农奴制的重新崛起。[①] 布伦纳在分析英国的情形时提出，资本主义佃农作为大片土地的租赁者，实际上是乡里的资本家，为了在竞争中生存下来，他们必须引进新的生产方法，以具有竞争性的成本出售其产品。布伦纳写道："资本主义佃农的成本如果低于平均水平，作为其采纳落后生产方法的后果，他将面临双重的压力。一方面，如果他试图按现行水平交纳地租，利润率将落在平均水平以下，他的积累资金就会减少，在市场上的地位也会进一步被削弱。另一方面，如果他试图交纳的租金偏低，他就会受到地主的惩罚，后者将转而寻求更有能力从事必要改良的新佃农，以便在市场上开展竞争。"[②] 概而言之，"资本主义唯独在西欧得到成功的发展，这是由阶级制度、产权制度、剩余榨取制度决定的，在这种制度下，剩余榨取者为了增加剩余而被迫采用的方法，在前所未有的程度上——尽管并不完美——与发展生产力的需要相适应。把资本主义与前资本主义生产方式区别开来的，在于资本主义要求那些控制了生产的人主要通过增加所谓相对的、而非只是绝对的剩余劳动，来提高他们的'利润'（剩余）"[③]。在这里，正如有的评论家指出的，与科恩不同，从一种社会形态向另一种社会形态转变的首要动力，被归于阶级斗争和生产关系的改变，而不是生产力的发展。[④]

　　科恩试图为之辩护的生产力一元决定论，其根本缺陷在于假定生产关系只

---

① Brenner, R., "Agrarian Class Structure and Economic Development in Pre-industrial Europe", in Ashton, T. H., et al. eds., *The Brenner Debate*, Cambridge University Press, 1985; Brenner, R., "The Agraian Roots of European Capitalism", in *The Brenner Debate*, Cambridge University Press, 1985; Brenner, R., "The Origins of Capitalist Development: a Critique of Neo-Smithian Marxism", in *New Left Review*, No. 104, July-August, 1977.

② Brenner, R., "The Origins of Capitalist Development: a Critique of Neo-Smithian Marxism", in *New Left Review*, 1997, No. 104, P. 76.

③ Brenner, R., "The Origins of Capitalist Development: a Critique of Neo-smithian Marxism", in *New Left Review*, 1997, No. 104, P. 78, 68.

④ Hilton, R. H. Introduction, in *The Brenner Debate*, Cambridge University Press, 1985, pp. 7 - 8. 布伦纳的理论观点与新制度经济学家诺思或晚近的阿西莫格鲁的相似之处是明显的，他们都强调产权关系的变化对于经济发展的首要作用。两者之间的不同在于，在解释阶级斗争的作用时，新制度经济学采用了交易费用分析框架，并将两个阶级的关系彻底还原为合约关系。布伦纳在其著作中反对这一观点，参见 Brenner, R., "Agrarian Class Structure and Economic Development in Pre-Industrial Europe", in *The Brenner Debate*, Cambridge University Press, 1985, P. 16, note.

具备唯一的功能——适应或促进生产力的发展。这种决定论解释所忽略的是，生产关系还有另外的功能，即扩大统治阶级对剩余的攫取。在一种流行的生产方式中，扩大对剩余的攫取与生产力的发展绝非必然是并行不悖的，两者有可能相互矛盾。在比较近代欧洲不同国家的历史发展轨迹时，布伦纳强调了这一点。

应予指出的是，假定生产关系只具备适应或促进生产力的发展这唯一一种功能，在理论上根源于马克思。在历史唯物主义的一些重要文本里，马克思正是基于这一假设界定了生产关系，让我们来看《雇佣劳动和资本》，在那里马克思写道：

> 人们在生产中不仅仅同自然界发生关系。他们如果不以一定方式结合起来共同活动和互相交换其活动，便不能进行生产。为了进行生产，人们便发生一定的联系和关系；只有在这些社会联系和社会关系的范围内，才会有他们对自然界的关系，才会有生产。

> 生产者相互发生的这些社会关系，他们借以互相交换其活动和参与共同生产的条件，当然依照生产资料的性质而有所不同。随着新作战工具及射击火器的发明，军队的整个内部组织就必然改变了，各个人借以组成军队并能作为军队行动的那些关系就改变了，各个军队相互间的关系也发生了变化。

> 总之，各个人借以进行生产的社会关系，即社会生产关系，是随着物质生产资料、生产力的变化和发展而变化和改变的。①

在这段引文里，最值得注意的是下面这两句话，即生产关系的存在是为了便于生产者"互相交换其活动和参与共同生产"；以及"社会生产关系，是随着物质生产资料、生产力的变化和发展而变化和改变的"。对生产关系的这些近乎定义式的阐述有以下两点缺陷：第一，它等同于假定生产关系的功能只有一个，即适应或促进生产力的发展；第二，这里谈论的生产关系，实际上只是劳动关系，换言之，马克思在这里没有对所有关系和劳动关系加以区

---

① 马克思：《雇佣劳动与资本》，引自《马克思恩格斯全集》第6卷，人民出版社1961年版，第486~487页。

分。在区分生产关系两重性时，张闻天也是以《雇佣劳动和资本》的这段论述为依据的，但他通过区分这种两重性，在一定程度上承认了生产关系的两重功能，从而避免了马克思的失误。

如果我们承认生产关系具有上述两重功能，则科恩在论证生产力首要性原理时采用的第（2）个命题，即"某一类生产关系的流行，是因为促进了生产力"，就是片面的。我们可以写出如下两个命题，并将其运用于对生产关系的两重功能的区分，这两个命题是：

（1）某一类生产关系的流行，是因为扩大了对剩余的占有，但并不一定促进生产力；

（2）某一类生产关系的流行，既促进了生产力，也扩大了对剩余的占有。

生产关系的这两种功能，显然对应于马克思提到的两种取得剩余的方法——绝对剩余生产和相对剩余生产的方法。在《资本论》里，马克思详细地阐述了这两种方法对于资本主义生产方式的意义。其中绝对剩余（价值）生产必须诉诸残酷剥削的手段，如延长工时、降低工资、提高劳动强度等，这些手段往往造成对劳动力的耗竭性使用。相对剩余（价值）生产则需诉诸技术进步和提高劳动生产率。马克思认为，在资本主义机器大工业出现后，相对剩余价值生产就成为在资本主义生产方式中占有剩余的主要方法，绝对剩余价值生产则退居次要地位。

根据相对剩余价值生产理论，生产力的发展和剩余的占有在资本主义生产方式中是互为条件或彼此促进的：一方面，获取更多的剩余，取决于发展生产力（其主要表现是提高劳动生产率）；另一方面，只有进一步发展生产力，才能占有更多的剩余。不仅如此，依照《资本论》的论述，在相对剩余价值生产中，还存在实际工资伴随劳动生产率进步而增长的可能性。这意味着，这一取得剩余的方法不仅满足了资本家的利益，而且在一定程度上促进了工人的利益。[①]

———————————

[①]　本书第六章第一和第四节进一步讨论了这一问题。笔者在那里提出，通过上述观点，马克思表达了属于他自己的另一种"看不见的手"原理。

布伦纳的理论贡献，是从《资本论》对两种剩余价值生产的讨论借来灵感，提出绝对剩余劳动和相对剩余劳动的区分不仅适用于资本主义生产方式，还可运用于前资本主义生产方式，即作为一般分析概念来使用。① 与获取剩余的这两种方法相对应，生产关系也可进一步划分为两个类型，布伦纳的研究暗含了后一区分。在布伦纳看来，由特定的阶级斗争形势产生的生产关系，在欧洲不同区域带来了截然不同的结果，在英国，新形成的生产关系在促进生产力发展的同时，也促进了剩余的增长；而在德国东部或波兰，重新崛起的农奴制虽然促进了剩余的增长，却压抑了生产力的发展。② 在这里，他事实上在类型学上区分了两种不同的生产关系，只是没有在概念上将其正式确定下来。笔者建议，可以将这两类生产关系分别命名为生产型生产关系和榨取型生产关系。值得强调的是，对这两类生产关系的区分，是以其各自的功能为依据的，生产型关系在功能上将剩余的增长和生产力的发展结合在一起，而榨取型关系则通过纯粹的剥削来实现剩余的增长。

在现实中，一种生产关系可能同时具有生产型和榨取型这两种功能。以资本主义生产方式为例，虽然马克思假设，在机器大工业诞生以后，相对剩余价值生产就占据主导地位，但相对剩余价值生产并不排斥绝对剩余价值生产，反而还会在某些情况下加强绝对剩余价值生产。在这种情形下，对榨取型及生产型关系的界分只具有理想类型的意义。在某些条件下，一种生产关系可能更多地表现出生产型功能，而在另一些条件下，则可能更多地表现出榨取型功能。在此意义上，经济结构就不是由两类生产关系按某种比例结合而成的，而是由具备了两种不同功能的同一生产关系构成的，这两种功能分别占据不同的比重。若从动态演化的角度来看，无论是特定生产方式自身的演进，还是不同生产方式之间的更替，都可视为两种剩余劳动以及生产型和榨取型关系所占比重的此消彼长的过程。在前资本主义生产方式中，尽管绝

---

① Brenner, R., "The Origins of Capitalist Development: a Critique of Neo – Smithian Marxism", in *New Left Review*, July – August1977, P. 68, 78。另可参阅里格比的相关评价，见里格比：《马克思主义与历史学》，译林出版社 2012 年版，第 147～148 页。

② 参见 Brenner, R., "The Origins of Capitalist Development: a Critique of Neo – Smithian Marxism", in *New Left Review*, No. 104, July – August, 1977, P. 60, 78。

对剩余劳动以及与之相对应的榨取型生产关系占据着主导地位①，但对统治阶级而言，在长期内仍然需要引入生产型关系以提高相对剩余劳动的比例，并借此遏制社会矛盾（后文还会涉及这一点）。如果不能成功地做到这一点，其阶级统治地位就更容易被倾覆。从历史发展的长期趋势来看，可以假定，相对剩余劳动及与之对应的生产关系类型所占据的比重有趋于增加的趋势。这一观点呼应了我们在批判科恩的发展命题时所得出的结论。

第三章　有机生产方式的变迁及其动力：迈向马克思主义的制度变迁理论

正如我们在第二章谈到的，布伦纳通过对近代欧洲不同地域的比较历史分析，得出了具有一般意义的结论，即阶级斗争和随之而来的生产关系的变革在这一时期的历史变迁中起着决定性作用。但需注意的是，布伦纳所分析的发生在英格兰的历史变迁和其他两地的变迁相比，并不属于相同的类型，只有在英格兰发生的变化，预示了一场具有世界历史意义的生产方式的嬗替，而在诸如民主德国和波兰所发生的农奴制复辟，则不具有这种意义，充其量只是世界历史的一部插曲而已。这种差异的存在意味着，一种生产方式只有在和以往的生产方式相比既增加了剩余又促进了生产力发展的前提下，才具备了作为一种更先进的生产方式取代以往生产方式的资格。因此，尽管在布伦纳那里生产力的发展并不是解释历史变迁的直接动因，却构成了真正意义上的经济社会形态变迁的必要条件。

布伦纳的比较历史研究在方法论上的重要意义，事实上把我们引向对社会科学中普遍运用的因果性概念的反思。在既有文献中，可以找到两种对历史因果性概念的分析，第一种可称之为认识论意义上的相对因果性，其代表是19世纪的经济学家约翰·斯图亚特·穆勒以及当代哲学家罗素；第二种则是本体论意义上的结构因果性，其代表是马克思主义者阿尔都塞。下面就来

---

① 里格比："绝对剩余劳动和相对剩余劳动的区分也适用于前资本主义阶级社会，但在这些社会中占主导地位的是绝对剩余劳动。"引自《马克思主义与历史学》，译林出版社2012年版，第147页。

分别讨论这两种因果性概念。

第一节　历史因果性概念和有机生产方式的变迁

在于 1843 年出版的名为《逻辑体系》的著作里，穆勒提出，在因果关系中并不存在终极意义的原因，特定的结果是由多种因素相互作用造成的，赋予任何一个因素以客观的首要地位是不可能的；通常人们所说的原因，是为了分析的方便而确定的，并不是客观存在的。例如，当人砸碎一只玻璃瓶时，玻璃瓶碎裂是因为有人用石头去砸它，还是因为它是由易碎的玻璃构成的？如果分析者从玻璃易碎这个事实出发，那么玻璃易碎就可以成为关键的因素；如果从有人用石头去砸这个事实出发，则以石头砸就成为首要的解释因素。①

哲学家罗素在探讨英国工业革命的原因时，针对历史因果性的概念发表了如下见解："历史可以通过很多方式来观察，如果精心地选择事实，就可以发明许多普遍的公式，这些公式都有充分的根据表明自己恰当。我想以谦虚的态度，提出下述有关工业革命因果关系的另一种理论，工业制度是由于近代科学而产生，近代科学是由于伽利略，伽利略是由于哥白尼，哥白尼是由于文艺复兴，文艺复兴是由于君士坦丁堡的陷落，君士坦丁堡的陷落是由于土耳其人的迁徙，土耳其人的迁徙则是由于中亚细亚的干旱。因此，在探索历史因果关系时，基本的研究乃是水文地理学。"②

罗素和穆勒所涉及的都属于纯粹认识论意义上的因果概念，这一点体现在，他们所谈论的原因，都脱离了历史过程的具体整体，纯粹是由研究者主观选取的，因而只具有相对的意义。两人的区别在于，在穆勒那里，对相互作用的强调，导致他最终否定了因果关系的客观性，而罗素则通过时间上近乎无限的回溯，将地理环境作为最终的决定因素。

现在转过来看阿尔都塞"多元决定"或"结构因果性"概念。与上述纯粹认识论意义的因果性概念不同，阿尔都塞作为马克思主义者，在本体论的

---

①　对穆勒的介绍引自里格比：《马克思主义与历史学》，译林出版社 2012 年版，第 6~7 页。

②　见罗素：《论历史》，何兆武等译，广西师范大学出版社 2001 年版，第 145、147 页。引者增添了重点标记。

意义上讨论了因果性概念，即结合具体的社会整体来谈论各个因素之间的互为因果作用。阿尔都塞首先批判了黑格尔的唯心主义因果性概念。在黑格尔那里，社会整体表现为市民社会、国家、艺术、宗教、哲学，但所有这些都可还原为"绝对精神"。由于黑格尔的社会整体是由绝对精神这个单一要素构成的，因此它并不具有复杂的结构。阿尔都塞指出，与黑格尔的这种观点类似的，是机械的经济决定论观点，即认为社会整体的一切变化都是经济的表现，都可以从经济因素中推演而来。在阿尔都塞看来，马克思眼中的社会整体具有复杂的结构，其中含有三类要素，即经济、政治和意识形态，各个要素都有其相对独立的历史，在结构的演变中都有可能起第一位的或首要的作用。用他的话来说："真正的马克思主义从不把各因素的排列、每个因素的实质和地位一劳永逸地固定下来，从不用单一的含义去确定它们的关系；只有'经济主义'（机械论）才一劳永逸地把各因素的实质和地位确定下来，不懂得过程的必然性恰恰在于各因素'根据情况'而交换位置。正是唯经济主义事先就一劳永逸地规定，归根结底起作用的矛盾必定是占主导地位的矛盾，矛盾的这一'方面'（生产力、经济、实践）必定起主要作用，而另一'方面'（生产关系、政治、意识形态、理论）必定起次要作用，却不了解归根到底是由经济所起的决定作用在真实的历史中恰恰是通过经济、政治、理论等交替起第一位作用而实现的。"① 他把这种各个要素交替占据主导地位或成为矛盾的主要方面，称作矛盾的"多元决定"。

　　阿尔都塞在这里区分了"归根结底起作用的矛盾"和"占主导地位的矛盾"，并认为前者决定了后者。可是，阿尔都塞虽然正确地提出了这一问题，但正如有的学者指出的，他并未对这两种矛盾之间的关系做出令人信服的解释。② 正因为如此，要素（如生产关系或上层建筑）的独立发展，就有着与"归根结底起作用的矛盾"相游离的倾向。这样一来，通过其多元决定的观

① 阿尔都塞：《保卫马克思》，商务印书馆1984年版，第184页。重点为引者所加。在《读〈资本论〉》里，阿尔都塞还使用了"结构因果性"的概念，含义与"多元决定"类似。见阿尔都塞、巴里巴尔：《读〈资本论〉》，中央编译出版社2001年版，第216、219页。

② 参见段忠桥《评阿尔都塞的"多元决定论"和"无主体过程论"》，引自《理性的反思与正义的追求》，黑龙江人民出版社2007年版，第61页。

点，他事实上就和韦伯式的主张各种社会权力在历史发展中都有同等重要性的观点做了妥协。①

需要指出的是，阿尔都塞的多元决定论并非为其独创，而是渊源于毛泽东《矛盾论》里的观点。阿尔都塞本人非常熟悉毛泽东的这一文本，在其著作中多次加以引用。《矛盾论》中有这样一段重要论述："诚然，生产力、实践、经济基础，一般地表现为主要的决定的作用，谁不承认这一点，谁就不是唯物论者。然而，生产关系、理论、上层建筑这些方面，在一定条件之下，又转过来表现其为主要的决定的作用，这也是必须承认的。当着不变更生产关系，生产力就不能发展的时候，生产关系的变更就起了主要的决定的作用。……当着政治文化等等上层建筑阻碍着经济基础的发展的时候，对于政治上和文化上的革新就成为主要的决定的东西了。"②

将这些论述和阿尔都塞的论述相比，我们或许会发现，后者除了在表达上增添了一些结构主义的色彩，并没有实质性地补充新的观点。《矛盾论》的主要贡献在于，利用主要矛盾和次要矛盾的区分及其相互转化的观点，解释生产力和生产关系、经济基础和上层建筑的相互关系。这一观点的确可以为我们理解历史唯物主义核心思想提供某种方法论的指引。本文提倡的有机生产方式概念，实际上也是以这一方法论思想为依据的。但同时要看到的是，《矛盾论》对生产关系的两重功能并未加以区分，这样一来，对生产力和生产关系这一对主次矛盾何以相互转化，生产关系何以享有某种自主性，并转过来表现为历史发展的决定性力量，并没有给出足够充分的解释。在上述征引段落之后，《矛盾论》的作者还进一步把生产关系在特定条件下的决定性作用与通常理解的生产关系之于生产力的反作用等同起来，就表明了这一点。将生产关系的功能局限于这种反作用，实际上是以默认生产关系只有一种功能，即必须适合生产力的发展为前提的；当生产关系不适合生产力的发展时，依照这种观点，生产关系就必须也能够及时地被改变。然而，由于生产关系实

---

① 值得一提的是，阿尔都塞在其晚年一篇论文里，曾主张生产关系具有相对于生产力的优先性，见阿尔都塞：《论生产关系对生产力的优先性》，载于《文景》2013年第1和第2合期。

② 毛泽东：《矛盾论》，引自《毛泽东选集》第一卷，人民出版社1991年版，第325~326页。

际上具有两重功能，且这两种功能可能相互背离，这样一来，那些割断了剩余的增长和生产力发展之间的相互联系的榨取型关系就可能长期居于主导地位，生产力的发展会被持久地压制，社会将因之陷入停滞乃至倒退。准此，在理论上便不能简单地推断，凡是生产关系的变更都是以促进生产力的发展为旨归的。

为了避免上述片面性，同时也在方法论上继承从《矛盾论》到阿尔都塞的多元决定论所包含的富有价值的观点，笔者认为，可以考虑提出一种新的因果性概念，以解释生产力和生产关系的相互关系。这一新的概念或可命名**为系统因果性**，以区别于阿尔都塞的结构因果性概念。系统因果性的概念建立在如下认识的基础上：导致某一系统最初发生改变的原因，并不必然等于这一系统在整体上发生变化的原因；只有后一类原因，才会带来系统的不可逆转化，即造成这里所说的系统因果性。准此，我们或可进一步提出如下观点：不管最初造成生产方式变化的原因是什么，也不管在生产方式的变革中一直占据主导地位的因素是什么，只有当这些原因最终导致生产力也发生了根本的变化，生产方式才最终在整体上实现了变迁，这一变迁也才具有**不可逆性**，这便是笔者定义的**有机生产方式的变迁**。① 与《矛盾论》以及阿尔都塞不同的是，在有机生产方式变迁这一概念里，"归根结底起作用的矛盾"和"占主导地位的矛盾"并不必然处于一种有机联系中，换言之，虽然生产力的质的提高在这里被看作导致整个生产方式发生系统变革的必要前提，但当生产关系或上层建筑先行改变时，未必一定会引起生产力的这种改变。

需要提醒读者的是，在界定有机生产方式变迁时我们采用了不可逆性的

① 王峰明教授的下述见解表明他已接近于认识到本文提出的系统因果性的概念，他写道："生产力一元决定论，……是对历史发展进程的一种'事后'的总结和概括。就其具体内容而言，在生产力和生产关系、经济基础和上层建筑之间，只存在'逻辑上'的先后关系，而不存在'时间上'的先后关系；经济与政治、政治与文化之间的'决定'与'被决定'的关系，也只是'逻辑学'意义上的因果关系，而不是'发生学'意义上的因果关系。"见其《生产力一元决定论的反思与新释》，引自王峰明《历史唯物主义——一种微观透视》，社会科学文献出版社 2014 年版，第 101 页。但是，所谓逻辑的先后关系究竟是什么含义，在此并没有得到清楚的交代。

概念，这个概念是和马克思学说中的一个核心原则即历史性原则联系在一起的。在其本体论著作里，卢卡奇试图重申马克思的下述思想，即存在（包括社会存在）的根本特征是作为不可逆过程的历史性，他写道："根据马克思主义的正确理解，存在的历史性（这种历史性是存在的基本特征）构成了正确地理解所有问题的本体论出发点。"马克思"把全部存在理解和表述为一个就其基础而言是历史的（不可逆转的）过程"①。

社会存在的历史性或不可逆性体现在，经济社会形态从简单的、落后的形态依次发展到复杂的、发达的形态。马克思曾指出："资产阶级社会是历史上最发达的和最复杂的生产组织。因此，那些表现它的各种关系的范畴以及对于它的结构的理解，同时也能使我们透视一切已经覆灭的社会形式的结构和生产关系。"② 在这里，马克思提出了一种认识迄今为止的历史进程的方法，并把不同社会形态的发达程度归结为生产组织（实即生产方式）的发达程度。那么，生产方式的发达程度可用什么尺度来衡量呢？一个很自然的尺度便是生产力发展的水平。如果生产方式的变迁不仅是通过生产关系的嬗变而实现的，而且最终显著地提高了生产力水平，那么这一变迁就获得了不可逆性。我们将这种以生产力的根本进步为前提的生产方式的变迁称作**有机生产方式的变迁**（有机一词在此意味着这种变迁的整体性）。这一概念指涉下述两种情形，其一，一种生产方式为另一种更高级的生产方式所取代，从而相对剩余劳动的比重在根本上得到提高；其二，在既定生产方式内，相对剩余劳动所占的比重较绝对剩余劳动得到显著提高，该生产方式因而从较低阶段发展到较高阶段。在这里，相对剩余劳动和绝对剩余劳动所占比重的消长，抑或与之对应的两种生产关系（生产型和榨取型生产关系）所占比重的消长，成为定义有机生产方式变迁的主要依据。

图 3-1 描绘了有机生产方式变迁的过程。图中的横坐标代表生产力发展的水平，纵坐标代表统治阶级剩余占有的规模。从原点出发的 45°直线代表了

---

① 卢卡奇：《关于社会存在的本体论》上卷，重庆出版社 1996 年版，第 100、134 页。在该书的导论部分，卢卡奇以大量篇幅讨论了作为不可逆过程的历史性原则之于马克思全部学说的意义。

② 《马克思恩格斯全集》第 46 卷（上册），人民出版社 1979 年版，第 43 页。

作为理想类型的相对剩余生产，在这条线上，剩余的提高是和生产力的发展携手并进的。那条与横坐标垂直的直线，则代表了作为理想类型的绝对剩余生产，沿着这条线，剩余的提高和生产力发展全然无关。以这两条线为参照，我们画出了一条变化的曲线，在其变化的第一阶段，曲线近乎垂直，这意味着获取剩余的方法以绝对剩余生产为主导；在其变化的第二阶段，曲线向右上方倾斜，即大体和45°线平行，获取剩余的方法此时以相对剩余生产为主导，这一转变既可代表该生产方式进入新的阶段，也可代表一种新的更高级的生产方式的出现。

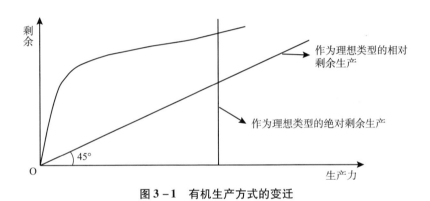

图 3 - 1　有机生产方式的变迁

　　将不可逆转的历史性作为社会存在的根本原则，并不排斥在社会历史过程中也必然存在一些局部的、可逆的变化，前者甚至就是以后者为前提的。布伦纳笔下近代东欧农奴制的复辟便是这种倒退的典型例子。在当代，苏东社会的巨变是更为醒目的例子。在后面这个例子里，倒退之所以发生，在于革命后的社会虽然彻底改变了旧的剩余占有关系，却没有从根本上改变生产力以及与之相适应的劳动关系，使之全面超越发达资本主义经济已经达到的水平。一些西方国家的左翼学者在观察苏联经济时经常发现，在企业内部，劳动组织和分工与资本主义国家的企业非常相像。[1] 与这一认识相关联，在进

---

　　① 参见布雷弗曼：《劳动与垄断资本》，方生、朱基俊等译，张伯健校，商务印书馆1979年版，第 17～18 页。

而判断苏联社会的性质时，左翼学者中间也产生了相应的理论困惑和争论。根据曼德尔的介绍，在这一争论中主要形成了三派观点，除了将苏联归于社会主义或归于国家资本主义的这两派之外，还有曼德尔所主张的苏联社会属于特定过渡阶段的观点。曼德尔的主要论据是，苏联社会的生产关系虽然明显不同于资本主义，但它所取得的生产力仍然落后于最先进的资本主义国家的水平，因而也不是一个全面超越资本主义的新的生产方式。[①] 值得指出的是，列宁在逝世前不久完成的《论我国革命》一文中，曾试图回答这个最先由第二国际马克思主义者提出的问题：俄国的生产力水平还没有发展到可以实行社会主义的高度，因而十月革命不可能是一场真正意义上的社会革命。列宁反问道："我们为什么不能首先用革命手段取得达到这个一定水平的前提，然后在工农政权和苏维埃制度的基础上赶上别国人民呢?"[②] 在这里，列宁间接地承认了十月革命的局限性（即只是一场政治革命），但又为克服这一局限性提出了可能的解决方案，这就是通过政治革命为先导，建立新的生产关系，最终实现有机生产方式的变迁。然而，苏联社会后来的演变及其解体表明，尽管它在短暂的 70 余年里在社会生活诸多方面取得了巨大成就，最终却没有完成列宁所瞩望的目标，即未能发展成为全面超越资本主义的新的生产方式。曼德尔在包括《论马克思主义经济学》《权力与货币》等在内的不同时期的著作里，分析了革命后苏联社会的性质，以及这一体制最终失败的经济和政治原因。我们大体赞同他就苏联社会的性质所发表的下述看法：苏联社会的性质既非资本主义，也非真正的社会主义，而是一个介于两者间的

---

① 参见曼德尔：《论马克思主义经济学》下卷，廉佩直译，商务印书馆 1964 年版，第 197～203 页。另见曼德尔：《权力与货币：马克思主义的官僚理论》一书的导论及第 1 章第 3 节的论述（孟捷、李民骐译，中央编译出版社 2002 年版）。

② 列宁：《论我国革命（评尼·苏汉诺夫的札记）》，引自《列宁选集》第 4 卷，人民出版社 1995 年版，第 777 页。在写于 1917 年的《反〈资本论〉的革命》一文里，葛兰西也表达了和列宁类似的设想，他写道：俄国"将利用西方资本主义的经验来使自己迅速达到与西方世界同样的生产水平……受着社会主义教育的俄国无产阶级将要在英国今天已经达到的最高水平上开始自己的历史。既然它必须从零开始，它就将在别处已经改善了的基础上起步，因而将迫使自己达到被马克思认为是集体主义的必要条件的那种经济成熟水平。革命者自己将创造为全面达到他们的目标所需要的条件。而且他们创造这些条件的速度，将比资本主义所能做的更快些"。《葛兰西文选》，人民出版社 1992 年版，第 12 页。

过渡社会。

由以上讨论可以得出的结论是，有机生产方式变迁的历史并不等于实际历史本身，而是对后者的根本趋势的表达。在此意义上，有机生产方式变迁的历史序列所对应的，只是从全部人类社会的历史中抽象出来的、作为不可逆转过程的那一部分历史。接受这种解释还意味着，我们可以像晚年卢卡奇那样，在谈论生产力和生产关系的关系时，援用本质和现象这对辩证范畴。[1]传统生产力一元决定论借助于内容和形式的关系来理解生产力和生产关系的相互关系。但问题是，正如我们在批判科恩时业已指出的，由于生产关系具有两重不同的功能，因此并非所有类型的生产关系都在同等意义上起着促进生产力发展的作用。准此，以内容和形式这一对范畴来把握生产力和生产关系的关系，便不是无条件地普遍适用的。另一方面，由于生产方式的整体的、不可逆转的变迁要以生产力进步为前提，这就使生产力的发展成为人类历史的本质趋势，尽管这一本质趋势是以生产力和作为现象的生产关系之间的复杂的相互关系为前提的。卢卡奇在其本体论著作中，还进一步将生产力进步的意义在本体论上解读为必要劳动永恒递减以及社会存在的自然限制永恒退却，将此作为人类历史发展的三大本体论趋势之一。[2]在他看来，社会历史发展的实际过程无论采取何种形式，都最终贯彻了这些本体论趋势。

运用本质和现象的辩证法也可以帮助我们理解马克思的历史发展"五形态论"。在于 1859 年发表的《政治经济学批判·序言》里，马克思提出："大体说来，亚细亚的、古代的、封建的和现代资产阶级的生产方式可以看作是社会经济形态演进的几个时代"，在此之后，则是标志着人类史前期结束的未

---

[1]　卢卡奇："我们已经用经济领域的一般辩证法，用本质和现象的相互作用说明了生产力和生产关系之间的最一般的关系"，见其《关于社会存在的本体论》上卷，重庆出版社 1996 年版，第 408～409页；另见该书下卷第 517～520 页的论述。卢卡奇还强调，本质和现象的关系也适用于占有剩余劳动本身与这一占有的具体形式之间的差别（同前引书，下卷，第 409、519 页）。孙伯教授的《卢卡奇与马克思》大概是国内唯一一本试图全面考察卢卡奇晚年本体论思想的著作，但遗憾的是，囿于传统观点的束缚，他没有恰当地领会《关于社会存在的本体论》的意旨，大大低估了该书的理论价值，并在误解的前提下提出了一些不切题的批评，他指斥卢卡奇以本质和现象这一对范畴看待生产力和生产关系的相互关系，便是其中一例（见孙伯：《卢卡奇与马克思》，南京大学出版社 1999 年版，第 240 页）。

[2]　参见卢卡奇：《关于社会存在的本体论》上卷，重庆出版社 1996 年版，第 296～297 页。

来共产主义社会。① 这一观点后来被简称为"五形态论",成为教科书里对社会发展史的经典解释。在通常的理解中,"五形态论"具有如下特点。

第一,所谓"五形态"具有地域的遍历性,即它假定世界上所有国家或地区的历史都要依次经历这几个阶段。这种观点在多大程度上是马克思的思想,或马克思本人是否一直坚持这一思想,是存在争议的。在其晚年,马克思本人曾和这种观点刻意拉开了距离。一个最常被人举示的证据是,在给俄国民粹派代表查苏里奇的著名回信中,马克思就认为,他在《资本论》里提出的资本主义起源理论只是以西欧经验为基础的,并不先验地适合所有国家。② 值得一提的是,上述地域遍历性假说所面临的挑战,还体现在针对欧洲以外地区的古代奴隶制生产方式的研究中。以中国古史为例,迄今为止并没有确凿的证据表明,在夏、商、周三代,奴隶制构成了占据主导地位的生产方式。根据一些历史学家的观点,在世界历史中,诸如古代希腊罗马那样的奴隶制生产方式完全是一种例外,并非普适的规律。③

第二,与第一点相联系的是,五种社会经济形态的更迭遵守着《〈政治经济批判〉序言》所确立的固定不移的顺序,即从原始共同体开始,依次经历奴隶社会、封建社会和资本主义社会,最终结束人类史前期,步入共产主义社会。然而,和提出"五形态论"的《〈政治经济批判〉序言》不同,在其他文本里,马克思本人还曾颠倒过农奴制和奴隶制在历史上发生的顺序,指出一个社会可以先进入封建的农奴制,再进入奴隶制。事实上,在新石器时代结束后,按照当时已经取得的生产力水平,人类社会既具备过渡到奴隶制

---

① 《政治经济学批判·序言》,引自《马克思恩格斯全集》第13卷,人民出版社1962年版,第9页。

② 马克思1881年3月8日给查苏里奇的信,《马克思恩格斯全集》第19卷,人民出版社1965年版。在这一卷里还收录了马克思为复函查苏里奇而拟的三封草稿,其篇幅都远胜于正式的回信。拟稿之多和复函之简短,似乎都表明了马克思态度的慎重。

③ 在中国史学界,有所谓"有奴派"和"无奴派"之争,前者以郭沫若、吕思勉等为代表,主张中国古代经历过奴隶制生产方式,这一派观点长期主导了史学界。近三十年来则兴起了"无奴派",即主张中国乃至世界古史没有普遍经历过奴隶制生产方式,其代表文献如黄现璠:《中国历史没有奴隶社会》,广西师范大学出版社2015年版;张广志:《奴隶社会并非人类历史发展必经阶段研究》,青海人民出版社1988年版。以范文澜为代表的主张西周属于领主封建制生产方式的观点,与"无奴派"的意旨大致是契合的。

的条件，也具备过渡到农奴制的条件，至于具体形成的是哪一种生产方式，是由不同国度的历史特殊性决定的。以童书业为代表的中国学者，早在 20 世纪 50 年代就体认到这一点，并以此为指导开展对中国古史分期的研究。①

然而，"五形态论"虽具有上述缺点，笔者却不同意一些学者的过于极端的看法，即主张"五形态论"一无是处，应该全然放弃该理论。② "五形态论"在下述意义上是有贡献的，即把不同经济社会形态的差别归结为生产方式的不同，而生产方式的演进又以生产力的根本变革为基础。在此意义上，笔者提出的有机生产方式变迁论，实际上是对"五形态论"的重新表达，这一新表达去除了"五形态论"中那些富有争议且毫无必要的枝蔓，保留了这一理论的核心要旨，即把人类历史理解为"一种自然历史过程"③，生产力的发展既是造成这一自然历史过程的归根结底的原因，也是测量这一历史进程的刻度。

在结束这一节的讨论之前，让我们插入一个涉及古代中国文明发生的历史实例，以佐证上文的观点。这个实例是要说明，只要问题涉及经济社会形态或生产方式的根本变革，生产力水平的提高肯定是一个不可或缺的因素。问题是由已故华人考古学家张光直引发的，在探讨中国古代文明的产生时，他提出这一文明的形成具有连续性的特点，并将其称作文明产生的连续性假说，以区别于根据苏美尔和古埃及文明的特点而得出的文明产生突破性假说。这一连续性假说在他那里是通过以下三个方面来论证的。第一，在中国古代文明的最初阶段，即所谓青铜时代（按照张光直的界定，这大体相当于夏、商、周三代），在生产中得到运用的工具和技术与文明产生以前相比并没有发生本质的改变。虽然青铜在当时已经发明出来，但主要是用于兵器和礼器，而不是用作生产工具。为此他提出，在从新石器时代（龙山文化晚期）向最

---

① 参照童书业对马克思恩格斯相关思想的讨论，《童书业古代社会论集》，中华书局 2006 年版，第 312～313 页。

② 历史学家冯天瑜的《"封建"考论》（中国社会科学出版社 2010 年版），系统地表达了这一看法。

③ 马克思："社会经济形态的发展是一种自然历史过程"，见《资本论》第 1 卷，引自《马克思恩格斯全集》第 23 卷，人民出版社 1972 年版，第 12 页。

初的阶级社会（即所谓三代）的过渡中，生产力水平并没有根本的提高，这一点和苏美尔—古埃及文明有着根本区别，后者向文明的过渡，是建立在生产力重大发展的前提下的。第二，在工具和技术没有本质变化的前提下，剩余的集中（这是文明产生的条件）所依靠的主要是劳动力的增加（人口的增加和战俘的掠取），而后者又是由政治制度的变化（如宗法制和封建制的确立）而造成的。第三，在文明的形成中，由原始社会继承下来的巫术，在统治阶级取得和巩固政治权力时起到了关键作用。①

张光直强调政治权力在文明发生中所起的作用，与后文采纳的观点是大体一致的，但他的核心论题，即认为生产力因素在文明发生中毫无作用，则是全然没有根据的。他的关于青铜从未用作生产工具的观点，在新的考古发现及其解释面前已经不再成立了。依照历史学家陈振中的研究，在中国古代文明的产生过程中，青铜曾经大量用作工具。例如，在距今约四千年的齐家文化遗址和龙山文化晚期遗址的发掘中，就出土了不少铜镰、铜斧、铜镬等各类工具。在相当于夏代的二里头文化遗址中，也有许多铜制工具的发现。②

然而，正如陈振中旋即提到的，在中国古代文明发生之初，虽然青铜已用作生产工具，但由于青铜的制作十分昂贵，还无法完全排挤木石工具。历经三代，总体上还处于青铜与木石工具并用的时期。③ 在这种限制下，原始种植业虽能有相当发展，但生产率仍较低下。一方面，生产出来的剩余虽有一定规模，但除非运用政治手段将这些剩余在尽可能广泛的社会范围内集中起来加以利用，否则并不足以提供向阶级社会过渡的条件。另一方面，由于当

---

① 张光直：《中国青铜时代》，三联书店 2013 年版。其观点集中表达于书中首尾两篇论文，尤见第 19、488、495 页。张光直的文明连续性假说在国内史学界颇有影响，著名学者如李学勤也接受了这个观点，见李学勤：《走出疑古时代》，长春出版社 2007 年版，第 41 页。

② 陈振中认为："从地下出土物来看，我国从公元前 3000 纪出现青铜工具以来，不断发展；特别是进入阶级社会后，夏、商、周三代持续增长。已知出土战国以前的青铜工具在 5862 件以上。主要有削、刀、锯、凿、错、钻、锥、鱼钩、斧、锛、镬、耒、耜、铲、锄、耥、铚、镰等。既有手工工具，也有农具，数量较多，种类齐全，形制多样。这说明我国古代使用青铜工具不是偶然的、个别的、暂短的；而是大量的，逐步发展而持续增长的，形成了一个相当长的历史时期。"见陈振中：《青铜生产工具与中国奴隶制社会经济》，中国社会科学出版社 2007 年版，第 4 页；另可参见该书第 25～28 页的进一步讨论。不过，陈振中在其著作里并未提及张光直及其文明发生的连续性假说。

③ 陈振中：《青铜生产工具与中国奴隶制社会经济》，中国社会科学出版社 2007 年版，第 16 页。

时的农业是在黄土低地区域发展起来的沟洫农业，水患一直是限制其发展的主要因素，为了治水，也需要集中大量剩余。《中国科学技术史——农学卷》的作者指出，"当时大规模开发黄河流域的低平地区，必须依靠集体的力量修建农田沟洫系统，为了维护这种公共经济职能，不能不限制土地私有制的发展，从而导致了土地公有私耕的农村公社的建立，这就是原始的井田制。"①在井田制的基础上，氏族成员在公田的助耕担负了为共同体提供剩余的任务，这些剩余在广大的社会范围内被集中起来，并使大规模的治水成为可能。这就带来了大禹治水的故事——这是一个关于国家的最初形成的故事。

在禹之前，其父鲧就曾担任治水的总指挥，但因采取筑堤堵截的老办法，没有取得成功。禹总结了经验，采取因势利导、疏浚排洪的方法，才得以顺利治水。大禹治水对生产力发展起到了巨大的推动作用，这尤其体现在，原始沟洫农业作为当时的主要社会经济部门的地位得到了巩固。②

禹的成功以取得相应的政治权力为前提。正如前文指出的，这种政治权力在本质上是集中和利用剩余的权力。《史记·夏本纪》说，禹能"命诸侯、百姓兴人徒以傅土"。这意味着，禹的权力不仅针对着氏族公社的成员，而且针对着各个不同的部落。禹的这种权力，最初是由共同体的公共职能派生出来的，但通过治水，以禹为代表的氏族贵族进一步攫取或侵占了剩余的支配权，并将治水最终改造成以阶级为基础的国家的经济职能。③ 在治水之后，禹曾号令部落首领会盟于会稽，但防风之君来得太迟，遭到禹的处斩。这是一个标志性的事件，它意味着，伴随治水的成功，禹的权力，也从一个部落联

---

① 董凯忱、范楚玉主编：《中国科学技术史——农学卷》，科学出版社2000年版，第48页。

② 汉初的陆贾曾这样描述禹的功绩："后稷乃列封疆，画畔界，以分土地之所宜，辟土植谷，以用养民。……当斯之时，四渎未通，洪水为害，禹乃决江疏河，通之四渎，致之于海，大小相受，百川顺流，各归其所。然后人民得去高险，处平土。"陆贾：《新语·道基》，引自陈振中《青铜生产工具与中国奴隶制社会经济》，中国社会科学出版社1992年版，第256页。陈振中认为，"这是对治水的缘起及与农业密切关系的确切说明"（第256页）。

③ 恩格斯："社会产生着它所不能缺少的某些共同职能。被指定去执行这种职能的人，就形成社会内部分工的一个新部门。这样，他们就获得了也和授权给他们的人相对立的特殊利益，他们在对这些人的关系上成为独立的人，于是就出现了国家。"恩格斯1890年10月27日致施密特的信，见马克思、恩格斯：《〈资本论〉书信集》，人民出版社1976年版，第504页。

盟领袖的权力，演变为垄断了暴力镇压职能的国家的权力。正是这种权力使其最终得以侵占共同体的剩余支配权。禹死后，他的儿子启就成了第一个"以天下为家"的世袭王朝夏的开国之君。

在古代中国文明之初，即在夏、商、周三代，存在着主要生产资料即土地的国有制，这种土地国有制是由原始氏族社会的土地公有演变而来的。三代以铜制生产工具为代表的生产力水平，所能提供的剩余劳动有限，既不能使农村公社瓦解，也不允许私人地主阶级得到发展。在这种情况下，要想取得大规模的剩余，唯一途径便是以共同体的名义将剩余在相当大的社会范围内集中起来并加以支配。通过完成治水这一符合社会经济发展需要的经济职能，禹做到了这一点。统治阶级一旦拥有了集中支配剩余的权力，便会利用这一权力侵占这些剩余，并将原始氏族公社的土地公有制，改变为统治阶级的土地国有制（或者更准确说来，是土地由国家所有、各级统治者实际占有的集体所有制[1]）。在这种制度下，由原始社会继承下来的农村公社也演变为"政社合一"的基层组织，各级统治者利用这种基层组织对直接劳动者同时进行政治的统治和经济的剥削。[2]

陈振中在分析上述变化时，在概念上区分了变革的两种途径，即来自"上端"的变化和来自"下端"的变化。前者是指，管理公社事务的氏族贵族向侵占公社财产、榨取公社剩余的方向发展；后者是指，公社成员向贫富分化和个体私有化的方向发展，在此过程中，一部分人成为富有的阶级，另一部分人受其役使。陈振中指出，在夏、商、周三代，这两端的发展并不同步，而是"上端发展迅速，下端迟缓"。其原因何在呢？

这种以上端发展为主的过渡和发展，是与生产力的特性及其相对低下的水平相联系的。首先，在相对较低的生产力水平下，剩余的生产非常有限，还不足以造成迅速而普遍的贫富分化和向个体私有经济的过渡，这就使得农

---

① 笔者认同如下观点，即当时的土地所有制是"国家所有和宗族占有制"，这也被称为宗法或领主封建制，见《童书业古代社会论集》，中华书局2006年版，第320页。

② 参见陈振中：《青铜生产工具与中国奴隶制社会经济》，中国社会科学出版社2007年版，第12章，尤见第334、322、325页。

村公社作为必要的生产组织得以长期持续存在。① 其次，由于当时的低地沟洫农业以治水为条件，这就为氏族贵族通过担负共同体的经济职能而侵占和攫取剩余创造了便利，进而造成"上端发展迅速"的现象。由于变化主要是在上端即在"上层建筑"领域进行的，在其下端的劳动组织中，便出现了文明发生过程中具有典型性的"连续性"现象，即发源于原始社会的农村公社在中国上古阶级社会的长期延续。张光直虽然倡导文明发生的连续性假说，但对农村公社的长期延续这一现象缺乏分析，反而把目光投向了萨满教或巫术的作用，这不能不说是一个严重的缺憾。

在整个三代，农村公社一直与井田制和耦耕长期并存。直到春秋战国之际，这个"三位一体"的结构才濒于瓦解。在考察农村公社的性质时，有时会碰到这种观点，即认为它只是原始氏族公社的残留。这种观点忘记了，氏族公社所通行的，是其成员间的原始的血缘关系，而在阶级社会的农村公社里，所流行的是依照等级制度重构的血缘关系。② 至于井田制和村社制度的社会经济性质，历史学家杨宽曾有如下论述："进入古代社会以后，贵族把这种村社的土地制度加以变革，使之成为剥削的一种手段。原来的共耕地，称为'公田'，或者称为'籍田'，这时被贵族占有，并加以扩充，作为剥削集体耕作劳动的一种方式，称为'助'或'籍'。原来村社长老主持的春耕仪式，也被改造成为'籍礼'，变成统治者监督从事无偿集体劳动的一种礼制。原来

---

① 童书业："周代早熟性的封建社会，是建筑在比较低的生产力之上的。我们知道，在春秋中期以前，还不曾用铁器和家畜耕田（至少铁耕与畜耕极不普遍），耕种方法采用人力的'耦耕'。这种幼稚的农业技术，只有施用在黄土平原上，才能收获相当数量的生产品；……因此，一般生产的落后便成为必然的情况，战国以前中国广泛存在农村公社的真正原因实在于此。"见《童书业古代社会论集》，中华书局 2006 年版，第 179 ~ 180 页。

② 在研究周代的宗法制时，历史学家金景芳指出："周代的宗法制度是以血缘关系为基础的。很明显，它是氏族社会的血缘关系在新的历史条件下的继续存在和演化的反映。不过氏族社会的血缘关系和阶级社会的血缘关系有着本质的区别：前者是氏族社会民主的基础，而后者则成了阶级社会专制的工具。""统治阶级重新利用了这一使氏族社会延续了无数世代的有力组带——血缘关系，把它改造成了完全适应奴隶主阶级需要的，有完整的体系和严格等级的宗法制度，……因此，周代宗法制度的本质，已经不是古代那种平等的血族关系，而是血缘关系遮掩下的不平等关系，即阶级关系。"参见金景芳：《中国奴隶社会史》，上海人民出版社 1983 年版，第 141 ~ 142 页。金景芳主张夏商周三代属于奴隶制，因此将周也作为奴隶制社会看待。但撇开这一点不论，此处对血缘关系在阶级社会里被利用和改造所做的分析，则是颇有见地的。

分配给各户的份地，称为'私田'，也还保留按年龄受田、归田和定期重新分配、调换田地的制度。但是，这时的村社组织，已被贵族利用作劳动的编制，实质上已经成为服役的单位，使得再生产在悲惨的条件下进行。因此井田制尽管保留有村社及其土地制度的形式，实质上已经不是原始的村社及其土地制度。"① 陈振中也指出，具有农村公社性质的原始形态的井田制在进入文明历史后产生了质的变化，其所保存的农村公社形式的一面是次要方面，后者也不都是一仍其旧，而是发生了很多变化。农村公社的主要经济活动，如统一规划耕地和水利排灌系统、定期分配耕地等仍继续进行，但土地的农村公社公有已变为统治阶级国家的国有，因此，农村公社"首先是国家借以管理土地、户口、催交赋税、征调力役的基层政权组织"②。村社制度的这种经过改造后的持续存在，解释了古代中国封建社会的"早熟性"，即在刚一进入阶级社会时，通过建立在这种村社制度上的超经济剥削，抑制了奴隶制的普遍发展，转而进入了宗法—领主封建制的漫长阶段。③

　　以上讨论表明，在古代中国文明的发生过程中，生产力在双重意义上起着作用：一方面，以沟洫农业和共同体治水能力为标志的生产力水平的提高，为文明的发生奠定了基础；另一方面，生产力的特性及其相对较低的水平，则有助于解释在这一历史过渡中某些具有连续性的方面。准此，张光直在强调中国古代文明产生的连续性时，完全排除来自生产力的影响，就是错误的。在理解中国古代文明的发生时，连续性的方面（如村社制度的延续）和非连续性的方面（政治制度的变化或"家天下"的出现）是相互联系的；只有在

---

　　① 杨宽：《重评 1920 年关于井田制有无的辩论》，载于《江海学刊》1982 年第 3 期，第 29 页。

　　② 陈振中：《青铜生产工具与中国奴隶制社会经济》，中国社会科学出版社 2007 年版，第 321 页。

　　③ 童书业："所谓早熟的封建制度，就是对公社农民进行超经济的剥削，以赋税或贡纳代替地租，于是从周天子、诸侯到士，都变成了封建贵族。"《童书业古代社会论集》，中华书局 2006 年版，第 178 页。关于中国封建社会过早成熟的特点，历史学家嵇文甫在 1951 年时留有如下评论：由于大量相当于农奴的"庶民阶层的存在，所以才一方面限制了严格奴隶制度的大规模发展，使东方历史不能出现一个像希腊罗马那样典型的奴隶制社会；另一方面却又促成封建制度的早熟，使东方历史上拖拉出一个漫长的封建时代"。见童书业：《中国古代社会的早熟性》，载于《新建设》1951 年第 4 卷第 1 期；该文收录于《历史研究》编辑部编《中国的奴隶制与封建制分期问题论文选集》，三联书店 1956 年版，第 73 页。

非连续性变化的基础上，才能解释连续性的方面，进而完整地解释中国古代文明的发生过程。

设若有机生产方式变迁的概念可以成立，在判断一种生产方式的先进或落后时究竟应该采纳什么标准的问题，也就变得迎刃而解了。近年来，在一些学者之间开展了争论，焦点是在判定一种生产方式的优劣时究竟应该以生产力水平为标准，还是以生产关系的性质为标准。① 从有机生产方式变迁的角度来看，生产力发展是与所谓生产型生产关系（即旨在促进相对剩余劳动的生产关系）相匹配的，因此在这种场合，生产力标准和生产关系标准是统一的。如果生产力标准和生产关系标准出现矛盾，那一定是因为在既定的生产方式中，绝对剩余劳动和相应的榨取型生产关系占据了显著地位。在这种情况下，就可以采取生产关系标准来判断生产方式的优劣。需要指出的是，采用生产关系的标准判定一种生产方式的优劣，同时也意味着改变生产关系业已成为进一步发展生产力的条件，因而这两个标准归根结底是统一的。

不过，还存在使问题变得更为复杂的情况。通常所说的生产力，其实并不是一个完全和阶级关系相脱离的中性概念。在马克思那里，我们可以遇到若干种互不相同的生产力概念，如劳动生产力、资本的生产力乃至人类的生产力②，这些不同的生产力概念并非无条件的是等价的。如果我们进一步以生产率来衡量生产力的发展程度，还会形成不同的生产率概念。正如美国激进政治经济学家鲍尔斯等人指出的，生产率的完全中性的增进意味着产出和生产中使用的每一种投入量的比率都有所提高，这些投入包括劳动时间、劳动的实际付出、自然环境、中间产品、资本品等。假设一个资本主义企业，当其他一切条件保持不变时，通过引入半自动化装配线增加了每小时产出，且

---

① 相关争论可参见卫兴华：《评机械生产力决定论、唯生产力标准论和唯生产力论——对汪海波先生观点的评析》，载于《当代经济研究》2015年第11期；汪海波：《必须坚持生产力标准》，载于《经济学动态》2011年第7期；等等。

② 马克思："发展人类的生产力，也就是发展人类天性的财富这种目的本身。"《马克思恩格斯全集》第26卷Ⅱ，人民出版社1973年版，第124页。在下面这个简短的句子里，马克思竟然同时使用了三种不同的生产力概念："同历史地发展起来的社会劳动生产力一样，受自然制约的劳动生产力也表现为合并劳动的资本的生产力。"《马克思恩格斯全集》第23卷，人民出版社1972年版，第563页。

同时无须提高劳动强度，这种技术变革便是更有效率的。但是，如果装配线的引进使雇主得以提高劳动强度，从而使工人的劳动付出较产量有更快的增长，则装配线的引进就是一项缺乏效率的技术变革，尽管它会增加企业的赢利能力。[①] 与此类似，如果增加产出是在其他条件不变的条件下消耗更多自然资源而实现的，那也属于缺乏效率的技术变革。在这些情况下，运用生产力标准就要十分慎重。由于资本生产力的提高未必和人类生产力的进步相一致，反对片面注重生产力标准，提倡兼顾生产关系标准，就可能是合理的。

第二节 阶级斗争和国家间竞争作为有机生产方式变迁的动力

一种生产方式或社会经济形态一经形成，便面临着以下问题，即除了生产力系统的自主变化外，还有哪些直接历史原因，会造成相对剩余劳动比重的增长（以及相应的绝对剩余劳动比重的递减），从而推动有机生产方式的变迁，使之成为一种历史趋势。大体而言，阶级斗争和国家间竞争是推动有机生产方式变迁的两类最主要的直接历史动因，而这两者又往往是相互结合在一起的。[②] 为此我们想提出一个成本—收益模型，借以分析两种剩余劳动及两种生产关系的消长与这两类动因之间的关系。

在历史制度分析中使用成本—收益模型，始于新制度经济学家诺思。不过，与诺思所代表的分析传统不同，笔者愿意指出，成本收益分析不是"中性"的，而是具有特定阶级属性的。在这一点上，笔者赞同林岗教授的意见，他曾中肯地指出：在不同的集团和阶级之间，并不存在对于制度成本及其收

---

① 参见鲍尔斯、爱德华兹、罗斯福：《理解资本主义》，孟捷、赵准、徐华译，中国人民大学出版社2010年版，第294页。

② 阶级和阶级斗争之于经济发展的重要性一直为马克思主义者所关注。以卢卡奇为例，在其本体论著作里就写道："经济发展中的阶级和阶级斗争对经济发展所起的改变作用，比经济发展本身同任何其他局部整体的相互作用对经济发展所起的改变作用都更加强大。""在经济发展自身所引起的革命危机形势中，究竟是这个阶级还是那个阶级取得胜利以这样或那样的方式承担对社会的组织工作（即促进或者阻碍具有一定经济影响的趋势），这对一个国家的经济发展绝不是无关紧要的。——如果我们把德国的资本主义发展与法国和英国的资本主义发展加以比较，那我们就会看到，——西欧的资本主义发展十分清楚地说明了这里所产生的具有鲜明差异的发展方向。"卢卡奇：《关于社会存在的本体论》下卷，白锡堃、张西平、李秋零等译，重庆出版社1993年版，第266~267页。

益的一致评价标准，因而并不存在与不同利益集团和不同阶级的划分完全无关的中性的制度报酬。基于此种考虑，林岗批判了诺思的制度报酬递增理论，认为制度报酬递增在诺思那里是一个没有得到明确定义，因而也不适用的概念。① 在笔者看来，林岗的这一批判意味着，若要发展一种基于历史唯物主义的关于制度变迁的成本—收益分析，不仅要清晰地界定成本、收益概念，而且要在这种界定中体现阶级利益的分野。为此，笔者建议将制度收益界定为在特定制度下，通过绝对剩余生产和相对剩余生产所带来的并为统治阶级所垄断的全部剩余。② 另一方面，制度成本除了通常所说的与产权界定相联系的交易成本以外，还包括统治阶级为了保卫特定的剩余榨取方式和生产关系而付出的成本。

对既定生产方式的保卫包括两个维度，第一是对外的维度，第二是对内的维度。对既定生产方式的内部保卫，是在剩余被个别阶级垄断后而产生的。卢卡奇在其本体论著作里就这种保卫写有如下评论："一个新的、同样是有机界中所没有的范畴进入了人的存在之中：对生存的保卫不再仅仅以保卫一定的人类集体本身以及其中的个人的生存为目的……，而是转向了'内部'，变成了对一定的经济形态的保卫，保卫这种经济形态不受这样的人的侵害，他们由于自己的生存的根本原因，在自己的'内心中'不可能赞成这种经济形态的结构，不可能赞成这种经济形态的职能，因此，他们必然不断地被看作这种经济形态的潜在的敌人。"③ 这样一来，对统治阶级而言，敌人就分为两类，一类是外部的敌人，即其他具有敌意的国家；另一类是内部的敌人，即被统治的阶级。用于防范内外部敌人所付出的成本，既不能转化为投资，也不能为统治者消费，只能作为剩余的扣除。当代政治经济学在研究这一问题

① 见林岗：《诺思与马克思：关于制度变迁道路理论的比较》，载于《中国社会科学》2002年第1期；收入林岗：《马克思主义与经济学》，经济科学出版社2007年版，第223~224页。
② 诺思有时也将制度报酬理解为统治阶级取得的租金，参见诺思：《经济史上的结构与变迁》，厉以平译，商务印书馆1992年版，第3章第3节。
③ 卢卡奇：《关于社会存在的本体论》下卷，白锡堃、张西平、李秋零等译，重庆出版社1993年版，第262页。他还说："特别是自从产生了奴隶制以后，每个人类集体必须保卫内部的社会现状，而且战争也提出了必须在获得奴隶还是使自己沦为奴隶这两者之间进行选择这个问题，这样，人们在开展活动时，设定目标和确定方法这两者才发生了鲜明的分化。"前揭书，第254页。

时还发现，在美国，单纯从事内部保卫的人员在从事商品生产的劳动力中所占的比例，在整个 20 世纪持续增长，在 20 世纪的最后几十年超过了 20%，2002 年时竟高达 26%。[①]

可以通过图 3 - 2 形象地表达基于历史唯物主义的成本—收益分析。我们看到，与绝对剩余生产相对应的生产关系虽然开始时会带来制度收益递增，但由于这种类型的收益增长建立在单纯剥削的基础上，容易引发和加剧阶级冲突，加之还要支付对外防卫或战争的成本，在长期内将服从收益递减规律，甚至在危机时刻（如战争和革命），收益还会锐减为负数。与之相反，与相对剩余生产相对应的生产关系将剩余的增加建立在生产力发展的基础上，这就使其更容易支付对外保卫的成本，并有条件通过缓解阶级冲突降低内部保卫的成本，从而在长期内服从收益递增规律。对某一既定的生产方式而言，其最终的成本—收益结构，取决于两种剩余生产方法以及与之相对应的生产关系在该生产方式中所占的比重。如果一个生产方式能在长期内决定性地提高相对剩余生产所占的比例，则该生产方式就会取得明显的制度绩效。相反，如果一个生产方式不能成功地做到这一点，就会使总的成本—收益结构出现恶化的局面，即服从于收益递减趋势，从而为制度危机铺就道路。

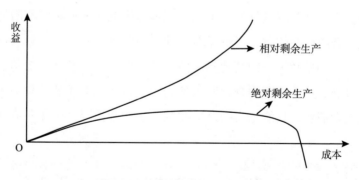

图 3 - 2　制度的成本—收益分析

---

①　鲍尔斯、爱德华兹、罗斯福：《理解资本主义》，孟捷、赵准、徐华主译，中国人民大学出版社 2010 年版，第 438 页。

　　关于阶级斗争在促成生产方式的有机变革中所起的作用，可以通过历史实例来做说明。我们首先选取的是自秦统一到其被汉取代的历史。20 世纪 70 年代，在湖北云梦睡虎地的古墓中出土了大量秦简。历史学家在研究了睡虎地秦简后惊异地发现，在秦统一前后，除了通常了解的由商鞅改革所带来的封建地主经济外，秦国还存在着大规模的国家奴隶制，即所谓隶臣妾的制度。隶臣妾是为国家控制，并在国有部门内使用的生产奴隶，其来源为刑徒和俘虏。有趣的是，大规模使用隶臣妾的那些经济部门，也正是秦国在生产力上十分先进的部门，如铸造、油漆、陶瓷、织布、皮革制造、交通运输等。历史学家王子今曾在其论文里详细分析了秦在水利、交通运输、机械发明等方面所建立的相对于六国的经济优势。① 这些部门多半是使用奴隶劳动的国有经济部门。在评价秦的这种国有奴隶制时，李学勤认为，和六国相比，秦的这种奴隶制是非常野蛮而落后的制度。② 但据另一位历史学家叶山分析，这种国家奴隶制以及它所确立的经济优势，是秦最终得以战胜六国的决定性因素。③

　　然而，在秦统一并将这一包含奴隶制的混合生产方式推广到全国后④，却没能维持多长时间，反而很快便激起了波澜壮阔的农民大起义，最终颠覆了秦王朝。在这以后，继续通过大规模的奴隶劳动来集中和攫取剩余的方法，就难以再现了。秦以后的两汉统治者，持续不断地严厉打击使用奴隶进行生产的工商业者。⑤ 汉儒董仲舒以及日后篡汉的王莽，都曾激烈地抨击秦自商鞅

　　① 王子今：《秦统一原因的技术层面考察》，载于《社会科学战线》2009 年第 9 期。

　　② 李学勤：《东周与秦代文明》，上海人民出版社 2007 年版，第 291 页。

　　③ 叶山：《古代中国奴隶制的比较历史研究》，载于《中国史研究》1986 年第 4 期，第 31～32 页。不过，需要明确的是，隶臣妾制度的存在并不意味着秦的生产方式可以归结为奴隶制。在秦统一前后，其生产方式是国有部门的生产奴隶制和私人部门的地主封建制的混合（且以后者为主）。这两者都是在商鞅的改革后形成的。在地主封建制的基础上，形成了被称作"农战"的举国战争体制。因此，秦在经济、政治上的优势是由多方面因素型塑的，而不宜片面强调国家奴隶制的作用。

　　④ 郭沫若曾提出，"秦始皇把六国并吞之后，把六国已经解放了的自由民又转化为奴隶，而用刑徒、亡人、赘婿、奴产子等从事大规模的苦役：筑长城，戍百越，建阿房宫，筑驰道……动辄都是几十万人"。见其《奴隶制时代》，中国人民大学出版社 2005 年版，第 27 页。但是，正如盂氧教授指出的，郭沫若后来不适当地放弃了这一原本正确的观点。见盂氧：《郭沫若古代史分期见解初探》，引自《盂氧学术文选——史学卷》，国家行政学院出版社 2007 年版，第 130 页。

　　⑤ 参见郭沫若：《汉代政权严重打击奴隶主——古代史分期争论中的又一关键性问题》，引自《奴隶制时代》，中国人民大学出版社 2005 年版，第 163～164 页。

变法之后新出现的奴隶制度。① 这类批评代表了自秦向汉占统治地位的意识形态所发生的重大变化。与此相应，在经济意识形态上，汉初还出现了以司马迁为代表的主张在经济上自由放任，也就是削弱绝对剩余劳动的所谓"黄老"学说。因此，自秦到汉，借助于阶级斗争的作用，完成了一段有机生产方式变迁的历史。要注意的是，这种变迁不是奴隶制向封建制生产方式的转变，而是西周以来的领主封建制向地主封建制的转变。使这一转变变得复杂的是，除了领主封建制向地主封建制过渡这一主流外，在战国时期（以秦为典型）还形成了奴隶制在一定范围内的流行这一支流。② 秦末农民大起义的意义在于，它最终埋葬了与地主封建制杂交在一起的国家奴隶制，并使私人生产奴隶制的存在也日益变得不可能，大大降低了统治阶级利用绝对剩余劳动汲取剩余所占的比重，使得地主封建制这一更为进步的生产方式得以按较为纯粹的形式而发展。

阶级斗争在促进一种生产方式向有机生产方式转变中的作用，还可以透过马克思对北美内战的分析略见一斑。19 世纪上半叶北美南部蓄奴州的兴盛，是和资本主义生产方式的发展携手并行的。资本主义在北美的早期发展在很大程度上依赖于奴隶制。③ 这种依赖关系类似于中国古史中地主封建制在战国初兴时伴随着奴隶制的出现。但逐渐地，和中国古史中奴隶制与地主封建制

---

① 王莽："秦为无道，……又置奴婢之市，与牛马同兰，制于民臣，颛断其命。"见《汉书·王莽传》。在《汉书·食货志》里能找到董仲舒的类似意见。历史学家黄现璠认为，王莽的话证明，奴婢市场是秦代的新事物（见黄现璠：《中国历史没有奴隶社会》，广西师范大学出版社 2015 年版，第 23 页）。有趣的是，在睡虎地竹简问世前，除了董仲舒和王莽提供的材料，在古文献里似乎找不到其他有关秦在商鞅变法后存在大规模奴隶制的论据，以至于当时的史学家对董仲舒和王莽的意见多不敢采信。

② 童书业曾指出，在从宗法或领主封建制向地主封建制的过渡中，伴随商品货币经济的兴起，奴隶制在战国时期一度得到了畸形的发展。但和已然占据主导地位的封建制度相比，这种奴隶制只是局部的现象。见童书业：《童书业古代社会论集》，中华书局 2006 年版，第 417 页。睡虎地秦简的发现，进一步证实奴隶制在秦的显著存在，以及童书业关于这一时期奴隶制仅具有局部性的判断。

③ 在 1846 年 12 月 28 日致安年柯夫的信里，马克思写道：北美奴隶制"是我们现代工业的基础。没有奴隶制，就没有棉花；没有棉花，就没有现代工业。奴隶制使殖民地具有了价值，殖民地造成了世界贸易，而世界贸易则是大工业的必不可少的条件。……没有奴隶制，北美——最进步的国家——就会变成宗法式的国家"，见马克思、恩格斯：《〈资本论〉书信集》，人民出版社 1976 年版，第 21 ~ 22 页。

最终又发生矛盾和冲突相类似，奴隶制和资本主义的这种依赖关系也最终演变为双方的矛盾和冲突。马克思指出，由于奴隶制生产方式的经济规律要求不断扩张其领地，对北方资产阶级的生存空间必然会造成挤压；而奴隶制的本性又不受肤色的限制，除了盎格鲁—撒克逊人之外，其他种族（或民族）劳动者的经济地位也势必会因奴隶制的扩张而受到威胁；此外，在南部蓄奴州，因大种植园的扩张还造成了许多缺少土地的白人贫民，他们和奴隶制生产方式的利益也是对立的。马克思写道："当前南部与北部之间的斗争不是别的，而是两种社会制度即奴隶制度与自由劳动制度之间的斗争。这个斗争之所以爆发，是因为这两种制度再也不能在北美大陆上一起和平相处。它只能以其中一个制度的胜利而结束。"① 北美内战割除了与资本主义生产方式的进一步发展不相容的野蛮奴隶制度，决定性地降低了在以资本主义生产方式为主体的经济中绝对剩余劳动所占的比重，使得资本主义生产方式得以摆脱羁绊，顺利地向前发展。作为一个强制性制度变迁的例子，在内战爆发前，北美两大统治阶级（即资产阶级和奴隶主阶级）的制度收益是不同的，奴隶主阶级试图通过扩大奴隶劳动的领地以增加其剩余，但这显然提高了资产阶级的制度成本，既有压缩其市场的可能，也危及劳动市场的供给。

但要强调的是，在涉及有机生产方式的变迁时，不能过高估计阶级斗争的意义。要在一种经济社会形态中根本地提高相对剩余生产的比重，毕竟还要以生产力的发展所提供的条件为基础。以古代中国为例，春秋战国时期铁制工具和牛耕的渐次普及，为整个社会向以小农为主体的地主封建制生产方式的过渡奠定了技术基础。在地主封建制后来发展得较为充分的秦国，牛耕的普及和铁器的使用都比较早，生产力水平在当时属最高之列。② 因此，尽管

① 马克思：《美国内战》，引自《马克思恩格斯全集》第15卷，人民出版社1965年版，第365页。马克思的分析还见于收入该卷的另一篇文章《北美内战》。

② 关于牛耕较早普及于秦，见董凯忱、范楚玉主编：《中国科学技术史——农学卷》，科学出版社2000年版，第50页。关于秦在春秋时较早采用铁器，见白云翔：《先秦两汉铁器的考古学研究》，科学出版社2005年版，第27、384页。有趣的是，尽管秦的生产力发展较快，但商鞅变法的时间相对于列国却较晚，这证明了生产力对于推动历史发展的作用不是直接的（参见白云翔上引书，第384页）。

政治因素乃至战争在春秋战国时期是推动历史发展的重要因素，但有机生产方式变迁的最终实现仍要依赖于生产力的发展所提供的条件。[①]

　　上述讨论有助于我们重新认识一个老的话题，即阶级斗争和生产力究竟谁才是历史发展的根本动力。一个有趣的史实是，早在 1919 年 5 月，李大钊在为《新青年》写的论文《我的马克思主义观》中就提出，马克思主义的唯物史观和其阶级斗争学说存在冲突，前者将生产力作为历史的原动力，后者又认为从来的历史是阶级斗争的历史。[②] 应该承认，在历史中，阶级斗争和生产力发展有可能是彼此冲突的，这体现在，激烈的阶级斗争可能带来文明和生产力的倒退。《共产党宣言》就承认，阶级斗争的结果不只是一个阶级战胜另一个阶级，还有可能带来斗争双方的毁灭，这种毁灭往往意味着对既有文明成就的破坏。从有机生产方式变迁的角度看，有理由将阶级斗争区分为两种理想类型，即那种直接促进了生产力发展和有机生产方式变迁的阶级斗争，以及对生产力单纯起破坏作用的阶级斗争。前者可以命名为**有机阶级斗争**，这一类阶级斗争的特点是，它们成功地利用了生产力发展所提供的可能性，通过相应的制度变革，使剩余的增长更多地建立在发展生产力的基础上，从而提高了相对剩余生产在整个生产方式中所占的比重。

　　可以在现代资本主义历史上找到一个有机阶级斗争的典型例子，这便是"二战"结束后在发达资本主义国家产生的"劳资协议"（Capital-labor Accord）。在法国调节学派和美国社会积累结构学派的分析中，这种劳资协议是由一系列制度型式构成的，其中最为核心的制度，是实际工资以劳动生产率进步为参照而增长，以及福利国家和转移支付的制度。作为一种历史制度分析，调节学派和社会积累结构学派的学说发展了马克思主义资本积累理论，但他们的分析有一个严重弱点，即在强调阶级斗争和制度变迁的关系的同时，相对忽略了生产力的因素，具体而言，就是相对忽略了在"二战"后出现的

　　[①]　下述著作提出，战争是春秋战国时期推动列国变革和历史发展的主要因素，见赵鼎新：《东周战争与儒法国家的诞生》，夏江旗译，华东师范大学出版社 2006 年版。这部著作的主要缺点是，过于强调了战争的意义，忽略了生产力发展和各国内部的阶级冲突在春秋战国的历史变革中所起的作用。

　　[②]　李大钊：《我们的马克思主义观》，载于《新青年》第 6 卷，1919 年第 5、6 号。转引自吴江：《论历史发展的动力》，引自《吴江文稿》上卷，中央编译出版社 2009 年版，第 155 页。

第四次技术革命与同时期阶级斗争和制度变迁之间的内在联系。由于这种忽略，在这两种马克思主义制度分析中，就出现了一种倾向，即单纯以阶级斗争格局的变化解释资本积累在特定历史阶段的特点。在他们看来，劳资协议在其最初形成时，有利于保障工人阶级收入和消费的增长，改善资本家的预期，促进投资增长，进而形成了调节学派所谓的"福特主义积累体制"。依照调节学派的观点，福特主义积累体制的形成意味着在资本主义历史上第一次出现以相对剩余价值生产为主导的积累体制。然而，这一积累体制并没有维持太久，随着工人阶级谈判力量的进一步增强，工资份额在 20 世纪 60 年代晚期迅速提高，这就压缩了利润份额，降低了利润率，进而诱发了波及整个发达资本主义世界的 1974～1975 年的危机。[①]

　　在笔者看来，导致战后劳资协议的形成和黄金年代出现的根源，除了阶级斗争形势的改变，还取决于技术革命带来的有利环境。第四次技术革命的兴起为投资和生产率的持续高涨提供了可能，战后劳资协议的形成实际上利用了生产力革命所提供的这种有利条件。20 世纪 50～60 年代，伴随技术革命生命周期的演化，投资以及生产率增长逐渐开始减速，在工资依然按照制度惯性继续增长的前提下，最终造成了不利于利润份额的变化。因此，1974～1975 年危机的爆发是与第四次技术革命的衰落相联系的，围绕国民收入分配的阶级斗争也是在这种衰落的前提下转趋激烈的。在这场危机后，新自由主义在英美两国最先崛起，全球资本积累进入了新阶段，这一转变可以解读为垄断资产阶级通过改变阶级力量对比，对相对剩余劳动和绝对剩余劳动所占比例的再调整，这一调整以削弱资本主义各国的经济增长为代价，在世界范

---

　　① 调节学派和社会积累结构学派侧重于以阶级斗争解释积累周期的变化，对其观点的批评可参见孟捷：《资本主义经济长期波动的理论：一个批判性评述》，载于《开放时代》2011 年第 10 期，第 107～112 页。调节学派将"二战"后黄金年代看作相对剩余价值生产为主导的积累阶段，这大体是正确的。但他们进而把这一时期和此前的资本主义发展阶段对立起来，尤其是把整个 19 世纪都作为以绝对剩余价值生产为主导的积累阶段，这就引发了布伦纳等人的批评，在后者看来，相对剩余价值生产是工业革命结束后资本主义各个不同阶段的普遍特征。参见 Brenner, R. and M. Glick, "The Regulation Approach: Theory and History", *New Left Review*, 1991, No. 188, pp. 54-75。在笔者看来，一个协调这两种观点的办法是，承认相对剩余价值生产的比重在不同阶段是变化的，相较于 19 世纪，相对剩余价值生产在"二战"后的"黄金年代"无疑占据着更为突出的位置。

围内实现了剩余价值率的空前增长（参见图 3 - 3）。①

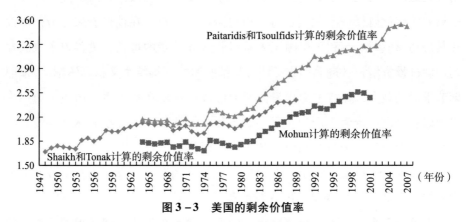

图 3 - 3　美国的剩余价值率

资料来源：Paitaridis, D. and L. Tsoulfidis, "The Growth of Unproductive Activities, the Rate of Profit, and the Phase - Change of the U. S. Economy", *Review of Radical Political Economics*, 2012, Vol. 44, No. 2, P. 222, Figure4.

　　与阶级斗争具有同样重要性，并且往往相互交织在一起的另一个推动有机生产方式变迁的动力，来自国家之间的竞争乃至战争。战争之所以成为推动生产方式变革的最重要因素之一，很大程度上是由于它和经济本身在人的物质生活再生产中的"同根性"。② 自从进入阶级社会，对每一个共同体而言，除了劳动之外，战争就是攫取剩余、占有共同生存条件的另一手段。马克思为此曾指出："战争就是每一个这种自然形成的共同体的最原始的工作之一，既用以保护财产，又用以获得财产。"③ 战争的这种经济意义使其相对于其他因素更容易造成对既定生产方式的冲击。这种冲击所带来的影响，即将

---

　　① 自20世纪80年代以来，马克思主义有关新自由主义积累体制及其矛盾的分析积累了数量可观的文献，对这些文献的梳理和评论，可参见孟捷：《新自由主义积累体制与2008年经济 - 金融危机》，载于《学术月刊》2012年第8期。

　　② 这一提法来自卢卡奇，他写道："马克思显然是从战争和经济在人类生命的再生产中的同根性出发的"，详见卢卡奇：《关于社会存在的本体论》下卷，白锡堃、张西平、李秋零等译，重庆出版社1993年版，第255页。

　　③ 《马克思恩格斯全集》第46卷（上册），人民出版社1979年版，第490页。另有"战争就或是为了占领生存的客观条件，或是为了保护并永久保持这种占领所要求的巨大的共同任务，巨大的共同工作"（前引书，第475页）。

一国在战争中受到的压力转换为制度调整的动力，进而推动有机生产方式的变迁，取决于统治阶级世界图景的转换和制度变革的能力。或许我们可以将那些具备这种能力的国家称为有机国家，以与那些缺乏这种能力的失败国家相区分。在马克思主义内部，对国家的这种类型学界分可以溯源到恩格斯，在其晚年书信中，恩格斯曾概括了国家权力对于经济发展的几种"反作用"，认为国家可以促进也可以阻碍经济发展。当国家权力阻碍了经济发展时，甚至可能造成整个民族经济的崩溃。① 在这里，国家权力的作用显然不是所谓上层建筑的"反作用"所能解释的，它事实上起着决定性作用。然而，尽管恩格斯晚年刻意强调了国家的作用，在马克思主义分析传统中，对国家权力的作用却没有在经济学上展开充分的探讨，以至于当以诺思为代表的新古典制度变迁理论兴起之后，马克思主义者被动地发现，自己缺乏一个令人满意的国家的经济理论。

国家间竞争和国家权力对于有机生产方式变迁的影响，可以在近代欧洲找到一个例子。从 16 世纪到 18 世纪的重商主义是个典型案例，说明近代欧洲国家间的竞争和战争如何推动了王权和市民阶级的结合以及剩余榨取方式的改变，进而带来了各国从封建主义生产方式到资本主义生产方式的过渡。马克思在评价重商主义时曾指出："由封建农业社会到工业社会的转变，以及各国在世界市场上进行的与此相应的工业战争，都取决于资本的加速发展，这种发展并不是沿着所谓自然的道路而是靠强制的手段来达到的。……重商主义的民族主义性质，不只是这个主义的发言人的一句口头禅。他们借口只致力于国民财富和国家资源，实际上把资本家阶级的利益和发财致富宣布为国家的最终目的，并且宣告资产阶级社会替代了旧时的天国。同时他们已经意识到，资本和资本家阶级的利益的发展，资本主义生产的发展，已成了现

---

① 恩格斯："国家权力对于经济发展的反作用可能有三种：它可以沿着同一方向起作用，在这种情况下就会发展得比较快；它可以沿着相反方向起作用，在这种情况下它现在在每个大民族中经过一定的时间就都要遇到崩溃；或者是它可以阻碍经济发展沿着某些方向走，而推动它沿着另一种方向走，这第三种情况归根结底还是归结为前两种情况中的一种。但是很明显，在第二和第三种情况下，政治权力能给经济发展造成巨大的损害，并能引起大量的人力和物力的浪费。"恩格斯 1890 年 10 月 27 日致施密特的信，见马克思、恩格斯：《〈资本论〉书信集》，人民出版社 1976 年版，第 505 页。马克思在讨论原始积累时分析了国家在创造资本的生存条件方面所起的作用，他甚至还在拟议的"六册计划"里计划写一本名为国家的著作，但遗憾的是，这一计划没有实现。

代社会中国家实力和国家优势的基础。"① 此后，在 19 世纪欧洲资本主义的发展中，拿破仑的征服起到了重要的推动作用。拿破仑的远征虽然以失败而告终，但欧洲较为封建的各国统治阶级被迫进行了一场葛兰西所谓的"被动革命"（或译"消极革命"），即在既有统治者依然主导政治权力的前提下，改革生产关系以促进生产力的发展，并借此提高国家实力和国家优势。

　　这种"被动革命"的解释模式在略经修改后也有助于考察近现代中国的历史制度变迁。② 甲午战争之后，恩格斯曾对中国经济社会的前途做过如下预言："中日战争意味着古老中国的终结，意味着它的整个经济基础全盘的但却是逐渐的革命化，意味着大工业和铁路等等的发展使农业和农村工业之间的旧有联系瓦解，……资本主义生产只有中国尚待征服了，最后它征服了中国。"③ 但是，从清廷到民国的统治者因为缺乏足够的政治意愿和政治权力，没有能力领导一场"被动革命"，以兑现恩格斯所预言的前途。1978 年以后，在中国共产党的领导下，通过改革开放开展了一场事实上的"被动革命"。

第三节　戈德利耶的概念重构与国家在制度变迁中的作用

　　对国家的经济作用进行分析，一个关键前提在于破除传统历史唯物主义对经济基础和上层建筑在制度上的严格界分。20 世纪 70 ~ 80 年代，戈德利耶从事了这一工作，他提出了如下假说：

　　"经济基础和上层建筑的区别并不是不同制度间的区别，要而言之，这种区别毋宁是制度的不同功能之间的区别。"④

　　"下部构造（Infrastructure，在戈德利耶那里，这一术语同时包括生产力和生产关系，因而不完全等同于通常使用的经济基础概念——笔者按）和上

---

① 《资本论》第 3 卷，引自《马克思恩格斯全集》第 25 卷，人民出版社 1972 年版，第 884 ~ 885 页。
② 下述作者提出了类似观点，参见 Grey, K., "Labour and the State in China's Passive Revolution", in *Capital and Class*, 2010, Vol. 34, No. 3, pp. 454 –455。
③ 恩格斯 1894 年 9 月 23 日致考茨基的信，《马克思恩格斯全集》第 39 卷，人民出版社 1974 年版，第 288 页。
④ Godelier, M., "Infrastructures, Societies and History", *Current Anthropology*, 1978, Vol. 19, No. 4, P. 763.

层建筑的区别既不是层次或要素间的区别，也不是制度间的区别——尽管在某些情况下显得像是这样。就其要旨而言，这一区别是功能之间的区别。下部构造的首要性这一因果概念归根结底指的是，存在一个功能的等级，而不是制度的等级。一个社会既没有顶端，也没有底部。社会不是由各个叠加的层次组成的系统。社会是由人的各种关系组成的系统，这些关系依据其功能的性质划分为等级，这些功能决定着人的某一种活动对社会再生产所产生的影响。"①

戈德利耶据此认为，在人类历史上，政治的、法律的、意识形态的甚至血缘的关系和制度，只要它们在功能上直接决定生产资料的归属、劳动力的配置和产品的分配，就担负了生产关系的功能。例如，在古代苏美尔的城市国家，土地被看作归神所有，人民向神庙和祭祀供奉剩余，在这种生产方式中，宗教关系事实上起到了生产关系的作用。除此之外，在戈德利耶笔下，原始共同体的血缘关系、古希腊城邦的政治关系也都可以在功能上转化为生产关系。② 戈德利耶还指出，只要一种社会关系在功能上起到生产关系的作用，这种关系也就成为相关社会中最有决定性的力量。③

如果政治、法律、意识形态、血族等方面的关系和制度也可以在功能上

---

① Godelier, M. *The Mental and The Material*, London：Verso, 1986, P. 128。戈德利耶的上述观点，是马克思主义者对波兰尼下述观点的一个积极回应和进一步发展。波兰尼提出，在前资本主义社会，经济总是"嵌入"各种制度之中，而不是独立的，只有在进入现代资本主义社会后，经济才经历了一个被他称为"脱嵌"的过程（参见波兰尼：《大转变》，浙江人民出版社 2007 年版；关于戈德利耶和波兰尼的关系，参见 Godelier, M. *The Mental and The Material*, London：Verso, 1986, Ch. 5；另见该书 P. 20）戈德利耶对历史唯物主义的概念重构影响了当代思想家哈贝马斯，后者这样写道："我乐意承认，我从某些马克思主义者，例如 M. 戈德利耶那里学到了某些东西。他们对上层建筑和基础的关系作了新的透彻考虑，并且把这种关系概念化。"（哈贝马斯：《重建历史唯物主义》，社会科学文献出版社 2000 年版，第 36～37 页）令人遗憾的是，戈德利耶对历史唯物主义研究的贡献，在国内似乎还鲜有人知。对包括戈德利耶在内的西方马克思主义者在 20 世纪 70～80 年代围绕基础和上层建筑的关系的争论，可参见里格比的一个介绍（里格比：《马克思主义和历史学》，译林出版社 2012 年版，第 228～231 页）。

② 类似地，从戈德利耶的角度来看，在古代中国，血缘关系作为农村公社得以建立的制度前提，也在领主封建制生产方式中发挥了生产关系的作用。

③ 在《资本论》里，马克思曾试图回答如下批评，即历史唯物主义的基本观点虽然适用于物质利益占统治地位的当代世界，却并不适用于天主教占统治地位的中世界，也不适用于政治占统治地位的古希腊和古罗马。马克思的回答是："这两个时代的谋生方式和方法表明，为什么在古代世界政治起着主要作用，而在中世纪天主教起着主要作用"（见《马克思恩格斯全集》第 23 卷，人民出版社 1972 年版，第 99 页注释）。马克思的这个回答过于简略，意旨也不够清晰。戈德利耶认为，他对历史唯物主义的上述重构也是对马克思未曾解决的这一问题的解答。

发挥生产关系的作用，那就必然意味着下述可能性：同一关系或制度既可以是上层建筑，也可以是经济基础。① 在此意义上，作为各种生产关系总和的经济结构或基础，就不是与政治、法律、意识形态的关系或制度相脱离的、独立的领域，而是与后者相互包容、彼此渗透的。戈德利耶还认为，只有在现代资本主义社会，构成基础的制度和构成上层建筑的制度各自对应于特定的功能，从而产生了下述现象，即基础和上层建筑似乎可以在制度上严格地区分开来。但他又提出，这种制度和功能之间的一一对应关系，在历史上只是例外。②

对历史唯物主义概念的这种近乎彻底的重构，颠覆了经济决定论赖以立论的基础。经济决定论需要一个在定义上与上层建筑完全脱离的经济结构。从戈德利耶的立场来看，在人类历史中，这样的经济结构一般是不存在的，即便存在也是历史上的特例。而且，由于政治、法律等不同的制度型式都有可能成为生产关系，经济结构在社会中的位置也是不断变化的。③

如果说戈德利耶在理论上还有不够彻底之处，那便在于他所坚持的"资本主义例外论"，即认为只有资本主义社会存在着经济和政治在制度上的截然两分。在笔者看来，这种观点是建立在对资本主义历史的片面理解的基础上的。从全球资本主义的发展来看，经济和政治的这种两分在很大程度上是 19 世纪自由主义制造出来的意识形态。有理由认为，传统历史唯物主义对经济结构和上层建筑的划分，也在相当程度上受到了自由主义意识形态的影响。在这个问题上，波兰尼的批评，即认为马克思主义和自由主义具有一些共同的理论预设，似乎是正确的。④

---

① "下部构造和上层建筑的区别不仅是制度之间的区别，而是一个单一制度内部的不同功能之间的区别。" Godelier, M., "Infrastructures, Societies and History", *Current Anthropology*, 1978, Vol. 19, No. 4, P. 764. 下述作者也有类似观点，见 Wood, E. M., "The Separation of the Economic and the Political in Capitalism", *New Left Review*, 1981, Ⅰ/No. 127, pp. 78–79。

② 参见 Godelier, M. The Mental and The Material, London: Verso, 1986, P. 141。

③ "在历史进程中，生产关系（或'经济'）并不占据相同的位置，进而也不采取相同的形式；它们的发展方式并不一致，因而对社会的再生产也不具有相同的作用。" Godelier, M. *The Mental and The Material*, London: Verso, 1986, P. 142。

④ 参见波兰尼：《大转型》，浙江人民出版社 2007 年版，第 6 章。另可参照本书第四章第六节的相关讨论。

　　戈德利耶的上述重构必然会从根本上改变政治经济学的学科性质。作为一门独立的学科,政治经济学一直将生产关系作为其研究对象。然而,如果生产关系可以涵盖来自社会不同领域的制度型式,政治经济学也将相应地失去其严格定义的、清晰的学科位置,而与其他社会科学走向融合。戈德利耶曾谈及,在解释生产关系的历史变迁这一问题上,经济史或经济人类学是难以单独胜任的,甚至可以认为并不存在经济史和经济人类学,因为这里需要的是跨学科的综合社会科学研究。① 类似地,我们或可认为,并不存在政治经济学(除非我们对政治经济学的定义加以修改,使之摆脱学科分工的束缚),而只有在历史唯物主义指引下的社会科学研究。在此意义上,戈德利耶对历史唯物主义的概念重构,事实上复兴了马克思主义经典作家在《德意志意识形态》里提出的寄希望于社会科学实现综合或统一的理想,即只存在唯一的科学,即历史科学。②

　　戈德利耶对历史唯物主义的概念重构,尽管针对的是某种既定的经济社会形态,但也可运用于经济社会形态的演化及其向另一种经济社会形态的过渡。在此意义上,这一重构和笔者倡导的有机生产方式变迁的概念是可以接洽的。在笔者看来,将有机生产方式变迁论和戈德利耶的观点结合在一起,构成了对生产力和生产关系、经济基础和上层建筑的相互关系的完整阐释。这样一种新的解释有可能为马克思主义制度变迁理论提供一个方法论的基础。一如马克思所说,人们创造自己的历史,但只是在既定前提下进行这种创造。③ 这些前提除了生产力等因素以外,还应包括各种既有的制度型式。面对阶级斗争或国家间竞争的压力,一国若要成功地实现有机生产方式的变迁(无论这种变迁指涉的是向一个更高级的生产方式过渡,还是在既定生产方式内部向更高级的发展阶段过渡),就必须创造性地利用和改变既有的制度型

---

　　①　Godelier, M. The Mental and The Material, London: Verso, 1986, P. 142.

　　②　"我们仅仅知道一门唯一的科学,即历史科学。"《德意志意识形态》,引自《马克思恩格斯全集》第 3 卷,人民出版社 1960 年版,第 20 页。

　　③　"人们自己创造自己的历史,但是他们并不是随心所欲地创造,并不是在他们自己选定的条件下创造,而是在直接碰到的、既定的、从过去承继下来的条件下创造。"马克思:《路易·波拿巴的雾月十八日》,引自《马克思恩格斯全集》第 8 卷,人民出版社 1961 年版,第 121 页。

式，或者开启一个制度的"创造性毁灭"过程，使相关制度担负起切合生产力发展需要的新的生产关系职能。我们或许可以把那种有能力实现这种转变的国家，在概念上命名为有机国家。而上述制度变迁过程，也恰恰是这种有机国家的形成过程。在这一过程中，国家不仅作为外在力量推动了制度的创造性毁灭，而且其自身的形成也是这一创造性毁灭的一部分。在此意义上，我们便可以理解，何以国家从来不在经济结构之外，而总是或明或暗地存在于经济结构之中。也正源于此，国家理论才成了一切制度变迁理论的名副其实的"王冠"。

可以指出的是，在既有文献中，大体可以辨识出三种与有机国家的形成相关的理论观点，第一种理论是葛兰西的被动革命论，这一理论一方面从国际关系和国家间竞争的角度，解释了一国所面临的制度变迁的动力；另一方面，由于它强调这一变迁是在大体维持既有统治阶层政治权力的前提下进行的，因而对于传统制度型式向新的生产关系的创造性转化，有格外的倚重。第二种是所谓发展型国家论，它强调的是如何利用既有的国家政治权力，使之深度介入一国的资源配置，根据自身发展和赶超目标改变既有的相对价格体系，塑造本国的竞争力。[①] 第三种理论则是卡尔·波兰尼的理论，这一理论提出市场的自由放任有导致社会解体的倾向，应该利用国家的力量，对市场价格制度以及资本主义生产关系加以限制和约束，以达成社会保护的目标。[②] 现代福利国家是这种理论观点的经验写照。一个关于现代国家形成的完整理论，至少是这三种（但不限于这三种）理论的结合。戈德利耶的概念重构，使这些理论有可能在历史唯物主义的概念体系中得到相应的解释和运用，从而为彼此的沟通和结合搭建了桥梁。

---

① 发展型国家论肇始于美国学者约翰逊以日本为对象的下述著作：《通产省与日本奇迹——产业政策的成长（1925~1975）》，金毅等译，吉林出版集团有限公司2010年版。这一理论自提出后又被其他学者运用于分析韩国和中国台湾等世界不同国家和地区的高速成长。

② 王绍光教授率先从波兰尼的理论立场看待中国的改革，并将其划分为两个阶段，即第一个阶段是市场的持续扩张，第二个阶段是对市场的限制和社会保护的兴起。见王绍光：《大转型：1980年代以来中国的双向运动》，载于《中国社会科学》2008年第1期。孟捷和李怡乐则在下述文章里运用这一框架并结合马克思的理论观点探讨了中国劳动市场的形成和发展过程。见孟捷、李怡乐：《改革以来劳动力商品化和雇佣关系的发展——波兰尼和马克思的视角》，载于《开放时代》2013年第5期。

将戈德利耶的观点和有机生产方式变迁论相结合而得出的上述结论，对于理解中国自 1978 年以来的制度变迁具有格外重要的意义。和计划经济时代类似，改革开放以来，政治权力和政治关系也参与构建或直接充当了生产关系，这一点至少体现在以下几个方面。第一，通过重新界定中央和地方政府在剩余所有上的关系，使后者转变为具有特殊行为和动机模式的经济主体，由此带来了县域以上地方政府相互竞争的格局。第二，通过由各级政府支配的公有企业及银行等金融机构，政治权力直接决定了投资。在此前提下，政府或者直接充当熊彼特意义的企业家，或者承担集体生产资料和集体消费资料的供给，或者成为投资银行家以实现金融资产的增殖等。第三，作为事实上唯一的土地所有者，各级地方政府凭借土地产权及其利用方式构建了一系列制度和关系，借以获取与此相关的各种收益。[①] 政治权力和政治关系在充当或构建生产关系上所起的这种作用，使过往三十年来形成的社会主义市场经济体制产生了许多有别于其他类型市场经济的鲜明特点。马克思主义制度分析不仅要解释包括政治权力、政治关系在内的各种制度型式如何参与形成了新的生产关系，或直接作为生产关系发挥作用，而且要解释这些生产关系在何种程度上属于生产型（或榨取型）关系，其未来演变的动力和方向如何等一系列重大问题。

需要补充的一点是，在改革过程中，一些充当或参与构建生产关系的制度型式往往具有多重属性，包含多重关系，从而无法将其明确地划归政治、社会、意识形态等特定的领域。以农民工制度为例，作为改革以来形成的最重要的制度型式之一，它涉及经济、政治、社会、文化等各个领域的关系、规则和习惯，很难将其定性为属于某个具体领域的制度，而正是这样一种制度在当代中国直接参与塑造了一种特殊类型的雇佣劳动关系，在这种劳动关系中，生产者以半无产阶级的面目出现，并以用工的灵活性和低廉的单位工

[①] 史正富教授在其著作里分析了中国经济在过往三十年间形成的几种基本生产关系，包括中央政府和地方政府的关系、地方政府之间的关系等。参见史正富：《超常增长：1979 ~ 2049 年的中国经济》，上海人民出版社 2013 年版。他的这一研究可以视为对所谓"发展型国家"（developmental state）理论的进一步发展。

资成本适应了资本积累体制的需要。①

第四节　马克思主义和新制度主义：对诺思和阿西莫格鲁等人的批判性评论

在这一节里，我们将在上述讨论的基础上，对马克思主义经济学和新制度经济学做一个比较，这一比较不仅要在历史唯物主义的立场上揭示新制度经济学的局限性，而且要指出，马克思主义经济学和新制度经济学在何种意义上有可能开展建设性的对话。在马克思主义和新古典主义之间，迄今为止还从未实现任何领域的这种对话，笔者认为，制度变迁理论有可能是唯一的例外。

依照本文的观点，在制度变迁过程中，生产力归根结底的作用可以在"事后"（ex post）而非一定在"事先"（ex ante）体现出来，这便在历史唯物主义的框架内，为承认其他社会权力在历史发生学上的直接决定作用开辟了空间。需要注意的是，一方面，生产力的这种"事后"作用不是注定能实现的；另一方面，这种作用在不同国家和地区也不是以相同的形式、节奏和速度而实现的。在这里，那些起直接决定作用的因素如何最终导致生产力水平的提高，是以复杂的历史制度因素为中介的。为此，如何解释这些历史制度因素的作用，就成了以历史唯物主义为指引的制度经济学所面临的关键问题。笔者以为，在这些问题上，以诺思和阿西莫格鲁为代表的新制度主义经济学的研究，在一定程度上可以为马克思主义所借鉴。

在诺思和阿西莫格鲁等人的著作中，不乏一些直接针对历史唯物主义的评论，但这些评论都以传统的生产力一元决定论为对象，完全忽略了马克思主义内部对历史唯物主义的其他解释。例如，在诺思看来，马克思的缺陷是以技术变革解释长期制度变迁，但问题是，"单独的技术变化几乎不能解释许多长期性的变革，在这些变革中，技术似乎没有重大的变化，或技术变化似乎没有要求重大的组织变革来实现其潜力"②。类似地，阿西莫格鲁及其合作

---

① 对农民工制度的经济意义及农民工的半无产阶级化性质的分析，可参见孟捷、李怡乐：《改革以来劳动力商品化和雇佣关系的发展：马克思和波兰尼的视角》，载于《开放时代》2013年第5期。

② 诺思：《经济史上的结构与变迁》，商务印书馆1993年版，第29页。

者近期也写道：马克思"只强调了作为'历史动力'……的技术和生产力，而各种制度和政治因素——例如，谁拥有政治权力、权力如何行使、怎样限制权力，等等——则被彻底忽视了"。"马克思根本没有考虑制度和政治因素，因为他认为它们只不过是生产力释放出来的强大冲击的派生结果而已。"① 在诺思和阿西莫格鲁那里，政治权力、国家是决定经济增长和生产力发展的决定性因素，这种观点其实完全可以在一个经过重构的历史唯物主义理论中被接纳。

在笔者看来，本文强调的生产关系具有两重功能，以及由此而来的生产关系可以在某种程度上独立于生产力而演变的自主性，为马克思主义和新制度主义的对话提供了可能。值得指出的是，生产关系具有双重功能，且这两种功能可能彼此冲突的观点，在某种意义上也是诺思的见解。譬如，在《经济史中的结构与变迁》一书中，诺思写道："（制度）有两个目的：一是，界定形成产权结构的竞争与合作的基本规则（即在要素和产品市场上界定所有权结构），这能使统治者的租金最大化。二是，在第一个目的框架中降低交易费用以使社会产出最大，从而使国家税收增加。"他还写道："上述两个目的并不完全一致。第二个目的包含一套能使社会产出最大化而完全有效率的产权，而第一个目的是企图确立一套基本规则以保证统治者自己收入的最大化（或者，……是使统治者所代表的集团或阶级的垄断租金最大化）。……在使统治者（和他的集团）的租金最大化的所有权结构与降低交易费用和促进经济增长的有效率体制之间，存在着持久的冲突。"②

在这里，诺思用新制度经济学的术语表达了马克思主义关于生产关系的两重功能及其相互间矛盾的思想。诺思自己含蓄地承认，上述有关制度的两种目的及其冲突的思想来自马克思，他写道："使统治者（或统治阶级）租金最大化的产权结构和那种会带来经济增长的产权结构是相冲突的。这类

---

① 阿西莫格鲁、罗宾逊：《资本主义一般规律之兴衰——评皮凯蒂〈21世纪资本论〉》，贾拥民译，载于《新政治经济学评论》2014年第8期；转载于《复印报刊资料·理论经济学》2015年第4期，第81、79页。

② 诺思：《经济史中的结构与变迁》，上海人民出版社1994年版，第24～25页。

冲突的一个变种是马克思主义关于生产方式的矛盾的见解，根据这种见解，所有制结构和由不断演化的一组技术变革所带来的潜在收益的实现是不相容的。"①

诺思对制度的双重目的或功能的区分，和他提出的国家悖论是相关联的。国家作为最重要的制度即产权制度的界定者，既可以起到推动经济增长和生产力发展的作用，也可以阻碍这一发展，即起到相反的作用，这便是所谓国家悖论的含义。从本文提出的有机生产方式变迁的视角来看，正是阶级斗争和国家间的竞争，有利于克服这种悖论，因为这两个因素的作用类似于某种进化的淘汰机制，凡是没有能力通过制度变革引致生产型生产关系的国家及其文明，在历史进程中被淘汰的概率也越大。因此，如果有机生产方式的变迁的确构成了历史发展的趋势，国家悖论便可在此前提下获得解决。

历史唯物主义对诺思的影响还体现在，后者尽管不曾直接使用生产关系的概念，但构成各种制度的合约关系事实上是生产关系的代名词。在诺思那里，合约关系既包括自愿关系，也包括非自愿关系，一个典型的例子是，他把领主和农奴的关系也理解为合约关系，在这种关系中，交易条件明显有利于领主。在诺思看来，关键的问题是，什么决定了有利于领主的交易条件的限度，以及这些交易条件是如何随着时间而改变的。②

诺思以合约关系代替生产关系，时常成为一些马克思主义者批判的对象。③ 这类批判所忽略的是，自葛兰西以来，在马克思主义分析传统中便有一些理论，论证了生产关系表现或转化为合约关系的必要性和可能性。生产关系是一种权力关系，这种权力关系往往与暴力和强制相联系。但是，任何统治和剥削的权力在强制（coercion）这一维度之外，还往往包含共识（con-

① North, D. C. The Structure and Change in Economic History, London and New York：W. W. Norton & Company, 1981, P. 28. 值得指出的是，诺思此书在大陆有两个译本，这两个译本在不同程度上都存在一些误译。鉴于诺思自20世纪90年代以来在中国经济学界造成的深刻影响，其主要著作之一在大陆迄今尚未有一可信的中译本，不能不说是巨大的遗憾。

② 参见诺思：《经济史中的结构与变迁》，上海人民出版社1994年版，第226页。

③ 例如，林岗曾批评诺思将非自愿的农奴制生产关系作为合约关系，见林岗：《马克思主义与经济学》，经济科学出版社2007年版，第202页。

sent)的维度,若缺乏后者的支撑,权力关系将难以维持。一种生产关系之所以有可能表现为相互承诺的交易或合约关系,原因概源于此。最早就这一问题展开分析的是葛兰西,他在国家理论里涉及了这个问题。20世纪70年代,一些马克思主义者如美国社会学家布洛威和法国人类学家戈德利耶,分别结合各自不同的研究领域,进一步推进了对这个问题的研究。戈德利耶明确提出,在权力的两个因素即强制和共识之间,后者对于维持权力关系更为有效;而共识之所以能产生,源于下述条件:统治者有能力使被统治者确信,统治在于为被统治者提供服务,被统治者为此感到有责任以自己的服务换取统治者提供的相应服务。"**对于统治和剥削关系的形成和长期的再生产而言,这些关系必须表现为一种交易,表现为服务的交易**。正是这一点建立起那些被统治者的主动或被动的共识。""倘若不是采取服务的交易的形式,没有一种统治,即便是从暴力诞生的统治,能够持续下去。"①

合约关系作为权力关系(或生产关系)的转化或表现形式,并没有从根本上取消压迫性的权力关系,而是与之并存,并使后者采取了使社会紧张相对舒缓的形式。生产关系向合约关系的这种转化,必然伴随着相应的观念形式的出现。这些观念形式或意识形态,表达了当事人对双方之间交易或合约关系的性质、目的和内容的理解。没有这些观念形式或意识形态,这种交易或合约关系就无法被组织起来;另一方面,这些观念形式和意识形态同时也发挥了将既有权力关系合法化的作用。

戈德利耶(以及布洛威)的缺点是,他们较充分地讨论了生产关系表现或转化为合约关系对于一种生产关系再生产的必要性或意义,以及观念形式或意识形态在这种转化中的作用,但相对忽略了生产关系转化为合约关系所需要的生产力条件。一种具有压迫性的生产关系之所以能转化为合约关系以及在多大程度上转化为这种关系,归根结底取决于这种生产关系的生产性,

---

① Godelier, M. The Mental and the Material, English trans., London: Verso, 1986, P. 160, 161(重点标识是原有的);另见 P. 157. 戈德利耶还提出:生产关系向合约关系的这种转化,有助于"限制对野蛮的力量和身体暴力的运用,无论这种暴力是统治者的压迫性暴力,还是被统治者的反抗性暴力"(P. 164)。戈德利耶认为,甚至在奴隶制生产方式下,生产关系也在一定意义上表现为合约关系,他写道:"暴力和合约相结合,以造成奴隶生产关系的运作和再生产"(P. 165)。

换言之，取决于既定生产关系在多大程度上能将剩余的榨取和生产力的发展结合在一起，从而在统治者和被统治者之间实现某种程度的物质利益正和关系。这种物质利益正和关系是建构上述交易或合约关系的根本条件，也是维持或再生产一种生产关系的根本条件。①

上述在葛兰西、戈德利耶、布洛威等马克思主义者那里得到深入讨论的思想，在诺思的理论中被转换成了具有新制度主义特色的话语。在诺思那里，产权制度需要和意识形态相结合才能有效地运作，因为意识形态有助于使现有产权制度不仅在法律上，而且在人们的内心得到尊重，从而降低产权的实施成本即交易费用，用他的话来说，一方面，"维持现有秩序的成本与该制度的被体认到的合法性（the perceive legitimacy）负相关"（可解读为，这种合法性越高，制度成本便越低）；另一方面，"引导人们成为搭便车者所必需的报酬与对现存制度的被体认到的合法性正相关"（即合法性越高，"搭便车"的可能越少）。②

尽管意识形态理论在诺思的体系中显得非常重要，但若考虑到诸多马克思主义者对意识形态理论的贡献，诺思在这一理论上的独创之处其实所剩无多。诺思的优势在于，一方面，较其目光短浅的新古典同行而言，他对新古典经济学的局限性有着更为深入的了解；另一方面，他对马克思主义以及深受马克思主义影响的当代社会科学也拥有相当广博的知识。诺思身上的这种"比较优势"使其有可能为自己设定如下任务，即在新古典经济学范式的基础上，通过引入产权、制度、意识形态和国家等因素，以分析制度变迁。在意识形态理论上，诺思的独到之处在于，他想以意识形态理论解决所谓"搭便车"的问题，但细究起来，这个问题不过是在以个人功利主义计算为前提的纯粹新古典框架内才会生发的问题，因而并不具有超出新古典范式以外

---

① 笔者在下述论文里从这一点出发对布洛威的理论做了批判的分析，并在劳动价值论的基础上探讨了这种正和关系在资本主义生产方式中存在的条件。见孟捷：《劳动与资本在价值创造中的正和关系研究》，载于《经济研究》2011年第4期。

② North, D. C. *The Structure and Change in Economic History*, London and New York：W. W. Norton & Company, 1981, P. 53, 54。顺便指出，诺思这一著作的两个大陆译本在翻译这两句话时均有严重错误。

的普遍意义。①

诺思的理论和马克思主义虽然存在某些相似或相通之处，但两者之间毕竟存在根本的差异。诺思对新古典范式虽常有批判，但这种批判只是为了拓宽后者的分析范围，增强这一范式的生存能力，因而是在新古典经济学内部发动的批判。一方面，诺思顽固地认为，新古典经济学代表了经济科学的成就，放弃这一理论等于放弃科学本身②；另一方面，他又清醒地看到，新古典经济学在意识形态斗争中具有如下劣势："与马克思主义相比，自由市场意识形态并未在一个包含社会、政治和哲学（更不必谈形而上学）理论的包罗万象的框架内而发展。其结果是，在面临各种条件的变化时，要维持和取得各个集团对它的忠诚，面临着严峻的困难。"③ 或许正是基于这一考虑，诺思试图把新古典经济学所忽视的内容，即制度、产权、国家、意识形态，一概引入其分析的架构中来，以使其和马克思主义一样，具有综合政治、社会、哲学等各方面理论的能力。从具体方法来看，引入交易费用概念，是达成上述目标的主要手段。正如诺思所指出的，在新古典经济学假设的世界里，只存在唯一一种制度，即作为交易体系的市场，在这一前提下，交易费用等于零。一旦引入与产权界定相关联的正的交易费用，就可以在理论上进入原本为新古典经济学所忽视的现实世界。正如他所说的，通过"把新古典分析的范围扩大，把交易费用包括在内，就能提供一个重要的理论途径，通过它就可以分析经济组织，并探讨现有的产权制度与一个经济的生产潜力之间的冲突"④。

---

① 诺思："最为重要的是，任何一个成功的意识形态必须克服搭便车问题。其基本目的在于促进一些团体在行为上与简单的、享乐主义的、个人的成本收益计算反其道而行之。这是各种主要意识形态的核心任务，因为无论是维持现有的秩序，还是推翻现存的秩序，都不可能离开这种行为。"North, D. C. *The Structure and Change in Economic History*, London and New York: W. W. Norton & Company, 1981, P. 53.

② 诺思："新古典经济学通过提供一个严密的、合乎逻辑的分析框架，已经使经济学成为卓越的社会科学。放弃新古典理论便是放弃作为科学的经济学。挑战在于拓宽新古典经济学的视界，以便把握这些问题。"North, D. C., "Structure and Performance: The Task of Economic History", *Journal of Economic Literature*, 1978, Vol. 16, No. 3, P. 963.

③ North, D. C. *The Structure and Change in Economic History*, London and New York: W. W. Norton & Company, 1981, P. 53.

④ 诺思：《经济史中的结构与变迁》，上海人民出版社1994年版，第69页。

生产力和生产关系的矛盾本来是马克思主义分析的主题，经过诺思这样的处理，现在也成为新古典经济学的研究对象了。

那么，以诺思为代表的新古典制度经济学，是否真的能胜任这一任务呢？诺思始终坚持，新古典经济学提供了对生产力发展和经济增长的唯一可能的解释。诺思在这一问题上的固执或独断尤其体现在，在他眼中，《共产党宣言》对资本主义发展过程的描述，和新古典增长模型是完全一致的。① 诺思在此全然忘记了，同样是通过阅读《共产党宣言》和《资本论》，熊彼特（以及后世的演化经济学家）体认到，新古典经济学所提供的纯然是静态的资源配置理论，并不适合分析以创新为前提的资本主义发展。由于生产力的发展涉及企业和国家这两项制度，让我们简单考察一下诺思在这两个问题上的观点。在诺思（以及新制度经济学）看来，工厂制度出现的原因在于削减了交易费用，从而降低创新成本，推动了生产率进步。② 然而，一个基于熊彼特或马克思立场的理论家，马上便可提出以下问题：为什么企业存在的原因一定要通过削减交易费用来解释，而不是与价值创造相联系呢？在这个问题上，可以将诺思与美国学者拉佐尼克作个对比。拉佐尼克是一位同时受到马克思和熊彼特影响的经济学家，他提出了一个创新性企业的理论，并从这个理论出发批评了新制度经济学。在拉佐尼克那里，生产性组织可以通过内部计划对专业化分工加以协调，并借此开发创新所需的生产性投入，但这样一来，势必要投资于管理结构，从而提高企业内部管理成本，即提高交易费用。拉佐尼克指出，对企业而言，取得成功的关键，在于能否依靠其组织能力实现钱德勒意义上的速度经济，使投资于高额管理成本而带来的劣势，转变为生产率增长的优势，从而实现创新和价值创造。③ 拉佐尼克的这个理论，和马克思在《资本论》里勾画的企业理论一样，都将价值创造看作企业存在的

---

① 诺思写道："统治者界定的所有权结构与新古典增长模型所指的效率标准相一致"，解释了"《共产党宣言》中所描述的资本主义"。见诺思：《经济史上的结构与变迁》，上海人民出版社1994年版，第29页。

② 诺思：《经济史中的结构与变迁》，上海人民出版社1994年版，第190、180页。

③ Lazonick，W. *Business Organization and the Myth of Market Economy*，CUP 1991。尤见该书第九章对诺思的批判。

目的，区别只在于是否使用劳动价值论来解释这种价值创造。在马克思经济学中，交易费用的问题也是存在的，但并不占据主要地位。诺思从降低交易费用的角度解释企业之所以存在和生产率进步的原因，虽然和正统新古典经济学相比是一个进步，但只描绘了一幅片面的图画。

在诺思那里，国家的作用在于重新界定产权，从而降低交易费用，推动经济增长。在这个理论中，国家似乎显得非常重要，但这种重要性只限于通过降低交易费用，使经济体系回归新古典完全竞争理论所设想的虚拟世界。在新古典一般均衡理论中，一方面假定国家在市场中不起积极的作用（所谓中性国家），另一方面排除了熊彼特意义上的生产性组织。然而，任何理论如果将这两项关键制度（即国家和创新型企业）放逐于市场之外，就无法真正解释现代市场经济及其效率。诺思虽然表面上重视国家对于制度供给的作用，却服从于自由主义的传统理念，即将经济（或市场）和政治截然两分，不仅从市场中排除了任何形式的国家权力，而且排除了由市场内生的具有垄断性的其他非对称权力。这样一来，在诺思（以及后文还要谈到的阿西莫格鲁）那里，国家除了界定产权、监督合约的实施以及提供某些公共品以外，在市场中便无其他积极的作用。这种理论最终和国家作为"守夜人"的自由主义理论达成了关键的一致，不仅难以解释凯恩斯以来的发达资本主义经济，而且无法解释当代中国经济的发展。

从方法论上看，诺思采纳交易费用概念的最终目的是在理想的新古典世界和现实世界之间搭起一座可沟通的桥梁。交易费用概念是为解救新古典经济学的困境而提出的，因而所担负的主要是克服范式危机的任务，至于这个概念在含义上太过模糊，在现实中难以操作和计算，对诺思而言只是第二位的问题。如果有人只看到这一问题，进而批评交易费用概念本身，那是没有理解这个概念所担负的作为新古典经济学范式危机的"救世主"的角色。即便交易费用概念永远无法获得准确的定义和度量，旨在扩大自身解释力、争夺意识形态霸权的新古典经济学也需要这个概念，因为依靠这个概念它的一只脚就能伸进现实世界。饶有讽刺意味的是，诺思自以为是在科学的意义上探讨意识形态问题（他有发展"意识形态的实证理论"这样的提法），却浑然忘记了，他赖以开展这种分析的理论本身，其核心内容（完全竞争市场的一般均衡理论）也是一种意识形态，甚至是披着现代科学外衣的"神学"。①

让我们再来看看另一位新制度主义经济学家阿西莫格鲁。阿西莫格鲁及其合作者约翰逊最近出版的著作《国家为什么会失败》，为我们全面考察其理论提供了一个适当的机会。在这部著作里，作者总结了自己在过往十余年间所做的研究。对笔者而言，书中最令人感兴趣的观点，无疑当属包容性制度之于经济增长的重要意义。阿西莫格鲁等人区分了包容性制度和汲取性制度，并将其进一步界分为经济制度和政治制度。这样一来，我们就有了四种类型的制度以及由此产生的四种制度的不同组合。在阿西莫格鲁等人看来，政治决策过程和政治制度在决定经济发展中具有决定性意义；而且，只有包容性政治制度才能与包容性经济制度相匹配，并带来一国的长期经济增长。这些见解进一步发展了诺思的观点。

阿西莫格鲁及其合作者对包容性经济制度的界定具有如下特点。第一，不仅区别了包容性经济制度和汲取性经济制度，而且将两者对立起来。第二，包容性经济制度的核心是包容性市场，在理论上，这一市场类似于新古典经济学的完全竞争市场，用阿西莫格鲁等人的话来说，这一市场"不仅给人们追求最适合他们才能的职业的自由，而且给他们这样做的平等舞台。有好想法的人可以开公司，工人可以选择生产率更高的活动，低效率的企业会被高效率的企业取代"等。第三，与前述特点相对应，包容性经济制度的概念预设了对国家的经济作用的理解，在阿西莫格鲁及其合作者那里，这一作用大体类似于斯密的"守夜人"，不过，在提供公共服务和公共基础设施方面，有时也暗示了国家的更为积极的作用。②

阿西莫格鲁等人对包容性经济制度和汲取性经济制度的界分，与诺思的

---

① 对新古典经济学的神学性质的分析，可参见美国马克思主义经济学家弗里的下述著作，Foley, D. K. *Adam's Fallacy: A Guide to Economic Theology*, Harvard University Press, 2008。

② 参见阿西莫格鲁、约翰逊：《国家为什么会失败》，李增刚译，湖南科学技术出版社 2015 年版，第 52～53 页。

思想是大体一致的。① 这一对概念和本文采用的另一对概念（即生产性/榨取性生产关系）表面上看是类似的，但细究起来，两者之间有着显著的区别，这体现在以下方面。

第一，在阿西莫格鲁等人那里，包容性经济制度在定义上过于依赖一组特定类型的制度（如私人产权和包容性市场），因而忽略了下述可能性，即这些特定类型的制度在不同的社会历史背景下未必一定导致令人满意的增长绩效。对阿西莫格鲁等人来说，一个难以面对的事实是，一些看似具备了包容性制度的国家，并不一定会出现更优于其他国家的经济增长。一个典型例证是将印度和中国比较，无论是计划经济时代的中国还是改革开放以后的中国，其增长绩效都优于同时期的印度。和阿西莫格鲁不同，本文采纳的与相对/绝对剩余生产方式分别对应的生产性/榨取性生产关系，在定义上并不依赖于特定的制度，而只取决于各自的功能（即是否能将剩余的获取与生产力的发展相联系），这种界定方式反而使这对概念有可能在制度变迁理论中获得更为广泛而灵活的适用性。

第二，根据阿西莫格鲁等人对包容性经济制度的界定，市场和国家（或者经济和政治）依旧是截然两分的不同领域。而参照戈德利耶对历史唯物主义的概念重构，政治权力可以参与构成或直接充当生产关系，经济和政治、市场和国家因而是相互包容和彼此渗透的。这一观点在解释改革开放以来形成的中国发展模式的特点和中国经济增长的制度条件时，具有格外重要的方法论意义。

第三，在阿西莫格鲁等人的著作里，包容性经济制度和汲取性经济制度是互相排斥的，这一观点低估了下述可能性，即这两者有时是可以并存的，并在特定条件下相互转化。这种可能性意味着，某类制度型式在特定背景下可能具有包容性，在另一背景下则可能具有汲取性。阿西莫格鲁对这两种制度的截然两分，事实上美化了资本主义经济制度，低估了汲取性制度或绝对剩余价值生产之于资本主义发展的意义。从历史上看，资本主义的演化过程

---

① 诺思有"生产性的制度安排"这样的提法，与包容性制度的概念意义类似，见诺思、托马斯：《西方世界的兴起》，厉以平、蔡磊译，华夏出版社 2009 年版，第 13 页。

是绝对剩余生产和相对剩余生产各自所占比重的此消彼长的过程。而且，从世界体系的角度看，还很难说这种此消彼长是以相对剩余生产的比重持续增长的方式实现的（尽管这是马克思在《资本论》里所假设的）。自卢森堡以来，马克思主义分析传统中一直有一种观点，认为资本主义核心国家可以通过支配外围国家的剩余，支持核心国家的资本积累。这意味着，除了马克思所注重的以提高生产力、增加相对剩余价值为前提的内源型资本积累外，资本积累还存在另一类形式。哈维曾将后一类型的资本积累称作"剥夺性积累"，并试图在概念上将其进一步普遍化，以囊括包括金融化在内的各种新的剥削形式。[①] 毫无疑问，造成这种剥夺性积累的制度条件和造成内源型积累的制度条件，在相当程度上是重合的。

不过，尽管存在上述片面性，阿西莫格鲁等人在诺思的基础上提出的下述观点，即特定的政治制度有利于诱致特定的经济制度的形成，进而促进了生产率增长[②]，仍然有许多合理的成分，并与有机生产方式变迁的观点有明显的相通之处。他们针对一些国家的历史制度分析，以及为此而发展的计量经济学技巧，的确提供了一些有价值的成果，有助于我们理解那些直接决定历史的制度因素与生产力进步之间在"事后"所建立的联系。这种联系的实质，在于利用制度的创造性毁灭创设出一整套生产关系，使之促进生产力的发展。借用科恩的术语，即使得一个社会中流行的生产关系最终转变为一种适合生产力发展的功能性关系。尽管阿西莫格鲁等人指斥历史唯物主义犯有生产力决定论的错误，但略有讽刺意味的是，这种"事后"形成的功能性关系，也

---

① 参见哈维《剥夺性积累》，引自哈维《新帝国主义》，初立忠、沈晓雷译，社会科学文献出版社2009年版。

② 阿西莫格鲁等人将包容性经济制度和包容性政治制度的"匹配"作为实现经济增长的制度条件（阿西莫格鲁、约翰逊：《国家为什么会失败》，湖南科学技术出版社2015年版，第57~58页），这一观点虽然包含着一些合理的成分，但在理论上可以看作福山"历史终结论"的另一个版本，这是因为，一方面，他们对包容性经济制度的界定，意味着他们将完全竞争市场作为衡量一切经济制度有效性的标准；另一方面，他们对包容性政治制度的界定，又意味着将资产阶级的代议制民主作为衡量政治制度有效性的标准。值得一提的是，马克思也曾批评过"历史终结论"，并采用了"世界历史的终结"这一术语，他写道："断言自由竞争等于生产力发展的终极形式，因而也是人类自由的终极形式，这无非是说中阶级的统治就是**世界历史的终结**——对前天的暴发户们来说这当然是一个愉快的想法。"《马克思恩格斯全集》第46卷（下册），人民出版社1980年版，第161页（重点标识为引者添加）。

构成了他们自身研究的主题。

第五节　尾论

历史唯物主义自其提出以来，一直面临着来自马克思主义外部和内部的争论。如果撇开来自外部的，即来自非马克思主义者的批评不谈，在马克思主义者内部，大约经历了三次争论。还在恩格斯在世时，就已经出现了将历史唯物主义理解为经济决定论或生产力决定论的倾向，在其晚年的几封著名书信中，恩格斯试图批评并纠正这种倾向。这批书信的问世象征着马克思主义史上第一次出现了围绕历史唯物主义的争论。恩格斯当时把经济（和生产力）决定论的出现，视为马克思和他本人对历史唯物主义解释得不够充分而造成的误解，而不是历史唯物主义本身内在矛盾的表现。① 因此，尽管恩格斯为纠正这一决定论倾向付出了很大努力，但这一努力并不成功。② 恩格斯去世后，这种经济决定论成了对历史唯物主义的最为通行的解释。第二次争论发生在十月革命前后，当时围绕这场革命的性质，在国际马克思主义者中间产生了争议，这些争议在理论上必然涉及历史唯物主义的基本观点。第二国际社会主义者普遍站在生产力一元决定论的基础上，认为十月革命缺乏相应的生产力基础，不是一场社会主义性质的革命。即便是赞成十月革命的葛兰西，在撰文评论这场革命时，也将文章题名为《反〈资本论〉的革命》。③ 列宁本人对这一问题的态度，前文已经分析过了。值得一提的是，在 20 世纪 20 年

① "青年们有时过分看重经济方面，这有一部分是马克思和我应当负责的。我们在反驳我们的论敌时，常常不得不强调被他们否认的主要原则，并且不是始终都有时间、地点和机会来给其他参与交互作用的因素以应有的重视。"恩格斯 1890 年 9 月 21 日致布洛赫的信，载于马克思、恩格斯：《〈资本论〉书信集》，人民出版社 1976 年版，第 501 页。另见恩格斯 1893 年 7 月 14 日致梅林的信，同上书，第 553 页。

② 卢卡奇："恩格斯在晚年曾作过坚持不懈的（但徒劳的）努力，试图把机械的庸俗的、错误的认识论的经济优先观（有人把它作为马克思主义的基础）引上辩证法的轨道：他试图防止这样一种观点，就是似乎任何社会现象都能从经济中'作为逻辑的必然而推导出来'。"《关于社会存在的本体论》下卷，重庆出版社 1993 年版，第 274 页。

③ 葛兰西写道："布尔什维克否定了卡尔·马克思，并用毫不含糊的行动和所取得的胜利证明：历史唯物主义的原则并不像人们可能认为和一直被想象的那样是一成不变的。"见葛兰西：《反〈资本论〉的革命》，引自《葛兰西文选：1916～1935》，人民出版社 1992 年版，第 10 页。

代，布哈林出版了《历史唯物主义》一书，大致沿袭了生产力一元决定论的观点。布哈林是俄国布尔什维克党的领导人之一，他在书中表露的观点与列宁晚年对历史唯物主义的看法显然是有分歧的。这种分歧还体现在卢卡奇针对该书撰写的书评中。此后，经过大约半个世纪，在 20 世纪 70 年代西方马克思主义复兴的潮流中，又出现了第三次大的分歧或争论，其典型表现是科恩和布伦纳各自发表的著作，尽管在这两人之间似乎并未展开直接的论战，但双方的理论以更为发展的形式再现了卢卡奇和布哈林的争论。①

历史唯物主义理论的内在矛盾使马克思主义者一直面临着下述近乎悖论的尴尬局面：一方面，如果坚持生产力在解释历史制度变迁中的首要性地位，其结果将导向生产力决定论，即认为任何历史制度变迁都可以从生产力的变化中推演出来；另一方面，如果放弃这一观点，承认其他因素具有与生产力类似的首要性，其结果将有滑向韦伯式理论的危险，即承认所有类型的社会权力在历史变迁中都具有同等的重要性。② 本文的全部讨论旨在探索克服这一悖论的可能性。通过引入有机生产方式变迁的概念，我们保留了生产力一元决定论的合理内核，在承认生产力的归根结底作用的同时，又对这种作用的实现方式做出了不同于以往的解释。根据这种解释，生产力的归根结底的作用不同于在历史过程中的直接决定作用；推动生产方式改变的直接原因可能和生产力的发展无关，但一种生产方式要在整体上实现不可逆的改变，必须

---

① 考虑到马克思主义者围绕历史唯物主义的上述争论，诺思的下述评论是不无道理的："有多少马克思主义理论家几乎就有多少种对马克思理论的注释。这就使确定马克思的模型变得很困难。"见诺思：《经济史中的结构与变迁》，上海人民出版社 1994 年版，第 67 页。不过，诺思尽管知晓这种困难，却不加讨论地把历史唯物主义理解为技术决定论（同上引）。

② 里格比曾总结了历史唯物主义所面临的这种悖论："正如高质量的马克思主义历史研究所表明的，马克思主义者很容易摆脱还原论的魔咒，而它的批判者通常会将还原论视为导致它失败的关键所在。但是，马克思主义者只能以滑向多元论为代价才能避免这种危险。因此，马克思主义似乎无法成功地摆脱这两种命定的束缚"（见其《马克思主义与历史学》，译林出版社 1998 年版第二版序，第 29 页）。这里提到的还原论指的是将社会历史发展的原因归结为生产力的生产力一元决定论。多元论则是指新韦伯主义理论，美国社会学家迈克尔·曼是这一理论的当代代表，该理论认为，不存在具有决定性作用的社会领域（如经济），在历史过程中，经济的、政治的、军事的、意识形态的权力都可能发挥决定性作用，这些权力是相互依赖、彼此转化的。参见迈克尔·曼的多卷本著作《社会权力的来源》（刘北成等译，上海世纪出版集团 2015 年版）。

以生产力的发展为最终条件。在此意义上，我们可以构想一个有机生产方式变迁的历史序列，但这一序列只是对历史发展总体趋势的概括，并不能无条件地用于解释每一段实际历史。一些要求将历史唯物主义提出的经济社会形态发展序列与每一国家、每一时期的历史直接对应的观点，是误解了历史唯物主义作为历史理论的性质。

在实际历史进程中，除了生产力系统的自主变化外，阶级斗争和国家间竞争是推动生产方式演变的两大直接动因。一种生产方式的演变在何种程度上转化为有机生产方式的变迁，取决于流行的生产关系的性质及其变化的方向。根据前文的观点，一方面，人类社会中各种不同的制度型式都有可能依据其功能担负起生产关系的角色；另一方面，生产关系的作用不仅在于适应和促进生产力的发展，而且在于增加统治阶级获取的剩余，生产关系的这两重功能既可以相互结合，也可以相互背离。如果一国的特定利益集团或利益集团联盟，面对来自阶级冲突和国家间竞争的压力，有能力利用国家权力推动一场制度的创造性毁灭，将流行的生产关系转变为切合生产力发展需要的生产关系，从而使剩余的增长更多地建立在生产力发展的基础上，就有可能促成有机生产方式的变迁。这一制度的创造性毁灭过程，同时也是国家形成的过程。国家既是推动制度变迁的外部力量，其自身之形成也构成了这一制度变迁的内在组成部分，正是这一特点使得国家理论相应地成为一切制度变迁理论的核心。在法国马克思主义者戈德利耶的基础上，本文进一步提出，在现代市场经济中，政治关系和政治权力往往直接充当或参与构建了生产关系。这一观点对于理解中国改革开放以来的制度变迁具有格外重要的意义。笔者希望，本文提出的这一再解释能给历史唯物主义带来足够的弹性和活力，使之不仅摆脱传统的生产力一元决定论的束缚，而且能为发展"当代中国社会主义政治经济学"提供必要的方法论指引。

（原文发表于《政治经济学报》2016 年第 6 卷第 1 期）

科学把握生产力与生产关系研究中的唯物史观

——兼评"生产关系决定生产力论"和"唯生产力标准论"

卫兴华*

生产力和生产关系是马克思主义理论体系中的基本范畴，涉及马克思主义原理的诸多方面。理论界对唯物史观和马克思主义政治经济学的一些重要概念和原理，在认识上有诸多分歧。本文仅就以下问题展开评析。什么是生产力？生产力的构成要素是什么？马克思有没有界定或怎样界定生产力的内涵及其构成要素？马克思为什么要强调生产力是劳动的生产力？劳动生产力是否指劳动生产率？生产力发展的源泉或动力是什么？科学是不是生产力的独立要素？主张生产关系是生产力发展的根本动力的观点能否成立？生产力决定论与生产力标准论是同一命题，还是不同问题？能否将生产力决定生产关系的原理归结为"唯生产力论"和"唯生产力标准论"？判断和评价社会主义制度的标准是否只能是生产力标准，而排除生产关系标准？回答这些问题，需要从马列主义理论与中国特色社会主义理论和实践的结合上予以阐述。

一、生产力、劳动生产力和劳动生产率概念的同异

生产力、劳动生产力和劳动生产率是唯物史观和马克思主义政治经济学的几个重要概念。在《资本论》中，生产力特别是劳动生产力的概念应用很多。什么是生产力？生产力的构成要素有哪些？"劳动生产力"与"生产力"是什么关系？与"劳动生产率"又是什么关系？对于这些看起来似乎是最简单、最基本的概念和问题，直到现在，学界在理解和阐述上依然存在很大的

* 卫兴华：中国人民大学荣誉一级教授、中国特色社会主义经济建设协同创新中心研究员。

分歧。分歧产生的一个重要原因，是对马克思的《资本论》和其他著作中的有关论述研究不够和解读上的差异。因此，问题的解决，还得回归马克思有关论述的原意。

（一）什么是生产力？

如何界定生产力，马克思主义政治经济学界有不同的回答。蒋学模主编的教材认为："生产力是人们征服自然、改造自然的能力。"① 逄锦聚等主编的教材认为："生产力是人们改造自然和控制自然界的能力，它反映人和自然界之间的关系。"② 马克思主义理论研究和建设工程重点教材认为："生产力是人类利用自然和改造自然进行物质资料生产的能力。"③ 程恩富等主编的教材认为："人们运用生产资料创造社会物质和精神财富的能力，叫做生产力。"④ 胡钧引证斯大林生产力二要素的定义，反对将生产力定义为人们生产物质资料的能力。他说："生产力概念其内涵是指一种物质力量，是许多物质要素的总和，如果像一些人那样把它定义为人们生产物质资料的能力，则完全改变了它的内涵"，因为这些人把"人变成主语，讲的是人的能力"。⑤ 他强调说，"马克思和恩格斯都未给生产力下过定义，只是说明它包括哪些要素"。这样讲未免有点武断。

有别于斯大林的二要素论，也有别于三要素论，马克思不仅具体说明了生产力包括哪些要素，而且简括地说明了生产力是指什么。马克思在《资本论》中指出："生产力即生产能力及其要素的发展"⑥，是指人们生产使用价值或财富的能力。马克思又说："生产力当然始终是有用的、具体的劳动的生

---

① 蒋学模主编：《政治经济学教材》，上海人民出版社1980年版，第4页。

② 逄锦聚等主编：《政治经济学》，高等教育出版社2003年版，第23页。

③ 马克思主义理论研究和建设工程重点教材：《马克思主义政治经济学概论》，人民出版社2011年版，第2页。

④ 程恩富、冯金华、马艳主编：《现代政治经济学新编》，上海财经大学出版社2012年版，第6页。

⑤ 胡钧：《生产力与劳动生产力》，载于《当代经济研究》2001年第2期。以下引用凡未注明处，均引自此文。

⑥ 《马克思恩格斯文集》第7卷，人民出版社2009年版，第1000页。

产力"①，也就是具体劳动生产使用价值或财富的能力。马克思还指出："一切生产力即物质生产力和精神生产力。"② 这表明，生产力既是生产物质财富的能力，又是生产精神财富的能力。在一般情况下，讲生产力，或讲生产力的决定作用，主要是指物质生产力。有的政治经济学教材中离开了马克思关于生产力的这些说明，只讲生产力是人类改造、控制、征服自然的能力，这是不够的。这只是表明在生产中人与自然的关系，表明生产力的高低可反映人类利用和改造自然的能力大小，并未说明生产力自身的内涵是什么，发展生产力是为了什么。人类利用和改造自然，并不是目的，目的是生产出物质财富和精神财富，满足人的物质文化需要。因此，上面所引马克思主义理论研究和建设工程重点教材和程恩富等主编教材，对于生产力的界定是正确的，符合马克思的本意。而胡钧的批评让人不得其解。他给生产力下了这样一个定义："什么是生产力？生产力或物质生产力和社会生产力，是一个集合名词，是指生产过程中的生产者、劳动资料诸要素或诸力量的总和。"这是将生产力二要素作为生产力的定义了。其实，生产力是什么与生产力的构成要素是什么，是两个不同的问题，用生产力二要素或三要素、多要素都不能说明生产力是什么。胡钧批评将生产力界定为"人们生产物质资料的能力"，实际上是在批评马克思的观点。人是生产力的主导力量，是主体；生产力的其他要素是客体。生产力就是人们（劳动者）运用生产要素生产物质和精神财富的能力。这有什么错误呢？不赞同"人变成主语"，不赞同"讲的是人的能力"，认为生产力只是"一种物质力量"，"诸多物质要素"应是主语，应是物质要素的"能力"而非"人的能力"，这样认识就完全偏离了马克思主义的观点。只要肯定，生产力是人们（劳动者）运用物质要素生产财富的能力，就会肯定"人们（劳动者）"是生产的主语，是发动者。马克思在《政治经济学批判》序言中讲："人们在自己生活的社会生产中……"③ 就是将"人们"作为主语。凡讲生产力的地方，马克思总是将"人们"作为主语。

---

① 《马克思恩格斯文集》第 5 卷，人民出版社 2009 年版，第 59 页。
② 《马克思恩格斯全集》第 46 卷（上册），人民出版社 1979 年版，第 173 页。
③ 《马克思恩格斯文集》第 2 卷，人民出版社 2009 年版，第 591 页。

由卫兴华、林岗主编的《马克思主义政治经济学原理》（经济科学出版社 2012 年版）一书，对生产力做了这样的界定："生产力是人们生产物质资料的能力。它表示人们适应自然、利用自然和改造自然的水平，反映了人和自然界的关系。生产力的构成包括人的因素和物的因素，也包括被利用的自然力如风力、水力和其他自然资源，还包括科学技术以及在生产中的分工协作和生产组织等社会结合方式。"这一定义包含了三层含义：什么是生产力；生产力表示什么关系；构成生产力的要素是什么。

（二）什么是劳动生产力，它与生产力和劳动生产率是什么关系

有的学者认为，劳动生产力与生产力在内涵上是一致的。有的认为，劳动生产力与生产力是两个不同的概念，与劳动生产率是相同的概念。

程恩富等主编的《现代政治经济学新编》一书中，对劳动生产力有专门一段说明："劳动生产力，是人类认识、利用和改造自然界以获得物质资料的能力……劳动生产力不完全等同于劳动生产率。劳动生产力是具体劳动运用劳动手段加工劳动对象以生产使用价值的能力。"[1] 这段话对劳动生产力的说明，与对生产力的界定是一致的。胡钧在前引一文中认为，生产力或物质生产力，与劳动生产力和劳动生产率之间的差别是明显的，不能混同。他认为，劳动生产力与劳动生产率"可以通用"，"但是它们与物质生产力是绝对不能通用的"。他举例说明，在英文中，劳动生产力与决定生产关系的生产力的用词是有差别的。他认为，"生产力与劳动生产力二者的衡量尺度是不同的，生产力主要由劳动资料特别是生产工具的数量和效能来表示"；"不能区别生产力与劳动生产力，是一些人把加工对象也包括在生产力范畴中的重要原因"。显然，胡钧是用生产力二要素、劳动生产力多要素来说明两者的不同。姚挺针对胡钧的观点，从英文的用词上论证二者的一致性，认为"劳动生产力和生产力是可以通用的"[2]。也有其他一些学者将劳动生产力解读为劳动生产率。

---

　① 程恩富、冯金华、马艳主编：《现代政治经济学新编》，上海财经大学出版社 2012 年版，第 34 页。

　② 姚挺：《劳动生产力与生产力》，载于《中共福建省委党校学报》2010 年第 1 期。

需要弄清楚：在马克思的著作中，生产力与劳动生产力究竟是作为内涵一致的概念，还是作为两个独立的不同的概念而区别应用的。这需要从三个方面考证。一是从马克思的有关论述中看二者的内涵是否一致和是否通用。还需要弄清，劳动生产力概念是承袭前人的，还是马克思专用的。二是需要弄清马克思为什么要使用"劳动生产力"这个概念。如果劳动生产力与劳动生产率是内涵相同的概念，讲劳动生产力还有什么必要呢？三是看在马克思的著作中，构成生产力的要素与劳动生产力的要素是否相同。

1. 从马克思的论述可以看出生产力与劳动生产力的内涵是一致的

下面用例证说明二者的一致性。

例一，前面已引证《资本论》中讲："生产力当然始终是有用的、具体的劳动的生产力。"这表明，生产力始终是指"劳动的生产力"。而不是像有些西方学者那样将其作为"资本的生产力""土地的生产力"等。

例二，"结合工作日怎样达到生产力的这种提高……都是社会的劳动生产力或社会劳动的生产力，这种生产力是由协作本身产生的"①。这是说明，协作提高了生产力，这种提高的生产力，已不是个人的劳动生产力，而是协作的劳动生产力即社会的劳动生产力。这里的生产力概念也是与劳动生产力通用的。

例三，"一个产业部门利润率的提高，要归功于另一个产业部门劳动生产力的发展……生产力的这种发展……"② 在这里，劳动生产力与生产力是同义的。

例四，"假定有一个资本家使劳动生产力提高一倍……生产力虽然提高了一倍，一个工作日仍然同从前一样创造六先令新价值"③。这里两个概念又是通用的。

例五，"社会生产力（也可以说劳动本身的生产力）"④。

① 《马克思恩格斯文集》第 5 卷，人民出版社 2009 年版，第 382 页。
② 《马克思恩格斯文集》第 7 卷，人民出版社 2009 年版，第 96 页。
③ 《马克思恩格斯文集》第 5 卷，人民出版社 2009 年版，第 368 页。
④ 《马克思恩格斯全集》第 46 卷（上册），人民出版社 1979 年版，第 268 页。

例六，马克思指出：具体劳动的产品多少，"与有用劳动的生产力的提高或降低成正比"。"相反地，生产力的变化本身丝毫也不会影响表现为价值的劳动。"① 这里，劳动生产力与生产力也是同义的。

还可以举出更多的例证，限于篇幅就舍弃了。

2. 马克思为什么将生产力又称作劳动生产力，有什么特殊意义？

人们不要忘记：马克思的《资本论》和其他一些经济学著作是对前人的"政治经济学批判"。萨伊的"三位一体"公式受到马克思的批判。萨伊用资本的生产力说明利润的来源，用土地的生产力说明地租，用劳动生产力说明工资。斯密认为，"财富只不过是积累的劳动"，劳动是"价值的唯一尺度"。萨伊断言，这是"不正确的结论"。他批评斯密说："劳动每生产一项价值，就消费等量的价值，因此，劳动没有剩余，没留有净产品。"他认为斯密抹杀了资本的生产力："要是资本所包含的生产力，只有创造资本的劳动的生产力，而自己没有生产力……怎样能提供永久利润呢？"②

经济学说史表明，劳动生产力的概念，是庸俗经济学与古典经济学进行争论中必然涉及的重要概念。双方对这一概念的取舍，与他们在价值理论认识上的分歧相联系。主张要素价值论的学者和资产者，重视和强调的是资本的生产力，认为在资本主义经济的诸生产要素中，资本要素起着主导作用。萨伊说："如果没有资本，劳动就不能生产什么东西。资本必须和劳动协力合作，这个协作我叫作资本的生产作用"，"资本的生产力常常和自然力的生产力混在一起"。他批评斯密"抹煞资本的同样能力"③，即资本的生产力。又如庞巴维克在《资本与利息》一书中，专设一编讲"生产力学说"，大谈"资本的物质生产力""资本的价值生产力"，还用资本生产力说明利息和"剩余价值"的来源。④ 而主张劳动价值论的学者，则重视和强调劳动生产力，认为劳动是主动力，正是劳动运用生产要素才生产出财富和价值。

---

① 《马克思恩格斯文集》第 5 卷，人民出版社 2009 年版，第 59~60 页。
② 以上所引见萨伊：《政治经济学概论》，商务印书馆 1963 年版，第 75~76 页。
③ 以上所引见萨伊：《政治经济学概论》，商务印书馆 1963 年版，第 72~75 页。
④ 参见庞巴维克：《资本与利息》，商务印书馆 2010 年版，第二编"生产力学说"。

李嘉图坚持劳动价值论，故强调劳动生产力。他说："在不同的社会阶段中，资本或雇佣劳动的手段的积累速度是有大有小的，而且在所有的情形下都必须取决于劳动生产力。当肥沃的土地数量很多时，劳动的生产力一般也最大。"① 这一论断表明：资本利润和积累的增加，肥沃土地收入的扩大，在本原上都是劳动的生产力提高的结果，与资产者及其庸俗学者将其归功于资本生产力、土地生产力大相径庭。

在马克思的著作中，也重视生产力的分工协作因素和自然力因素等，特别重视科学的因素，并将劳动以外的生产力因素，都与劳动生产力联系。他把生产力中的科学力量、分工协作的作用，称作"社会的劳动生产力"或"劳动的社会生产力"。但是由于资本与雇佣劳动关系中的资本拜物教性质，劳动的生产力却颠倒地表现为"资本的生产力"。马克思指出："协作这种社会劳动的社会生产力，表现为资本的生产力，而不是表现为劳动的生产力。"对此，"资本家是不费分文的"，"应用机器不仅仅是使与单个人的劳动不同的社会劳动的生产力发挥作用，而且把单纯的自然力——如水、风、蒸汽、电等——变成社会劳动的力量"，"上述增加生产力"只是"所使用的单纯自然力的一部分"。② 从这些说明中又可以看出，马克思是将劳动生产力与生产力当作内涵一致的概念使用的。从马克思的以上论述中还可以看出，他把科学、分工协作、自然力等都作为生产力或劳动生产力的构成要素。这是对生产力二要素或三要素观点的否定。

劳动生产率是生产力或劳动生产力的表现形式。马克思指出："劳动的生产力，它事实上只决定有目的的生产活动在一定时间内的效率。"③ 生产力或劳动生产力的高低和发展情况，可以用劳动生产率来衡量。因此，在马克思的论著中，提高生产力的因素与提高劳动生产率的因素是一致的，有时也会在一致的含义上予以并用。一个国家或地区的生产力或劳动生产力的高低，就是用劳动生产率来测量的。一是可以用人均产量来测算，如美国一个农民

① 李嘉图：《政治经济学及赋税原理》，商务印书馆1962年版，第81页。
② 以上所引见《马克思恩格斯全集》第47卷，人民出版社1979年版，第297、363页。
③ 《马克思恩格斯文集》第5卷，人民出版社2009年版，第59页。

一年生产的产品量等于我国一个农民产量的近 100 倍。二是可以用人均 GDP 来测算，我国经济总量虽居世界第二位，但生产力落后，人均 GDP 远低于发达国家。GDP 按不变价格计算，实际上是使用价值指标，而非价值指标。

3. 决定劳动生产力的要素也是生产力的构成要素，生产力二要素、三要素之争偏离马克思的观点

在马克思的著作中，决定生产力的要素同决定劳动生产力的要素是完全一致的；而且有必要指出：马克思所讲的生产力的诸要素，至今没有被我国学界完全、准确地把握。我国长期存在生产力二要素与三要素之争，争论产生的根源有三个方面。其一是对马克思的有关观点没有全面把握，加之马克思的许多有关著作是新中国成立后逐步翻译过来的，事先并不清楚。这导致生产力二要素、三要素之争，事实上偏离了马克思的有关观点。其二是由于对生产力的定义见解不同，对生产力要素构成的看法必然产生差异。如果只把生产力定义为人们利用、改造和征服自然的能力，就会主张生产力二要素，而把劳动对象和其他要素排除于生产力之外。因为劳动对象和自然力等是被改造的对象，它不能用来改造或征服自然。如果将生产力定义为生产财富的能力，就会把劳动对象和其他要素纳入生产力要素之中。其三是受斯大林生产力二要素论的影响。斯大林在 1938 年写的《辩证唯物主义与历史唯物主义》中，给生产力下了这样一个定义："用来生产物质资料的生产工具，以及有一定的生产经验和劳动技能来使用生产工具、实现物质资料生产的人，——所有这些因素共同构成社会的生产力。"① 斯大林的这一生产力二因素论，曾长期成为马克思主义有关教材和论著中流行的关于生产力的专一定义。斯大林的生产力二因素论，与马克思的生产力多要素论显然是不一致的，也不符合生活实际情况。斯大林去世后，国内外的有关著作，多数放弃了生产力二要素论，认同劳动对象是生产力构成要素。也有的论著，认同马克思的生产力多要素。卫兴华于 1980 年在《哲学研究》第 11 期发表了《关于生产力的内容和发展生产力的问题》一文，提出生产力多要素论。认为马克思

---

① 《斯大林选集》下册，人民出版社 1979 年版，第 442 页。

所讲的决定劳动生产力的因素就是构成生产力的因素。并批评了"左"的观点："生产力的丰富内容，它的许多因素在长时期中被粗暴地忽视了，致使我国的生产力的发展成为跛足的东西。例如，片面强调人的因素的作用，而忽视物的因素的作用；在物的因素中，片面强调生产工具的作用，而忽视原材料、电力和能源等的作用；对于自然资源和生态平衡没有加以很好的保护和利用，反而任意进行破坏；强调群众运动，而忽视甚至摒弃科学技术和科技人员的作用，还不断批判'技术至上'、'专家路线'；否定和批判科学是生产力这一马克思主义的论断；强调政治的决定作用，而忽视生产组织和经营管理的作用。"

在我国，有一些学者继续主张生产力二要素论。如经济学界的前辈于光远认为，"在生产力要素中我认为不应该把作为劳动对象的自然算在里面，正好像在战争中不能把敌人算作我们的战斗力一样"，"生产力应该是两要素……劳动对象是被改造的对象"。① 蒋学模等也主张："生产力是由生产工具与劳动者构成的。"② 主张生产力二要素、三要素或多要素，是学术是非问题，可以自由讨论。但既然讨论的是马克思主义政治经济学中的生产力概念和理论问题，还需要回归马克思的论著探求其原意。另外，要理论联系实际，从发展生产力的实践中来把握其构成要素。只要把生产力界定为人们生产物质财富和精神财富的能力，就会认同劳动对象是生产力的要素，而且会进一步认同马克思所讲的生产力多要素，把管理、分工协作、科学、自然力等因素纳入生产力要素之中。这样就会回归马克思的观点，认同《资本论》中所讲的决定劳动生产力的诸要素，就是构成生产力的诸要素。

主张生产力三要素的学者中，如学界老前辈王学文，是以马克思讲的劳动过程的三个简单要素为理论根据的，但这里存在误解。马克思在《资本论》第1卷第5章讲劳动过程时，提出劳动过程的三个简单要素。"劳动过程的简单要素是：有目的的活动或劳动本身，劳动对象和劳动资料。"③ 马克思在这

---

① 于光远：《政治经济学社会主义部分探索》（一），人民出版社1980年版，第409～410页。
② 蒋学模主编：《政治经济学教材》，上海人民出版社1980年版，第3页。
③ 《马克思恩格斯文集》第5卷，人民出版社2009年版，第208页。

里不是讲劳动过程的全部要素,而是讲任何社会及其任何发展阶段的劳动过程,都必须起码具备的最简单的要素。它内含着的意思是,随着生产劳动过程的发展,会有新的因素加进来,如管理、分工协作、科技的发明与应用等。马克思指出:"就劳动过程只是人和自然之间的单纯过程来说,劳动过程的简单要素,是这个过程的一切社会发展形式所具有的。但劳动过程的每个一定的历史形式,都会进一步发展这个过程的物质基础和社会形式。"① 在机器大工业生产的基础上,马克思进一步提出了决定劳动生产力的多种情况:"工人的平均熟练程度,科学的发展水平和它在工艺上的应用程度,生产过程的社会结合,生产资料的规模和效能,以及自然条件。"② 其中,科学的发明发现,需要应用于生产的工艺,才能形成生产力;"生产过程的社会结合",包括分工协作、生产组织与管理;"生产资料的规模和效能",指劳动资料和劳动对象的数量和质量;"自然条件",指被应用于生产的风力、水力及自然资源等。

4. 科学是不是生产力的独立要素?

改革开放以前,关于科学是不是生产力,理论界大多并不明确。尽管在马克思的著作中,反复地、不断地讲到科学是生产力的要素,但是,长期以来我国有关重要文献和论著中并未予以明确提出和肯定。直到在"文革"后期的 1975 年,邓小平听取由胡耀邦等起草的《中国科学院工作汇报提纲》时,《中国科学院工作汇报提纲》提出,"科学技术也是生产力",邓小平表示赞同,指出"科学技术叫生产力"。③ 这一观点竟在不久遭到"四人帮"的攻击。在他们的主导下,《辽宁日报》1976 年 4 月 5 日发表文章说,"劳动者才是最根本、最重要的因素",讲"科学是生产力,就是否定劳动者的作用"。《红旗》杂志也在 1976 年第 9 期发表文章说,讲"科学也是生产力",是"篡改马克思主义关于人是生产力的决定因素的正确观点"。粉碎"四人帮"后,邓小平进一步指出,"科学技术是第一生产力"。④ 此后,人们认同科学是生

---

① 《马克思恩格斯文集》第 7 卷,人民出版社 2009 年版,第 1000 页。
② 《马克思恩格斯文集》第 5 卷,人民出版社 2009 年版,第 53 页。
③ 《邓小平文选》第二卷,人民出版社 1994 年版,第 34 页。
④ 《邓小平文选》第三卷,人民出版社 1993 年版,第 274 页。

产力的重要内容。事实也告诉人们，科技最先进最发达的国家，生产力水平
也最高。但在有些教材与论著中，由于受传统理论的影响，不把科学作为生
产力的独立要素，而只作为渗透于二要素或三要素中的外加要素。无疑，新
的科技创新，会改进和生产出新的、更先进的生产工具和其他生产资料，会
提高劳动者的科技水平。但科技创新的作用超出这些方面，它会改变生产过
程的工艺流程和传统生产模式。马克思一再指出，科学是生产力的独立因
素——"大工业则把科学作为一种独立的生产能力与劳动分离开来"①，"随
着科学作为独立的力量被并入劳动过程而使劳动过程的智力与工人相异化"②。
因此，不应否定科学是一种独立力量。例如，人造卫星可以用于生产，但它
并不是渗透到其他生产力要素中起作用，而是独立地发挥作用。

马克思十分重视科学在生产力发展、人类社会进步中的重要作用。随着
生产力向高层次发展，科学的地位和作用也日益提高。在现代社会生产中，
科学的地位尤为凸显。科学作为"独立的生产能力"，作为"第一生产力"，
会推进其他生产要素的变革，又会统率诸生产要素协调发展。当今国际竞争
的核心是高科技竞争，也是高科技人才的竞争。抢占科技发展制高点，就能
起引领作用，推动经济、社会、教育、军事、环境等各方面整体前进。我国
强调创新驱动发展，首先应是科技创新、自主创新驱动发展，以应对新的科
技革命和产业革命浪潮的世界性挑战。社会历史发展的经验表明，抓住科技
革命的机遇，就可能实现赶超跨越，成为世界强国；错失机遇，就会继续
落后。

二、从生产力决定生产关系的原理探讨生产力发展的源泉

生产力决定生产关系，生产关系要适应生产力的发展，生产关系是生产
力发展的形式，生产关系会反作用于生产力。这是唯物史观的基本原理。
马克思和恩格斯在《德意志意识形态》中指出，人们的生产"表现为双重关

---

① 《马克思恩格斯文集》第5卷，人民出版社2009年版，第418页。
② 《马克思恩格斯文集》第5卷，人民出版社2009年版，第743页。

系：一方面是自然关系，另一方面是社会关系"，"人们所达到的生产力的总和决定着社会状况"。① 在《哲学的贫困》中，马克思指出："生产力在其中发展的那些关系，并不是永恒的规律，而是同人们及其生产力的一定发展相适应的东西，人们生产力的一切变化必然引起他们的生产关系的变化吗？"② 在《雇佣劳动与资本》一书中，马克思又讲：社会生产关系"是随着物质生产资料、生产力的变化和改变而变化和改变的"③。在《〈政治经济学批判〉序言》中，马克思进一步做了经典的表述："人们在自己生活的社会生产中发生一定的、必然的、不以他们的意志为转移的关系，即同他们的物质生产力的一定发展阶段相适合的生产关系。这些生产关系的总和构成社会的经济结构，……社会的物质生产力发展到一定阶段，便同它们一直在其中运动的现存生产关系或财产关系（这只是生产关系的法律用语）发生矛盾。于是这些关系便由生产力的发展形式变成生产力的桎梏。那时社会革命的时代就到来了。"④ 从马克思、恩格斯的这些论述中可以明确以下几点。①人们为了生活就需要进行生产。生产是社会生产，包括生产力和社会生产关系，前者是"自然关系"，后者是"社会关系"。②社会生产关系并不是永恒的，而是发展变化的，因为生产力是不断发展变化的。③生产力决定着生产关系。生产力是内容，生产关系是生产力的社会形式。因此，生产关系一定要与一定历史阶段的生产力状况相适应、相适合，这是社会历史发展的规律。④生产力总是在一定的生产关系中运动和发展的，发展到一定阶段便与生产关系发生矛盾，原有的生产关系由生产力发展的形式变为生产力发展的桎梏，就会产生革命性变革，由适应生产力发展的新生产关系取代旧的生产关系。

把握唯物史观的这些基本原理，便于评析我国长期以来在有关理论问题上的一些争论。争论的一个主要问题是：生产关系的发展是由生产力决定的，

---

① 《马克思恩格斯文集》第 1 卷，人民出版社 2009 年版，第 532～533 页。
② 《马克思恩格斯文集》第 1 卷，人民出版社 2009 年版，第 613 页。
③ 《马克思恩格斯文集》第 1 卷，人民出版社 2009 年版，第 724 页。
④ 《马克思恩格斯文集》第 2 卷，人民出版社 2009 年版，第 590～591 页。

而生产力的发展又是由什么决定的，它的发展源泉或动力究竟是什么。在 20
世纪 50 年代后期至 60 年代前期和粉碎"四人帮"后的一个时期，学界曾热
烈讨论过这一问题，观点纷繁。其中主要有三种见解：生产力发展的动力是
生产力内部源泉说；生产力发展的动力是生产关系说；生产力发展的动力是
生产力与生产关系的矛盾说。下面分别予以评析。

（一）生产力内部源泉说

池超波提出："一方面应当肯定生产力的内部矛盾是生产力发展的动力和
源泉；另一方面应当正确地估计和认识生产关系和生产力之间的相适应和矛
盾对于生产力的发展所起的推动作用和阻滞作用。"① 平心大力主张，生产力
发展有其内在动力。他认为，生产力具有自己增殖、自己更新的趋向，所以
是最富有革命性的运动力量。这种运动力量是在普遍的矛盾形式中显示出来
的。历史和现实证明，"生产力发展是服从自己的运动规律的"。② 洪远朋提
出："生产力的发展有其内部的源泉，这是无法否认的。如果否认生产力发展
有其内部的源泉，不是导致把生产关系和上层建筑当作生产力发展的最终决
定力量的外因论，就是陷入生产力决定生产关系、生产关系又决定生产力的
循环论。"③ 董辅礽批判了"四人帮"宣扬的，在社会主义历史时期，生产关
系对生产力"始终起着主要的决定作用"的言论。他说："这种理论之所以荒
谬，首先在于把生产关系特别是上层建筑看成是社会发展的本质和最终动
因。"他认为，人类社会发展的历史表明，归根到底是生产力决定生产关系，
而不是生产关系决定生产力。他主张，生产力具有推动其发展的内在矛盾，
如生产工具与劳动力之间的矛盾、生产工具与劳动对象之间的矛盾、生产工
具与生产工具的矛盾。"这些矛盾的产生和解决，推动着生产力的发展。"④

---

① 池超波：《什么是生产力发展的动力?》，载于《新建设》1957 年第 12 期。
② 平心：《再论生产力性质》，载于《学术月刊》1959 年第 9 期。
③ 洪远朋：《论生产力的内在源泉》，载于《思想战线》1978 年第 5 期。
④ 以上所引见董辅礽：《关于生产力的几个问题》，引自《论生产力》（下），吉林人民出版社
1980 年版，第 252 页。

（二）生产关系动力说

李洪林讲道，什么是生产力发展的动力，最近看到几种不同的回答。有人说是劳动力、人或人民群众，有人说是劳动力和生产工具的矛盾，有人说是人和自然的矛盾，有人说是需要，甚至有人说是人的本能需要。"我认为正确的答案只能是生产关系推动生产力的发展。"①

《新建设》杂志 1960 年第 8、第 9 期以《关于生产力性质问题的讨论》为题，报道了当时对平心的批评意见。"固然，生产力一般起决定作用，但在一定条件下，生产关系又反过来起决定作用。"这表明，批评平心的学者，是在肯定生产力的决定作用的前提下，讲生产关系对生产力的决定作用的，涉及相互决定的循环论证。

批评生产力发展内因论、主张生产关系决定生产力论的观点，在改革开放前的"大跃进"和人民公社化年代，符合当时的社会政治气候。特别在"文革"中，"四人帮"批判"唯生产力论"，宣传"在社会主义历史时期，生产关系对生产力、上层建筑对经济基础的反作用是决定性的"②，借以搞生产关系和上层建筑领域"左"的不断革命。所谓"革命搞好了，生产力自然而然上去了"。

生产关系是生产力发展的动力的观点，在粉碎"四人帮"后的改革开放年代，很少有人再讲了。主张生产力发展内因论的有关观点，大都是 1978 年以后提出来的，与批判"四人帮"的生产关系和上层建筑决定论相关联，也是与总结以往的历史教训相联系的。但是目前也还有个别学者仍主张，生产力发展的根本动力是生产关系，甚至对生产力决定生产关系、生产关系反作用于生产力的唯物史观提出了不同意见。

胡钧近些年来继续发表论文，坚持生产关系决定生产力论，主张生产关系是"生产力发展的根本动力"。他对卫兴华不赞同生产关系动力论的论述提

---

① 李洪林：《只有生产关系才能成为生产力发展的动力》，载于《光明日报》1957 年 1 月 23 日。

② 转引自高峰、刘晓铎：《生产力的决定作用不容否定》，载于《南开学报》1978 年第 1 期。

出争论。他批评"生产力决定生产关系，生产关系反作用于生产力"的理论表述"不恰当"。他说："现在片面强调生产力对生产关系的决定作用……片面强调生产关系一定要适应生产力的性质"，而"忽视生产关系对生产力的主要推动作用。"① 胡钧将人类社会发展的历史，归结为一个生产关系推动生产力发展的历史。他说："整个人类历史就是一定生产关系从生产力发展的主要推动者到其主要障碍者，最后被更能推动生产力发展的新的生产关系所取代的历史。"可以看出，胡钧所批评的正是唯物史观的基本观点。他的观点是同马克思主义的观点完全对立的。但他竟然宣称：他讲的这一套是"历史唯物主义的基本常识"。

（三）生产力与生产关系矛盾说

这一观点，曾是我国在一段时期占主要地位的观点。王亚南不赞同生产关系动力说。他说："生产力发展的动力，既不能由生产内部存在的矛盾得到说明，也不能单由生产关系的促进作用得到说明，归根结底，必须在生产力与生产关系之间的矛盾和对立斗争的统一中，在它们之间的辩证发展中，去找到它的依据。"②

卫兴华也曾主张生产力发展的源泉是生产力与生产关系的矛盾。"生产力和生产关系的矛盾，是社会生产的基本矛盾，这种基本矛盾是决定社会生产，从而也是决定生产力发展的基本原因。"③ 卫兴华当时不赞同平心关于"生产力自己发展趋向是社会物质生产过程的基本规律"的看法。在 1988 年出版的《卫兴华选集》中，在一篇相关文章的后面，特加了一段附言："27 年前，我不赞同平心先生从生产力本身寻找生产力发展的内部根据，强调生产关系同生产力的矛盾是决定生产力发展的基本原因，1978 年以后，我改变了这种看法。认为生产力发展的根据首先在生产力内部。"④ 不过，平心认为，生产力

---

① 胡钧：《论生产力发展的根本动力》，载于《经济纵横》2011 年第 3 期。
② 王亚南：《促进生产力发展的动力究竟是生产力内部存在的矛盾？是生产关系，还是其他？》，载于《福建日报》1956 年 12 月 14 日。
③ 卫兴华：《也谈生产力和生产关系问题》，载于《光明日报》1960 年 8 月 22 日。
④ 《卫兴华选集》，山西人民出版社 1988 年版，第 453 页。

发展的内部根据是生产力的"物质技术属性"和"社会属性"二重性的矛盾，笔者难以认同。

（四）从理论和实践的结合上研究生产力发展的动力与源泉

探讨生产力发展的源泉或动力问题，需要从理论与实践的结合上寻求解决的途径。从理论研究上说，既然讨论的是马克思开创的唯物史观关于生产力和生产关系的基本原理，就需要追溯马克思是怎样分析生产力的发展的。从实践上说，应看看从历史到现实，生产力是怎样发展的。

马克思在《〈政治经济学批判〉序言》中讲到了生产力和生产关系的矛盾，但没有将其看作生产力发展的根源，反而指出这种矛盾会妨碍生产力的发展。马克思的原话是："社会的物质生产力发展到一定阶段，便同它们在其中运动着的现存关系……发生矛盾，于是这些关系便由生产力发展的形式变成生产力的桎梏。"[1] 生产力和生产关系的矛盾和解决，有利于生产力的发展，但不是生产力发展的根源。我们知道，生产力不仅是生产关系的决定力量，也是人类社会历史发展的最终决定力量。如果生产力没有自己发展的源泉，怎么能起这样的决定作用呢？马克思说：任何生产力"都是以往活动的产物"，"生产力是人们应用能力的结果"。[2] 也就是说，生产力是人们在物质生产中所进行的"活动的产物"，是应用自己能力即实践能力的结果。从原始社会到近代社会，生产力或慢或快的发展，无一不是人们生产活动的结果和实践能力的结果。

认为生产力自己不会发展，要靠生产关系作为动力来推动，这样的判断是说不通的。生产力是最革命、最活跃的因素，而不是一堆死的因素，搁在那里不会动，全靠生产关系推着或拉着往前走。生产力中的劳动者是主动因素，非劳动因素是被动因素，是劳动者主导着生产力的发展，是劳动（包括体力劳动和脑力劳动）利用生产资料和其他生产要素，推动着生产力的发展。

---

① 《马克思恩格斯文集》第 2 卷，人民出版社 2009 年版，第 591 页。
② 《马克思恩格斯文集》第 10 卷，人民出版社 2009 年版，第 43 页。

这正是马克思强调生产力是劳动的生产力之意义所在。但仅这样讲是不够的。讨论生产力发展的动力或源泉时，应分清四个不同层次的问题。其一，人类为什么要发展生产力？这是发展生产力的动因问题。其二，人类怎样发展生产力？这是发展生产力的过程和行为问题。其三，生产力为什么会不断发展？这是生产力发展的源泉或内因问题。其四，生产关系对生产力发展起什么作用？生产关系是反作用于生产力，起促进或阻碍的作用，还是起根本动力作用？以下分别予以论述。

1. 人类为什么要发展生产力？

唯物史观回答了这个问题。人类为了维持生存和生活，就有吃喝穿住等生活需求，为此，就要发展生产，发展生产力。也可以说，人的需求是发展生产力的动因。马克思讲："没有消费，也就没有生产，因为如果没有消费，生产就没有目的。消费从两方面生产着生产"，"消费创造出新的生产的需要"，"消费创造出生产的动力"。① 他还指出："社会需要，即社会规模的使用价值，对于社会总劳动时间分别用在各个特殊生产领域的份额来说，是有决定意义的。"② 正是对使用价值的消费需要，才引出发展生产或发展生产力的需要。消费需求是经济增长的引擎。马克思这里把消费需要作为生产或生产力的"动力"。这个"动力"可以理解为"动因"即起因。如果讲"动力"，也是远层次的或外围层次的动力。

2. 人类怎样发展生产力？

人类发展生产力的历史，是劳动推动生产要素生产物质财富和精神财富的历史。在生产力诸要素中，劳动者是首要的要素，生产力各要素作用的充分发挥、效能的提高、组合的优化，都会推进生产力的提高。劳动者熟练程度的提高、文化和科技知识的增长，会提高生产力；科学的发明与创新并应用于生产，引进先进技术设备，会大幅度提高生产力；管理水平的提高和现代化，会有效提高劳动生产力；生产资料数量的充足和质量的提高，是提高

---

① 《马克思恩格斯选集》第 2 卷，人民出版社 1995 年版，第 9 页。
② 《马克思恩格斯文集》第 7 卷，人民出版社 2009 年版，第 716 页。

生产力的重要条件；自然力的充分利用于生产，会形成低成本的生产力；搞好分工协作和生产组织，也会促进社会劳动生产力；等等。生产力诸因素发挥功能、形成和提高生产力，是由劳动主导的生产力自行发展的过程。固然，这种发展是在一定的生产关系下实现的。但生产力作为最活跃和最革命的因素，会自行发展，有其自己的发展规律。社会主义的本质要求快速发展生产力，就要着力于充分发挥各生产要素的各自功能和综合功能，让劳动（包括科技劳动、管理劳动等复杂劳动和一般劳动）推动生产力更好更快地发展。如果把劳动与诸生产要素结合从而推动生产力的发展，也作为生产力的动力，那就是近层次的或第二层次的、生产力自行增殖与发展的动力。

3. 生产力为什么会不断发展？

不少学者主张从生产力诸要素内部的矛盾说明其原因。从理论和实践的结合上看，是有一定道理的。但生产力发展的源泉或内因，并不能完全由诸要素内部矛盾说明。内因中还包括诸生产因素各自的发展变化，如劳动者长期经验的积累，"熟能生巧"，可提高劳动技能和熟练程度，从而提高劳动生产力。它们各自的变化是诸要素内部矛盾的原因或结果。

可以认同：生产力诸要素的内在矛盾和解决，是生产力发展的重要源泉。

第一，存在着生产中人与自然界的矛盾。生产力表示人们适应、利用和改造自然的能力。在与自然界的斗争中，劳动者提高了自己的多种应对和创新能力。普列汉诺夫说："人在作用于他之外的自然时，改变了自己本身的天性。他发展了自己的各种能力，其中也包括'制造工具'的能力。但是在每一个特定的时期，这个能力的程度决定了生产力的发展所业已达到的水平。"①从发明弓箭进行狩猎，到结网捕鱼、造船过河、兴修水利，到现代的人造卫星、航天科技等，都是人与自然斗争的成果。

第二，存在着先进技术设备的创新或引进同劳动者技能不相适应的矛盾。我国曾出现某些企业引进先进技术设备，由于职工操作和应用水平赶不上而闲置浪费的事情。应用先进技术设备，就需要及时培训出能够熟练操作它的

———————————

① 《普列汉诺夫哲学著作选集》第 1 卷，三联书店 1959 年版，第 683 页。

人员。这又与管理水平的提高相联系。

第三，也存在着生产工具与劳动对象的矛盾、生产工具同生产工具的矛盾。例如，精纺毛料需要优质羊毛（劳动对象）。品质低次的羊毛，既损害产品的质量，又影响劳动生产力的提高。在改革开放前，北京清河原第二毛纺厂是生产毛织产品的大型国有企业。人们看到从外省运来的羊毛袋中，混杂着许多泥沙，甚至装有石块，需要安排不少工人从事拣选羊毛的劳作，既增加了成本，又影响了生产效率。改革开放以来，随着羊毛原料质量的提高，生产效率和产品质量也相应提高了。再者，生产工具之间的矛盾也需要及时解决。例如，英国曾出现过纺纱业赶不上织布业需要的矛盾。由于世界市场的扩大，产生了对棉布的大量需求，推动了英国棉织业的技术革命，发明了飞梭，改进了织布机，提高了生产力。但纺纱业跟不上织布业，棉纱供不应求，影响织布业的发展。为解决这一矛盾，就促使人们去改进和创新纺纱机。又如，炼钢设备的生产能力与轧钢设备的能力要相互匹配。有时会出现两者不相匹配的矛盾，需要解决，以利于生产力的发展。

第四，在一定发展阶段上，会产生要素驱动发展与创新驱动发展要求的矛盾。当低成本的劳动要素和资源要素驱动经济增长的能力式微，与形成新生产能力的需求发生矛盾时，要素驱动型发展不得不转为创新驱动型发展。我国目前就处在这一阶段。粗放型增长方式已不可持续，需要重在创新驱动，形成新的发展方式。创新驱动，首先是科技创新驱动。

第五，存在生产力发展与废弃物的堆积和污损环境的矛盾。这促使人们发展循环经济。贵州六盘山是煤都和钢都，每年产生 100 万吨炼铁废渣和近千万吨煤灰。这种工业垃圾堆成小山，既污染环境，又浪费土地。当地恒远建材公司进行技术创新，将废渣和煤灰变废为宝，生产出建筑绿色住宅墙体的新材料，一举多得。

从上面多方面的分析和论述中可以看出，生产力是会自己发展的，而且是持续或连续地发展着，并在发展中不断增强自己的能力。正因为如此，生产力才能成为最革命最活跃的力量，决定着生产关系的性质，并成为社会历史发展的最终决定力量。以上的论证，是说明生产力发展的内在源泉，也可以说是内在动力。这是第一层次的最直接、最根本的内在动力。

4. 生产关系对生产力的发展起什么作用？

讲生产关系，不是仅指狭义的生产关系即直接生产过程中的关系，而且也指广义的生产关系即生产关系体系。它包括作为基础层次的所有制和生产资料与劳动者的结合方式，也包括与此相适应的狭义的生产关系以及交换关系和分配关系。所有制的变化会引起整个生产关系体系的变化。生产关系有新旧之分，它们对生产力的发展所起的作用，或是促进、适合，或因阻碍而变革，以重新适合，这些作用不是也不可能是其发展的根本动力。生产力是在一定的生产关系下发展的，而生产关系须适应生产力的发展而发展与变化。没有脱离开生产关系的生产力，也没有脱离开生产力的生产关系。新的生产关系适应生产力的性质和水平，可促进生产力的发展。一定社会形态的生产关系的发展，存在前期、中期、末期的不同阶段。前期是新生产关系，末期是旧生产关系，中期是不新不旧的生产关系。中期阶段经历的时间较长，它的生产关系仍适应生产力的发展，给生产力的发展继续提供发展的空间。末期的旧生产关系阻碍着生产力的发展，会被生产力的发展所打破，产生新的适合生产力发展的生产关系。判断生产关系的新或旧，是根据它是起促进还是阻碍作用来划分的。离开这个标准，就谈不上生产关系的新与旧。有的学者是在肯定生产力决定生产关系的前提下，主张生产关系是生产力发展的动力。这就陷入二者相互决定的循环论证。而有的学者如胡钧，是在否定生产力决定生产关系、生产关系反作用于生产力的基本原理的前提下，提出生产关系是生产力发展根本动力的观点，这就偏离唯物史观更远了。胡钧主张生产关系是生产力发展根本动力的观点，并没有提出站得住脚的论证和论据。所持的一个理由是：生产力有其发展的内部源泉，就是脱离开生产关系讲生产力的发展。这种批评在逻辑上是悖理的。生产力总是在一定的社会生产关系下发展的。讲生产力存在自行发展的源泉，怎么就是脱离开生产关系呢？如果否定生产力是在自己的发展中决定或推动着生产关系的发展，那么请批评者回答：生产关系的发展变化是由什么决定的？它怎么会由生产力发展的动力变为桎梏？马克思主义认为：生产关系是生产力的社会形式，生产力是生产关系的内容。难道不是内容决定形式，而是形式决定内容么？

断言生产力自己不会发展，完全靠生产关系推动，不符合马克思主义理论原理，也不符合历史事实。第一，马克思通过对周期性经济危机的分析，揭示资本主义生产关系已不适合生产力的发展。但他又根据历史事实说明，危机过后会出现新的繁荣或高涨，而且，危机过后的高涨，会超过危机前的水平。这种高涨，显然不能用新的生产关系的推动来说明，而是与马克思所论述的固定资本的周期更新直接有关。第二，列宁在1916年写的《帝国主义是资本主义的最高阶段》中，揭示帝国主义是腐朽的和垂死的资本主义。但他同时指出："如果认为这一腐朽性趋势排除了资本主义的迅速发展，那就错了"，"总的说来，资本主义的发展比以前快得多"。[①] 从统计数字来看，进入垄断资本主义的100年间，发达国家的工业年均增长3%左右，超过自由竞争时代年均2%的增长率。第三，"二战"后主要资本主义国家经历了快速发展时期。日本在20世纪50~70年代的20年中，生产力快速发展，经济增长年均10%左右，远远超过以往资本主义发展的速度。美国的农业劳动生产率在"二战"后有20多年的快速增长。1950~1977年，其年均增长达5.6%，快于工业的增长，改变了农业落后于工业的长期格局。以上的历史事实说明，生产力有其自己的发展规律，实践否定了生产力自己不会发展，只能靠生产关系或新生产关系推动的看法，否定了生产关系是生产力发展根本动力的非马克思主义观点。

三、"唯生产力标准论"和"唯生产力论"的是与非

（一）生产力决定生产关系的一般规律和社会主义产生与发展的特点

生产力决定生产关系、生产关系要适应生产力的发展，这是人类历史发展的规律。从人类历史发展的总趋势来看，它是科学的、符合实际的。但是，不能把生产力决定生产关系的原理绝对化和机械化。否则，无法说明为什么

---

① 《列宁选集》第2卷，人民出版社1995年版，第685页。

生产力高度发展的美英等资本主义国家没有建立社会主义制度，而生产力落后的一些国家先建立了社会主义制度。

在既定的生产力水平条件下，在特定的社会历史条件下，人们有自觉选择某种制度和体制的社会经济空间。列宁从帝国主义时期资本主义国家经济政治发展的不平衡规律出发，提出了生产力落后的俄国作为资本主义世界链条中的薄弱环节，可以首先取得社会主义革命胜利的理论。苏联社会主义制度发展了 70 年，成为可与美国抗衡的超级大国，但在特定的历史条件下发生剧变，国家解体，转向资本主义。其成败兴衰都难以直接和完全用生产力的决定作用说明。但归根到底，从人类社会历史发展的规律来看，生产力的高度发展终将突破资本主义生产关系，走向社会主义。俄罗斯将沿着否定之否定的历史辩证法而走向未来。旧中国半殖民地、半封建制度的生产关系阻碍了生产力的发展，要求突破旧的生产关系，建立适合生产力发展的新生产关系。但究竟是走资本主义道路，还是走社会主义道路，各个阶级有不同的选择。《中国共产党章程》的总纲指出："坚持马克思主义的基本原理，走中国人民自愿选择的适合中国国情的道路，中国的社会主义事业必将取得最终胜利。"① 历史证明，选择社会主义制度和中国特色社会主义道路，比某些前殖民地国家走资本主义道路，发展得更好更快。先进阶级通过其革命政党的这种自觉选择，是在认识客观必然性的历史背景下实现的。不能把这样的自觉选择简单看作历史唯心主义。有三种不同的经济政治选择：一种是符合历史规律的自觉选择，会获得成功；另一种是违反客观规律的盲目选择，会流于失败；再一种是试错法的选择，成败交错，或成功，或放弃。当前，人类社会发展仍走在从必然王国向自由王国飞跃的征途上。

生产力是社会生产关系发展变化的根本决定力量。我国进入社会主义时期，通过社会主义实践，认识到我国仍处于社会主义初级阶段。根据我国生产力落后和搞活经济的必要，由实行单一的公有制和指令性计划经济，转向

---

① 《中国共产党章程》，人民出版社 2012 年版，第 1 页。

以公有制为主体、多种所有制共同发展的基本经济制度和社会主义市场经济，正是因为原有制度和体制，或者说原有的生产关系体系和体制，不完全适合生产力的发展。中共中央关于改革开放的重要文献，也是从我国生产力落后，多层次、不平衡的国情出发，说明我国发展多种所有制的必要性。之所以从计划经济转向市场经济，是由于僵化的经济体制弊端凸显，不利于生产力的发展，而市场经济在配置资源方面具有灵活性、效率性，有利于生产力的发展。因此，从大的方面说，我国的改革开放遵循了马克思主义关于生产关系要适合生产力的发展规律的理论指导。既重视生产力的决定作用，又重视生产关系对生产力的反作用，中国特色社会主义已经并将继续促进生产力的快速、健康发展。而苏联社会主义退回资本主义，生产力倒退和停滞了十几年，其世界经济政治地位大幅下降。

也应看到，在既定的生产力水平下，生产关系的某些具体环节可以变化。在生产关系体系中，所有制是基础。所有制结构的变化，会引起相关的经济关系变化。如我国三大改造以后，实行单一的公有制，过早地消除了非劳动要素参与分配的关系。改革开放以来，实行多种所有制共同发展，必然引起分配关系的变化。与以公有制为主体相对应的，是以按劳分配为主体；与私营经济和外资企业的私有制相对应的，必然是按生产要素所有权的分配，存在资本与雇佣劳动的矛盾和收入差距扩大的趋势。

再如，改革开放以来，对原有的"国营经济"实行所有权与经营权的分离，改称"国有经济"。产权关系的这一变化，有利于生产力的发展，有利于国有企业成为市场经济的重要主体。在改革开放过程中，我国的分配关系也在不断调整，分配领域曾流行多年的"效率优先、兼顾公平"的原则，不利于消除两极分化和实现共同富裕，所以党的十七大报告中改提"把提高效率同促进社会公平结合起来"。[1] 目前我国出现的收入分配差距过大、贫富分化的情况，其产生的原因与生产力的决定作用无关，也不能靠发展生产力自动地缩小差距、实现分配公平。改变这种状况，需要采取一系列的有效措施，

---

[1] 《中国共产党第十七次全国代表大会文件汇编》，人民出版社2007年版，第10页。

包括坚持和完善以公有制为主体的基本经济制度，改革收入分配制度，倡导社会主义公平正义，走共同富裕的道路，等等。"做大蛋糕"，并不等于就能"分好蛋糕"。生产力发展，并不决定分配就是公平的。社会主义制度的发展与完善，需要生产力的快速发展，但不能仅归结为生产力的决定作用，需要重视社会主义生产关系的自我发展与完善。

还需要重视一个问题：为什么在社会主义以前的一切阶级社会中，新社会经济制度产生后，会自然地不断发展、完善，不存在一个新的社会制度整体倒退回旧制度的事情？例如，没有一个资产阶级的政治家或理论家，需要提出坚持资本主义道路和方向的号召和原则。而我国社会主义制度则需要防范和平演变、"改旗易帜"的风险，因而要不断强调坚持社会主义道路和方向。这个问题与社会主义产生及发展的特点相关。以往的社会经济制度的产生与发展都是一个自发的、自然的历史过程。先有资本主义制度的产生，后有资本主义概念、理论的形成。早在14世纪，地中海沿岸就出现了资本主义经济成分，而直到19世纪中叶，才出现和流行"资本主义"概念。与以往阶级对抗社会的更替不同，社会主义产生于无产阶级从自在的阶级向自为的阶级的转变过程中，是先有社会主义概念和理论的形成，再有社会主义运动和革命，然后建立起社会主义制度。整个过程是有领导、有规划、有组织的自觉过程。社会主义制度建立后的发展与改革也是如此。离开马克思主义和社会主义理论的指导，完全由自发性和自由化引导，社会主义事业不可能成功。这里提及这个问题，是为了进一步论述我国怎样才能坚持好社会主义道路和方向，怎样才能处理好生产力和生产关系之间的矛盾。

总之，根据马列主义和中国特色社会主义理论，可以明确，坚持社会主义要从两方面着手。一方面要看是不是着力于快速发展生产力；另一方面要看是不是着力于坚持、发展和完善社会主义生产关系，包括搞好公有制、按劳分配、消灭剥削和消除两极分化，走共同富裕的道路。因此，判断社会主义性质的标准，应从生产力和社会主义生产关系的统一来评价，不能单用生产力标准评价。

（二）不能把生产力标准作为判断和评价社会主义的唯一标准

什么是社会主义和怎样建设社会主义，涉及对社会主义的评价标准问题。根据新中国 60 多年发展的历史经验，我们认为，在我国社会主义制度下，应把生产力标准和社会主义价值标准统一起来。所谓社会主义的价值标准，按其本义来说，应包括对社会主义的本质规定和特点的全面考察、判断和评价，既包括生产力标准，又包括生产关系标准，还包括上层建筑标准。由于生产关系标准是区分社会经济制度的根本标准，也可以主要从社会主义生产关系标准来谈价值标准。这里所讲的价值标准，就是从社会主义生产关系着眼的价值判断标准。

改革开放以后，针对"左"的情况下忽视生产力发展的问题，特别是针对"四人帮"大批"唯生产力论"，以及在改革开放前期对解放和发展生产力存在的某些思想禁锢，理论界提出和强调生产力标准论，是有其现实的针对性和积极意义的，目前和今后依然要坚持。但是，生产力标准论，不能取代更不能排斥社会主义价值标准论。对什么是社会主义和怎样建设社会主义的判断标准，既包括大力发展生产力的要求，又包括搞好社会主义生产关系，以实现共同富裕的要求。由于已经流行"生产力标准"论，并在实践中践行了大力发展生产力的原则，所以，可以专从生产关系的角度，提出应重视社会主义价值标准，强调"社会主义的生产力标准和价值标准的统一"。卫兴华在 2010 年发表论文，提出"社会主义的得失成败，既要用生产力标准去判断，又要以社会主义价值标准去判断"。文章强调，要坚持大力发展生产力和共同富裕，坚持以公有制为主体和以按劳分配为主体，坚持社会主义分配公平。[①] 这一理论观点，来源于科学社会主义原理，也来源于邓小平在社会主义初级阶段实践中反复强调的关于社会主义的判断标准。邓小平告诉我们，既要从生产力的快速发展即从生产力标准，看社会主义的优越性，又要从人民生活水平的提高和需要的满足、最终实现共同富裕即从生产关系标准，看社

---

① 卫兴华：《社会主义生产力标准和价值标准的统一》，载于《经济学动态》2010 年第 10 期。

会主义的优越性。社会主义的价值取向、价值判断即价值标准，不能只归结为生产力这样一个标准。

这一理论观点，在马克思主义学界获得不少同仁的回应和认同。[①] 但是也有学者如汪海波持反对意见。他认为，生产力是决定生产关系的唯一因素，因此只能坚持生产力标准论，批评提出社会主义价值标准论就是生产关系决定生产关系的二元论和上层建筑决定生产关系的三元论，是"唯心主义"。他还提出，认同生产力决定论就要认同"唯生产力"。[②] 汪海波将生产力决定生产关系论，与生产力标准论相混同，又将生产力标准论作为评价和判断社会主义经济制度的唯一标准。在他看来，社会主义的规定性、优越性和社会主义事业的得失成败，只能用生产力标准来判断，不能并用生产关系标准来评价。他说："社会生产力是决定社会生产关系唯一的无可替代的根本因素"，"因而评价社会经济制度先进或落后的唯一的无可替代的标准"，只能是生产力标准，不能有其他标准。按此逻辑，邓小平提出的社会主义本质论和三条"是否有利于"的判断标准，是否也会被汪海波视作"二元论""三元论"而予以反对？汪海波自称他坚持的是马克思主义观点，其实，恰恰相反，其观点远离了马克思主义。首先，如果把生产力决定生产关系的原理绝对化，断定为"唯一决定因素"，怎样解释发达国家的生产力远远高于我国，实行的却是资本主义制度，而生产力水平低于它们的中国是社会主义国家呢？马克思、恩格斯讲生产或生产力的决定作用，是从"归根到底"的意义上讲的。"根据唯物史观，历史过程中的决定性因素归根到底是现实生活的生产和再生产。无论马克思或我从来都没有肯定过比这更多的东西。如果有人在这里加以歪曲，说经济因素是唯一决定的因素，那么他就是把这个命题变成毫无内容的、抽象的、荒诞无稽的空话。""归根到底是经济运动作为必然的东西，通过无

---

① 如侯惠勤主编的《马克思主义基本原理研究》（第 1 辑·2011）（中国社会科学出版社 2011 年版），作为中国社会科学院创新工程的"马克思主义专题研究文丛"，收入了卫兴华的这一论文。还有不少马克思主义学者支持这一论文的观点。

② 上下文所引见汪海波：《必须坚持生产力标准》，载于《经济学动态》2011 年第 7 期；《对〈再论社会主义生产力标准与价值标准的统一〉一文的商榷意见》，载于《经济学动态》2011 年第 10 期。

穷无尽的偶然事件向前发展。"① 显然，汪海波的观点正是恩格斯批判过的错误观点。

其次，生产力决定论与生产力标准论，是两个不同的问题，不能混为一谈。汪海波从生产力是唯一决定因素论，引出"唯生产力标准论"，认为"生产力标准是评价社会经济制度先进或落后的唯一无可替代的标准"。② 这一论断同样不能成立。评价社会主义经济制度的先进性和优越性，当然要坚持生产力标准，但这不是唯一的标准。体现社会主义制度最本质和优越性的基本性质，应包括马克思、恩格斯和邓小平讲的，为以往任何社会都未曾有过的全体人民的共同富裕。离开提高人民的物质文化生活并最终实现共同富裕，离开发展和完善社会主义生产关系，生产力标准就失去了其应有的意义。发展生产力是手段，而不是目的。判断是不是社会主义经济制度，社会主义搞得好不好，绝不能只用生产力标准来判断。汪海波的论断，既将生产力决定生产关系的原理与生产力标准相混同，又用"唯生产力标准论"和"唯生产力论"来否定和批判社会主义的价值标准论，是完全背离科学社会主义和中国特色社会主义的错误观点。

（三）不能把生产力决定论错解为"唯生产力标准论"和"唯生产力论"

汪海波将生产力决定论等同于"唯生产力论"，完全偏离了马克思主义的观点。从生产力决定论，到"生产力唯一决定因素论"，再到"唯生产力标准论"和"唯生产力论"，是一种非科学的推论。"四人帮"曾大批"唯生产力论"，但根本没有弄清或是有意搞混什么是"唯生产力论"。他们将重视和致力于生产力的发展，诬之为"唯生产力论"。马克思主义讲生产力决定论，但否定"唯生产力论"。"唯生产力论"认为，生产力是唯一的决定因素，它会自动地、直接地决定应建立什么样的生产关系和社会制度。在马克思主义发展史上，曾发生过对"庸俗生产力论"的批判，斯大林的著作中也批评过这

---

① 《马克思恩格斯文集》第 10 卷，人民出版社 2009 年版，第 591~595 页。
② 汪海波：《必须坚持"生产力标准"——对"论社会主义生产力和价值标准的统一"一文的商榷意见》，载于《经济学动态》2011 年第 6 期。

一"理论"。"唯生产力论"实际上就是"庸俗生产力论"。按照这一理论，把生产力决定生产关系的作用绝对化，或是主张生产力没达到发达资本主义国家水平，就不能搞社会主义，或是认为，在社会主义制度下，只要发展了生产力，就有了一切，生产力会自行决定社会主义生产关系及其发展。这也是汪海波主张的"唯生产力论"和"唯生产力标准论"的实质。"唯生产力论"和"唯生产力标准论"，忽视和否定生产关系和上层建筑在人类社会历史发展中的作用，忽视和否定其对生产力的反作用，忽视我国社会主义制度必须坚持和发展社会主义生产关系和社会主义上层建筑的重要意义。这与科学社会主义和中国特色社会主义理论是相抵触的。特别是在我国当前致力于缩小收入分配差距过大的趋势，突出分配公平、社会公平，强调共同富裕的背景下，宣扬"唯生产力论"和"唯生产力标准论"，是一种完全与社会主义方向背道而驰的错误观点。

应该注意到，邓小平明确指出："马列主义没有'唯生产力论'这个词，这个词不科学。列宁在批判考茨基的庸俗生产力论时讲，落后的国家也可以搞社会主义革命。我们也是反对庸俗的生产力论，我们……在一个很不发达的中国能搞社会主义，这和列宁讲的反对庸俗的生产力论一样。"①

坚持和发展中国特色社会主义制度，是贯穿党的十八大政治报告的红线。报告既强调重质量重效益的生产力的发展，又强调社会主义生产关系的发展与完善，包括强调"共同富裕是中国特色社会主义的根本原则"②，要把保障和改善民生放在更加突出的位置，要使我国人民生活水平快速提高起来，要缩小收入分配差距，建设保障社会公平正义的制度，要完善以公有制为主体、多种所有制经济共同发展的基本经济制度等。报告还指出，我国之所以取得新的历史性成就，"靠的是党的基本理论、基本路线、基本纲领、基本经验的正确指引"③。为继续发展中国特色社会主义，党的十八大报告十分注重意识形态问题，强调要坚持马克思主义指导，坚持和发展中国特色社会主义理论

① 《邓小平年谱》（上），中央文献出版社2004年版，第222～223页。
② 《十八大报告辅导读本》，人民出版社2012年版，第13页。
③ 《十八大报告辅导读本》，人民出版社2012年版，第7页。

体系，坚持四项基本原则，并要求牢牢掌握意识形态工作领导权和主导权，坚持正确导向等。上述理论观点显然与汪海波的"唯生产力论"和"唯生产力标准论"是完全对立的。

建设、发展和完善中国特色社会主义，必须把又好又快地发展生产力，并与发展和完善社会主义生产关系、加强和完善党的领导、做好意识形态的工作结合起来。党的十八大报告为我们提供了全面判断科学社会主义和中国特色社会主义的价值标准。那就是把生产力标准、社会主义生产关系标准以及社会主义上层建筑标准统一起来的总的社会主义价值标准。

（原文发表于《清华政治经济学报》2014 年第 2 卷第 1 期）

对生产力一元决定论的反思与新释

王峰明[*]

在马克思主义哲学发展史上，普列汉诺夫是明确提出并系统阐释历史唯物主义的决定论原理的第一人，其实质就在于确立物质生产和生产力对于社会存在和历史发展的一元决定性地位和作用。普列汉诺夫的观点极大地影响了苏联、中国乃至世界各地的马克思主义理论研究事业。在一定意义上可以说，传统教科书中的辩证唯物主义历史观是其观点的翻版。后世思想家对传统教科书体系、对历史唯物主义，进而对马克思主义哲学理论的种种批评、保卫、重建与超越的倾向和立场，无不与普列汉诺夫的阐释相勾连。因此，详尽梳理和准确把握普列汉诺夫的生产力一元决定论，并站在方法论高度予以深入反思，无疑具有非常重要的理论意义和现实价值。

一、一元决定："经济"抑或"生产力"

1. 历史观中唯心主义的二律背反

在普列汉诺夫看来，马克思主义作为一种"完整的世界观"，代表了唯物主义的现代形态，因而可以称之为"现代唯物主义"。"历史唯物主义"既是"这个世界观的历史方面和经济方面"[①]，也是以往唯物主义思想发展的产物。不理解唯物主义的历史发展，就无法理解历史唯物主义。鉴于此，他详细考察了18世纪下半期以来唯物主义思想的发展历程。

18世纪的法国唯物主义者霍尔巴赫和爱尔维修等，以"感觉论"对抗唯心主义的"天赋观念说"，认为人的心理活动和心理功能均是感觉的变形，而

感觉则是"周围环境"对人发生影响的结果，具有思想、感觉和意愿的人乃是其周围社会环境的产物。然而，他们并没有循此思路把研究重心转移到社会和社会关系的"发展规律"上来，进而解决究竟是什么东西制约着社会环境的结构以及社会环境的发展有哪些规律的问题，反而认为环境及其一切属性都由人们的意见所创造。这便是有名的"环境决定意见"和"意见支配世界（即社会关系）"的二律背反。

19 世纪 20 年代法国复辟时代的历史学家基佐、梯叶里和米涅等，开始于法国唯物主义者止步的地方。法国革命的进程和结局使他们更加倾向于"环境万能"的思想，并开始从新的观点来观察环境，认为"政治宪法"和"政治制度"产生于"社会环境"，即"人们的公民生活"或"社会本身"，其中最重要的则是"财产关系"和基于财产关系的"社会中的不同的阶层及其相互关系"。政治结构生根于社会关系，而社会关系又取决于所有制的状况。依照普列汉诺夫的理解，这就等于默认了："为着解释某一国家的政治生活，……要一般地研究它的一切财产关系。"[1] 遗憾的是，当进一步讨论"所有制状况"和"财产关系"的起源时，他们又不得不求助于"人的本性"，一方面认为人的本性的发展由社会的需要来说明，另一方面又认为社会需要的发展由人的本性的发展来说明，不仅陷入了新的二律背反，而且事实上回避了问题本身。

以圣西门、傅立叶和欧文为代表的 19 世纪前半期的空想社会主义者，着力在历史中寻求"规律性"，而不是像法国唯物主义者那样把人类历史看成一系列的"偶然事件"；他们也没有像复辟时代的历史学家那样仅仅看到"财产关系"对于整个社会制度的基础性作用，而是进一步提问："为什么正是这些关系，而不是别的任何关系起这样重要的作用呢？"[2] 其答案是：财产关系由农业和工业等"实业"和"生产"决定，人们在财产关系中的不同地位取决于他们在实业和生产中的地位。这样，他们的分析就率先进到了"物质生产"的层面。尽管如此，他们最终还是没能摆脱法国唯物主义者的思路，而且比

---

① 《普列汉诺夫哲学著作选集》第 1 卷，三联书店 1959 年版，第 582～584 页。
② 《普列汉诺夫哲学著作选集》第 1 卷，三联书店 1959 年版，第 597 页。

后者更为彻底地坚持"意见决定环境"的一面，而很少看到"环境决定意见"的另一面。因为他们发现，要生产就必须有劳动工具，而劳动工具则决定于生产者的智慧和知识。所以，生产和实业的发展最终由人的智慧或知识的发展决定，知识的发展是历史运动的根本因素。他们还认为，人类智慧和知识的发展又体现着"人的本性"的发展，因此"人类的历史以人类的天性来解释"。可是，"从什么地方我们知道人的天性呢？从历史中。"① 这样，他们就重蹈了复辟时代的历史学家"人性决定历史"和"历史决定人性"的二律背反的覆辙。

同样是在 19 世纪前半期，以黑格尔为代表的德国唯心主义哲学家抛弃了人具有固定不变的本性的观点，拒绝从人的本性出发解释社会现象。他们把社会生活看成是有自己固有规律的必然过程，认为任何事物或早或晚、不可避免地会向自己的对立面转化。因此，没有永恒的东西，一切皆变。但在黑格尔那里，历史的规律性不过是"绝对理念"自身的辩证运动。无论是人还是社会关系，其本性都以之为依靠才存在的最后基础，就是"概念"或曰"理念"。特定民族的全部历史都是这理念的实现。每一个民族都在实现自己特殊的理念，而每一个民族的每一个特殊理念都是绝对理念发展中的一个阶段。因此，历史不过是逻辑的应用，说明某个历史时代，就等于指出它对应于绝对理念逻辑演进的哪一个阶段。普列汉诺夫指出：黑格尔的绝对理念"不是别的，就是我们本身的逻辑过程的人格化"。"将我们自己的思维过程人格化为绝对理念的形态，而在这个理念中找寻一切现象的解答，唯心主义这样便引导自己走入死巷。"②

黑格尔哲学受到青年黑格尔主义者的猛烈批判。鲍威尔兄弟认为，黑格尔的绝对理念既存在于时间和空间之外，也存在于人的头脑之外，不仅把人变成了完全消极被动的东西，而且它本身就是虚幻的。在历史中占统治地位的力量，不是什么绝对理念，而是人的"自我意识"，"理性"就是自我意识

---

① 《普列汉诺夫哲学著作选集》第 1 卷，三联书店 1959 年版，第 599 页。
② 《普列汉诺夫哲学著作选集》第 1 卷，三联书店 1959 年版，第 663、665 页。

的一种力量。没有绝对的理念，没有抽象的理性，只有人们的自我意识，只有有限的、永远变化着的人类理性。普列汉诺夫就此认为，把"人类理性"看成是世界历史的动力，用理性自身固有的内在属性来说明世界历史的发展，意味着把人的理性重新变成了某种绝对的东西，意味着黑格尔的"绝对理念"在新的形态下的复活，也同时意味着重新踏上了18世纪法国唯物主义者所走过的"意见支配世界"的老路。①

总之，在历史领域，马克思之前的思想家都毫无例外地陷入了"二律背反"，一系列无法解决的思想矛盾使他们最终都投向历史唯心主义的怀抱。只有马克思才从思想的自我矛盾中走出来，创立了历史唯物主义。

2. 马克思对唯心史观二律背反的超越

依普列汉诺夫之见，唯物主义在马克思这里获得了"再生"，但这种唯物主义决不是18世纪末法国唯物主义学说的简单重复，它"以唯心主义的一切成就丰富了自己"，其中最重要的，"是辩证的方法，是在现象的发展中，在现象的产生与消灭中来观察现象"，因而是一种"新的唯物主义"。②

鲍威尔兄弟认为，一切重大的历史冲突都不外是观念的冲突。马克思则认为，观念必须符合于"现实的经济利益"，只有理解经济利益，才会获得理解历史发展进程的钥匙。就物质利益而言，18世纪的法国唯物主义者也曾经用它来说明特定社会的特定状况，但这只是"意见支配世界这个公式的变形"③。因为在他们那里，人们的利益本身也依赖于他们的意见，并且随着这些意见的变化而变化。法国复辟时代的历史学家把"公民生活"和"财产关系"确认为整个社会制度的基础和根本，这一见解得到德国唯心主义哲学家事实上的认同，用普列汉诺夫的话说就是："黑格尔也被迫地承认'所有权状态'的决定的意义。"④ 马克思将之吸收进来并概括为："法的关系和国家的形式"均根源于"物质的生活关系"，其总和就是所谓的"市民社会"，对它

---

① 《普列汉诺夫哲学著作选集》第1卷，三联书店1959年版，第670~671页。
② 《普列汉诺夫哲学著作选集》第1卷，三联书店1959年版，第669页。
③ 《普列汉诺夫哲学著作选集》第1卷，三联书店1959年版，第675页。
④ 《普列汉诺夫哲学著作选集》第1卷，三联书店1959年版，第705页。

的解剖应当到"经济"中去寻找。

特定社会的经济又依赖于什么呢？复辟时代的历史学家和空想社会主义者，都直接地援引"人的本性"来解释。黑格尔则懂得解释人类历史运动的钥匙应当在人的本性之外去寻找，这是他的巨大功绩。尽管如此，由于他错误地在精神的属性中、在绝对理念之逻辑的发展规律中寻找人类历史运动的钥匙，所以又拐弯抹角地复归于人性的观点，因为"正如我们所已经知道的，绝对精神只不过是我们思维的逻辑过程的人格化"[1]。青年黑格尔派也没有克服这种错误，他们更是径直用"人"的"精神"和"意识"代替了黑格尔的"绝对理念"。与此相反，马克思"把人的天性看作是永远地改变着的历史运动的结果，其原因在人之外"。这是因为，随着生产资料和生产力的发展，人"必然要改变其全部生活式样，全部习惯，全部思想式样，全部'天性'"。[2]同时，如果说生产力是"人们对自然界的关系"，那么，生产关系就是生产中发生的"人对人的关系"或者说"人们的相互联系和关系"。只有在人们的这些社会联系和社会关系内部并通过这些联系和关系，才会产生人们对自然界的那些作用。因此，人的本性由生产力和生产关系共同决定。就生产关系与生产力的关系而言，生产力的状况对人们的生产关系和社会关系"有决定的影响"。[3]

总之，在马克思看来，"所有权的状况，以及跟着它，社会环境的全部性质……不是为绝对精神的属性，不是为人性的性质所决定的，决定它的是'在自己生活的生产的社会过程'中、即在争取生存的斗争中人们彼此之间必然发生的互相关系"[4]。这一天才发现给予唯心主义历史观以致命打击，并使马克思彻底从"环境"与"观念"，从"人性"与"历史"之间的二律背反中走出来。

3. 生产力一元决定论与经济唯物主义

俄国自由主义民粹派思想家米海洛夫斯基把马克思的历史观称为"经济

---

[1] 《普列汉诺夫哲学著作选集》第 1 卷，三联书店 1959 年版，第 705 页。
[2] 《普列汉诺夫哲学著作选集》第 1 卷，三联书店 1959 年版，第 676、677 页。
[3] 《普列汉诺夫哲学著作选集》第 1 卷，三联书店 1959 年版，第 679 页。
[4] 《普列汉诺夫哲学著作选集》第 1 卷，三联书店 1959 年版，第 705 页。

唯物主义"。对此，普列汉诺夫指出，第一，在任何一位民粹主义者看来，所谓的"经济唯物主义者"，就是"主张经济因素在社会生活中有支配意义的人"①。然而，认为经济"因素"在人类社会生活中起支配作用的人却不止马克思，他也从来没有称呼自己是经济唯物主义者。第二，"经济唯物主义"是一种"因素论"。人类社会在它那里就像"是一个重担，由一些不同的'力量'——道德、法律、经济等等——各自从它自己的方面沿着历史的道路拖曳着。"社会历史是各种因素共同作用的结果，各种因素都是推动历史向前发展的并列平行的力量。历史唯物主义则持不同的观点："历史的'因素'是一些纯粹抽象的东西，等到拨开了它们周围的云雾，事情便变得很明显，人们并没有创造出若干种不同的历史——法律史、道德史、哲学史等——，而是只创造了一种历史，他们自己的社会关系史；这些社会关系，乃是每个一定时期的生产力的状况所决定的。"② 第三，"经济唯物主义"还是一种"折中主义"。它只承认各种因素之间的"相互作用"，以为"他们借助于著名的'互相作用'可以对付得了任何问题"③。马克思则"坚持以一个原则来解释全部历史过程"，因而属于典型的"一元决定论"。马克思"新的历史理论的任务是在以……经济弦线——即在实际上是生产力的发展，来解释'社会生活的全部总和'。'弦线'——这只是在这个字的一定的意义上"④。

在此，普列汉诺夫把"经济"等同于"生产力"，认为经济的发展事实上就是生产力的发展。而在其他一些地方，他又严格地把经济和生产力区分开来。他讲："按新理论，人类的历史运动是由引导到经济关系变化的生产力的发展决定的。因此，任何历史研究的事业不得不从研究某一国度的生产力和经济关系的状态开始。"⑤ 他还说："经济本身亦是派生的东西，正如心理一样。正因为如此，任何进步着的社会的经济是变化着的：生产力的新的状态引起新的经济结构，同样引起新的心理、新的'时代精神'。从这里便可明

---

① 《普列汉诺夫哲学著作选集》第 2 卷，三联书店 1961 年版，第 260 页。
② 《普列汉诺夫哲学著作选集》第 2 卷，三联书店 1961 年版，第 294 页。
③ 《普列汉诺夫哲学著作选集》第 1 卷，三联书店 1959 年版，第 761 页。
④ 《普列汉诺夫哲学著作选集》第 1 卷，三联书店 1959 年版，第 570、760 页。
⑤ 《普列汉诺夫哲学著作选集》第 1 卷，三联书店 1959 年版，第 753～754 页。

白，只有在通俗的演说中才能说经济是一切社会现象的最初的原因。远在成
为最初原因之前，它本身是结果，是生产力的'功能'。"① 经济关系的变化
是由生产力的发展引起的，经济本身是从生产力的状况中派生出来的，可见
生产力不同于经济关系，历史唯物主义决不是什么"经济唯物主义"或"经
济决定论"，而是"生产力决定论"。

西方一些学者指责普列汉诺夫把历史唯物主义理解成了"工具—技术决
定论"②，其实不然。他曾明确指出："人对自然的生产作用的过程不仅需要
劳动工具。劳动工具只是为生产所必需的手段之一。因此更正确些，不说劳
动工具的发展，而是一般地说生产手段、生产力的发展，虽然完全无疑的，
在这个发展中最重要的作用正是属于或者至少至今曾是属于劳动工具的。"③
就是说，劳动工具的作用无论多么重要，也不过是生产资料的一个部分，是
物质生产得以进行和生产力得以形成的一个要素。因此，不能用劳动工具的
发展代替生产资料和生产力的发展，历史唯物主义是生产力一元决定论，而
不是劳动工具一元决定论。

二、"生产力一元决定论"的方法论反思

1. "归根到底"与发生学思维方式

虽然说，马克思以前的哲学在历史观上都陷入了"二律背反"即思想的
自我矛盾，但在普列汉诺夫看来，"有各种不同的矛盾"④。有些矛盾对人类
思想的发展毫无裨益，而另一些矛盾则是人类思想向前发展的动力。上述
马克思之前的历史观中的矛盾就属于后者，在这些矛盾的推动下，孕育并降
生了历史唯物主义。

马克思是如何从唯心史观的二律背反中走出来的呢？普列汉诺夫认为，

---

① 《普列汉诺夫哲学著作选集》第 1 卷，三联书店 1959 年版，第 716 页。
② 参见恩斯特·拉克劳、查特尔·墨菲：《领导权与社会主义的策略——走向激进民主政治》，
尹树广、鉴传今译，黑龙江人民出版社 2003 年版，第 23 页。
③ 《普列汉诺夫哲学著作选集》第 1 卷，三联书店 1959 年版，第 677 页。
④ 《普列汉诺夫哲学著作选集》第 1 卷，三联书店 1959 年版，第 575 页。

第一，在意见和环境之间存在着毋庸怀疑的相互作用。然而，"科学研究不能停留在承认这个互相作用上，因为互相作用远不能给我们解释社会现象。为着理解人类的历史，也就是说，一方面，人类意见的历史，另一方面，人类在其发展上所经历的那些社会关系的历史；应该要超越于互相作用的观点之上，如果可能的话，应该发现那决定社会环境发展和意见发展的因素"①。这就是说，停留于意见与环境的相互作用，所得到的充其量是一种现象层面的认识；要进到科学研究所追求的历史本质的层面，就必须超越意见与环境相互作用的观点；为此就需要找到第三种因素，它既不同于人类意见，也不同于社会环境；同时，它既决定着人类意见，也决定着社会环境。第二，18世纪的人们常常说，任何特定民族的"国家制度"都是受这个"民族的风俗"所制约的；也同样常常有人断言，特定民族的风俗受其国家制度的制约。但是，"假如国家制度预先要有那种道德风习，它才能影响它们，那么，显然，促使这些道德风习最初出现的就不是国家制度。对于道德风习，亦应该这样说，假如它们预先要有那种它们要加以影响的国家制度，那么，显然，国家制度就不是它们创造的。为了解脱这笔糊涂账，我们应该找到这样一个历史因素，它既产生这个民族之道德风习又产生它的国家制度，而且这样便产生它们的互相作用的可能"②。这就是说，从"创造与被创造"的关系来看，国家制度和民族的风俗相互作用的观点显然是混乱的，说民族的风俗创造了国家制度就不能同时说国家制度也创造了民族的风俗；反之亦然。要彻底摆脱这种混乱状态，也同样需要找到第三种因素，它既产生和创造了相互作用的两种因素，又产生和创造了它们相互作用的可能性本身。第三，推而广之，"互相作用无疑地存在于社会生活的一切方面之间"，这个观点虽然正确，但能够说明的东西却很少，包括"对互相作用着的力量的产生没有给予任何指明"③。只有对社会各种因素和力量的"产生"问题作出说明，才能从根本上超越相互作用的观点。折中主义的致命缺陷，就是满足于发现各种社会力量

---

① ② 《普列汉诺夫哲学著作选集》第 1 卷，三联书店 1959 年版，第 578 页。
③ 《普列汉诺夫哲学著作选集》第 1 卷，三联书店 1959 年版，第 577 ~ 578 页。

之间的相互作用，无法用相互作用来解释这些社会力量的"产生"或"起源"问题。①

从普列汉诺夫的这些论述来看，他显然看到了本质与现象之间的区别，并反复强调"不要停留在现象的表面上"，要对现象包括"社会现象"进行"科学的解释"和说明，以此获得对历史本质的认识。② 那么，本质究竟是什么？本质与现象之间又是一种什么样的关系呢？在他看来，首先，这是一种"决定"与"被决定"的单向关系，因而不同于相互作用的双向关系。其中，本质决定着现象，现象被本质所决定。其次，这是一种"创造与被创造"的单向关系，因而有别于相互作用的双向关系。其中，本质创造了现象，现象被本质所创造。本质对现象之所以具有"决定"作用，就是因为本质产生和创造了现象。最后，"本质"问题在本质上就是"产生"或"起源"问题，探索本质就是解决现象"从何处来"的问题，就是寻找和确认"时间"上"在先"的"本质"。本质之所以能够产生和创造现象，就是因为本质在时间上是最早的或最初的存在，没有本质就没有现象。这里，普列汉诺夫所采用的是一种典型的"发生学"思维方式，在他看来，正是凭着这种思维方式，马克思才实现了对唯心主义历史观的超越。

在谈到生产力的一元决定性作用时，普列汉诺夫讲："互相作用存在于诸民族的国际生活中，同样亦存在于其内部生活中；它是完全自然的和无条件必然的，可是本身说来，它还什么也不能解释。为了了解互相作用，应该弄清互相作用的力量的性质，而这个性质却不能在互相作用这个事实中找得最后的解释，尽管这些性质由于互相作用而发生了很大的变化。在此地，互相作用的力量的性质，彼此影响的社会有机体的属性归根到底是由我们已经知道的原因来说明的：即这些有机体的经济结构，而经济结构则为它们的生产力的状态决定的。"③ 生产力决定着相互作用着的各种社会力量的性质，决定着彼此影响着的各个社会机体的性质，因此，生产力对这些社会力量和社会

---

① 《普列汉诺夫哲学著作选集》第 3 卷，三联书店 1962 年版，第 195～196 页。
② 《普列汉诺夫哲学著作选集》第 1 卷，三联书店 1959 年版，第 711、696 页。
③ 《普列汉诺夫哲学著作选集》第 1 卷，三联书店 1959 年版，第 733 页。

机体具有"最后"的和"归根到底"的解释作用。

我们知道，无论恩格斯还是马克思本人，都从"归根到底"的意义上确认过生产力的一元决定性作用。马克思就讲："劳动主体所组成的共同体，以及以此共同体为基础的财产，归根到底归结为劳动主体的生产力发展的一定阶段，而和该阶段相适应的是劳动主体相互间的一定关系和他们对自然界的一定关系。"① 那么，"归根到底"或者说"最后"的含义究竟是什么呢？从普列汉诺夫的论述可以看出，"最后"的和"归根到底"的决定作用，指的就是"发生学"意义上的决定作用。生产力对社会存在和历史发展之所以具有一元决定性作用，就是因为生产力是时间上"最先"、"最早"的存在，其他社会因素和力量都是从生产力中"产生"出来的。认识和把握了生产力，就解决了社会各种因素和力量的"起源"问题，就科学地揭示了社会历史的本质和规律。普列汉诺夫认为，历史唯物主义强调政治必须适合于经济，社会心理和思想体系必须适合于经济和政治，这并不意味着否定了政治的意义，否定了社会心理和思想体系的意义，"马克思没有否认所有这些概念的意义；他只是阐明了它们的起源"②。所以，"历史决定论"所要回答和解决的，就是社会各种因素和力量的"起源"问题。

我们看到，普列汉诺夫无时无刻不在惦记和思考着"起源"问题，不仅追问"家庭的起源"，而且追问"财产的起源"和"所有权的起源"；不仅追问"国家的起源"，而且追问"法律的起源"和"艺术的起源"；最后，他还追问"社会环境的起源"和"人的起源"。这样，逼问各种事物的"起源"，梳理各种社会因素和力量之间的"先后关系"，就成为普列汉诺夫固定不变的思维方式，也构成其历史观的核心议题和中心任务。

问题是，能否把"决定论"等同于"起源论"？能否把"本质"与"现象"之间的关系归结为"本源"与"派生"的发生学关系？马克思是否借助于发生学思维方式才克服了唯心史观的二律背反？马克思是否在发生学意义

---

① 《马克思恩格斯全集》第 46 卷（上册），人民出版社 1979 年版，第 495～496 页。
② 《普列汉诺夫哲学著作选集》第 1 卷，三联书店 1959 年版，第 715 页。

上确立生产力之于社会历史的一元决定作用？发生学思维方式带给我们的将是什么样的历史构图呢？

2. "发生学"思维方式的根本缺陷

（1）"起点"处再追问：走向地理环境决定论。普列汉诺夫认为，在着手说明唯物主义历史观的时候，我们首先就会遇到"社会关系发展的真实原因究竟是什么"的问题。我们已经知道，决定社会关系的原因是经济。经济又是由什么决定的呢？在他看来，"马克思……把经济发展的全部问题归纳为这样一个问题，就是社会所支配的生产力的发展是由什么原因来决定"①。

然而，问题并没有就此结束。按照发生学思维方式，我们需要继续对作为社会历史"起点"、具有一元决定作用的生产力进行追问：生产力在创造和决定经济之前，它本身又被什么所创造和决定呢？普列汉诺夫的回答非常明确："这个问题的最后的解决方式首先就是指出地理环境的性质"，"地理环境的特性决定着生产力的发展，而生产力的发展则决定着经济关系以及随着经济关系之后的其他一切社会关系的发展"。②如果说，"生产力发展的程度决定着人对自然的统治的程度"，那么，正是自然界本身使人得到征服自然的手段。因为，"生产力发展本身是为环绕着人的地理环境的属性决定的"③。这样，普列汉诺夫就从"生产力决定论"转向"地理环境决定论"，并因此在马克思主义哲学发展史上招致诸多瓜葛和非议。

普列汉诺夫指出："制约着思维的运动的情况应该到法国启蒙派找寻过的地方去找。可是我们现在已经不再停留于那个他们所不能超越的'界限'上了。我们不仅说，人及其一切思想感觉是社会环境的产物；我们力图理解这个环境的起源。我们说，环境的属性是为某种在人之外的和至今不依赖于人的意志的原因所决定的。"④这个"处在人之外"并且决定着"社会环境"的属性的原因是什么呢？按照普列汉诺夫的逻辑，它"归根到底"是也只能是

---

① 《普列汉诺夫哲学著作选集》第3卷，三联书店1962年版，第163页。
② 《普列汉诺夫哲学著作选集》第3卷，三联书店1962年版，第163、165～166页。
③ 《普列汉诺夫哲学著作选集》第1卷，三联书店1959年版，第765页。
④ 《普列汉诺夫哲学著作选集》第1卷，三联书店1959年版，第738页。

不同于社会环境的地理环境，地理环境决定着社会环境，进而决定着人、决定着人的全部思想和情感。

从地理环境决定论出发，普列汉诺夫认为社会制度"归根到底"也是由地理环境决定的。他说："人不是孤单地和自然斗争的，用马克思的话说，和自然斗争的是社会人，即按其范围说或大或小的社会联合。社会人的属性在每一个特定的时间是为生产力发展的程度决定的，因为，整个社会联合的制度是取决于这些力量发展的程度。这样，归根到底，这个制度是由地理环境的属性决定的，它给予人们以发展他们的生产力的或大或小的可能。"不仅如此，地理环境还决定着国家的形式："地理环境对于更大的社会的命运，对于产生于原始氏族组织废墟之上的国家的命运所加予的决定的影响，不会更小。"①

（2）"现实"关系再追问：新的二律背反的建立。按照发生学思维方式，地理环境之于生产力、生产力之于经济、经济之于社会关系，仅仅在"起源"的意义上才具有决定性作用。问题是，这是否同样适合于"产生"以后的情况呢？地理环境之于生产力、生产力之于经济、经济之于社会关系的决定性作用在社会历史往后的发展中是否继续有效呢？

对此，普列汉诺夫在各个层面作了说明：第一，就生产力与生产关系而言，"财产关系在生产力发展到一定的阶段上形成以后，在相当时期内是帮助这种生产力进一步发展的，但是后来它又开始阻碍生产力的发展。这就告诉我们，虽然生产力的某种状态是引起某种生产关系，特别是财产关系的原因，可是这种生产关系一旦作为上述原因的结果而发生以后，它又从自己方面开始影响这种原因了。这样便发生了生产力和社会经济间的相互影响"②。第二，就生产力与社会关系而言，一旦"产生了一定的社会关系，它们的往后发展就按自己本身的内部规律进行，它们的作用，加速或阻滞生产力的发展，制约着人类的历史运动。人对地理环境的依赖从直接的变成间接的了。

---

① 《普列汉诺夫哲学著作选集》第 1 卷，三联书店 1959 年版，第 766、681 页。
② 《普列汉诺夫哲学著作选集》第 3 卷，三联书店 1962 年版，第 179 页。

地理环境经过社会环境影响于人。可是，因为这样，人对周围的地理环境的关系是非常变动不定的了。在生产力发展的每一个阶段上，这种关系都和以前不同。……现代辩证唯物主义这样地解决了 18 世纪启蒙学者无论如何也不能解决的矛盾"①。第三，就生产力与社会制度而言，"现在我们知道，生产力的发展归根到底决定着一切社会关系的发展，而决定生产力的发展的则是地理环境的性质。但是，某种社会关系一旦发生以后，它本身对于生产力的发展就给予很大的影响。这样，起初是结果的东西，现在又变成原因了；在生产力的发展和社会制度之间发生了相互影响，这种相互影响在不同的时代带着各种不同的样式"②。普列汉诺夫讲得很清楚，只是在"起源"处，地理环境对生产力，生产力对生产关系、社会关系和社会制度的决定作用才成立。生产关系、社会关系和社会制度一旦产生，它们与生产力之间就形成一种"相互作用"的关系，这种相互作用又使得地理环境只能间接地作用于社会环境。生产关系、社会关系和社会制度对生产力的作用表现为：它们具有自身独特的发展规律，它们对生产力的发展起着促进或阻碍作用。依循同样的思路，普列汉诺夫解释了经济基础与观念上层建筑之间的关系："在经济的基础上面既然长成了社会关系、感情和概念的整个上层建筑，而且这个上层建筑起初也是帮助经济的发展，后来又是阻碍经济的发展的，那么，上层建筑和基础之间也就发生相互影响，这种相互影响可以拿来解释一切骤然看来似乎是跟历史唯物主义基本原理相矛盾的现象。"③

这样，按照普列汉诺夫的解释，如果说马克思超越了历史唯心主义的二律背反，那么这种超越只是在"起源"的意义上才是成立的。就社会历史在往后的发展中的各种现实关系和情况而言，普列汉诺夫的阐释又把历史唯物主义推向"生产力决定生产关系"和"生产关系决定生产力"等新的二律背反。

（3）"现实"关系再追问：同义反复与逻辑混乱。普列汉诺夫对发生学思维方式和地理环境决定论的种种偏弊并非毫无察觉，为避免之，他曾经尝

---

① 《普列汉诺夫哲学著作选集》第 1 卷，三联书店 1959 年版，第 766 页。
② 《普列汉诺夫哲学著作选集》第 3 卷，三联书店 1962 年版，第 167 页。
③ 《普列汉诺夫哲学著作选集》第 3 卷，三联书店 1962 年版，第 179～180 页。

试着立足于物质生产和生产力本身来解决社会历史的发展问题。他说："劳动工具既然成为生产的对象，那么制造它的可能性以及制造的完美程度的大小，完全取决用以制造的劳动工具。这是不用任何解释，对任何人都明白的。"① 实际上，制造劳动工具的能力和水平取决于多种因素，而不仅仅甚至不主要取决于既有的生产工具。因此，就社会存在和历史发展的具体关系而言，生产工具决定生产工具是一种片面的认识。他还说："每个特定的民族，在其历史的每一个特定的阶段上，其生产力之往后的发展是为我们所观察的时期的生产力的状态所决定的。"② 如果说这是对社会历史的本质和规律的概括，那么，生产力决定生产力就是一种毫无意义的同义反复。因为，作为社会历史的基础和动力的"生产力"本身就是一种抽象，并不存在另外一种具有决定性作用的生产力。

发生学思维方式使普列汉诺夫在一些具体问题上存在严重的逻辑混乱。例如他讲："据马克思的意见，地理环境是通过在一定地方、在一定生产力的基础上发生的生产关系来影响人的，而生产力发展的头一项条件就是这种地理环境的特性。"③ 没有生产关系的中介，地理环境就不起作用；而生产力是生产关系的基础，地理环境又是生产力发展的第一个条件。普列汉诺夫对地理环境、生产力、生产关系之间的本质关系的概括实在令人费解！

3. 马克思对"发生学"思维方式的批驳

由上可见，凭借发生学思维方式，并不足以确立历史唯物主义的生产力一元决定论。事实上，早在写作《1844 年经济学哲学手稿》时，马克思就对发生学思维方式作过有力批驳。他说："现在对单个人讲讲亚里士多德已经说过的下面这句话，当然是容易的：你是你父亲和你母亲所生；这就是说，在你身上，两个人的交媾即人的类行为生产了人。这样，你看到，人的肉体的存在也要归功于人。因此，你应该不是仅仅注意一个方面即无限的过程，由于这个过程你会进一步发问：谁生出了我的父亲？谁生出了他的祖父？等等。

① 《普列汉诺夫哲学著作选集》第 1 卷，三联书店 1959 年版，第 683 页。
② 《普列汉诺夫哲学著作选集》第 1 卷，三联书店 1959 年版，第 685 页。
③ 《普列汉诺夫哲学著作选集》第 3 卷，三联书店 1962 年版，第 170 页。

你还应该紧紧盯住这个无限过程中的那个可以通过感觉直观的循环运动，由于这个运动，人通过生儿育女使自身重复出现，因而人始终是主体。"①马克思关注和强调的，是"子为父母生"的运动，而不是"子为父所生"的过程。前者是一种有限的循环，后者则是一种无限的绵延；人的主体地位在前者得到彰显和确认，在后者则终究会被遮蔽和抽象掉。究其原因，恰恰在于后者所采用的是一种发生学思维方式，这种思维方式所关注的那个无限过程会驱使我们不断进行追问，直到我们提出"谁生出了第一个人和整个自然界"这样的问题。但是，生出"第一个人"的肯定不是"人"，同理，生出"整个自然界"的也肯定不是"自然界"。在马克思看来，这种"问题本身就是抽象的产物"。因为，既然提出自然界和人的"产生"和"创造"问题，也就把人和自然界抽象掉了。"你设定它们是不存在的，你却希望我向你证明它们是存在的。"所以，"放弃你的抽象，你也就会放弃你的问题，或者，你想坚持自己的抽象，你就要贯彻到底，如果你设想人和自然界是不存在的，那么你就要设想你自己也是不存在的，因为你自己也是自然界和人"②。对"无限后退式"的发生学思维方式的批判，尽管仍显得过于思辨和抽象，但它表明马克思已经处于思维方式的转型期。通过对"不断向前式"的现实运动的思考和探索，在《德意志意识形态》中，马克思创立了"本质抽象"的科学方法并建构起历史唯物主义的理论大厦。

三、在"本质抽象"与"现象具体"之间

1. "本质抽象"与"线性决定"

社会由人组成，历史是人的活动的产物。因此，人始终是社会存在和历史发展的"主体"。普列汉诺夫指出：如果"以为'经济'唯物主义者（此处是借经济唯物主义之名阐释历史唯物主义之实。下同。——引者）只应该说到'生产与交换形式的自己发展'"，似乎"生产形式能够'自己'发展起

---

① 《马克思恩格斯全集》第 3 卷，人民出版社 2002 年版，第 309～310 页。
② 《马克思恩格斯全集》第 3 卷，人民出版社 2002 年版，第 310 页。

来"，那就大错特错了。"什么是社会的生产关系呢？这就是人们之间的关系。没有人们，它怎样能够发展呢？试想，哪里没有人，哪儿亦就没有生产关系。""把人物和社会生活规律，人们的活动——他们共同生活的内部逻辑对立"起来，是"荒谬"的。① 生产关系和生产形式不会"自己"或"自动"发展起来，没有人和人的活动，就不会有生产关系和生产形式，就不会有社会历史规律。

同时又必须看到，只有对人的活动、对人的活动的各种构成要素、对活动的人所处其中的各种社会关系进行科学抽象，才能揭示和把握它们的共同本质和发展规律。以此来看，无论是"生产力"和"生产关系"还是"经济基础"和"上层建筑"，也无论是"经济"、"政治"和"文化"还是"阶级"和"阶级斗争"，它们都是一种本质抽象。

正是借助于科学抽象，社会历史在我们面前才既不再是康德意义上的"杂多"，也不再是黑格尔意义上的"无规定"，而是得到本质性规整和规律性把握。区别仅在于，施行科学抽象、把握本质和规律，既可以选择不同的角度，也可以选择不同的层面。以此来看，"生产力"和"生产关系"的抽象不同于"经济基础"和"上层建筑"的抽象，"经济"、"政治"和"文化"的抽象又不同于"阶级"和"阶级斗争"的抽象。与此相联系，"经济规律"不同于"政治规律"，"政治规律"又不同于"文化规律"。正如普列汉诺夫所说的："说到在人类思想的发展中，或者确切些，在人类的概念和表象的结合中有自己的特殊的规律，这点据我们所知，'经济'唯物主义者之中是没有一个人加以否认的。他们之中谁也没有，例如将商品流通的规律和逻辑的规律同一化。可是这派唯物主义者之中谁也不以为可以在思维的规律中找到人类智慧发展的最后原因、基本推动者。"② 思想发展有其自身的特殊规律，逻辑规律就不同于经济发展的规律如商品流通规律。此外，不同时代的

---

① 《普列汉诺夫哲学著作选集》第 1 卷，三联书店 1959 年版，第 759～760 页。在这一问题上，普列汉诺夫有自相矛盾之嫌。因为，他不仅反对从"人的本性"出发解释历史，而且认为历史运动的原因"在人之外"。参见《普列汉诺夫哲学著作选集》第 1 卷，三联书店 1959 年版，第 676 页。

② 《普列汉诺夫哲学著作选集》第 1 卷，三联书店 1959 年版，第 737 页。

思想之间存在的"'做'与……'相反的东西'",即"反其道而行之"的做法也是思想发展的独特规律。① 所以，绝不能用一种本质抽象排斥和取代另一种本质抽象，也不能用一种规律排斥和取代另一种规律。

当然，不同规律、不同本质抽象之间的关系是极为复杂的。例如："什么是阶级的互相关系呢？这首先就是人们在社会生产过程中彼此之间的关系：生产关系。这些关系在社会的政治组织中和在各阶级的政治斗争中得到自己的表现，而这个斗争成为各种政治理论的产生和发展的推动。在经济基础上必然地建筑着适应于它的意识形态的上层建筑。"② 在此，阶级和阶级斗争不仅与生产关系、经济基础和上层建筑纠结在一起，而且与经济、政治和文化纠结在一起。下列说法或许不无道理：无论是生产力和生产关系，还是经济、政治和文化，都是一种立足于"客体"的本质抽象，而阶级和阶级斗争则是一种立足于"主体"的本质抽象。

在历史唯物主义理论体系中，生产力决定生产关系，经济基础决定上层建筑，总之，生产力一元决定论，可以说是在"社会形态"层面的一种本质抽象。较之于其他层面——如"经济的社会形态"或"政治的社会形态"或"文化的社会形态"——的本质抽象，它所处的层次最高，抽象的程度也最大。只要提升到社会形态的高度，就必然存在生产力对生产关系、经济基础对上层建筑的单向决定关系。也只有立足于社会形态的层面，生产力的一元决定论才是成立的。

普列汉诺夫认为，并不存在经济与政治之间的"相互作用"，或者即使承认这种相互作用，我们对社会生活的分析也不能就此止步。这在本质抽象的意义上无疑是非常正确的。但失之偏颇的是，他又认为在经济与政治之间存在"作用"与"反作用"的关系，"政治制度影响于经济生活。它们或者促进这个生活的发展，或者阻碍它"③。其实，作用与反作用无非就是一种相互

---

① 《普列汉诺夫哲学著作选集》第 1 卷，三联书店 1959 年版，第 733～735 页。

② 《普列汉诺夫哲学著作选集》第 1 卷，三联书店 1959 年版，第 721 页。

③ 《普列汉诺夫哲学著作选集》第 1 卷，三联书店 1959 年版，第 713 页。传统教科书体系对"经济"与"政治"之间的辩证关系的阐释与此是完全一致的。

作用，而在本质抽象的意义上，只存在生产力的一元决定，不存在所谓的多元决定；只存在从经济到政治再到文化的"线性决定"，不存在所谓的"相互决定"；只存在政治必须适合于经济发展的要求，不存在经济必须适合于政治发展的要求。

普列汉诺夫还指出："我们说过，如果知道了社会的生产力——知道了它的经济结构，因而亦就知道了它的心理。根据这点，可以把这样的思想加在我们头上，即从特定的社会的经济状况出发就可以确切地断定它的思想的结构。可是，这不是这样的，因为每个特定时代的思想体系永远是和前一时代的思想体系有密切的——肯定的或否定的——联系。"① 这就说明，经济决定文化的规律只是社会形态层面的规律，只是揭示了特定社会形态的两个组成部分即经济与文化之间的本质联系，它既没有穷尽经济本身也没有穷尽文化本身的所有本质内涵和发展规律。"这类例子充满于人类思想史上，而所有这些例子证明一件事：为着理解每一个特定的批判时代的'智慧状态'，为着解释，为什么在这一时代中正是这些学说，而不是另一些学说胜利着，应该预先认识前一时代的智慧状态；应该知道，哪些学说和学派曾在当时统治过。如果没有这一点，则不管我们怎样好地通晓它的经济，也完全不能理解特定时代的智慧状态的。"②

作为本质抽象，生产力的一元决定作用，需要借助于人的抽象思维能力才能理解和把握；但是，它本身又决不是人的头脑的虚构，而是一种现实的存在。其中，具有决定性作用的生产力是一个"总的结果"，生产关系对生产力的适应、上层建筑对经济基础的适应，则是一种"总的趋势"。马克思就曾明示，在整个资本主义生产中，总的说来，"一般规律"是"作为一种占统治地位的趋势"而存在的。既然是总的"结果"和"趋势"，生产力一元决定规律就决不是"预成"的，而是在人的历史活动中不断地"生成"的；生产力一元决定论，也决不是什么先验的"目的论"，而是对历史发展进程的一种

① 《普列汉诺夫哲学著作选集》第 1 卷，三联书店 1959 年版，第 740 页。
② 《普列汉诺夫哲学著作选集》第 1 卷，三联书店 1959 年版，第 735 页。

"事后"的总结和概括。就其具体内容而言，在生产力与生产关系、经济基础与上层建筑之间，只存在"逻辑上"的先后关系，而不存在"时间上"的先后关系；经济与政治、政治与文化之间的"决定"与"被决定"的关系，也只是"逻辑学"意义上的因果关系，而不是"发生学"意义上的因果关系。因为，在任何一种"社会形态"中，很难说在时间上是先有经济，随后出现与之相适应的政治，最后才是文化的登场。实际上，作为本质抽象，经济、政治和文化之间的单向决定关系，不过是构成特定社会形态的"总体关系"，也是对这种总体关系的"总"的"思维把握"。在这一点上，当普列汉诺夫讲"经济统治着政治，生产力的发展……先于人民的政治发展"① 的时候，其错误是显而易见的。

正是因为生产力的一元决定规律是社会形态层面的规律，只有在"长时段"的历史发展中才能形成并显现出来，所以对于历史当事人来说，它往往作为一种"盲目的必然性"② 而发挥作用。正像马克思在谈到商品价值规律时所说的："在这种生产方式下，规则只能作为没有规则性的盲目起作用的平均数规律来为自己开辟道路。"从商品生产和交换的当事人方面看，"他们没有意识到这一点，但是他们这样做了"③。只有经过长期艰苦卓绝的科学研究，历史规律才能为我们的认识所把握，从而转化为人的"自觉行为"。

2. "现象具体"与"相互作用"

本质皆是抽象的，现象则总是具体的。从现象具体来看，不存在"生产力"，只存在它的各种要素，如劳动者、劳动资料和劳动对象；不存在"生产关系"，只存在它的各种要素，如劳动条件的所有权和劳动产品的分配权；不存在"经济"、"政治"和"文化"，只存在各种经济要素、政治要素和文化要素。必须把生产力和它的各种要素区别开来，否则，就会把生产力看成是某种"具体"存在，从而将之"实体化"。本质抽象有各种不同的层面和角度，现象具体也有各种不同的层面和角度。我们可以把人的活动按其本质划

① 《普列汉诺夫哲学著作选集》第1卷，三联书店1959年版，第714页。
② 《资本论》第3卷，人民出版社2004年版，第941页。
③ 《资本论》第1卷，人民出版社2004年版，第91、123页。

分为"经济活动"、"政治活动"和"文化活动",但这并不意味着现实的某个(具体)人的活动不能兼具经济、政治和文化的意义。我们可以把人的关系按其本质划分为"经济关系"、"政治关系"和"文化关系",但这并不意味着现实的某个(具体)人不能同时处在经济的、政治的和文化的关系之中。

如果说,经济、政治和文化之间在本质抽象层面是一种"线性决定"关系,那么在现象具体层面则是它们的各种要素之间在多个层面展开的、极为复杂的"相互作用"关系。经济要素与政治要素之间会发生相互作用,不同的经济要素之间和不同的政治要素之间也会发生相互作用。因此,"在社会生活中,正如在一切地方一样,我们碰到的是过程,而不是个别的现象,结果反过来成为原因,而原因成了结果"①。普列汉诺夫不仅全面考察了在历史发展过程中所发生的"相互作用"的关系,而且从这种相互作用出发理解和说明历史发展的复杂性和多样性。从国际关系来看,"因为差不多每个社会都受到其邻近社会的影响,所以可以说,对于每一个社会都有一定的影响其发展的社会的历史的环境。每个特定的社会从其邻近的社会方面所受到的影响的总和是永远也不会等于另一个社会在同时所受到的影响的总和。因此,任何社会都有自己的特殊的历史环境,这个历史环境也许——而实际上亦时常有过——和其他民族的历史环境很相类似,可是永远也不会和永远也不能和它完全一样。这给社会发展的过程加上异常有力的多样性的因素,而这个社会发展的过程,从我们以前的抽象的观点上看来原是极端刻板的"。例如:在本质抽象层面,"我们说:生产力的发展引导到私有财产的出现,原始共产主义的消逝";而在现象具体层面,"我们应该说:产生于原始共产主义废墟上的私有财产的性质,由于每个特定的社会之周围的历史环境的影响而大不相同"。② 由于特定社会周围的历史环境自然也会影响该社会的"意识形态"的发展,从而在一定程度上"能够削弱意识形态的发展对于社会经济结构的依赖性"。所以,"当……我们有着彼此异常有力地互相影响着的诸社会的整个

---

① 《普列汉诺夫哲学著作选集》第 1 卷,三联书店 1959 年版,第 611 页。
② 《普列汉诺夫哲学著作选集》第 1 卷,三联书店 1959 年版,第 728~729 页。

体系时，这时候，这些社会中的每一个的意识形态的发展是复杂化起来了，正如它的经济发展在与别的国家不断的商业交换的影响下复杂化起来一样"。① 可见，尽管从本质抽象层面看，文化必须适应于政治、政治必须适应于经济，然而从现象具体层面看，"这种适应是一个复杂的过程"②。生产力的一元决定作用是简单的，而其具体表现形式和实现方式则是复杂的和多样的。

以此来看，如果说政治对经济具有促进或者阻碍的所谓"反作用"，那么，这种反作用所处的层面是也只能是现象具体，在实质上从属于政治要素与经济要素之间的"相互作用"，因而同处于本质抽象层面的"决定作用"有质的区别。从现象具体来看，"特定的政治体系之被创造起来就是为着促进生产力的往前发展"；而历史经验表明，"既然特定的政治体系不再适合于生产力的状态，既然它变成了生产力往前发展的障碍，那么它便开始走向没落，最后，被排除掉"。③ 这种作用与反作用的关系在本质抽象的层面看，就是经济对政治的单向决定规律，就是生产力的一元决定规律。

所以，生产力的一元决定作用、经济对政治和文化的线性决定作用与各种经济、政治和文化要素之间发生的相互作用，并不是在时间和空间上彼此分离的两个过程，而是同一历史发展过程中的两个不同的层面或方面。在人的历史活动中，在各种经济、政治和文化要素的相互作用中，生产力的一元决定作用作为一种总的趋势得以形成和确立。在时间上，生产力决定作用的形成相对地要晚于各种具体要素的相互作用的展开，因此，各种要素的相互作用对于生产力的一元决定作用具有"发生学"意义的优先性。没有现象具体层面各种要素的相互作用，就不会有本质抽象层面生产力的一元决定作用。但是，生产力的一元决定作用对于各种具体要素的存在和发展又具有"解释学"意义上的优先性。因为，只有借助于生产力的一元决定作用，我们才能对各种要素的存在和发展给予"社会形态"高度的理解和说明。就各种具体要素之间的相互作用而言，用"发生学"意义上的因果关系加以考察就会发

---

① 《普列汉诺夫哲学著作选集》第 1 卷，三联书店 1959 年版，第 729、731 页。
② 《普列汉诺夫哲学著作选集》第 1 卷，三联书店 1959 年版，第 760 页。
③ 《普列汉诺夫哲学著作选集》第 1 卷，三联书店 1959 年版，第 713～714 页。

现，不仅某种经济要素的存在和发展可以在时间上先于政治要素的存在和发展，而且反过来某种政治要素的存在和发展（如政治变革）也可以在时间上先于经济要素的存在和发展（如经济增长），由此便形成经济要素与政治要素之间作用与反作用的关系。

普列汉诺夫承认生产力的一元决定作用，但却否认经济对政治和文化的单向决定作用。他一方面讲：在马克思那里，"社会经济和它的心理乃是人们的'生活的生产'、他们争取生存的斗争的同一现象的两方面，在生产中人们由于生产力的特定状态而一定地结合着"。另一方面又讲："我们说：社会经济和社会心理乃是同一现象的两个方面，而马克思本人则说，经济是现实的基础，其上建筑着意识形态的上层建筑。"[①] 他显然意识到了自己与马克思之间的矛盾，却又无力解决这种矛盾，原因就在于他不理解，经济对政治和文化的单向决定作用并不排斥经济、政治和文化的各种要素之间的相互作用，因为这是两个不同层面的问题，不能混为一谈。

从具体要素的相互作用来看，其中充满了随机性、偶然性和不确定性，这就为人的能动作用的发挥奠定了基础。因此，必然性从偶然性中产生，历史的规律性本身就包含着人的主体能动性。马克思在谈到商品交换和流通时指出："事实上，这个领域是一个竞争的领域，就每一个别情况来看，在这个领域中是偶然性占统治地位。因此，在这个领域中，通过这些偶然性来为自己开辟道路并调节着这些偶然性的内部规律，只有在对这些偶然性进行大量概括的基础上才能看到。因此，对单个的生产当事人本身来说，这种内部规律仍然是看不出来，不能理解的。"[②] 就商品交换作为无数具体的个别行为而言，是偶然性占据统治地位。但正是在这种偶然的和随机的交换行为中，商品交换和流通的一般规律得以确立和形成。就商品流通的一般规律而言，交换和生产的当事人是难以理解的，他们所能"意识到"的仅仅是"当下"的交换行为。所以，单从总体趋势和必然性来看，人们的个别行为和具体关系

---

① 《普列汉诺夫哲学著作选集》第 1 卷，三联书店 1959 年版，第 716、719 页。

② 《资本论》第 3 卷，人民出版社 2004 年版，第 938 页。

显得"虚幻不实";反之,单从偶然性和随机作用来看,历史发展的一般本质和规律则同样显得"虚幻不实"。实际上,无论是作为本质抽象的一般规律,还是作为现象具体的个别行为,都具有"客观性",都是一种"事实"。区别在于,前者属于"超验事实"或"本质事实",后者则属于"经验事实"或"现象事实"。

社会历史越是靠近本质抽象的层面,就越是处于"线性决定"之中;越是靠近社会形态层面的本质抽象,生产力的一元决定作用就越是明显,人的能动性的空间就越小,甚至不再有能动性。与此相反,社会历史越是朝着现象具体的层面延伸,就越是处于"相互作用"之中;越是朝着个体行为层面的现象具体延伸,人的能动性的空间就越大,生产力的一元决定作用就越是微弱,甚至不再起任何作用。这是因为,越是具体的人和事,就越是具有多重身份和意义,难以用某种单一而固化的标准进行考量;就越是处于多种关系和矛盾之中,难以用某种线性而僵死的框架加以裁衡。故此,"小尺度"事件总显得千奇百怪,往往是"大尺度"规律所难以解释或解释不了的。生产力一元决定论,凸现的是也仅仅是生产力在社会形态层面的历史发展规律意义上的"重要性",它既不排斥在其他层面和其他意义上其他具体要素的重要性,更不排斥"人"之于社会存在和历史发展的重要性。

由是可知,如果说地理环境曾经对历史发展起过决定作用,那么,它与生产力的一元决定作用并非两种不同的作用,而是同一种作用在历史发展不同层面的存在。从现象具体层面来看是地理环境的决定作用,在本质抽象层面来看就是物质生产和生产力的决定作用。这是因为,历史越是向前追溯,自然要素、地理环境对于物质生产的作用就越大,在生产力的形成和发展中就越是居于支配地位,地理环境的决定作用不过是生产力的一元决定作用在历史早期的一种独特表现形式。因此,地理环境的决定作用并不排斥生产力的一元决定作用,外在于生产力的地理环境,对历史发展来说等于"无",离开生产力决定作用的地理环境的决定作用也是"无"。

总体而言,普列汉诺夫认识到,一元决定作用与相互作用是两个不同层面的问题,既"不能停留在抽象的论点上",仅仅承认生产力的一元决定作用，也不能像折中主义者那样陷在相互作用中不能自拔，以为"他们借助于著名的'相互作用'可以对付得了任何问题"①。普列汉诺夫没有把"相互作用"与"一元决定作用"简单地对立起来，用历史发展在一个层面的关系去排斥和否定在另一个层面的关系。但问题是，普列汉诺夫对一元决定作用与相互作用所处的两个不同层面之间的关系的理解是错误的。他虽然已经看到，一元决定作用是一种"本质关系"，而相互作用则是一种"现象关系"；却没能弄明白，生产力一元决定作用的"总趋势"正是在相互作用的具体过程中形成的，因而是历史发展的同一过程的两个方面。他错误地把它们分割为两个不同"阶段"，在"起源"的意义上理解一元决定作用，相互作用则被置于事后用以解释历史往后发展的情况。这样，本质抽象与现象具体的关系就成了"本源"与"派生"的关系，生产力的一元决定作用就成了"历时性"的"起源决定"，而不是"共时性"的"趋势决定"，本质抽象之于现象具体就具有"发生学"而不是"逻辑学"意义上的先在性。

3. 生产力一元决定论的方法论意义

马克思曾讲：新历史观"充其量不过是从对人类历史发展的考察中抽象出来的最一般的结果的概括"，它是理论研究的"结果"，而不是出发点；其作用在于也仅仅在于，"对整理历史资料提供某些方便，指出历史资料的各个层次的顺序"；"这些抽象本身"不能离开现实的历史，否则"就没有任何价值"；它们也"绝不提供可以适用于各个历史时代的药方或公式"，否则就不是科学抽象，而是"关于意识的空话"。② 马克思对历史唯物主义作用的阐释是极为谨慎的。这是因为，本质离不开现象，抽象离不开具体，历史规律离不开人的现实历史活动。生产力的一元决定作用并没有固定不变的模式，它在不同的历史发展阶段上、在不同国家和民族中的实现方式和表现形式都不尽相同。如果满足于生产力一元决定的一般结论，就不会理解任何一个国家和民族的具体历史发展进程。马克思像在《资本论》及其手稿中对资本主义

---

① 《普列汉诺夫哲学著作选集》第 1 卷，三联书店 1959 年版，第 736、761 页。
② 《马克思恩格斯选集》第 1 卷，人民出版社 1995 年版，第 73～74 页。

生产方式的解剖那样，通过对具体国家和民族的具体历史过程的实证或经验研究来具体展示和说明生产力的一元决定作用。① 在此意义上，辩证地看待本质抽象与现象具体之间的关系，就绝不能用本质层面的研究排斥和否定具体层面的研究，绝不能用生产力一元决定论排斥和否定其他历史理论。

但同时，也绝不能以各种具体层面的研究排斥和否定历史唯物主义。因为，历史唯物主义的生产力一元决定论，毕竟为我们提供了理解社会历史总的发展进程的宏观框架，借助于这一框架，我们获得了对审视和评价具体历史人物和事件极为重要的"历史大视野"。回望人类走过的路，生产力的向前发展是不能违背的"总趋势"，是历史进步的客观要求，虽然它并不总是每个具体人物的自觉目的，也不总是每个具体事件的自觉目标。正因为如此，是顺应和促进生产力发展，还是阻碍和破坏它的发展，不仅决定着不同人物和事件的历史命运，而且决定着不同国家和民族的历史命运。生产力一元决定论作为一种"解释范式"，虽然不普遍适用于小尺度事件，但对于理解和把握大尺度事件则是不可或缺的。

值得深思的是，历史唯物主义的命运多舛，生产力一元决定论、经济对政治和文化的线性决定论承受着愈来愈多的质疑和挑战。

在英国史学家霍布斯鲍姆看来，作为"历史唯物主义最僵化的拥护者"，普列汉诺夫所说的"决定论"立场并不存在，"自从一开始，历史唯物主义就不是经济决定论：历史上并非所有的非经济现象都可以从具体经济现象中追溯其来源，并且，在这个意义上，具体的历史事件和历史日期是无法确定的"②。美国的戴维·哈维则认为，生产力决定论、经济决定论在当代受到赞赏"差异"和"非中心化"的后现代思维方式的挑战，包含了各种新社会运动的"新左派"放弃了对于作为一种分析范式的历史唯物主义的信任，从而"宣告了历史唯物主义的危机"③。而无论是卢卡奇的"具体总体"理论，阿

---

① 参见王峰明：《〈资本论〉与历史唯物主义微观基础》，载于《马克思主义研究》2011 年第 11 期。

② 埃里克·霍布斯鲍姆：《史学家——历史神话的终结者》，马俊亚、郭英剑译，上海人民出版社 2002 年版，第 187 页。

③ 戴维·哈维：《后现代的状况——对文化变迁之缘起的探究》，阎嘉译，商务印书馆 2003 年版，第 438~441 页。

尔都塞的"多元决定"理论，还是哈贝马斯的"社会一体化"理论，都不过是为了把历史唯物主义从这种所谓的"危机"中拯救出来所做的各种努力，尽管这些努力的姿态和称谓各不相同，它们或者是一种"重写"，或者是一种"保卫"，或者是一种"重建"。

问题是，这些旨在超越"一元"和"线性"决定论甚至是超越"决定论"本身的理论蓝图，都毫无例外地在"实体"的意义上理解"生产力"，把生产力与它的具体要素混为一谈；都自觉不自觉地割断了"本质抽象"与"现象具体"之间的辩证关系，落入非此即彼思维方式的窠臼，其拯救历史唯物主义的最终成效也可想而知。在谈到马克思的异化理论时，海德格尔指出："因为马克思在体会到异化的时候深入到历史的本质性的一度中去了，所以马克思主义关于历史的观点比其余的历史学优越。但因为胡塞尔没有，据我看来萨特也没有在存在中认识到历史事物的本质性，所以现象学没有、存在主义也没有达到这样的一度中，在此一度中才有可能有资格和马克思主义交谈。"① 历史唯物主义的过人之处就在于，它深入到了历史的本质和规律的层面，而不是像存在主义和现象学那样停留在历史的表层。海德格尔的这一评价用于"异化"理论未免有些牵强，但与马克思的下列观点却不谋而合："如果事物的表现形式和事物的本质会直接合而为一，一切科学就都成为多余的了。"透过现象把握本质和规律，乃是一切科学研究的根本宗旨和任务，而规律所指的便是两个"表面上"互相矛盾的事物之间的"内在的和必然的联系"②。不仅"规律的实现"会由于各种各样的情况而有所变化③，而且在各种中介环节和中介过程的作用下，本质和规律往往以各种"颠倒的形式"表现出来④，由此决定，对本质和规律的认识同一切以表面现象为根据的经验往往是矛盾的。我们既不能像古典经济学那样，在面对具体的经济现象时，"简单地和直接地用一般的经济规律来说明这种现象"⑤，也不能像庸俗经济学那

---

① 孙周兴选编：《海德格尔选集》（上），上海三联书店1996年版，第383页。
② 《资本论》第3卷，人民出版社2004年版，第250、925页。
③ 《资本论》第1卷，人民出版社2004年版，第742页。
④ 《资本论》第3卷，人民出版社2004年版，第250页。
⑤ 《马克思恩格斯全集》第47卷，人民出版社1979年版，第405页。

样，完全无视经济规律的作用，"抓住了现象的外表来反对现象的规律"①。

【参考文献】

[1] 彼得·甘西：《反思财产：从古代到革命时代》，陈高华译，北京大学出版社 2011 年版。

[2] 彼得·什托姆普卡：《社会变迁的社会学》，林聚任等译，北京大学出版社 2011 年版。

[3] 陈先达：《走向历史的深处：马克思历史观研究》，中国人民大学出版社 2006 年版。

[4] 戴维·麦克莱伦：《马克思以后的马克思主义》，李智译，中国人民大学出版社 2004 年版。

[5] 佩里·安德森：《从古代到封建主义的过渡》，郭方、刘健译，上海人民出版社 2001 年版。

[6] 汤姆·洛克莫尔：《历史唯物主义：哈贝马斯的重建》，孟丹译，北京师范大学出版社 2009 年版。

（原文发表于《马克思主义研究》2012 年第 10 期）

---

① 《资本论》第 1 卷，人民出版社 2004 年版，第 356 页。

三、"科学技术是第一生产力"论断研究

论科学技术是第一生产力

杨春学 *

邓小平同志在 1988 年提出了"科学技术是第一生产力"的著名论断，这是对马克思主义政治经济学的一个重大发展。经过各界人士和学者们从各个方面不断地深入理解和证明，这一论断已经转化成为一个具有强烈时代感的重要科学命题。

这一论断的关键在于：既然是一种"论断"、一种科学命题，我们就必须对它所强调的"第一"给予切题的说明，给出历史的证明和理论化的解释。因此，本文的安排如下。第一部分通过文本分析，证明为什么说"科学技术是第一生产力"的论断是对马克思主义政治经济学有关论述的重大发展。第二部分强调邓小平同志提出这一论断的国情因素。虽然这一论断是基于科学、技术对社会经济发展影响的最新趋势而提出的，但最终的意图却是要为中国"科教兴国"战略提供一座思想基础。第三部分将分析科学、技术与经济之间日益密切的互动发展过程的重大趋势，强调"科学是技术之母"的特征日益突出，但更重要的是科学与技术研究已经发展成为一种相对独立的知识生产体系。相应地，科学技术成为一种相对独立的生产力形态。这是"科学技术是第一生产力"命题立论的最重要基础。第四部分将分析这种体系所生产出来的新知识是如何决定着生产力的各种构成要素及其组合的质变，这种质变包括社会分工的拓展和新产业的涌现。第五部分以美国的经济增长核算作为一个案例，证明科学与技术的进步是当代经济增长最重要的源泉。但是，它们对经济增长率的贡献会随着技术进步的速度变化而变化。之所以选择美国的案例，是因为"二战"以来，美国是科学、技术和产业革命的主导者，最

---

* 杨春学：首都经济贸易大学经济学院教授。

具有代表性。第六部分力图结合产业革命史来说明社会的繁荣和文明的演化依赖于科学与技术的重大进步，并借助信息技术革命从根本上改变着人类自身的生产方式、生活方式和社会面貌，强调科学技术的重大进步似乎已经成为当代文明演化的最重要推动力。

一、思想源泉

把科学技术视为生产力是马克思主义政治经济学一贯的重要观点。马克思在《资本论》中明确指出，"劳动生产力是由多种情况决定的，其中包括：工人的平均熟练程度，科学的发展水平和它在工艺上应用的程度，生产过程的社会结合，生产资料的规模和效能，以及自然条件"①。也就是说，"科学的发展水平和它在工艺上应用的程度"是决定劳动生产力的一个重要因素。并且，"劳动生产力是随着科学和技术的不断进步而不断发展的"②。根据对工业革命的观察和分析，马克思进一步指出，"随着大工业的发展，现实财富的创造较少地取决于劳动时间和已耗费的劳动量，较多地取决于在劳动时间内所运用的动因的力量，而这种动因本身……却取决于一般的科学水平和技术进步，或者说取决于科学在生产上的运用"③。这种运用表现为借此而创造出来的机器、运输设备、通信等生产工具和设施。正是在这种意义上，科学通过物化的生产工具和设施，成为一种"物化的智力"、一种"直接的生产力"④。

那么，科学是否只有被物化后才能成为一种生产力呢？马克思在《资本论》中有"科学作为一种独立的生产能力"或"科学作为独立的力量"

---

① 《马克思恩格斯全集》第 23 卷，人民出版社 1972 年版，第 53 页。
② 《马克思恩格斯全集》第 23 卷，人民出版社 1972 年版，第 664 页。
③ 《马克思恩格斯全集》第 46 卷（下册），人民出版社 1979 年版，第 217 页。
④ 整段话的原文是："自然并没有创造出任何机器、机车、铁路、电报、自动棉纺机等等。它们都是人类工业的产物、自然的物质转变为由人类意志驾驭自然或人类在自然界里活动的器官。它们是由人类的手创造的人类头脑底器官，都是物化的智力。固定资本的发展表明：一般的社会知识学问，已经在多么大的程度上变成了直接的生产力，从而社会生活过程底条件本身已经在多大的程度上被生产出来，不但在知识形态上，而且作为社会实践的直接器官，作为实际生产过程底直接器官被生产出来。"参见：《马克思恩格斯全集》第 46 卷（下册），人民出版社 1979 年版，第 219～220 页。

的提法①，在《经济学手稿》（1861—1863 年）中结合劳动分工与协作的讨论时也说"科学的力量也是不费资本家分文的另一种生产力。"②。如何正确地理解这种表述？马克思曾直接把科学，尤其是自然科学归于精神产品的生产领域。"科学，作为社会发展的一般精神产品……表现为社会劳动本身的自然力。"③ 作为精神产品的科学知识，存在于科学家乃至工程技术人员的大脑之中。虽然它不具有独立存在的物质形式，只是一种潜在的物质生产力，我们不妨称之为"知识生产力"。科学不仅被运用而成为一种技术时是生产力，而且它作为一种理论知识形态存在时也是生产力，一种精神生产力。④

通过对科学在相对剩余价值生产过程作用的具体而细致的分析，马克思得出的一个基本结论是："只有资本主义生产方式才第一次使自然科学为直接的生产过程服务，同时，生产的发展反过来又为从理论上征服自然提供了手段。科学获得的使命是：成为生产财富的手段，成为致富的手段。"⑤ 在这种生产方式中，"资本的趋势是赋予生产以科学的性质，而直接劳动则被贬低为只是生产过程的一个要素"⑥。

新中国成立以来，党和国家领导人一贯重视马克思主义的科学技术思想，并努力把它付诸行动。例如，周恩来同志就对科学技术有若干重要论述，诸如"科学是关系我们的国防、经济和文化各方面的有决定性的因素"，"只有掌握了最先进的科学，我们才能有巩固的国防，才能有强大的先进的经济力量"⑦，

---

① 原文是："大工业则把科学作为一种独立的生产能力与劳动分离开来，并迫使它为资本服务"，"随着科学作为独立的力量被并入劳动过程而使劳动过程的智力与劳动相异化"。参见：《马克思恩格斯全集》第 23 卷，人民出版社 1972 年版，第 400、708 页。

② 《马克思恩格斯全集》第 46 卷（下册），人民出版社 1979 年版，第 553 页。

③ 《马克思恩格斯全集》第 48 卷，人民出版社 1985 年版，第 41 页。

④ 有些学者不同意这种解读，认为以上马克思的这些话丝毫不包含着科学本身就是一种独立的生产力的意思。但是，马克思曾明确地把生产力分为物质生产力和精神生产力两种类型，他指出，"货币作为发达的生产要素，只能存在于雇佣劳动存在的地方；因此，只能存在于这样的地方，在那里，货币不但决不使社会形式瓦解，反而是社会形式发展的条件和发展一切生产力即物质生产力和精神生产力的主动轮"。参见：《马克思恩格斯全集》第 46 卷（下册），人民出版社 1979 年版，第 173 页。

⑤ 《马克思恩格斯全集》第 47 卷，人民出版社 1979 年版，第 570 页。

⑥ 《马克思恩格斯全集》第 46 卷（下册），人民出版社 1979 年版，第 211 页。

⑦ 《周恩来选集》下卷，人民出版社 1984 年版，第 181～182 页。

"要实现农业现代化、工业现代化、国防现代化和科学技术现代化，把我们祖国建设成为一个社会主义强国，关键在于实现科学技术的现代化"①。1956年，党中央和国务院提出"向科学进军"。这是党和国家大力发展科学技术的第一声号角，并编制了《1956～1967年科学技术发展远景规划纲要》。

　　不幸的是，改革开放之前，政策方面出现了一些偏差。特别是在十年"文革"中，"四人帮"推行蒙昧主义和愚民政策，鼓吹"知识越多越反动"的谬论，知识分子被当作反动的社会力量，科学技术和教育事业遭到严重的破坏，舆论界甚至大力批判所谓"唯生产力论"。在这种特殊的历史背景下，邓小平在1975年9月26日听取中国科学院工作汇报时仍然坚定地指出，"科学技术叫生产力，科技人员就是劳动者!"② 为此，他还遭到猛烈的批判，被视为是严重违背马克思主义的错误言论。

　　改革开放前夕，针对历史上一度存在的轻视知识和知识分子的错误政策和观念的教训，邓小平在1977年就特别指出，"一定要在党内造成一种空气：尊重知识，尊重人才。要反对不尊重知识分子的错误思想"③。在1978年的全国科学大会开幕式上的讲话中，邓小平重申了上述观点，即科学技术是生产力，知识分子是劳动者的重要组成部分，还具体说道，"现代科学技术正经历着一场伟大的革命……同样数量的劳动力，在同样的劳动时间里，可以生产出比过去多几倍、几十倍、几百倍的产品。社会生产力有这样巨大的发展，劳动生产率有这样大幅度的提高，靠的是什么? 最主要靠的是科学的力量，技术的力量"④。社会主义建设需要一大批科技人才，而"科学技术人才的培养，基础在教育"⑤。

　　1988年9月5日，邓小平在会见捷克斯洛伐克前总统胡萨克时第一次提出，"马克思说过，科学技术是生产力，事实证明这话讲得很对。依我看，科

---

① 《周恩来选集》下卷，人民出版社1984年版，第412页。
② 《邓小平文选》第二卷，人民出版社1983年版，第34页。
③ 《邓小平文选》第二卷，人民出版社1983年版，第41页。
④ 《邓小平文选》第二卷，人民出版社1983年版，第84页。
⑤ 《邓小平文选》第二卷，人民出版社1983年版，第95页。

学技术是第一生产力"①。这是基于对当代世界发展趋势的观察、思考和分析后得出的一个重要结论,把对科学技术重要性的认识上升到了一个新的高度。之后,他还多次重申这一观点。例如,在 1992 年的南方谈话中,他说,"经济发展得快一点,必须依靠科技和教育。我说科学技术是第一生产力……高科技领域的一个突破,带来一批产业的发展。……要倡导科学,靠科学才有希望"②。这是对马克思"社会的劳动生产力,首先是科学的力量"③ 等观点的直接发展,更是一个基于当代科学技术和经济发展的最新趋势而提出的科学命题,并不是适用于一切时代的命题(于光远,1991;魏宏森、肖广岭,1994)④。

二、"科教兴国"的理论基础

"科学技术是第一生产力"这一科学命题的提出,最终意图在于为中国"科教兴国"战略提供理论依据。在现代世界,国家之间的竞争归根到底是科学技术实力的竞争。科学技术水平是决定一国的综合实力进而决定其国际地位的核心力量。

---

① 《邓小平文选》第三卷,人民出版社 1983 年版,第 274 页。
② 《邓小平文选》第三卷,人民出版社 1993 年版,第 377~378 页。
③ 《马克思恩格斯全集》第 46 卷(下册),人民出版社 1979 年版,第 217 页。
④ 按照于光远(1991)的理解,"'科学技术是第一生产力'是一个重要的科学命题,……是一个现代的命题。它不适用于社会发展的一切时期是显而易见的。……如果'科学技术是生产力'是十九世纪马克思提出的适合第一次产业革命后世界现实的概念,那么,'科学技术是第一生产力'则是二十世纪下半期邓小平提出的适合于当代新的产业革命后世界现实的概念"。另:西方马克思主义学者哈贝马斯(1999)曾提出和讨论过这一命题。他把这一规律表述为科学→技术→生产。国内有学者注意到哈贝马斯的这一研究(景中强,2009;任日皃,1999)。也有研究者力图对邓小平和哈贝马斯在这一问题上的观点进行比较分析(汤德生、江丽,2009)。哈贝马斯在 1968 年发表的这一长文中提出科学技术是第一生产力的观点。按照他的解释,"科学研究与技术之间的相互依赖关系日益密切,这种相互关系使科学成了第一位的生产力"(哈贝马斯,1999)。又说"随着大规模的工业研究,科学、技术及其运用结成了一个体系。……于是,技术与科学便成了第一位的生产力"。他对科学技术是第一生产力的解释,是与科学技术是社会经济体系中的"一种独立变数""一种独立的剩余价值来源""一种意识形态"这三个命题结合在一起的,旨在对资本主义进行"社会批判"。我们可以不同意哈贝马斯的总体观点,但是可以利用他的某些具体观点和表述来丰富对邓小平在这一问题上的思想。与哈贝马斯不同,邓小平提出这一观点是基于中国的国情。对此,他有明确的表达:"科学技术是第一生产力。我们的根本问题就是要坚持社会主义的信念,发展生产力,改善人民生活,……否则,不可能很好地坚持社会主义。"参见:《邓小平文选》第三卷,人民出版社 1993 年版,第 274 页。

早在 1978 年的全国科学大会开幕式上的讲话中,邓小平就强调说,"四个现代化,关键是科学技术的现代化。没有现代科学技术,就不可能建设现代农业、现代工业、现代国防。没有科学技术的高速发展,也就不可能有国民经济的高速发展"①。1988 年,又言"中国必须发展自己的高科技,在世界高科技领域占有一席之地。如果六十年代以来中国没有原子弹、氢弹,没有发射卫星,中国就不能叫有重要影响的大国,就没有现在这样的国际地位。这些东西反映一个民族文化能力,也是一个民族、一个国家兴旺发达的标志"②。在这里,邓小平明确地把"科学技术是第一生产力"的命题提升到了国家战略的高度。

是时,虽然中国改革开放已经十年,经济也获得了较快的增长,但是各种体制(包括科研、教育体制)还有待深入的改革,用以解放和发展社会生产力。人们在不断地深入思考国家和民族的前途问题。1987 年,党的十三大报告开始使用"中华民族伟大复兴"的命题。这种复兴自然离不开对科学技术和教育的重视。20 世纪 80 年代,以信息技术、生物技术、新材料等为核心的新技术革命浪潮有力地影响着世界生产力的发展,深刻地改变着人类的创造力。发达国家纷纷出台科技发展计划,把这些领域列为国家发展战略的重要组成部分。1983 年,美国提出"战略防御倡议"(星球大战计划)。1985 年4 月,西欧提出"尤里卡计划"。1985 年 10 月,原经互会成员国提出《至2000 年科学技术进步综合纲要》。针对少数几个领域,中国于 1986 年启动《国家高技术研究发展计划》(又称"863 计划"),1988 年提出"火炬计划",重新吹响向高科技领域进军的号角。

"科学技术是第一生产力"的命题提出之后,社会各界出现了学习和解读这一命题的高潮,热烈讨论如何根据国情把科学技术转化为现实生产力的一系列复杂问题。这类讨论既有理论层面问题的争论,也包括实践层面的问题(《自然辩证法研究》编辑部,1991;《经济研究》编辑部,1991;乔占春,

---

① 《邓小平文选》第二卷,人民出版社 1983 年版,第 83 页。
② 《邓小平文选》第三卷,人民出版社 1993 年版,第 279 页。

1992；吴向红、刘大椿，1992；何敬之，1994）。把经济建设转移到依靠科技进步和提高劳动者素质的轨道上来，成为全社会的共识。1995 年 5 月 6 日颁布的《中共中央、国务院关于加速科学技术进步的决定》明确指出"科学技术是第一生产力，是经济和社会发展的首要推动力量，是国家强盛的决定性因素"，首次提出在全国实施科教兴国战略。在同年随后召开的全国科学技术大会上，江泽民指出，"科教兴国，是指全面落实科学技术是第一生产力的思想，坚持教育为本，把科技和教育摆在经济、社会发展的重要位置，增强国家的科技实力及实现生产力转化的能力，提高全民族的科技文化素质"[1]。因此，"科学技术是第一生产力"的命题是与尊重、重视科技研究和教育工作者的思想有机地结合在一起的，意在强调科技研究和教育工作者在发展社会生产力进程中的首要地位。

由此，中国拉开了"科教兴国"的广泛改革序幕。要实现"科教兴国"的目标，需要进行一系列的重大改革。一方面，要改革科研和教育体制，激发科技和教育工作者的创新精神。另一方面，要解决科技研究与经济发展之间的有机结合问题。这一战略提出之后，政府相继提出和实施"973 计划""攀登计划"、科技型中小企业技术创新基金等一系列科技发展方案。1999 年的全国科技创新大会提出，进一步实施科技兴国战略，建设国家创新知识体系，加快科技成果转化为现实的生产力。2006 年，全国科技大会提出要建设创新型国家，发布《国家中长期科学与技术发展规划纲要（2006—2020）》。胡锦涛同志在大会上强调，"科技竞争成为国际综合国力竞争的焦点。当今时代，谁在知识和科技创新方面占据优势，谁就能够在发展上掌握主动"[2]。习近平总书记在 2020 年科学家座谈会上强调，科技创新是"引领发展的第一动力"[3]。

---

[1]　江泽民：《论科学技术》，中央文献出版社 2001 年版，第 51 页。

[2]　胡锦涛：《坚持走中国特色自主创新道路　为建设创新型国家而努力奋斗》，载于《光明日报》2006 年 1 月 11 日。

[3]　《习近平在科学家座谈会上的讲话》，载于《人民日报》2020 年 9 月 11 日。

在"科教兴国"战略的实施过程中，中国科学技术和教育事业获得了巨大的发展，经济发展的质量也得到持续的提高。

三、科学技术：一种相对独立的生产力形态

这是"科学技术是第一生产力"命题所强调的第一个重要观点。这也是科学技术在现代发展中逐渐呈现出来的发展规律，是对马克思"精神生产力"概念在理论上的发展，我们不妨称之为知识生产力论。

从生产力发展的历史来看，科学技术并非历来就是一种独立的生产力因素。它成为一种独立的生产力因素是生产力现代化的产物（罗宗，1991）。若要阐明其中所包含的生产力发展规律，我们必须学习邓小平同志的思考方式，即：虽然也用"科学技术"这个组合词，但在具体的分析和表达过程中，要明确区分科学与技术这两个概念。[1] 邓小平指出，"现代科学为生产技术的进步开辟道路，决定它的发展方向。许多新的生产工具，新的工艺，首先在科学实验室里被创造出来。一系列新兴的工业、半导体工业、宇航员工业、激光工业等，都是建立在新兴科学基础上的。当然，不论现在或许今后，还会有许多理论研究，暂时人们还看不到它的应用前景。但是，大量的历史事实已经说明：理论研究一旦获得重生突破，迟早会给生产和技术带来极其巨大的进步"[2]。

这种思想是对现代科学技术发展趋势的一种简明总结。特别是第三次产业革命以来，科学、技术与生产（经济）之间的关系发生了根本性的转变。

第一个重大趋势是，科学与技术之间的关系日益密切。而且，在这种关系中，科学越来越成为技术创新的先导，呈现出科学、技术超前于生产的发展趋势[3]，可表示为科学→技术→生产。

---

[1] "科学技术"是一个复合概念。科学与技术既有区别又有内在的关系，是一个辩证的统一体，是先进生产力的重要标志。科学是反映事物规律的自然知识、社会知识和思维知识的理论体系；技术是科学在生产中的运用，表现为方法、经验、工艺和能力等。

[2] 《邓小平文选》第二卷，人民出版社1983年版，第87页。

[3] 有研究者从科学革命（S）、技术革命（T）和产业革命（I）这三者之间的关系来研究这一问题，结论是：这三者的时间排序为 S→T→I（魏宏森、肖广岭，1994）。

在第一次工业革命中，科学理论与技术之间的关系尚比较疏远，大多数重要的发明基本上是受商业前景的驱动，且这类发明创造主要是基于"干中学"所积累起来的经验知识，瓦特发明的蒸汽机也不例外（芒图，1991；奇波拉，1988）。第二次工业革命改变了这种情形。在这次革命中，科学研究与技术应用开始真正结合起来，逐渐发展成为一种相互反馈的密切关系。不过，研究开发仍然主要是基于商业利益的考虑，技术对科学的运用是以解决生产过程中的技术问题为导向的。

科学成为技术的先导，即用新的科学理论指导技术创新，并运用于生产过程，是第三次产业革命以来才表现得非常明显的重大趋势。这在知识和技术密集型的高新技术产业中获得了最突出的表现。例如，先有量子力学，后有激光、晶体管、电子计算机等重大技术创新；先有核物理学，后有核技术、核工程；等等。特别突出的一个重要事实是：没有基础性科学理论研究的重大突破，就不可能有技术的重大突破。[1] 在这种意义上，如果说技术是科学的运用，那么最重要的是科学，或者说科学发挥最重要的作用。这正是邓小平强调科学是技术之母的重要理由。自然地，这种趋势不是单向度的，还存在着反向的运动：生产过程中涌现来的问题，对现有技术提出挑战，进而促进科学研究来解决这些问题，即生产→技术→科学。

因此，科学技术不仅仅是改造和渗透其他生产力要素的因素（虽然这是它们表现为生产力的重要形态），并且越来越成为一种相对独立的力量。如果我们把科学技术仅仅视为一种渗透性的因素，那我们就是仅仅从物质生产力的角度看待问题。这种看待问题的方式难以解释如下类型的问题：诸如核能、新材料之类的新物质当然离不开自然界提供的物质基础，但是，在这类新物质中源于自然界的成分越来越少，其力量和质量却越来越高。这类事实也充分显示出科学技术作为一种相对独立的生产力形态的发展。

---

[1] 作为一个典型案例，我们可以援引量子力学理论与信息技术发展之间的关系。20世纪初，物理学家曾激烈地争论是否存在量子力学这一理论，且这种争论在之后也没有消失。正是在这种争论中，量子力学理论获得重大突破，被称为科学上的"量子革命"，成为信息技术领域一系列重大突破的理论基石。它孕育出的激光、半导体、核能、芯片等关键核心技术，推动了光通信、电子计算机、手机、互联网等改变人类文明进程的重大应用。

　　第二个重大的趋势是，科学和技术研究从发现、发明到运用于生产过程（即转化为经济力量）的速度越来越快，科学、技术和生产一体化成为一种主流的趋势。

　　这种趋势源于第二次产业革命后期出现的"科学工业"现象，并在第三次产业革命获得充分的展现。对推动第二次工业革命做出杰出贡献的西门子、克虏伯、爱迪生、贝尔等一批重要人物都是集科学家、工程师身份于一身。这意味着"科学工业"时代的来临，其标志是企业自己组织研究开发部门，或与其他研究机构合作进行研究开发。作为"科学工业"时代的代表，最典型的是美国 AT&T 公司的贝尔实验室。它培养出了一批杰出的科学家，获得 8 项（13 人）诺贝尔奖。它也孕育了激光、晶体管、电子计算机、数字交换机、视频传递、通信卫星等一大批重大的技术突破。在硅谷出现之前，贝尔实验室被称为美国知识分子的天堂，是世界上最具有创新力的科研机构。无数的企业家把自己的公司植根于这一实验室的基础性发明。格特纳（2016）这样评论说："在现代生活中，处处都有贝尔实验室科技贡献的痕迹。要找到一处没有显现任何贝尔实验室 DNA 的地方绝非易事，晶体管、激光、质量控制法和信息技术广泛运用于计算机、通信设备、医疗手术器具、工厂制造方法、数码摄像、国防武器等一系列的工业设备和工序当中，所涉及的领域太多，几乎难以一一赘述。"

　　在第三次产业革命中，作为企业的重要组成部分，"科学工业"体制成为一种普遍的现象。这种体制使科学研究、技术开发与生产有机地结合为一体，成为科学和技术研究从发现、发明到运用于生产过程的加速器。就整个世界的情形而言，科学技术进步的成果物化为产品的速度，已经从 18 世纪的 70 年以上、19 世纪的 14～70 年、20 世纪上半叶的 20 年以下，缩短为 20 世纪 50 年代以来的 20 年以下（魏宏森、肖广岭，1994）。

　　第三个重大的趋势是，科学与技术研究越来越发展成为一种相对独立的知识生产体系。

　　人类知识库存量的增长（即新知识的获得）来源于何处？在当代世界中，它基本上是来源于科学技术研究和技术创新活动。

20 世纪以来，这种知识的生产活动已经越来越制度化。在这种知识生产体系中，直接的组织者是以学会为代表的学术界。它们举办各种学术会议，提供交流研究进展以及传播新知识的平台。生产者是以科研机构和大学为主体的部门，其成果主要以论文和著作的形式面世。出资者基本上是政府和企业。它们也是新技术的主要运用者。在这种知识生产体系中，还有一套鼓励科技研究和成果转化的知识产权制度安排。

如果我们对生产者进行进一步的分类，可分为纯粹科学研究者和应用科学研究者。这二者之间存在着显著的区别。按照贝尔实验室的创始人卡悌（2016）的解释，这两种研究活动的区别不在于其研究的主题，而在于其研究的动机：应用科学研究者的动机是以某种具体的运用为问题导向，而纯粹的科学家则是出于哲学的目的，即发现真理，拓展人类知识的疆界。卡悌强调说，纯粹的科学家是"人类文明进步的护航者"。

我们强调现代生产力的上述发展趋势，强调科学技术作为一种相对独立形态的生产力的存在和发展，并不意味着现代社会生产力的发展是完全按照科学技术的内在逻辑来展开的。技术进步的方向在很大程度上取决于社会资本的投资方向。更何况，科学技术研究并不是孤立进行的一种活动。它是建立在现有物质基础和社会条件下的知识生产，必然要受到现有的经济条件、政策和制度的选择等因素的影响。

四、科学技术：现代生产力要素及其组合质变的决定性因素

这是"科学技术是第一生产力"所强调的第二个重要观点。用江泽民同志的话来说，"科学技术人员是新的生产力的开拓者"①。

现代生产力是一种复杂的、存在不同层级的有机系统。若想清晰地阐述和证明科学技术在其中的确切角色，我们必须注意下述三个方面的问题。首先，要区分生产力的直接构成因素与影响生产力发挥的因素。顾名思义，生产力是人类征服、改造、保护自然的能力，一种旨在改善和提高人类生活水

---

① 江泽民：《在中国科协第四次全国代表大会上的讲话》，载于《人民日报》1991 年 5 月 24 日。

平的生产能力。我们不能把构成生产力（productive powers，productive forces）的各种力量因素与生产要素（production factor）及其他影响生产力发挥的因素混为一谈。马克思非常明确指出，决定劳动生产力的因素包括劳动者技能的平均熟练程度、科学的发展水平和它在工艺上应用的程度、生产过程的社会结合、生产资料的规模和效能等。① 在这里，马克思不是简单地列举生产资料，而是特指"生产资料的规模和效能"。根据现代生产力的发展情形，我们可以增添一个重要的生产力构成因素，即管理。至于影响生产力发挥的因素则更为复杂，涉及不同层面的因素，包括经济学意义上的劳动、资本、土地等生产要素（即传统政治经济学用语中的劳动资料和劳动对象）、企业制度、国家政策等。它们本身并不直接构成生产力因素。若不对生产力因素和生产过程的生产要素这两大类因素做出明确的区分，那么对"科学技术是第一生产力"的解释和证明，就容易陷入认识上的误区。② 其次，在构成生产力的诸种力量之中，识别科学技术的确切位置和功能。第三，重视马克思所说的"生产过程的社会结合"这一决定生产力的因素。这一因素实质上所强调的是社会专业化分工和协作所形成的社会生产力。对"科学技术是第一生产力"的微观解读和证明，必须基于对上述三个问题的分析而做出综合性的判断。

第一，科学技术的进步必将会直接改造其他生产力构成要素的质量和类型，从而形成新的社会生产力。

科学技术的进步，一是通过教育和培训，拓展和更新劳动者的知识和技能，从而提高人力资本的质量；二是通过物化为生产工具的质量改进或创造出新型的生产工具，从而提高生产能力；三是改进生产工艺或发明新的工艺，从而提高生产效率。如果进一步考虑管理对新的科学技术之运用，我们就会

---

① 《马克思恩格斯全集》第 23 卷，人民出版社 1972 年版，第 53 页。

② 在讨论科学技术是第一生产力的文献中，通常把这两类因素混为一谈，是一种相对普遍的现象。最典型的说法是所谓"生产力三要素"论，认为生产力包括劳动者、劳动工具、劳动对象，如陶承德（1992）。在更细致分析的文献中，也存在这种混乱。例如，有学者把生产力因素分为实体性因素和非实体性因素（或称软体因素）。前者包括劳动者、劳动工具、劳动对象，后者包括科学技术、信息、管理等，并把科学技术视为非实体性的附着型因素，如罗宗（1991）、王淼洋和周林东（1994）。

看到熊彼特意义上的"创新"的力量，即生产要素的重新组合所产生的生产力。在这里，所谓"科学"要做广义的理解，包括为管理所提供的各种科学知识、方法和手段。

第二，科学技术的进步必将直接改进生产要素的质量，扩大劳动对象的类型，从而提高生产的效率。

科学技术的进步和运用，一方面科学揭示了自然物体的内部结构、性能与变化规律，并通过技术手段改变劳动对象的物理、化学或生物的属性，改进原有材料的质量或生产出新型的材料，从而提高产品的质量或发明新的产品。另一方面，通过改善经济体的基础设施（诸如交通、通信等），提高各种生产力因素和生产要素的效率。

第三，现代科学技术的重大进步会推动新产业的不断涌现，形成新的专业化分工与协作，从而提高社会生产力的合力。

这正是马克思论及劳动生产力的决定因素时强调的"生产过程的社会结合"，即分工与协作。分工与协作是一种生产的社会形式。在马克思看来，这也是一种社会生产力。这种"社会的生产力……既是科学的力量，又是在生产过程内部联合起来的社会力量"（中共中央党校哲学教研室，1991）。决定一个经济体中专业化分工和协作程度的两大因素，一是市场规模，二是科学技术的进步程度。在这两类因素中，科学技术的进步是原动力，而市场规模则是这种进步所可能带来的社会分工细化得以实现的基础。这两大因素合力的结果，实质上也是熊彼特所说的"创造性破坏"过程的一个重要侧面：新产业的不断涌现与旧产业的衰退。以信息技术革命的软件产业为例，我国对软件产业的子行业分类从 1994 年的四类细化为 2011 年的八类。1994 年的四类是公共软件、基础软件、应用软件和其他软件服务，而 2011 年则细分为基础软件、支撑软件、应用软件、嵌入式软件、信息安全软件、计算机（应用）系统、工业软件和其他软件的开发与经营活动。

综上所述，在现代生产力的结构和系统中，科学与技术是最重要的因素。

它们是现代生产力发展的加速器和乘数。① 这种观点是否会削弱作为真正的行动者——人在生产力系统中的主体地位？不会的。邓小平早在 1978 年就解释说，"我们常说，人是生产力最活跃的因素。这里讲的人，是指有一定的科学知识、生产经验和劳动技能来使用生产工具、实现物质资料生产的人"②。

五、科学技术进步：现代经济增长的最重要源泉

这是"科学技术是第一生产力"所包含的第三个重要观点。③ 增长核算可以为它提供一种可量化的重要证明。这种核算是经济学把经济增长的贡献分摊在资本、劳动和广义技术进步这三大类要素的一种方法。它可以采用柯布—道格拉斯生产函数来表示：

$$Y = AK^{\alpha}L^{\beta}$$

核算公式如下：

$$\Delta Y/Y = \alpha(\Delta K/K) + \beta(\Delta L/L) + \Delta A/A$$

其中，A 表示广义的技术进步，$\Delta A/A$ 表示技术进步速率。这种生产函数假定，对于一个给定的 A，函数中 K 和 L 的规模报酬不变。然而，如果技术进步被视为一种独立的投入，就会出现规模报酬递增。例如，增加两倍的资本、劳动和知识存量投入，会得到多于两倍的产出。这种核算假设每种要素在市场上获得其边际产量，估算出两个参数值 α 和 β。例如，在美国，这两个参数值大约分别是 0.3 和 0.7。可以根据这两个数值再计算出资本和劳动在总产值中的份额。超出这些份额的部分归之于 A，可以把它粗略地解释为是 A

① 这是龚育之先生提出的一个非常有创意而且有影响力的观点，即生产力 = 科学技术 ×（劳动者 + 劳动资料 + 劳动对象）。科学技术是一个乘子。科学技术的发展体现为这个乘子变大。在这种意义上，科学技术充当着"第一"的角色（龚育之，1991）。遗憾的是，在这里，他把劳动者、劳动资料、劳动对象视为所谓生产力的三个实物要素。

② 《邓小平文选》第二卷，人民出版社 1983 年版，第 88 页。

③ 在科学技术是第一生产力命题的研究中，也有学者提及这一观点，并试图提供数据的证明。但是，我们对他们提供的数据存疑问。例如，魏宏森和肖广岭（1994）提供这类数据时是这样表述的：据世界有关组织统计和测算，本世纪（指 20 世纪）30 年代以前，技术进步对经济增长的贡献，只有 5% ~ 20%，但到 50 年代以后这一贡献值则上到 50% ~ 80%，有些产业部门（如电子工业）则高达 90% 以上。作者既未说明这些数据的具体出处，也没有说明是哪个世界组织和测算方法。其他文献也有类似的引用。

带来的规模报酬递增收益。$\Delta A / A$ 被称为索洛剩余,被视为代表全要素生产率,是对技术进步的贡献的度量。

这里以美国增长核算作为案例进行一些解释。表 1 所列的是 Mankiw（2015）所进行的核算结果。

表 1   1948 ~ 2013 年美国的增长源泉

年份	产出增长 $\Delta Y/Y$	资本 $\alpha(\Delta K/K)$	劳动 $\beta(\Delta L/L)$	全要素生产率 $\Delta A/A$
		年平均增长率		
1948 ~ 2013	3.5	1.3	1.0	1.2
1948 ~ 1972	4.1	1.3	0.9	1.8
1972 ~ 1995	3.3	1.4	1.4	0.5
1995 ~ 2013	2.9	1.1	0.6	1.1

从表 1 中我们可以发现,1948 ~ 1972 年间,在资本、劳动和技术进步这三个增长源泉中,技术进步对美国经济增长率的贡献最大,约为 44%。然而,1972 ~ 1995 年间,技术进步的贡献却远远小于资本和劳动的贡献,只相当于 15%。1995 ~ 2013 年间,技术进步的贡献回升,达到近 38%,与资本的贡献持平。

事实上,全要素生产率并不能较为完整地反映出科学与技术进步对经济增长的贡献。产出增长在多大程度上归因于全要素生产率的提高,以及在多大程度上归因于投入要素的增长,依赖于构造度量投入的方法,特别是劳动者人力资本的增进、物质资本质量的改进等因素的度量（卡塞利,2016）。如果增长核算充分地考虑到伴随科学与技术进步而带来的人力资本增进、物质资本质量改进这类因素,从而对 A 的解释涵盖这些因素的影响,那么我们可以合理地断言,科学技术进步是美国经济增长的最重要源。Denison（1962）的增长核算结果可以证明这一点。

当然,要准确地度量科学与技术进步的影响是困难的。例如,在表 1 中,技术进步在 1995 ~ 2013 年间的贡献与资本的贡献持平。这就有点让我们费解。因为，这一时期正是美国信息技术革命带来的"新经济"兴盛的重大时刻。一种最可能的解释是：新经济的许多技术进步是无法通过生产率统计反映出来的。例如，互联网、电子邮件、软件、通信设备等带来的生产率被严重低估了。也就是说，全要素生产率的计算方法还无法度量出信息技术腾飞所带来的生产力发展（杨春学，2001）。在这里，我们感兴趣的还有一点，那就是技术进步对经济增长率的贡献会出现波动。表1已经表示出了这种波动。Mankiw（2015）制作的图1具体地描述了美国在1960~2010年间的这种波动情况。当然，我们不能把图中索洛余值下降甚至为负的情形解释为技术恶化，应理解为技术进步的速度下降。图1显示出这两个变量之间存在一种强相关关系，即同向波动。也就是说，技术进步对增长率的贡献会随着技术进步速度的变化而变化。

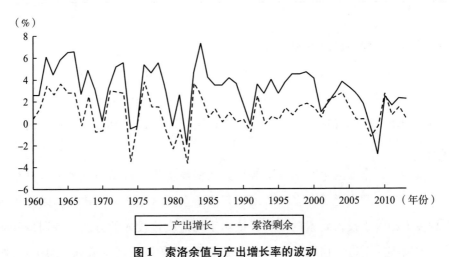

图1　索洛余值与产出增长率的波动

　　虽然增长核算在计算上存在着各种问题，且也不可能充分反映"科学技术是第一生产力"这一命题的丰富内容。但是，以美国为案例的这类研究结果至少证明：技术进步的速度与经济增长率的提高程度是存在着内在关系的，且总体而言，科技进步是增长的最重要源泉。要获得科学技术对增长率的促进作用，就必须不断推进技术创新。在这种意义上，计量经济学的研究成果为这一命题提供了强有力的科学证明。

六、科学技术：现代社会进步最重要的车轮

正如胡锦涛在 2006 年全国科学技术大会上的讲话所指出的，"科学技术是第一生产力，是推动人类文明进步的革命力量……发轫于上个世纪中叶的新科技革命及其带来的科学技术的重大发现发明和广泛应用，推动世界范围内生产力、生产方式、生活方式和经济社会发展观发生了前所未有的深刻变革，也引起全球生产要素流动和产业转移加快，经济格局、利益格局和安全格局发生了前所未有的重大变化"[①]。这是"科学技术是第一生产力"命题所包含的第四个重要观点。

人类文明的发展是一个非常复杂的历史过程，涉及众多重要因素的相互作用。这些因素包括生产力、生产方式、生产关系、生活方式等。但有一点是清晰的，那就是：生产力的发展是人类社会历史发展的最终决定力量。[②] 那么，科学与技术在这种力量中充当着什么角色呢？以恩格斯的话来说，那是"一种最高意义上的革命力量"[③]。人类学家莱斯利·怀特有一个著名的观点，把历史归纳为一个公式：$C = E \times T$，即文明（culture）＝能量（energy）× 技术（technology）。关于他所说的"能量"，我们不能简单地解释为像火、电之类的能源，而应理解为人类的能力。这样说来，科学与技术的进步至少对文明的发展起着加速器的作用。科学知识的进步不仅不断地拓展人类认识世界的空间，并且以此为基础的技术创新不断增强人类改造世界的能力，推动社会

---

① 胡锦涛：《坚持走中国特色自主创新道路　为建设创新型国家而努力奋斗》，载于《光明日报》2006 年 1 月 11 日。

② 对此，马克思有非常明确的结论："随着新生产力的获得，人们改变自己的生产方式，随着生产方式即保证自己生活的方式的改变，人们也就会改变自己的一切社会关系。"参见《马克思恩格斯全集》第 4 卷，人民出版社 1958 年版，第 144 页。马克思还指出，"物质生活的生产方式制约着整个社会生活、政治生活和精神生活的过程"。参见《马克思恩格斯选集》第 2 卷，人民出版社 1977 年版，第 82 页。

③ 恩格斯在《马克思墓前悼词草稿》中的原话是："他把科学首先看成是历史的有力的杠杆，看成是最高意义上的革命力量。"参见《马克思恩格斯全集》第 19 卷，人民出版社 1963 年版，第 372 页。

生产力不断向前发展。这也进而改造了人类的生产方式、生活方式、思维方式，乃至社会发展方式，从而改变人类文明发展的进程。

在近现代产业革命所带来的结果中，我们可以较为清晰地看到科学与技术进步的这种强大力量。科学与技术革命是推动产业革命和工业文明的核心力量。① 第一次产业革命所开创的"蒸汽时代"（1760～1840 年），标志着人类从农耕文明走向工业文明。第二次产业革命所开创的"电气化时代"（1840～1950 年），标志着西方世界已进入成熟的工业化文明时代。第三次产业革命开始把人类带入"后工业化时代"（也称为信息社会时代）。上述历史证明：社会繁荣和文明依赖于科学与技术的进步。正是借助于科学与技术的进步及其转化为物质生产力的生产过程，人类从根本上改变了自身的生活方式和社会面貌。

第三次产业革命究竟孕育着什么样的文明，人们有不同的说法，最流行的说法是"信息文明"。在这次产业革命中，最能清晰地体现科学技术的重大进步改变人类文明进程的，也许就是当下仍然在进行中的信息技术革命。信息储存和传输的能力是社会文明发展概念的一个基本组成部分（莫里斯，2014）。数十万年来，人类的信息储存和传输曾经完全依赖于语言和记忆。20世纪末21世纪初以来，腾飞的全新形式的信息技术正在对人类社会的各个方面带来深刻的影响，从根本上改变着人类的生产方式、生活方式和思想意识，对人类社会的各个方面带来了深刻的影响。这种信息技术的创新（包括计算机硬件、软件、互联网、通信手段等的不断更新）所带来的惊人变化，渗透到了社会经济领域的每个角落。计算机、智能手机和互联网结合在一起，构成了社会经济的神经系统。它们被用于航空定价和订单系统，浏览各商场的商品价格和数量，调度电力、兑付支票、催缴赋税等，正在从根本上改变着人们购物、支付、交流等生活方式、工作方式和行为习惯，改变着企业的生产方式和经营理念，也改变着政府管理社会的方式。

科学技术进步本身是中性的。但是，它们的运用及其产生的影响并非都

---

① 当然，驱动工业文明的因素也是复杂的，涉及众多因素的相互作用（余东华，2021）。

是良性的（王永昌，2017）。人类文明形态的进程依次是部落文明、农耕文明、工业文明。目前，工业文明仍然占据主导地位，但是信息技术革命所可能带来的新文明形态正在展现出其曙光。如何应对信息技术革命带来的全方位挑战，是世界各国面临的一个时代课题。

【参考文献】

［1］江泽民：《在中国科协第四次全国代表大会上的讲话》，载于《人民日报》1991年5月24日。

［2］胡锦涛：《坚持走中国特色自主创新道路　为建设创新型国家而努力奋斗》，载于《光明日报》2006年1月11日。

［3］《习近平在科学家座谈会上的讲话》，载于《人民日报》2020年9月11日。

［4］中共中央党校哲学教研室：《马克思主义经典作家论科学技术与生产力》，中共中央党校出版社1991年版。

［5］弗朗切斯科·卡塞利：《增长核算》，引自《新帕尔格雷夫经济学大辞典》第3卷，经济科学出版社2016年版。

［6］乔恩·格特纳：《贝尔实验室与美国革新大时代》，中信出版社2016年版。

［7］E. 赫尔普曼：《经济增长的秘密》，中国人民大学出版社2007年版。

［8］N. 格里高利·曼昆：《宏观经济学》，中国人民大学出版社2005年版。

［9］保尔·芒图：《十八世纪产业革命》，商务印书馆1991年版。

［10］伊恩·莫里斯：《文明的度量——社会发展如何决定国家命运》，中信出版社2014年版。

［11］卡洛·奇波拉：《欧洲经济史（第三卷）：工业革命》，商务印书馆1988年版。

［12］保罗·萨缪尔森、威廉·诺德豪斯：《经济学》，萧琛主译，商务印书馆2013年版。

［13］《经济研究》编辑部：《科学技术是第一生产力——本刊和〈数量

经济与技术经济研究〉编辑部召开的座谈会上的发言（摘要）》，载于《经济研究》1991 年第 9 期。

[14]《自然辩证法研究》编辑部：《"科学技术是第一生产力"讨论会会议纪要》，载于《自然辩证法研究》1991 年第 8 期。

[15] 陈玉和：《信息技术的历史演变及对社会经济发展的影响研究》，载于《未来与发展》2014 年第 1 期。

[16] 龚育之：《关于科学技术是第一生产力的几点理论思考》，载于《经济管理》1991 年第 10 期。

[17] 哈贝马斯：《作为意识形态的技术和科学》，学林出版社 1999 年版。

[18] 何敬之：《走出传统生产力要素理论观点的理论误区——兼谈正确理解科学技术是第一生产力》，载于《生产力研究》1994 年第 1 期。

[19] 景中强：《论哈贝马斯对"科学技术是第一生产力"的独特理解》，载于《兰州学刊》2009 年第 1 期。

[20] 李京文：《人类文明的原动力：科技进步与经济发展》，陕西人民教育出版社 1997 年版。

[21] 罗宗：《"科技是第一生产力"的"人的因素第一"观点的发展》，载于《光明日报》1991 年 8 月 18 日。

[22] 乔占春：《关于科学技术是第一生产力问题的讨论综述》，载于《哲学研究》1992 年第 1 期。

[23] 任日岂：《哈贝马斯"科学技术是第一生产力"命题的评析》，载于《哲学动态》1999 年第 2 期。

[24] 汤德生、江丽：《科学技术是第一生产力：邓小平与哈贝马斯之比较》，载于《湖北大学学报（哲学社会科学版)》2009 年第 3 期。

[25] 陶承德：《科学技术是第一生产力》，中国经济出版社 1992 年版。

[26] 王淼洋、周林东：《科学技术是第一生产力：新科技革命与唯物历观的新发展》，上海人民出版社 1994 年版。

[27] 王永昌：《工业文明的进步与代价——兼论历史进步的代价观》，载于《观察与思考》2017 年第 7 期。

［28］魏宏森、肖广岭：《科学技术是第一生产力概论》，中国经济出版社 1994 年版。

［29］吴向红、刘大椿：《科学技术是第一生产力研究状况综述》，载于《教学与研究》1992 年第 2 期。

［30］项武生：《"科学技术是第一生产力"的含义及理论依据》，载于《理论探讨》1992 年第 2 期。

［31］杨春学：《信息技术对美国经济影响的计量估计》，载于《经济学动态》2001 年第 1 期。

［32］于光远：《我对"科学技术是第一生产力"的理解》，载于《自然辩证法研究》1991 年第 8 期。

［33］余东华：《工业革命的驱动因素：对人类工业文明演化的多维思考》，载于《天津社会科学》2021 年第 7 期。

［34］约翰·卡悌：《纯科学与工业研究的关系》，饶毅主编：《知识分子》公众号，2016 年。

［35］郑必坚等：《邓小平理论基本问题》，中共中央党校出版社 2001 年版。

［36］Denison，E. *The Sources of Economic Growth in the United States and the Alternatives Before US*，New York：Committee for Economic Development，1962.

［37］Mankiw，N. G. *Macroeconomics*，New York：Worth Publishers，2015.

（原文发表于《经济学动态》2021 年第 9 期）

科学技术何以成为第一生产力新探

罗绍贤*

邓小平同志关于"科学技术是第一生产力"的科学论断，是根据现代科学技术发展变化的新状况和经济发展的新趋势提出来的。我们要正确理解和把握这个科学论断，必须弄清楚现代科学技术究竟发生了什么新变化，出现了什么样的新状况？本文试图就现代科学技术发展变化的新特点作些分析，对科学技术何以成为第一生产力，提出一点粗浅的看法，以期求教学术界同仁。

一、现代科学技术发展变化所出现的新特点

众所周知，本世纪 50 年代，在全世界范围内掀起了一场新的科学技术革命。这场革命是以物理学上新的三大发现以及相对论、量子力学的建立为基础，以电子计算机、原子能和空间技术为标志，涉及领域相当广泛，出现了一大批高新技术群体，诸如，电子技术群体、新能源技术群体、生物工程技术群体、航天技术群体、材料合成技术群体，等等，使整个科学技术发生了质的飞跃。正如邓小平同志指出："现代科学技术正在经历着一场伟大的革命。近三十年来，现代科学技术不只是在个别的科学理论上，个别的生产技术获得了发展，也不只是有了一般意义上的进步和改革，而是几乎各门科学技术领域都发生了深刻的变化，出现了新飞跃，产生了并且正在继续产生一系列新兴科学技术。"[1] 现代科学技术的这种新变化，不仅极大地促进了劳动生产率的提高，推动了生产力的迅猛发展，而且使生产力本身也发生了质的

---

* 罗绍贤：山西医学院社科部副教授。

[1] 《邓小平文选》第二卷，人民出版社 1994 年版，第 87 页。

飞跃，社会生产力已发展成为"现代生产力"了。把握"现代生产力"这一点很重要。要知道，科学技术正是在"现代生产力"条件下才成为第一生产力的。而社会生产力之所以发展为"现代生产力"，这与现代科学技术发展变化的新特点密切相关，在一定意义上来说，正是由它引起的。现代科学技术发展变化的新特点，其中最为显著最为突出的是，科学和技术紧密结合成为一个有机的整体。

在本世纪以前，科学与技术虽有联系，但两者的结合并不紧密。科学是在欧洲文艺复兴时期开始出现的。科学的出现并不马上和技术紧密结合在一起。那时，技术的进步，主要不是靠科学的指导，而是靠手工工艺的技能和经验的积累。我国著名物理学家钱学森同志指出："西方世界到了文艺复兴时期，才出现了科学。到了18世纪后期，开始出现机器，大名鼎鼎的瓦特发明了蒸汽机，但瓦特不是科学家，只是一位有经验而聪明的技师。那时，虽有科学，但科学和技术的关系不那么密切。"[1] 事实正是这样，瓦特发明蒸汽机时，实际上还没有用来指导发明的科学理论。当时，人们还不知道热转化为功的科学理论。在蒸汽机发明以后，人们为了提高蒸汽机的热效率，才研究蒸汽机的理论。直到19世纪20年代法国物理学家卡诺提出热机理论，由此奠定了热力学的基础。我们还可以从历史上科学革命和技术革命的进程来进一步佐证。在本世纪以前，科学革命和技术革命是分开进行的。第一次科学革命发生在17世纪，但到18世纪才发生了第一次技术革命。在19世纪发生了第二次科学革命，出现了电磁理论，但以电力为标志的第二次技术革命都过了好多年才在美国发生。上述情况表明，在本世纪前，科学和技术两者结合并不紧密。本世纪这次新的科学技术革命情况就大不相同了，它把科学和技术紧密结合在一起，现代新兴技术的出现都是依靠科学的指导，可以说，任何现代技术都是科学的技术，如原子能技术的应用，就得依靠原子能理论的指导。同时，现代科学活动的开展和应用，都要以现代技术为手段，如研究基本粒子，就离不开加速器、电子计算机和高速摄影等现代新技术。现已

---

[1]　钱学森：《创建系统学》，上海交通大学出版社2007年版。

呈现出"科学技术化，技术科学化"的新趋向，这充分体现了科学和技术相互依赖、紧密交织，结合成为一个不可分割的有机整体。我们现在通常使用"科学技术"这个称谓，正是反映了这一新特点。也正是由于这两者的紧密结合，使科学技术发展成为人类社会的一项基本实践活动，它既从生产中分离出来，获得相对独立的地位，同时，又进入生产过程中，作为现代生产力体系中的一个独立要素，发挥它的主导作用和超前作用，制导和控制生产发展的速度和趋势，使社会生产力发展成为现代生产力。

弄清楚现代科学技术的这个特点至关重要，它是我们理解现代科学技术何以成为第一生产力的现实基础。

二、现代生产力体系中科学技术这个要素的属性所发生的变化

正是由于上述科学和技术结合成为一个有机整体的新特点，从而使它在现代生产力体系中作为一个要素的属性也发生了变化。

直至目前，国内学术界好些同志（也包括教科书上的观点）还一直认为，在生产力体系中科学技术这个要素的属性仍然是精神性的，是间接的生产力。他们的主要论据，就是马克思关于"科学是知识形态的生产力"[1] 的著名论断。笔者认为，马克思的论断是正确的，但用它来看待现代科学技术这个要素的属性，就不妥当了。我们要用发展观点看待这个问题，要看到时代历史条件的变化，要看到科学技术发展的新状况。马克思的这个论断是在上个世纪的历史条件下提出来的。要知道，那时社会生产力还没有发展成为现代生产力。这与科学和技术还没有紧密结合是直接相关的。在上个世纪，科学是有了一定的发展，科学上的某些突破，也确实引导了技术的进步和生产的发展。然而，从总体上来看，那时的科学还落后于生产，最为明显的表现是，那时运行的公式，不是科学—技术—生产，而是生产—技术—科学，这就表明，科学的先导作用还不突出，技术的进步，乃至新技术的发明和创造，主要还不是靠科学的指导，这正如上面这个问题所论述的那样，那时的科学和

---

[1] 马克思：《政治经济学批判大纲》（草稿）（第3分册），人民出版社1975年版，第358页。

技术虽有联系，但两者并没有紧密结合，还没有使科学技术形成一个有机整体。正是在这种情况下，马克思在《机器、自然力和科学的应用》中曾指出："生产力里面当然包括科学在内。"可见，在其论述中着重提到的是"科学"，而没有把科学和技术联系起来提，这正是反映了当时科学和技术发展的实际状况。而单就"科学"而言，它是关于自然、社会和思维的知识体系，是理论形态的东西，它作为生产力体系中的要素，其属性是精神性的。马克思把它看成是"知识形态的生产力"，这无疑是正确的。

问题是，社会历史已发展到现今时代，社会生产力已发展成为现代生产力。而在现代生产力体系中，科学和技术紧密结合成为一个有机整体，作为它其中的一个构成要素。如果还是固守着以前的观点来看待这个要素的属性的话，那就不妥当了。我们应该用发展的观点，以现时代的眼光，根据当代科学技术发展变化的新特点，重新审视科学技术这个要素及其属性。

唯物辩证法告诉我们，事物的质和属性是不可分的，事物的质是内在的，而属性则是质的外在表现。事物的质发生了变化，其属性也会相应地改变。科学技术发展到现时代，两者紧密结合为有机整体，成为现代生产力体系中的一个要素，这表明了这个要素在质上和过去相比有显著的变化，是质的飞跃。这种质的变化，势必会改变其属性。它的属性已不再是精神性的了，而变化成为"特殊的实体性"要素了。

在现代生产力体系中科学技术这个要素的属性之所以变成为实体性，是因为它还包含技术。技术乃是科学与生产的中介，科学必须通过技术这个中介，才能在生产中发挥作用。因此，技术是科学技术这个要素在生产力体系中发挥作用的具体担当者，而技术不是精神形态的东西。它是科学知识的具体运用，是知识、经验、方法、工艺和能力的总和，并且是以物质形态来表现的，其物质形态表现为相应的生产工具、仪器、工艺流程以及操作程序等。概而言之，技术是科学的物化，是物质形态的东西，是直接生产力。同时，科学和技术相结合，就其本身来说，就是一种社会实践活动，而作为社会实践活动，也就是一种客观物质活动。正因为如此，使科学技术这个要素，也就具有了物质的规定性，体现了一种物质力量，从而使它的属性变成为实体性的了。

与此同时，我们要看到，科学技术这个实体性要素，又具有不同于其它几个实体性要素的特征。其特征表现在，这个要素毕竟是科学和技术相结合构成的，其中，科学是精神形态的东西，而技术则是物质形态的东西。这两者结合成为一个整体，使它成为既不是纯粹的精神形态的东西，又不是纯粹的物质形态的东西，而是集精神形态和物质形态于一身的东西，实际上，它具有着精神性和物质性相统一的两象性的特征。正是在这个根本特征的基础上，又派生出两个特征：

一是，潜在性和显在性相统一的特征。在这个要素中，科学是知识形态的东西，只要它还没有通过一定的桥梁和纽带的作用，转化为技术，它总是以潜在的形式存在着。只有当它转化为技术，并与生产力体系中其它几个要素相结合，才显现出它作为生产力一个要素的现实作用。这一特征表明，科学技术这个要素内在还包含一个转化过程，即由潜在向显在转化的过程。需要指出的是，当科学和技术还未紧密结合时，科学这个间接生产力转化为直接生产力，必须通过渗透到其它三个实体性要素中去，才能转化，其转化过程比较缓慢。而当两者紧密结合成一体时，由潜在转化为显在，不是通过渗透到其它要素中去，而是在这个要素内部进行的，其转化过程就比较快，结合得越紧密则越快。现代科学技术发展的客观事实就证明了这一点。

二是，智能性的特征。智能就是从人的创造性活动中体现出来的能力，也就是人们有目的、有计划地认识世界和改造世界的创造性能力。其实，科学就其实质而言，就是人类认识规律的智能的信息化形态，而技术实质上是人类利用规律改造世界的智能的物质形态。因此，科学技术体现着人类的智能，是人类智能的结晶，从而，使科学技术这个要素具有智能性的特征。正因为它具有智能性，所以它同生产力体系中其它要素相结合，对生产力的发展就有倍数效用和加速作用，它不仅制导和控制生产力发展的趋向，而且还能使生产力成倍数地甚至按几何级数跳跃式地增长，使之成为倍增的生产力。

上述这些特征，表明了科学技术这个实体性要素有别于其它几个实体性要素的特殊之点，故此，可把它称之谓"特殊的实体性要素"。

三、现代科学技术发展成为现代生产力体系中特殊的实体性要素的意义

把现代科学技术确认为现代生产力体系中的一个特殊的实体性要素，对弄清科学技术何以成为第一生产力，以及在实践中如何把握和发挥第一生产力作用有着重要的意义。

要弄清科学技术何以成为第一生产力，首先得明确"第一"的涵义。所谓"第一"，不是指谁创造谁的本源问题，也不是指人和物的关系来说的，而是指它在生产力的发展中起到第一位变革作用。关于这一点，江泽民同志又作了明确而又透彻的阐述，他指出："科学技术是第一生产力的论断，揭示了科学技术对当代生产力发展和社会经济发展的第一位变革作用。"① 问题是，科学技术何以能对当代生产力起到第一位变革作用，使它成为第一生产力呢？笔者认为，其中最根本的原因是，由于现代科学技术发展变化出现的新特点，使它在现代生产力体系中成为一个特殊的实体性要素，从而，使它由间接生产力发展成为直接的生产力。由此，改变了它同生产力体系中其它实体性要素的关系，同时，它对生产力发展的作用也发生了变化。以前是，"科学"这个精神（或间接）的生产力，同其它几个实体性要素的关系是渗透和被渗透的关系，也就是"科学"必须渗透到其它几个实体性要素中去，才能转化为直接生产力。这就需要一个较长的转化过程，这样，它对生产力发展的变革作用，就不那么直接，不那么明显突出，比较缓慢。而到了现时代，科学技术作为一个特殊的实体性要素，已成为直接的生产力了。它和其它几个实体性要素的关系已不再是渗透和被渗透的关系，而是一种直接相结合的关系。由于它是具有智能性特征的倍增生产力，因此，它和其它实体性要素相互结合过程中，对生产力诸要素的质量提高和它们结合方式的改进，以至于对整个生产力的发展，能够直接地发挥它的变革作用。这种变革作用就非常明显，非常突出，使它成为提高劳动生产率、推动现代生产力发展和现代经济发展的增长源和加速器。据资料统计，科学技术在劳动生产率的提高和经济增长

---

① 江泽民 1991 年 5 月在中国科学技术协会第四次全国代表大会上的讲话。

中所占的比重，在本世纪初，仅占到5%～10%。而在今天，在发达国家已占到60%～80%。这充分表明了科学技术这个要素在现代生产力发展中已处于最关键的、最有决定性的地位，越来越起着主导作用，即第一位变革作用，从而，使它成为第一生产力。如果把现代科学技术还是看成精神性的属性，是一种间接的生产力，那么，试问何以在现时代它能成为第一生产力，而在上个世纪就不能呢？

把科学技术确认为现代生产力体系中的特殊的实体性要素，还对生产实践中把握和运用第一生产力，充分发挥其作用有实际意义。"科学技术是第一生产力"这个科学论断，越来越被人们所认识和接受。然而，对它能否真正掌握，并运用于生产实践中去，充分发挥其作用？对此，就我国目前实际状况来看，还不很尽人意。从社会来看，科学技术和经济还严重脱节；从企业来看，好些企业热衷于争项目、争资金、争设备……，就是对科技的需求很淡漠，就是舍不得在科技上增加投入。笔者认为，这里有个关键性问题，就是要变更观念。目前，人们还是按照传统的看法，把科学技术看成是精神性的属性，是抽象的生产力。在这种观念指导下，使搞生产实践的人难以把握它，甚至还认为它在生产中是个可有可无的东西，投资不投资无关紧要，以为没有它照样能生产出产品来。其实，这种观念已经不符合现代生产力发展的需要了。我们要真正把握和运用科学技术这个第一生产力，必须得变更观念。首先要明确树立"现代生产力"的观念。要知道，我们现在要发展的是现代生产力，而不是一般的社会生产力。而在现代生产力体系中，科学技术已是一个必不可少的要素，不能把它看成是个可有可无的东西，如果没有它就不能算是现代生产力。而且，它已成为一个特殊的实体性要素，需要更加重视它，因为它对现代生产力的发展起着第一位的变革作用。在现实中，科学技术这个特殊的实体性要素具体表现为，由科技主体、科技手段、科技客体和科研成果等基本因素构成的科研机构（或科学实验室）。在科研机构（或科学实验室）中，创造出新的生产工具、新技术、新工艺、新产品等，运用于生产过程中和其它实体性要素直接相结合，就能提高劳动生产率，推动现代生产力的发展。正如邓小平同志指出："许多新的生产工具、新的工艺，首先在科学实验室里被创造出来的。"① 这样，企业抓"第一生产力"就比较具体化了，就比较实在了。这就要求企业努力依靠自身力量以多种方式建立自己的科研机构（或科学实验室），建立科研生产一体化的新模式。据资料表明，发达资本主义国家中的企业，就很重视建立自己的科研机构（或科学实验室）。日本企业中的科技力量相当强大，在数量上早已大大超过了政府和大学的科研机构，在全国每年开发成功的科技成果中95%来自企业。这种科研生产一体化的模式是日本经济所以能够持续高速发展的一个重要原因。至于我国政府和大学所办的科研机构也要变更只顾研究、不顾生产的旧观念，应该把自己看成现代生产力体系中的一个特殊的实体性要素，自觉地把科学研究转移和应用到生产实践的社会活动中去。或者是自己兴办高新技术产业，创造科技产品，象中科院创办三环、科理等公司，就是这方面的典型；或者让科研机构与企业挂钩，通过协作、合同等形式，建立灵活的科研生产联合体。总而言之，根据以上所述，就是要建立科研生产一体化的新模式。而这种科研生产一体化的新模式，正是现代生产力的具体体现，也是现代生产力体系中几个实体性要素直接相结合的具体体现。在科研生产一体化的新模式中充分发挥第一生产力的变革作用，以推动现代生产力的发展。

（原文发表于《马克思主义研究》1996 年第 3 期）

---

① 《邓小平文集》第二卷，人民出版社1994年版，第84页。

"科学技术是第一生产力"理论的来源

"科学技术是第一生产力"的理论，是邓小平同志根据马克思关于科学也是生产力的论断，针对 20 世纪以来，在世界新科技革命推动下出现的世界经济发展的新趋势，出现的现代社会生产力组成的新变化，出现的自然科学奔向社会科学的新潮流，而作出的具有重大理论和实践意义的科学理论。这一科学理论的提出，是在新的历史条件下对马克思主义历史唯物论的重大发展，是事关我国社会主义现代化建设命运的重大关键问题。

一

20 世纪中期以来，新的科学技术革命迅速兴起，世界上一些发达国家的社会经济发展出现了这样一些新现象新特点：

（1）科学技术以空前的规模和速度向前发展，科技进步在社会经济增长中的贡献率迅速上升。据到 70 年代末的统计，20 世纪 50～70 年代世界上的重大发现和发明就接近有史以来全部发现和发明的 90%。在本世纪初，发达国家国民生产总值中，国民财富增长来自科技进步的比例不足 20%。而在 60 至 70 年代，发达国家国民财富的增长由于科学技术进步的因素平均高达 60%～70%。其中美国高达 71%。发展中国家为 35% 左右。而中国在 80 年代以前的 30 年间，技术进步对于经济增长的贡献仅占 19%。这反映我国工业生产基本上处于粗放经营状态。

（2）技术革新周期和经济周期的波长在变短。国外一些经济学家对技术革新周期和经济周期关系曾作过许多研究，其中较有影响的是"长波理论"。

---

* 王淼洋：上海社会科学院哲学研究所所长、副研究员。

根据这一理论指出：自工业革命以来到 20 世纪 30 年代，西方资本主义经济已经历了三次周期。每次周期起"火车头"作用的是技术。第一次从 18 世纪 70 年代到 1842 年为纺织工业的创新时期，第二次从 1842 年到 1897 年为蒸汽机和钢铁时期；第三次从 1897 年到 20 世纪 30 年代，为电气、化学和汽车工业时期。本世纪 40 年代开始了第四周期，到 70 年代为止。每一周期的时间，由 70 年、55 年减至 30 年，波长在缩短。从 80 年代起进入第五周期，为信息时代。每一周期的上升阶段，总有一项主导技术取得重大突破，并形成产业且带动其他产业的发展，推动社会经济增长。从微观看，生产工艺和技术的更替周期大大缩短。过去，一项新工艺和新技术往往要利用几十年、上百年。20 世纪中期尤其是 80 年代以来，生产工艺和技术方面的许多新成就往往只经过三、五年甚至更短的时间就被更为完善更为先进的工艺和技术替代了。

（3）科学从落后于生产、追踪于技术到今天出现了科学成为技术的先导、科学走在生产的前面的根本转折。或者说，从"生产→技术→科学"（即生产的需要推动技术的进步，技术上的需要促进科学的发展），变为今天的"生产↔技术↔科学"（科学成为技术进步的先导，推动生产的发展）。

科学技术和生产发展的历史表明，在近代自然科学产生和获得长足发展以前，科学和技术与生产是脱节的，彼此平行发展的。那时生产的发展主要依靠技术的进步，而自然科学的发展总的趋势是跟踪生产、落后于生产的需要。科学革命、技术革命和产业革命的联系也不紧密。例如，16 世纪的科学革命，并没有立即引起相关的技术革命。18 世纪的产业革命只是在很小的程度上归功于科学，主要是技术改进的结果。那时蒸汽机的出现并不是由于先有了热力学，相反，热力学的形成却落后于蒸汽机半个世纪。直到 19 世纪中，这种脱节状况还没有根本改观。从 19 世纪末的电力技术革命起，科学才开始登上主角的宝座。如果没有麦克斯韦尔的电磁理论和电动力学所引起的物理学飞跃，就建立不起电力工业，也不可能有后来的包括发明电灯、电话、收音机、电视机、无线电传真在内的电的世界的人类新文明。

20 世纪中期以来，科学对于技术的先导作用不断增强，科学发现与相应的技术应用之间的时间间距越来越短，科学、技术和生产之间的联系更加密切。从新思想的产生到应用于生产的时间周期也大大缩短，从而科学、技术和生产上的革命几乎是同时出现，科学日益迅速地转变为直接生产力。如新型能源原子核能的利用，从 1931 年发现中子，搞清了原子核的主要组成起，到原子核能的取得，不过经历了十年的时间。现在世界核电站的发电量已占总电量的 1/4 左右。有人选出若干项当时公认为最有用的发明进行统计，在本世纪初前后 30 年内平均为 50 项，30 年代前后为 33 项，50 年代以来则大多数不到 20 项。

20 世纪中期以来，科学与技术应用之间不仅时间间隔越来越短，而且往往许多新技术的问题也同时成了科学的问题。当时的实践表明，在科学上还没有弄清的事情，在技术上就几乎不可能有突破，是很难搞出革命性的变革的，科学真正成了技术进步和生产发展的主导因素。

（4）科学技术改变着生产组织管理形式、产业结构和社会劳动分工，使整个社会的生产面貌发生重大变化。

随着电子技术、生物工程、海洋工程、宇航工程、光纤通讯、激光技术等新技术的应用，愈来愈多的新材料合成和新能源开发的兴起，随着社会生产机械化、自动化程度的提高，产业结构发生变化，第一产业的比重不断下降，而第三产业的比重迅速上升。到 60 年代末，第三产业从业人数占全体从业人数的百分比，美国已超过 50%，英国、荷兰、瑞典等都接近 50%，法国、联邦德国、日本在 40% 以上。1956 年美国"白领"工人人数第一次超过"蓝领工人"。这预示着社会劳动分工进入了一个新的阶段。在科学技术最新成就的基础上，生产的机械化、自动化程度大大提高，特别是电脑、机器人的使用，在生产过程中开始实现体力劳动和部分脑力劳动从人向劳动资料转移的质变。因而生产劳动的特点和内容也发生了变化，从"简单劳动转为科学劳动"，机器操作不仅取代了手工操作，而且替代了控制和逻辑操作，生产与管理的全面自动化使创造性劳动的成分愈来愈多。科学的社会化必将导致社会的科学化。科学技术不仅改变着社会的生产面貌、产业结构和劳动分工，改变着人们的劳动方式，而且影响人们的生活方式和思维方式。

20 世纪以来在新科学技术革命的推进下，由上述一系列的新现象、新特点，带来了这样一种新趋势，即科学发展成为技术进步与生产发展的主导因素，社会经济和生产力的巨大飞跃使社会经济和国民财富的增长主要来自于科学技术的进步。这一趋势将继续保持和发展下去。

二

20 世纪以来，科学技术在现代生产力发展中的作用，已经上升到首要地位，现代生产力的内涵有了深刻的新变化。

马克思主义历来认为，"劳动生产力是随着科学和技术的不断进步而不断发展的"。① 从人类的历史看，生产力的发展大体经历了三个不同的阶段。第一阶段是小手工业及其以前的时代，劳动者借助简单的手工工具直接作用于劳动对象，生产力是人的体力和智力的单纯结合，生产力主要蕴含于人体，生产过程主要取决于每个劳动者的气力、灵巧和技能，只在很小的程度上取决于劳动资料的完善程度。这时，生产力的水平很低。第二阶段是大工业时代，生产工具由手工工具向三环节（动力机、传动机和工作机）的机器过渡，生产工具独立为生产力的一个要素而同人的要素相对立，科学对生产力实体要素的渗透也日益增长，人的部分体力劳动为机器所替代，科学技术对提高社会劳动生产力的作用变得明显，这无疑是生产力发展过程中的一次革命性变革。20 世纪中期人类进入了微电子技术、宇航技术、激光技术、生物工程、海洋工程技术的时代，进入了原子能、热核能、电子计算机、机器人与自动控制技术的时代，进入了广泛利用聚合物的时代，现代科学技术使生产过程开始向综合机械化和自动化过渡。自动化不仅使生产过程中体力劳动职能，而且使愈来愈多的脑力劳动职能由人向劳动资料转移，工人由生产过程中的劳动者变成了监督者和调节者。科学技术成了现代生产力发展中的主导因素。这时，生产力的发展开始经历它的第三阶段。在这一阶段中，科学技术不仅以渗透的方式，凝结于生产力的实体要素之中，而且在生产力系统中处于起决定性作用的地位。

---

① 黎澍、蒋大椿：《马克思恩格斯论历史科学》，人民出版社 1988 年版，第 103 页。

这种作用首先表现在，科学技术对劳动资料主要是对生产工具的构成发生了重要的变革，以电脑为核心的自动控制装置成为机器构成中最重要的组成部分，这是生产工具结构上的质的飞跃，其意义之重大不亚于青铜器代替石器、铁器代替青铜器、机器代替手工工具。生产工具的飞跃还表现在机器人的运用，它同样不仅代替人的繁重的体力劳动，而且能代替人的部分脑力劳动。日本在传统的汽车工业中运用机器人和自动控制技术，成本大幅度下降，转产迅速，而生产效率比美国高了1/3。1980年起日本汽车产量超过了美国，使美国从世界汽车工业的王座上跌落下来。如果说生产工具是人类生产力发展的测量器，那么我们完全可以说，以微电脑为核心的机器人和数控机床自动化生产系统，开辟了生产工具的新纪元。其次表现在，劳动力的构成也发生了重大变化。在一些发达国家中智力劳动者已成为劳动大军中的主体。在现代化的企业中，科技人员所占比例越来越大。在新技术产业中，需要20%~40%的工人受过高等教育，而传统工业则只需要1%~2%。显然随着新技术革命的到来，科学技术素质已成为劳动力构成的首要因素。它要求劳动者必须掌握相当的科学技术知识和劳动技能，这是劳动力发展素质要求上的飞跃。再次表现在，科学技术革命大大开辟了劳动对象的范围。不仅新的合成材料大批出现，而且原来不是劳动对象的自然物后来也成了新对象。今天，太阳能、潮汐、地热、海底资源甚至月球资源等都成了劳动对象。劳动对象的扩展对生产发展的作用也显著提高了。例如，一吨塑料钢相当于六七吨钢材。铀裂变时产生的能量，顶得上同样数量的煤燃烧时所产生能量的三千多万倍，顶得上汽油的三百多万倍。这些劳动对象在生产中的应用，使生产力极大地"增殖"。

从以上可以看出，现代科学技术使生产力的三要素发生了根本性的新变化，而且继续以日益扩大的趋势对实体性要素发生着决定性作用，因此完全可以说，在现代，科学技术是第一生产力，正是在对于科学技术对现代生产力的发展状况及其效果作出科学的分析之后得出的必然结论。

三

从世界范围来说，社会科学与自然科学的紧密结合，已经成为一股日益强大的潮流。随着自然科学在新的科学技术革命推动下迅速转化为直接生产力，社会科学也将日益转化为社会的直接生产力。

社会科学和自然科学，在古代本来是统一的。当然那是在低水平上的原始状态的统一。到了 15 世纪后半期，随着生产的发展，科学也逐渐发达起来。首先是自然科学，一个个独立的学科诞生了，从统一的科学中分离出去，自然科学和社会科学最终完全分开，成了两大门类。到了 19 世纪中期，在自然科学的各有关学科之间和在自然科学与社会科学的有关学科之间，又出现了相互结合的情况。到了 20 世纪，这种情况又进一步发展。列宁把这种趋势称为"从自然科学奔向社会科学的强大潮流"。他指出，这个潮流在马克思的时代已经存在，"在二十世纪，这个潮流是同样强大，甚至可说更加强大了"。① 从自然科学奔向社会科学的潮流，是指自然科学对社会科学的渗透和促进。今天，不仅这股潮流存在着，而且也相反存在着从社会科学奔向自然科学的潮流，这两股潮流已经汇合成一种强大的发展趋势。正如马克思在《1844 年经济学哲学手稿》中所说的："自然科学往后将包括关于人的科学，正象关于人的科学包括自然科学一样：这将是一门科学。"② 这是当今时代科学发展的大趋势。

社会经济的增长和生产力的发展，离不开自然科学和技术的进步；同样也离不开社会科学的进步；离不开自然科学和社会科学的紧密结合。这在今天已表现得非常清楚了。

首先，在技术开发领域内，光有自然科学的原理和理论基础来研制和开发新的技术显然是不够的，还需要有社会科学（特别是经济学）来评价所开发的新技术，研究技术的经济合理性和社会效益，根据社会（包括企业）经济条件，通过对技术的选择或组合来确定。有关社会经济的重大项目，固然需要自然科学和社会科学的共同参与，就是企业的一个产品开发，也需要取得经济和市场学方面的帮助。在社会经济增长主要依靠科学技术进步的今天，

① 《列宁全集》第 20 卷，人民出版社 1990 年版，第 189 页。
② 《马克思恩格斯全集》第 42 卷，人民出版社 1979 年版，第 128 页。

把经济学的理论与方法用于自然科学和工程技术的评价、用于新技术开发的评价是不容忽视的。诺贝尔经济学奖获得者、美国经济学家库普曼在 1978 年就指出，经济评价和经济选择需要经济学家与自然科学家共同研究才能够作出自己的贡献。把经济分析引入重大的科技问题，就可以对它作出全面的评价。这种分析需要自然科学与社会科学的结合，在收集数据、建立模型、进行计算、对比其所费与所得以及看它对经济和社会是否有利的基础上才能作出。

其次，在管理领域内，自然科学与社会科学已经互相渗透和融合一体。管理科学是社会科学和自然科学的交叉，明显地具有两重性。著名的美国麻省理工学院培养的创造型管理人才，都同时接受多种自然科学和社会科学的课程，培养出的学生具有双学位：工程技术学位和管理学位。1977 年他们开始筹建"科学、技术与社会规划"（简称 STS，目标是办成 STS 学院），也是出于适应当代社会经济发展、培养新型管理人才的需要。在企业的生产管理中，自然科学技术着重是解决生产中的工艺、技术等问题，而生产的体制、组织和人的管理则主要是社会科学研究的问题。自然科学从技术方面研究生产，把科学变成直接生产力；而社会科学从社会方面研究生产，研究生产关系（包括分配、生产过程中人与人的关系）、生产力和组织管理方面，把科学变成直接生产力。显然，只有自然科学和社会科学的最优结合，才能收到发展生产力的最佳效果。

再次，从 60 年代起，世界范围内，社会科学出现了"大科学"的模式，社会科学的职能发生了重大变化。"大科学"是美国耶鲁大学科学史家 D. 普赖斯，针对本世纪 30 年代起，自然科学研究的规模和组织形成发生了重大变化的事实而提出的。从那时起，自然科学技术进入了一个由国家组织协调的巨大规模的集体研究时代。为着一定的社会和经济的发展需要，集中一定的投资和人力，规划和组织若干重大研究项目。自 60 年代以来，社会科学随着新的科学技术革命的开展，也开始追求"大科学"的模式。通过进行较大规模的社会实验、社会工程、社会预测和科学评价的研究，对政府制定政策和各种社会和经济规划提供决策的参考意见，这种研究愈来愈受到公众的注意和政府的重视。许多国家对社会和经济发展中的许多重大问题，如能源问题、生态问题、环境问题、人口问题和经济发展等等问题，都组织自然科学和社会科学的专家综合进行研究。我国社会主义现代化建设过程中，对于经济社会发展规划（如华东地区经济发展规划、浦东经济开发规划等）和重大建设项目（如长江三峡工程、宝钢工程等）的论证，也都注意吸收自然科学和社会科学两方面的学者一齐参加，共同协作进行研究。在社会经济发展的宏观决策和管理中，社会科学愈来愈显露出它不可替代的重要作用，社会科学的某些学科同自然科学一样，正在越来越转变为直接的生产力。邓小平同志在论述我国正在进行的"四化"建设时，曾经说过："四个现代化，关键是科学技术的现代化。"而且明确指出："科学当然包括社会科学。"[1] 因此，从科学发展的大趋势，即自然科学和社会科学汇合的大趋势看，科学技术是第一生产力，其中社会科学也包含在科学之内自然是题中应有之义了。

四

任何一种新的思想、论断或理论的产生，有着它两方面的来源，一是来自实践方面的新情况新经验，这是产生新思想新理论的源；一是来自前人的思想和理论，这是形成新思想新理论的流。以上所述，都是谈的"科学技术是第一生产力"的实践来源。下面谈谈这一命题的理论来源。

按照历史唯物主义的理解，社会生产力是人们从自然界取得所需要的物质资料的能力。马克思关于生产力有过许多论述，全面地系统地了解马克思的这些阐述，将有助于对科学技术是第一生产力的正确理解。

生产力的作用是在社会劳动过程中发挥并表现出来的。而"劳动过程的简单要素是：有目的的活动或劳动本身，劳动对象和劳动资料。"[2] 在这里实际上就揭示了构成生产力的基本要素，劳动力和生产资料。马克思在分析资本主义社会的生产力时还指出："劳动生产力是由多种情况决定的，其中包

---

① 《马克思恩格斯选集》第 2 卷，人民出版社 2012 年版，第 170 页。
② 《马克思恩格斯全集》第 23 卷，人民出版社 1972 年版，第 202 页。

括：工人的平均熟练程度，科学的发展水平和它在工艺上应用的程度，生产过程的社会结合，生产资料的规模和效能，以及自然条件。"① 关于近代生产力迅速发展的原因，他写道："生产力的这种发展，归根到底总是来源于发挥着作用的劳动的社会性质，来源于社会内部的分工，来源于智力劳动特别是自然科学的发展。"②

马克思还指出："生产力中也包括科学。"在《资本论》的手稿中，他提出了"物质生产力"与"精神生产力"，"直接生产力"与"一般生产力"的区别、联系和转化的问题。他指出，科学作为知识的形式是"精神生产力"、"一般生产力"。不过，只要把它应用到生产过程，渗透到生产力的物质要素中去，就会"物化"，从而转化为"物质生产力"、"直接生产力"。自然界并没有制造出任何机器、机车、铁路、电报等等，它们都是人类劳动的产物，是物化的知识力量，是人类意志驾驭自然的器官。由于这些"器官"在资本主义条件下是作为固定资本出现的，所以，马克思说："固定资本的发展表明，一般社会知识，已经在多么大的程度上变成了直接的生产力，从而社会生活过程的条件本身在多么大的程度上受到一般智力的控制并按照这种智力得到改造。"③

在说明如何全面发展生产力时，马克思还谈到分工、协作、劳动组织和管理，谈到了劳动过程的社会结合。显然，分工和协作的改善会提高生产力，形成新的生产力。机器大生产要求对生产过程进行科学的组织、管理、监督、调节。这方面的知识的实际应用与发展，就会引起生产力的发展。

可见，按照马克思的分析，生产力是一个由若干要素组成的系统，各类要素之间的相互作用也不是静止固定的，而是变化发展的，因而生产力是一个不断发展的开放系统。在现阶段生产力系统的构成应该包括三类要素：实体性要素、结构性要素和智能性要素。实体性要素是生产力的基础要素。它包括具有一定劳动能力和生产技能或科学知识的劳动者；作为人与自然相互

---

① 《马克思恩格斯全集》第 23 卷，人民出版社 1972 年版，第 53 页。
② 《马克思恩格斯全集》第 25 卷，人民出版社 1974 年版，第 97 页。
③ 《马克思恩格斯全集》第 46 卷（下册），人民出版社 1980 年版，第 219 页。

作用的"中介"的劳动资料，其主要部分的生产工具可以看作是社会的生产力水平和经济形态的指示器；以及劳动对象。结构性要素主要是指生产的社会结合形式。它随着生产的社会化程度的不断提高而发展变化的。智能性要素主要是指科学技术。它必须物化在实体性要素和结构性要素之中才能发挥作用。科学技术决不能单纯地孤立地成为生产力，而必须凝结于或渗透于劳动力、劳动资料、劳动对象三个实体性要素和生产的社会结合形式与组织管理中，才能转化成直接生产力。科学技术是第一生产力，并不是意味着在三要素之外又增加了一个实体要素，而且新增加的要素是排在第一的要素。而是说，当代科学技术的发展，作用于三要素，物化于三要素，致使三要素都发生了根本性的变化，从而促成生产力飞速发展。科学技术在生产力的发展中起了第一位的决定性的作用。把握了科学技术必须物化于生产力诸要素，把握了诸要素的质变是依赖于科学技术的进步，就可以使我们正确地理解"科学技术是第一生产力"命题的深刻含义。

基于这种理解，首先，我们应当重视科学技术对于三要素的渗透与物化，要不断提高劳动者的科学技术素质，要不断更新生产资料，特别是更新生产工具和创造新型材料，改进生产管理和改革生产体制。其次，要解决科学技术进步与经济社会发展的联结机制，使企业具有采纳科技成果以提高经济效益和竞争能力的内在动力，建立起有利于科技进步、有利于经济发展的充满生机的新机制。再次，要高度重视自然科学和社会科学的汇合，充分调动各类科学技术力量的积极性。这样科学技术才有望真正成为第一生产力。

（原文发表于《毛泽东邓小平理论研究》1991 年第 6 期）

准确理解和把握科学技术是第一生产力

郑文范　温　飞 *

　　建设富强民主文明和谐的社会主义现代化国家必须在新的历史起点上全面深化改革，积极推动生产力发展。在当代，科学技术对推动生产力的发展起着越来越重要的作用，已经成为第一生产力。因此，准确理解和把握科学技术是第一生产力的观点，具有重要的理论意义和现实意义。

一、科技与生产力的关系是马克思主义生产力学说的重要内容

　　马克思十分重视对科学技术与生产力的关系的研究。马克思通过对资本主义制度及其生产方式的深刻剖析，阐明了科学技术在经济发展和社会生产中的重大作用。马克思指出："机器刚刚为自己夺取活动范围这个初创时期，由于借助机器生产出异常高的利润而具有决定性的重要意义。……一旦工厂制度达到一定的广度和一定的成熟程度，特别是一旦它自己的技术基础即机器本身也用机器来生产……总之，一旦与大工业相适应的一般生产条件形成起来，这种生产方式就获得一种弹力，一种突然跳跃式地扩展的能力。"① 可见，科学技术与生产力的关系问题在马克思主义生产力学说中占有重要地位。

　　生产力是人类利用自然、改造自然，从自然界获取物质资料的能力。劳动对象、以生产工具为主的劳动资料和从事劳动实践的劳动者，是生产力系统以物质实体形式存在的独立性实体因素。马克思生产力学说对科技作用于劳动对象、劳动资料和劳动者的重要作用作了充分阐述。劳动对象是人们在生产过程中所能加工的一切物质资料。马克思把劳动对象分为两类：一是没

──────────

　　*　郑文范：东北大学马克思主义学院教授；温飞：东北大学马克思主义学院博士研究生。
　　①　《马克思恩格斯全集》第 23 卷，人民出版社 1972 年版，第 493~494 页。

有经过人们加工的自然界物质，如"作为人类劳动的一般对象而存在"的"土地"里所包含的"水"、"鱼"、"树木"、"矿石"等等这些"天然存在的劳动对象"；另一类是经过人们加工的原材料，用马克思的话说就是，"已经被以前的劳动可以说过滤的劳动对象，我们称为原料。例如，已经开采出来正在洗的矿石"。① 劳动对象科技含量的高低，对社会生产力水平的高低有着直接影响。劳动资料是生产过程中人们用以改变或影响劳动对象的一切物质资料和物质条件，其中最重要的是具有决定意义的生产工具。马克思指出："各种经济时代的区别，不在于生产什么，而在于怎样生产，用什么劳动资料生产。劳动资料不仅是人类劳动力发展的测量器，而且是劳动借以进行的社会关系的指示器。"② 马克思把劳动资料中的生产工具比作生产的"骨骼系统"和"肌肉系统"，认为生产工具"更能显示一个社会生存时代的具有决定意义的特征"，即标志着社会生产力的发展水平。随着科技进步而产生的木耒、铁梨、拖拉机等日益高级的生产工具，表示了人类社会不同历史时代的生产力发展水平。劳动者是运用劳动资料作用于劳动对象的具有一定劳动能力的人。马克思说："在劳动过程中，人的活动借助劳动资料使劳动对象发生预定的变化。"③ 技术一方面指用于工具和设备的劳动资料，一方面也指劳动者的生产经验和劳动技能。而且，随着生产力的发展，技术越来越多地体现在生产工具和设备、生产经验和劳动技能方面。马克思举例说："例如，劳动过程的技术条件可以大大革新，以致过去 10 个工人用 10 件价值很小的工具只能加工比较少的原料，现在一个工人用一台昂贵的机器就能加工 100 倍的原料。"④ 这个"昂贵的机器"就包含着技术更先进或技术含量更高的意义。

随着人类社会发展，劳动者的生产经验和劳动技能的充分发展和提升，导致了生产力的运筹性综合因素、渗透性因素和准备性因素的产生。生产过程中的经济管理、分工协作属于运筹性综合因素。分工是社会劳动的存在形

---

① 《马克思恩格斯选集》第 2 卷，人民出版社 2012 年版，第 170 页。
② 《马克思恩格斯选集》第 2 卷，人民出版社 2012 年版，第 172 页。
③ 《马克思恩格斯选集》第 2 卷，人民出版社 2012 年版，第 172～173 页。
④ 《马克思恩格斯选集》第 2 卷，人民出版社 2012 年版，第 185 页。

式，也是生产力发展水平的标志。马克思恩格斯指出："一个民族的生产力发展的水平，最明显地表现于该民族分工的发展程度。"① 分工是提高劳动生产率的重要方法，可以大大节约劳动时间。更主要的是，分工造成生产工具的专门化和机器的发明。分工要求生产的专门化，专门化的生产工具结合起来就成为机器，这就带来生产技术装备的不断进步。渗透性因素是指各种自然科学，包括基础科学、技术科学和应用科学。自然科学可以指导人们进行技术发明，创造出新的生产工具。这种新的生产工具中就渗透和凝结着科学理论，是科学理论的物化。这正是马克思所说的"在机器上实现了的科学"②。新的生产工具的产生，不断推动人类社会进步发展。如1834年电动机的发明并在随后应用于生产过程，使生产力实现了质的飞跃，人类社会由蒸汽时代进入到电气化时代。生产力中的准备因素主要指教育。教育的作用在于为生产力的继承和发展作准备。教育不仅使后人能够继承和使用前人留下的生产工具，学习前人的生产经验和劳动技能，而且使后人通过学习新的自然科学知识和社会科学知识不断进行知识更新，并在文化传承创新中不断提高劳动者的综合素质。没有劳动者的"活劳动"，劳动对象和以生产工具为主的劳动资料都不过是一堆死物，不能形成现实生产力。马克思说："机器不在劳动过程中服务就没有用。……活劳动必须抓住这些东西，使它们由死复生，使它们从仅仅是可能的使用价值变为现实的和其作用的使用价值。"③ 在这个意义上，劳动者是生产力中能动的主导的因素。所以，马克思把劳动者称为"最强大的一种生产力"④，列宁把劳动者称为"全人类的首要的生产力"⑤。

我国改革开放总设计师邓小平在领导全党全国各族人民进行中国特色社会主义建设的伟大实践中，高度重视科学技术对人类社会进步的重要作用。他深刻总结了人类社会发展的历史，特别是当代世界经济发展的新趋势和新

---

① 《马克思恩格斯选集》第1卷，人民出版社2012年版，第147页。
② 《马克思恩格斯全集》第26卷，人民出版社1972年版，第421页。
③ 《马克思恩格斯全集》第23卷，人民出版社1972年版，第207～208页。
④ 《马克思恩格斯选集》第1卷，人民出版社1972年版，第160页。
⑤ 《列宁选集》第3卷，人民出版社1960年版，第843页。

经验，以及第二次世界大战后第三次科技革命以来科技迅猛发展的实践经验，继承和发展了马克思主义关于"生产力中也包括科学"① 的思想，从中国特色社会主义建设实践出发，创造性地提出"科学技术是第一生产力"② 的科学结论。1988 年 9 月，邓小平指出："马克思说过，科学技术是生产力，事实证明这话讲得很对。依我看，科学技术是第一生产力。"③ 科学技术是第一生产力的观点是邓小平理论中最富于时代特征、最富有理论创新和最富含实践意义的思想观点之一，也是中国特色社会主义理论体系的重要内容。因此，全面、准确和深入地理解和把握这一理论，有助于深化我们对中国特色社会主义理论体系的认识，有助于我们在新的历史条件下不断推进中国特色社会主义建设。

二、科学技术渗透于生产力各类要素之中

人类社会生产力的出现、存在和发展，始终伴随着科学技术的发展与进步。也就是说，科学技术与生产力的关系问题在人类社会出现之初就存在（比如原始社会新石器时代人类在社会生产中使用磨制的石斧、琢制的磨盘和打制的石锤等主要工具就体现出这种关系），并且也将一直伴随着人类社会存在下去。当然，如果我们再进一步细分下去，比如把科学和技术分别开来进行深入分析时，情况会在程度上有所不同，也更有助于加深人们对科学技术是第一生产力的准确理解和把握。

由于生产力水平十分低下，作为理论形态的自然科学尚未形成，古代原始社会生产力中就基本上不包含多少科学成分，更谈不上科学与技术的结合。原始人科学文化知识贫乏，运用到生产中的大多是习惯性地接受到的前辈人传授的少得可怜的生产经验及劳动技能，因此可以说那时的生产工具不是自然科学理论的自觉应用和物化，而只是人类原始生产经验及劳动技能的简单而朴素的总结。劳动对象和劳动者两者与科学之间更多是以偶然而不是必然

---

① 《马克思恩格斯全集》第 46 卷（下册），人民出版社 1980 年版，第 211 页。
②③ 《邓小平文选》第三卷，人民出版社 1993 年版，第 274 页。

的联系出现在生产力中。尽管如此，我们可以明确的是，古代生产力也肯定包含着与简单的石器打磨方法和使用方式不可分割地紧密结合在一起的技术因素。所以说，这并没有在根本上改变在整个人类社会生产力的出现、存在和发展过程中始终伴随着科学技术的发展与进步的事实。也是在这个意义上，我们说科学技术渗透于原始社会生产力各类要素之中。

随着人类社会不断发展，科学技术也不断取得新的进展，许许多多的技术通过总结、概括和提炼而成为科学理论体系的重要内容，最终产生了具有系统理论体系的自然科学。近代，科学技术越来越多地应用于物质生产过程。18 世纪中叶后，第一次科技革命中蒸汽机的发明和应用所引起的产业革命，极大地推动了社会生产力的迅猛发展。19 世纪 70 年代爆发了以电的发明和应用为标志的第二次科技革命，当时被发明并运用于生产过程的发电机，明显地表现出科学理论在社会生产力中的物化。科技革命后的资本主义大机器生产中出现了专门从事科学技术和工程技术活动而不直接从事物质生产活动的科学技术人员和工程技术人员，并且他们已经成为物质生产总过程中不可缺少的一部分。可见，近代科学技术已经渗透于社会生产力各类要素之中。当然，在近代尚有许多生产工具还不是科学理论的物化，通过科学而发现或制造的新的劳动对象和新材料尚不很丰富，体力劳动者所能掌握的科学知识还比较有限，生产管理科学化程度也不高，经验管理在许多生产领域依旧起着主导作用。

当代科技迅猛发展并渗透于社会生产力各类要素中，成为推动人类社会进步发展的强大力量。20 世纪中期发端于美国的第三次科技革命浪潮对生产力变革的影响，无论在广度还是在深度上都远远超过了发生在 18～19 世纪的前两次科技革命。它以原子能、电子计算机和空间技术的广泛应用为主要标志，是一场涉及信息技术、新能源技术、新材料技术、生物技术、空间技术和海洋技术等诸多领域的信息控制技术革命。原子能的利用为社会生产开辟了新能源，并在一定程度上引起了能源革命；电子计算机在科技革命中发挥了中枢作用；空间技术的开发，既是战后各种技术的综合利用，又为各种新技术的发展开辟新道路新领域；信息技术的发展使人类的劳动方式发生了革命性的变化，开创了人类智力解放的新纪元；新材料的发展和产量的增加为工业技术革新和新兴工业的发展准备了条件；海洋工程开辟了广阔而又丰富的资源基地；等等。第三次科技革命极大地推动了社会生产力的发展，推动了经济全球化的进程。

第三次科技革命具有自己的特点。第一，科学技术在推动生产力发展方面起着越来越重要的作用，转化为直接生产力的速度加快。第二，科学与技术密切结合、相互促进。前两次工业革命主要是以一两种技术的突破为代表，第三次科技革命则在核能、电子计算机和空间技术的带动下，一批批新技术迅速出现并且汇入技术革命的洪流，进而形成宏大的技术群。第三，科学技术各领域之间日益相互渗透，一是学科越分越多、分工越来越细、研究越来越深入，二是学科间的联系越来越密切、科学研究朝着综合性方向发展。第三次科技革命，使得现代生产力中的先进生产工具都是在自然科学理论的指导下创造出来的，它们都是科学理论的物化。在电子理论指导下创造出来的电脑控制的自动化生产工具（如机器人）就是一个典型。在现代生产力中，从事科学技术的脑力劳动者的比重迅猛增长，从事直接体力劳动的人员的比重大大减少。为了适应现代生产力发展的客观需要，劳动者必须通过不断学习和终身接受教育以掌握日新月异的科学技术。人类劳动对象范围也不断迅速扩大。在科学理论的指导下，在许多新的矿产资源不断被发现的同时，人类还制造出塑料、合成纤维、合成橡胶等许多新材料，极大地丰富了劳动对象。此外，通过运筹学、控制论、模拟方法等新科学理论和方法在现代生产管理领域的运用，极大地提高了社会生产管理效率。第三次科技革命所引起生产力各要素的变革，使劳动生产率显著提高，使整个经济结构发生重大变化，它不仅加强了产业结构非物质化和生产过程智能化的趋势，而且引起了各国经济布局和世界经济结构的变化。科学技术成为现代生产力的重要因素渗透于生产力各类要素中并成为第一生产力，有力地推动了生产力的发展和人类社会的进步。所以邓小平说："同样数量的劳动力，在同样的劳动时间里，可以生产出比过去多几十倍几百倍的产品。社会生产力有这样巨大的发展，劳动生产率有这样大幅度的提高，靠的是什么？最主要的是靠科学的力量、技术的力量。"①

三、科学技术对生产的发展具有主导作用和超前作用

当代，科学技术因素在劳动生产率提高和经济增长中所占的比重越来越大，自然科学从理论突破到新产品试制成功所用的时间日益缩短，并在生产中被迅速广泛推广和应用，生产力发展呈现出明显加速趋势。在劳动者的智力迅速提高的同时，劳动力结构也向着智能化趋势发展，在现代劳动力中高级科研人员和高级工程技术人员所占比重越来越大。应用新技术所形成的新兴产业在现代产业结构整体中占有越来越重要的地位，并起着主导作用。第一、第二产业在经济活动中的比重不断下降，第三产业的比重迅速上升，高新技术产业特别是信息产业迅猛发展。所有这些，都说明科学技术是第一生产力，科学技术对推动生产力发展起着越来越重要的作用，特别是对生产的发展具有主导作用和超前作用。

在现代化生产中，科学对物质生产的主导作用和超前作用，是随着"科学→技术→生产"顺序过程的出现并占据主导地位而不断表现出来的。然而，在生产发展过程中，科学、技术、生产三者之间的相互依存、相互作用、相互影响，并不是一开始就是以这样的顺序表现出来的。科学对生产的发展起着推动作用，技术是联结生产和科学的必要环节，而物质生产对科学和技术的发展起着决定作用，三者的相互关系经历了一个从生产、技术和科学三者浑然一体，到"生产→技术→科学"，再到"科学→技术→生产"的过程。②只有最后这个"科学→技术→生产"过程，才充分表现了科学对物质生产的主导作用和超前作用。生产、技术和科学三者之间的顺序关系，大体来说经历了四个阶段。

在第一阶段，生产、技术和科学三者浑然一体，主要发生在人类社会历史发展早期阶段或说原始社会阶段。那时的社会生产力发展水平极低，科学、

---

① 《邓小平文选》第二卷，人民出版社1994年版，第87页。
② 郭万恒：《生产、技术、科学的相互关系议评》，载于《宁夏大学学报》（哲学社会科学版）1998年第4期。

技术完全被包含在物质生产过程中作为一种萌芽状态存在着，而没有被分化和独立出来。

在第二阶段，"生产→技术→科学"顺序过程出现并占主导地位，这始于奴隶社会产生后。随着生产力的不断发展最终导致原始社会解体，物质生产和精神生产的分工、体力劳动和脑力劳动的分工逐渐在社会形成，科学作为一种精神生产活动日益从物质生产活动中分离出来。但这个阶段技术的发展主要依赖于生产实践中所积累的经验，经验性的科学知识仍然占主导地位，并主要表现为对生产经验、技术经验进行整理总结和概括。科学还没有形成系统理论，没有对生产的发展起主导作用和超前作用。

在第三阶段，"科学→技术→生产"顺序过程初露端倪，但尚未取得主导地位，主要发生在近代以后的一百多年里。近代，人类社会生产力有了较大发展，科学技术在生产中得到日益广泛的应用，并先后发生了两次科技革命。特别是19世纪末发生的第二次技术革命，是科学、技术、生产三者关系发生变化的一个转折点。在此之前，生产、科学、技术三者的关系主要表现为因生产的发展推动技术进步，进而推动科学的发展。例如，蒸汽机技术革命主要是从工匠传统发展而来，在生产经验积累的基础上摸索出技术发明，然后才总结出热力学理论。但是，科学和技术、科学和生产之间的脱节现象依然十分严重。由于科学的发展常常落后于技术和生产的发展，以致在不少技术和生产领域都可以实现的问题，在科学理论上仍然是尚未搞得很清楚的问题。18世纪中叶发明和使用了蒸汽机而热学理论尚未确立就是典型例子。此外，有些科学新理论出现后却迟迟不能转化为生产技术应用于物质生产过程，从提出电磁感应理论到制造和应用发电机就用了60年的漫长时间。尽管如此，科学走在技术和生产前面的现象已经出现，发电机等的发明还是表现出科学技术对生产的发展具有了主导作用和超前作用。

在第四阶段，"科学→技术→生产"顺序过程取得主导地位，主要发生在20世纪中期以来的半个多世纪里。19世纪末发生的以电力技术革命为标志的第二次技术革命以来，"生产→技术→科学"这种生产带动科学技术发展的情况发生改变，科学推动技术进步再推动生产发展的趋势日益增强并最终占据主导地位。特别是 20 世纪中期以来，在以原子能、电子计算机、空间技术、信息技术、新材料、海洋工程等为代表的新科技革命的推动下，科学技术越来越走在社会生产的前面，开辟着生产发展的新领域、引导生产力发展的新方向已经成为普遍现象。随着电子计算机的出现和在生产过程中的普遍应用，社会生产对科技含量的要求越来越高。不仅新的现代化生产工具的发明和应用需要以科学理论作指导，发现新能源、创造新材料也需要科学理论（如能源科学、材料科学）作指导。物质生产的发展对科学技术的发展提出了新的客观要求，它要求科学在以往跟在生产实践后面去概括和总结生产实践经验的同时，还要走在生产实践前面为社会生产的发展开辟新途径，并迅速转化为现实的社会生产力。在当代的现代化生产中，科学、技术、生产三者互相依赖，形成一个相互影响、相互作用的完整体系。可见，科学技术不是在任何时代、任何社会发展条件下都是第一生产力，只有在当代新技术革命条件下，科学对物质生产不仅具有反作用，而且具有了主导作用和超前作用的时候，才成为第一生产力。

当然，在当代生产过程中，"生产→技术→科学"和"科学→技术→生产"是既相互独立又相互联结的两个过程。如果只看到生产是科学发展的基础，看不到科学走在生产的前面成为生产发展的主导而片面强调"生产→技术→科学"的过程；或者只看到科学是生产发展的主导，看不到生产仍然作为科学的基础决定着科学的发展而片面强调"科学→技术→生产"的过程，都是违背辩证唯物主义和历史唯物主义基本原理的。在当代，虽然在"生产→技术→科学"过程的基础上，产生了"科学→技术→生产"过程，但在现实的生产过程中，生产、技术、科学三者构成了一个"生产→技术→科学→技术→生产"的循环往复的开放式的链条。科学技术是第一生产力就是这样辩证地寓于这个不断发展变化的客观链条中。

（原文发表于《中国高校社会科学》2015 年第 2 期）

"科学技术是第一生产力"与科技决定论辨析

梁树发[*]

科学技术是生产力，这是马克思主义历来的观点。早在一百多年前，马克思就说过，机器生产的发展要求自觉地应用自然科学，并且指出："生产力中也包括科学。"[①] 现代科学技术的发展，使科学与生产的关系越来越密切。科学技术作为生产力，越来越显示出巨大的作用进而成为第一生产力。邓小平根据当代生产力发展规律和时代特征，继在1978年第一次全国科学大会上提出"科学技术是生产力"的思想后，又进一步提出"科学技术是第一生产力"[②]的论断。这是对马克思主义科技学说和生产力理论的创造性发展，也是发展我国科学技术和进行现代化建设的一个非常重要的指导思想。以江泽民为核心的党的第三代中央领导集体全面落实邓小平科学技术是第一生产力的思想，制定和实施了科教兴国战略。

科学技术之所以是生产力、第一生产力，首先在于科学技术本身的性质和功能，其次在于科学技术与生产的关系越来越密切这一现代生产的特点和要求。科学是现代生产力发展的基础。它通过向生产力系统中的各个要素的广泛、深入的渗透而改变这些要素的质和量，改变由这些要素的结合形成的既定结构和既定功能，从而在总体上提高生产力水平或改变其性质。技术作为科学的物化，作为联结科学与生产的中间环节，具有直接进入生产过程、成为现实生产力的条件和性质。历史表明，科学的应用、新技术的发明已成为近代以来推动生产发展的主要力量，影响社会进步的重要因素。所以，"科

---

* 梁树发：中国人民大学马克思主义学院教授（二级）、《教学与研究》杂志主编、马克思主义哲学专业博士生导师。

① 《马克思恩格斯全集》第46卷（下册），人民出版社1980年版，第211页。
② 《邓小平文选》第三卷，人民出版社1993年版，第274页。

学技术是第一生产力"是一个事实。这个论断客观地反映了近代以来，特别是当代科学技术与生产之间的密切联系。所以，把做出这样一个论断和实践这一思想看作为一种关于科学的社会功能的任意张扬是不正确的。

那么，在理论和实践上坚持"科学技术是第一生产力"是否会导致科学技术决定论和技术万能论？这就需要弄清什么是科学技术决定论。

科学技术决定论是一种在理解和评价科学技术的社会作用问题上把其发挥作用的形式简单化和把作用本身绝对化的观点体系。一方面，它认为科学技术可以不通过其他社会因素特别是生产关系而直接影响社会的发展；另一方面，它又把科学技术看作是推动历史发展的惟一的决定因素。我们不否认科学技术对社会结构体系中的其他要素能够直接地产生影响，特别是自然科学的发展往往对人们的观念产生直接的影响。但又必须承认，科学技术影响或推动社会发展的基本形式是通过首先转化为现实生产力而发挥它的作用的。它的这种作用发挥的间接形式也表明它不是决定社会发展的惟一因素。

在关于社会发展规律的理解上，特别是关于科学技术在社会发展中的作用的评价问题上，历史唯物主义坚持生产力与生产关系、经济基础与上层建筑的矛盾运动是社会发展的根本动力的观点，坚持生产力是社会发展的最终决定力量的观点。由于科学技术在现代生产力发展中的决定性作用，科学技术"是先进生产力的集中体现和主要标志"[1]，所以，历史唯物主义高度评价科学技术在社会发展中的作用。马克思曾经把科学看作为一种起革命作用的力量。但是，历史唯物主义在强调科学技术对于社会生产力乃至一般社会进步的重大作用的时候，始终认为科学的发现和发明又是与物质生产的发展相适应的，归根结底是由物质生产决定的。所以，历史唯物主义在评价科学技术在社会发展中的作用的时候，始终把它同其他社会因素，同人与人之间的生产关系联系起来，认为包括科学技术在内的生产力总是在与生产关系的相互联系、相互作用中推动历史发展的。

科技决定论从表面上看似乎也在强调生产力的作用，是唯物史观，其实，

---

① 江泽民：《在庆祝中国共产党成立八十周年大会上的讲话》，人民出版社2001年版，第16页。

这是一种假象。科技决定论是一种机械的历史观,从更彻底的意义上说,它是唯心主义的历史观。因为唯物史观中的"物"指的是社会存在,它包括实体性的物质要素(含技术),而不归结为实体性的要素,它包括生产力而不归结为生产力。它是实体性物质要素与结构性物质要素的统一,自然的物质条件与社会的物质条件的统一。而社会的物质条件包括生产力和生产关系。科学技术决定论按其理论实质来说是排斥生产关系的。科学技术决定论中的"科学技术"范畴不但不包含任何生产关系的内容,并且就其生产力的性质而言,它也不是完全意义上的生产力。就是说,科学技术是生产力,但是生产力并不归结为科学技术。一方面,科学技术不是生产力体系中的独立要素,而是对生产力体系中的各要素起普遍的渗透作用的要素,科学技术通过对这些要素发生作用而对这个生产力的发展发生作用;另一方面,一定生产力体系中不仅包含着科学物化的技术这一生产的被动因素,而且包含着用科学武装起来的生产者这一能动因素。他们不但是应用科学技术的人,而且是发现或发明科学技术的人。我们说科技决定论在历史观上是机械论,就是因为它是排斥生产力的能动因素的,是排斥作为这一因素的人与人之间的关系的。我们说它在历史观上最终会导致唯心主义,是因为按照科技决定论的固有逻辑,技术最终还要被归结于科学,从而由科学技术决定论导致科学决定论,导致知识决定论。所谓科技决定论的逻辑是一种历史"还原论"的逻辑。它是利用生产力是人类社会发展的最终决定力量和"科学技术是第一生产力"这两个相互关联的科学观点,而按照形而上学的"还原论"的思路简单推演出"科技决定"这一结论。

唯物史观与科技决定论的对立具体表现在以下方面:

第一,在社会发展动力问题上。唯物史观坚持社会发展的动力是一个有机整体的观点,认为其中根本的动力是生产力与生产关系、经济基础与上层建筑的矛盾运动。科学技术也是社会发展的一个动力,但不是根本的或惟一的动力。科学技术对社会发展的作用是受社会基本矛盾制约的,它只有转化为生产力并在与生产关系及其他社会因素的相互作用中才能现实地推动社会的进步。科技决定论则否定生产关系的存在及其作用,甚至把生产力仅仅归结为科学技术，认为历史发展的动力只是单一的科学技术。

第二，在阶级斗争问题上。唯物史观认为阶级斗争同物质生产发展的一定历史阶段相联系，这里的物质生产不仅仅是技术，也不仅仅是生产力，而是生产力与生产关系的统一即物质生产方式；认为人类自进入有阶级的社会以来的历史，就是一部阶级斗争的历史，历史在阶级斗争的推动下向前发展。科学技术进步至今还没有改变这个事实。科技决定论则把科技进步当作阶级和阶级斗争存在与发展的基础，认为在科学技术革命时代，"超级斗争"（阿尔温·托夫勒语）代替了阶级斗争，即有知识的人与无知识的人的斗争代替了无产阶级与资产阶级的斗争，这是不符合当代社会特别是资本主义社会的实际的。

第三，在社会革命的问题上。唯物史观认为科学技术革命通过转化为生产力革命而推动社会革命，科学技术革命甚至产业革命都不能代替社会革命，因为他们是不同性质的革命。另外，革命也不是自发的过程，只有通过革命阶级与反动阶级的阶级斗争才能实现革命。科技决定论则主张科学技术革命就是社会革命，或者说社会革命仅仅是科学技术领域（或管理领域）的革命。这不仅把不同性质的革命混淆起来，而且也是把社会革命看成一个自发的、改良的过程，在这两方面都实际地取消了革命。

第四，在社会形态问题上。唯物史观认为，一定的社会形态是人们的社会关系体系的一定类型。就社会形态的结构而言，任何社会形态都包含着社会技术形态、社会经济形态、社会政治形态和社会意识形态这四个要素形态。但是，除了由于生产关系是人们的社会关系体系中的决定性的关系，因而社会经济形态可以直接标志一定的社会形态以外，其他任何社会结构的要素形态都不具有这个功能。科学技术决定论者用以技术和生产力为基本内容的所谓"工业社会"、"后工业社会"等等概念代替社会形态或社会经济形态概念，认为人类历史的发展过程就是渔猎社会、农业社会、工业社会、信息社会（或后工业社会）依次演进的过程，这就歪曲了历史发展的客观规律和过程。

第五，在谁是历史的创造者的问题上，唯物史观与科技决定论也是对立的。唯物史观认为，人民群众是历史的创造者，包括科技知识分子在内的知识分子是无产阶级的一部分，属于人民群众范畴。科技决定论者则从科学技术决定一切的观点出发，认为决定历史命运的是"科技精英"，历史是不断创造信息的人的历史，从而把科技知识分子与人民群众对立起来。

由此可见，科技决定论是一种错误的历史观，其实质在于不能在社会基本矛盾中，特别是在生产力与生产关系的矛盾中来全面地、辩证地理解社会的发展。

技术万能论更是存在明显的缺点。严格说来，技术万能论根本不是什么理论。世界上从来没有什么万能的事物。任何事物的存在和作用的发挥都是有条件的。基督教赋予"上帝"以"万能"的属性，但这只是信教群众的幻想和宗教哲学家的玄想，是没有什么根据的。随着人类生产实践的发展特别是随着人的实践领域的不断扩展，技术在人们改造世界的活动中的作用也越来越突出，这是一个客观事实。但是，也不能够忘记，在技术与人的关系上，人的作用始终是能动的，因而是决定性的。技术终归是实践着的人的力量的延伸，是受人支配的。技术万能论是以往出现过的"武器万能论"的一种更一般的说法。"武器万能论"的荒谬性已被战争的实践证明过了。

理论上否定了科技决定论和技术万能论，也就一般地否定了人最终会被自己的科技创造物支配的观点。不能否认人们在其生活实践中有被自己所创造、生产的物质产品支配的可能和现实。但是，我们说，造成这一现象的原因既不在于科学技术手段，也不在于科学技术产品，而在于社会方面，特别是社会制度方面。

"科学技术是第一生产力"是关于科学技术在生产力发展中的作用问题的科学论断。它准确地反映了当代生产力发展的特点和规律。要正确理解这一命题，值得注意的有以下三点：第一，"第一生产力"中的"第一"，不是一个哲学本体论概念，就是说不是哲学基本问题所涉及的、与世界观的性质相联系的思维与存在哪一个是决定性的方面这一意义上的"第一性"，而是一个关于事物、现象的一般的地位、作用或性质的概念，有第一位、首要、主要、主导之意。第二，这终究是在可能的意义上讲的，是就科学技术所具有的潜在能力、作用讲的。科学技术要成为现实的生产力还需要一个转化过程，其中包括人们对科学技术作用的正确认识和与之相适应的政策、决策及其他具体条件。第三，科学技术无论是在生产力发展中还是在社会发展中的作用的发挥，都离不开一定的社会条件，特别是离不开一定的生产关系和社会制度条件。作为一种具有一定历史观意义的科技决定论，其要害在于离开人的生产关系，离开基本社会制度来认识和评价科学技术的社会作用。

"科学技术是第一生产力"的事实、结论本来与科技决定论是没有联系的，只要遵循唯物辩证的历史观和正确的思维逻辑，就不会从这一个结论、命题中推导出科技决定论和技术万能论。科技决定论和技术万能论的根据不在"科技是第一生产力"的结论中，而在对这个结论的不适当的推演中。

有人提出当代科技人的出现与科技的过度张扬的关系问题。关于什么是科技人的问题，人们可能有不同的看法。从人的全面发展的意义上说，无论是科技人，还是经济人、政治人、文化人，都不能被认为是全面发展的人，而是在人的社会生活的某一方面有突出发展的人，因而是片面发展的人。科技人不但是一个以科技事业为职业选择的人，而且其发展由于受其专业限制，不仅其观念存在科技决定论倾向，而且其能力、素质也是片面的。他可能是一个称职的甚至造诣颇深的科技专家，但是从全面发展的人的要求来看，他仍然是一个片面发展的人，一个"单面人"。这样的人的产生一般来说是由于分工造成的，是职业的狭隘性限制了人们全面发展的可能。这只能是一个随着生产的发展和社会不断进步而逐渐得到克服的问题。科技的过度张扬在观念的方面对人的发展可能会造成影响，但就科技人的出现来说，把根源归结于所谓科技的过度张扬似简单化了。应该说明的是，"科学技术是第一生产力"的命题不是一个关于科学技术的社会作用的过度张扬的命题。而且就我们这样一个科技相对不发达的国家来说，存在的不是科技的过度张扬问题，而是一个如何普及科技教育、提高劳动者的科技素质，提高产品的科技含量和增加国际竞争力的问题。党的十六大报告提出我们要走新型工业化道路，"走新型工业化道路，必须发挥科学技术作为第一生产力的重要作用，注重依靠科技进步和提高劳动者素质，改善经济增长质量和效益。加强基础研究和高技术研究，推进关键技术创新和系统集成，实现技术跨越式发展"①。

　　在对科技决定论思潮的分析中，有人认为当前我国倡导大力发展科学技术，以科学技术作为治国方略之一，而当代西方文化中则出现对科技和理性的讨伐，对科学主义的反省，应该怎样分析东西方的这种反差？要对这种反差现象做出正确的理解，根本的思路是把这种对待科学技术的态度放在各自不同社会的和历史的背景当中去。西方文化中的反科学主义以对科学和理性的讨伐的形式出现，而反对的或者说应该反对的则是科学技术的不合理的应用，这种不合理应用的根源不在于科技本身，而在于社会。西方反科学主义的人本主义学者在这个问题上的局限性就在于他们把矛头总是对准科技本身，而不是对准造成这一现象的根源——社会制度和其他的社会方面的原因。就我们今后的发展来说，西方社会出现的这一情况也是值得警惕的。我们应注意科学技术的合理应用问题。一方面，我们有制度上的优势，应该充分发挥这种优势；另一方面，还要通过制定一系列的具体的政策、法规乃至一些必要的技术性措施，保证科学技术成果的合理的有效的应用。

　　　　　　　　　　　　（原文发表于《思想理论教育导刊》2003 年第 3 期）

----

① 《中国共产党第十六次全国代表大会文件汇编》，人民出版社 2002 年版，第 21 页。

四、马克思生产力理论的当代拓展

新时代中国特色社会主义绿色生产力研究

任保平　李梦欣[*]

邓小平曾指出："一个是解放生产力，一个是发展生产力，需要把两个方面讲全了"（邓小平，1992）。在此基础上，习近平总书记又提出"保护生态环境就是保护生产力、改善生态环境就是发展生产力"（习近平，2013）的理念，从传承邓小平生产力理论到习近平生产力理论的不断发展，意味着新时代背景下中国特色社会主义政治经济学理论体系，已经从解放生产力和发展生产力层面上升到了保护生产力（洪银兴，2016）。习近平同志在党的十九大报告上明确指出我国已进入中国特色社会主义新时代，社会主义现代化奋斗目标也增添了"美丽中国"的新概念。这意味着，在新时代的背景下中国亟需贯彻绿色发展理念，建立健全绿色低碳、可再生发展的经济体系，树立绿色富国和绿色惠民的价值取向，从而推进新时代背景下中国特色社会主义绿色生产力的发展。而绿色生产力的发展创造出的绿色财富，可以说是马克思主义生态经济学的衍生和拓展，强调生态文明的价值观与财富观，也创新了对绿色财富的理论构建。绿色生产力强调了人与自然之间的和谐共生关系，通过增强自然生态系统对现代化经济社会发展的适应性供给能力，以协调和化解物质财富与生态财富的矛盾与冲突。

一、绿色生产力发展创造绿色财富

在我国粗放型经济发展模式的过程中，一味地追求物质财富的增长，致使环境负荷超载、生态破坏严重且已丧失自我修复能力、自然资源大量浪费

---

　* 任保平：西北大学经济管理学院院长，教育部人文社会科学重点研究基地中国西部经济发展研究中心主任、教授、博士生导师；李梦欣：西北大学经济管理学院硕士研究生。

且难以再生，这种经济发展模式不仅背离绿色经济的发展道路，更是以消耗高额的生态财富为代价低效换取物质财富的增长，这必然是无法实现经济的持续健康发展的。立足于中国经济发展的历史经验，不断探索和揭示其内在的隐藏规律，才是科学地发展中国政治经济学（任保平，2016）。对增长的极限和传统生产力的反思，也为生产力理论在中国特色社会主义政治经济学体系拓展助力，绿色生产力的提出和发展，不仅为生产力理论增添了浓墨重彩的新篇章，也创造了绿色财富的诞生。

（一）增长的极限及对传统生产力的反思

在人类文明历史的进程中，分工的不断细化提高了专业化程度，从最初的原始采集，到畜牧农耕，再到三次工业革命，乃至正在进行中的工业 4.0，人类的生产力水平得到了大幅度的提高。随着人口的增长、人类生活范围的扩大以及社会文明进程的加快，自然资源逐渐被破坏且范围不断扩大，尤其是到了工业文明时期，对自然资源的疯狂掠夺、废液废物的高污染排放加剧，这种黑色粗放型发展模式造成了空前的生态灾难，环境的自净能力弱化甚至丧失，资源大规模短缺，全球气候变暖等矛盾凸显。忽略了经济增长的质量和效益以及生产力的内在价值，不仅破坏了生产力系统的运行规律，也威胁到了人类自身的生存条件。

人与自然的关系在最开始的时候是人类屈服于自然，后来提出了人类征服自然，在对自然从认识到改造的转移中，特别是自工业文明时代以来，人类利用工业化的文明成果对大自然进行着无节制的索取，看似征服自然，却是无视资源和环境有限性约束的一场抢掠活动，这些破坏自然初始平衡并且危及生态系统健康的行为，对整个社会和自然都造成了巨大的威胁，促使人口、资源、环境和经济增长系统丧失持续性。

20 世纪 70 年代初，罗马俱乐部提出了"增长的极限"的警告，虽然罗马俱乐部所认为的"经济增长的极限无法突破、经济发展应该停止"（罗马俱乐部，1972）的观点不能被人们所接受，但是关于生态破坏的严重警告迫使人们深刻反思经济增长的代价，在寻求新的发展方式过程中，可持续发展这一注重长远发展的经济增长模式成为新概念被提出。这意味着人们在对经济增长的极限思考和生态危机日益加剧的不断反思中，可持续发展作为一种新的发展观应运而生，成为新的发展观构建组成，国家新时代生产力研究和价值判断问题也出现在人们的视野之中。

马克思认为，人类物质生活的全部资料都来源于大自然。这意味着如果自然环境被肆意破坏，人类生存所依赖的大环境就被打破，其结果也必然导致人类社会发展无法继续。在重新认识自然资源价值的基础上，人们对于改造自然以及物质资料的生产模式也逐渐开始反思，在数量型经济增长阶段，为推动中国经济增长的快速发展，使用的"高投入、高产出"发展模式决定了以物质资料为导向的生产力结构。然而，当物质积累到一定程度，经济增长过程中产生的生态环境代价愈发突出，在提高经济增长质量成为新时代新要求的背景下，对生产力的关注不再只局限于经济增长的数量生产，而是拓展到经济发展的前景及代价。因此，在一国经济发展的过程中，一方面希望在改造自然的过程中不破坏自然的自我修复能力，另一方面追求代际平衡和长期发展。

（二）绿色生产力的发展创造出绿色财富

在对增长的极限和传统生产力的反思中，绿色生产力的绿色意识便应运而生。政治经济学中将生产力概念解释为人们利用自然、改造自然以实现物质资料积累的能力。而绿色生产力在这一基础上突出强调使用自然资源时需要重视无污染、无公害以及改造自然的可再生性，意味着人们在改造自然时，需充分考虑自然资源的可承受能力，在不破坏自然资源、排放较少的污染废弃物的基础上进行生产生活活动，并杜绝肆无忌惮地利用自然以实现经济增长的物质积累的行为。

习近平总书记指出："绿水青山就是金山银山。"（习近平，2013）这意味着干净的水、清新的空气、多样性的生物、绿色的环境都是宝贵财富，在认识到自然资源是提供人类一切生产资料的根本源泉、生态环境对于人类生存和发展息息相关的基础上，绿色财富的价值及其重要性就逐渐凸显。绿色生态财富不仅是人类在生存、生活和生产过程中所需要的基本物质资料来源，更是社会财富的重要组成部分。

绿色生产力的发展就创造了绿色财富，由于生产力是指基于劳动资料的投入和劳动者的参与对于自然进行利用和改造的过程，那么生产力的发展就体现在这一过程内生因素的不断进步和优化中，绿色生产力的发展重点从绿色属性出发，表现为提高自然资源的使用效率、利用资源的模式改进、重视自然资源的循环使用以及社会生活中环境补偿和治理。通过绿色生产力的发展和嵌入，可以改善社会环境、缓解气候恶劣、治理污染排放、减少资源浪费、弥补生态损伤，从而提高生态环境质量，积累绿色生态财富优势。因此，可以说绿色生产力本质上是生产力发展和演进的产物，与此同时绿色生产力的发展也创造了绿色财富的经济积累。

由绿色生产力创造出的绿色财富作为我国政治经济学财富判断的拓展和创新，其理念和价值也承载了深层次的内容和智慧，其主要价值判断表现在以下四个方面。

其一，绿色财富是社会生产力发展的重要基础，绿色财富的高存量和优质量，决定了社会生产力的发展水平和发展能力。其二，绿色财富是社会再生产的重要支撑，保持绿色财富的再生、增值和扩展，将是实现社会再生产以及社会可持续发展的内在动力。其三，绿色财富是人类生存的前提并且是改善人类生活质量的基本保证，良好的生态环境具有提升生活质量的功能。绿色财富一方面建立起人与生态的双重财富尺度，另一方面致力于平衡物质财富与生态环境之间的关系。其四，绿色财富的形成，基于一国构建的社会—经济—生态三元效益共同发展的绿色经济发展模式，着力于以绿色创新为新动力，促进绿色低碳型循环经济模式转型，全面推进生态变迁与绿色生产动力重构，加大生态系统保护力度，以推进绿色生产力的全面实现。

二、绿色财富催生绿色财富理论

21 世纪以来，生态文明建设成为时代的主旋律，生态文明是人类社会文明发展的新形态，在唯物主义社会历史观下，不仅传承了社会文明的血脉，顺延了历史演化的进程，升华了和谐社会的理念，更创新了社会文明的趋势和内涵。这意味着，我们已经从传统的追求单一化物质文明社会全面步入物质文明、精神文明以及生态文明齐头并进的多元共筑文明发展的新目标阶段。在新时代里，一味追求物质积累的传统财富观受到了新文明的冲击和质疑，由绿色财富和物质财富共同构建的财富理论成为国家财富观的新内容。

（一）绿色财富理论对传统财富理论的扬弃

传统的财富观的变迁经历了实物形态、货币形态、价值形态和知识形态四个过程（任保平、段雨晨，2016），实物形态、货币形态和价值形态只是基于不同的载体和不同的视角评价物质财富的积累程度和效用大小，知识形态是通过科学技术的进步和知识水平的积累来提高生产力，改善生产关系，以促进物质财富的不断扩张。然而，传统财富观四个形态的变迁归结于本质都是以物质财富的积累来衡量一国财富水平的价值观。但是，在生态文明的新文明时代，人们开始意识到，虽然自然资源可以转化成为物质财富满足人们的物质需求，并不断推动人类社会的发展和进步，但是对自然资源肆意地开采和挥霍破坏了子孙后代满足自身发展所必要的生存资料和生活环境。在这种境遇下，自然资源的稀缺性便凸显出来，以物质财富衡量一国的发展和繁荣程度的局限性也逐渐被暴露。此时，就需要基于现代生态学的世界观，以人、自然和社会复合生态系统整体性观点评价现实世界的财富论。

马克思在引用配第所说"劳动是财富之父、土地是财富之母"（马克思，2004）的论断时，指出了自然资源是财富生产的前提。显然，自然资源本身就是财富，在马克思时代就已明确。大自然是一个相互依存、相互影响的系统，在依靠化石能源的工业文明时期，人类造成的生态破坏表现在：自然资源的迅速衰退、生态体系的破坏、水资源污染、大气危机、垃圾堆积等等。这种状况就是习近平总书记所指出的："从工业文明开始到现在仅三百多年，人类社会巨大的生产力创造了少数发达国家的西方式现代化，但已威胁到人类的生存和地球生物的延续"（习近平，2013）。这意味着工业革命开始至今只有三百多年的时间，却已经对自然资源的储量、人类的生存环境以及地球其他物种的生存和延续造成了巨大的伤害和威胁。在人类经济社会进程快速发展的背后却存在着难以弥补的损失，生态环境的破坏以及自然资源的短缺不仅会影响自身的生存发展，更会危及世世代代的繁衍和进步。

传统的财富观认为财富是指具有使用价值的物质财富，资源环境的价值被排除到财富观的系统之外。在对增长极限和传统的财富观进行反思和修正的过程中，人们发现生态资源的价值不容小觑，生态资源可被视为人类生存、社会进步的基本来源和根本保障，将绿色生产力创造出的绿色财富引入财富理论框架内，意味着由绿色生产力衍生出的绿色财富和物质财富共同构成我国特色社会主义财富理论。这一理论不仅强调了绿色财富的重要性和必要性，更推动了我国政治经济学财富理论的创新。

（二）绿色财富理论对政治经济学财富理论的拓展

我们将绿色财富和绿色经济纳入新时代的政治经济学国家新财富观，不仅将国家财富拓展到物质财富和绿色生态财富的双视角来评价我国发展进程中的财富价值，在政治经济学理论维度上更丰富了国家财富观这一范畴深刻的内涵，充分体现了马克思主义的生态环境思想，全面反映了经济与生态在演化进程中的交互关系。绿色财富理论对政治经济学财富理论的拓展主要表现在：

首先，绿色财富理论突出了绿色生态财富的价值。地球上的自然资源是有限的，我们为满足生活的需要而介入自然界时，要自始至终地尊重自然、顺应自然并保护自然。发展绿色生产力，推动我国形成绿色的发展方式和生活方式，维护绿色生态财富的价值，才可以换取自然对生产力的最佳反馈。这意味着我国在经济发展中不仅需要获取一定的物质财富，更要追求并维护绿色生态财富的价值，由于生态环境作为我国特色社会主义政治经济学财富观的一部分，我们理应多加考量绿色财富的损失，注重维护并补偿绿色财富，致力于物质财富和绿色财富共同的积累和进步，也是新时代背景下我国经济发展的新理念和新价值。

其次，绿色财富理论拓展了政治经济学财富理论的基本框架。绿色财富理论体系中，是将测评经济社会发展程度在时间维度致力于长期可持续，目标函数由初始的追求物质财富效益最大化转向实现物质财富以及绿色财富总和的效益最大化，以解决人与自然之间物质转换过程中的协调问题。将发展绿色生产力作为我国财富理论框架和智慧谱系的一部分，一方面需要明确绿色生产力发展的内容、构建绿色发展的制度保障以及规划绿色发展促进社会总财富持续积累的路径安排；另一方面亟需通过一场彻底的、根本的、深刻的生态—经济—社会伟大革命的推动来形成绿色发展方式和绿色生活方式，以最适宜的方式影响和介入自然。在维持人、自然、社会的和谐共生和统一进步、促进全面协调可持续的原则下，创造由物质财富和绿色财富共同构成的财富效益最大化，是当代中国马克思主义政治经济学财富理论的新成就和新拓展。

最后，建立在绿色财富理论基础上的绿色发展道路是中国特色社会主义建设的深刻变革。我国目前已经进入了中等收入阶段，经济也进入了新常态，在自然资源的供给已经处于极限、供求结构严重失衡的现状下，我国很容易落入中等收入陷阱之中，而中等收入陷阱的根本症结之处在于经济的发展模式已经不适应新时代新阶段的经济形势和特征（洪银兴，2016）。现如今，以资源的大量投入为主要经济增长动力的作用已衰竭，以发展绿色生产力为导向的集约化经济增长模式的构建成为了逾越中等收入陷阱的主动回应。将绿色财富纳入我国财富观，通过创新发展方式转型，走可持续经济发展的绿色化之路，及时规避一味追求物质财富积累的西式化道路，以绕过中等收入陷阱，成为了实现中华民族伟大复兴的新方式和新路径。

绿色财富理论不仅创新了我国特色社会主义政治经济学财富理论，更进一步讲，绿色生产力的发展是人和自然和谐相处理论的必然要求。构建绿色生产力发展模式、迈向绿色发展道路不仅是中国特色社会主义建设的深刻变革方向，更是经济新时代背景下绿色生产力建设的政治经济学智慧。因此，需要在人与自然和谐共生中探索绿色发展的新路径。

三、绿色生产力实现人与自然和谐共生

人类社会的演进和发展是人、自然与社会三者共同作用的结果，人类社

会历史的发展也是这三者相互融合、相互促进的过程。在这一运动中，马克思提出了"属人的自然""社会的自然"（马克思，1995），他明确指出人是隶属于自然界的一部分，并且提出要绝对遵循人、社会和自然界之间的内在联系及其基本的运行发展规律，正如习近平总书记指出："人类利用自然要尊重自然规律，必须呵护自然，不能凌驾于自然之上"（习近平，2015）。因此，通过绿色生产力发展来促进人与自然的和谐相处就具有时代必要性（洪银兴，2016），绿色生产力是以人、社会以及自然这个有机整体的和谐、协调、可持续发展为客观规律，强调三者交互的和谐共生关系。可以说，人与自然的和谐共生关系不仅是生态经济学的基本理论架构，更是中国特色社会主义生态文明和绿色生产力发展的核心价值体现。

（一）马克思主义生态经济理论

在广义视角下，人与自然的和谐共生包含三部分，即人与自然的和谐共生、人与人的和谐共处，以及人与社会的和谐发展。基于马克思主义生态经济学原理，从这三个方面之间的交互关系阐述的绿色发展理论，一方面揭示了生态文明的本质属性，另一方面更阐明了绿色发展过程中人与自然和谐共生的基本运行规律。并在此基础上，将发展的战略思想上升到协调可持续的新高度，以此构建绿色生产力的支撑框架和发展模式，具体包括以下三个方面内容。

第一，在经济规律与自然规律的双重约束下发展生产力。马克思认为人具有两种属性，首先是自然属性，这意味着自然界对人类生存和发展有着本源的制约关系，人类以及人类社会对于自然界也存在着本源的依赖性，人类不能脱离外部环境和自然生态而独立存在。其次是社会属性，即人是作为社会经济人和自然生态人的共同体，自然生态是人类生存、生产以及生活活动的前提条件。在经济活动中不仅要遵循经济规律，而且要遵循自然规律，在经济规律与自然规律的双重约束下从事生产活动，发展生产力。

第二，基于整体生产活动的全面生产理论。全面生产理论是指社会各个方面、各个要素系统的整体生产活动。首先是人口自身的生产和再生产理论，这一理论是指我们不仅要满足自身发展的需要，又要维持和延续人类未来发展，由于资源的有限稀缺性以及部分资源具有不可再生性，当代人在满足自己的需求时必然会消耗一定的自然资源，如果资源消耗无度、环境污染严重，那么就会损害后代发展的生存繁衍以及福利水平，这就涉及了自然资源和生态环境在代内和代际传承之间的公平分配关系。因此，绿色生产力发展的内在动力是生态资源既维持当代人口的福利满足需要，又保障未来世代人口福利朝着更高水平发展，生态资源的效益价值不容小觑。其次，生态环境的生产与再生产理论，由于人类生产物质资料的过程中必然会对自然生态环境造成破坏，在不同程度上影响自然生态系统的运行机能。对于轻微的损耗，自然资源可以利用本身的恢复和增殖能力进行自我修复和自我弥补，但是超过一定负荷之后，自然系统自身的抵抗力会被彻底破坏甚至失去了再生能力。而自然资源、生态环境作为财富的一个重要部分，需要重视并维持这一系统的永续不衰发展。因此，遵循自然规律，维持生态平衡性，促进生态资源的循环利用，把握生态和人类经济社会发展之间的相互适应和协调发展就成为了生态环境生产和再生产的衍生价值体系。

第三，生产活动中的生态系统和经济社会系统相结合。马克思提出的物质循环与生态理论从深层次揭示了从事劳动生产活动的人与自然界之间的生态经济关系。在完整的生态系统中，时刻存在着能量的流动和物质的转化，并构成了生态系统的总循环运动。而经济社会则通过生产、交换、分配、消费四个相互继起的环节构建经济社会系统的物质变换和流动，当生态系统和经济社会系统相结合时，生态循环以及物质变换就相互融合成为了有机统一的整体，为促进整体系统的协调持续运作，马克思认为要将生产过程中排放的气体、固体和液体进行合理的处理和分解，不仅使其参与到自然界的生态环境再生产维度，更适应了生态系统自身的净化机能调节。这一分解和再利用会优化生态经济系统的运作方式，建立在良性循环的基础之上，在保持原有生态体系自生能力的前提下，又进一步提高了生态系统的产出效率。因此，遵循自然循环规律、提高资源综合利用能力、阻止生态失调的恶性循环是绿色生产力发展的核心方法谱系。

（二）绿色生产力强调保护生产力

绿色生产力发展致力于对生产力的更新性和可持续性方面，以绿色运行为生产力发展的基本要求，促进了代际平等和生态平衡，更是实现了从追求数量型经济增长转向以人的全面福利为核心的质量效益型生态经济社会发展的伟大变革。

因此，经济新时代下的绿色生产力的发展就是强调维持生产力的可持续性发展，是保护和发展生产力的具体实现，具体体现在以下两个方面。

其一，保护生产力是遵循自然规律的发展。在工业文明的发展观和价值观下，一方面导致自然资源的消耗和浪费，另一方面造成了污染的无节制排放，这种违反自然规律的增长模式必然是不可持续的，突出表现在资源短缺、环境污染和生态失调、自然供给过饱和等方面。这就是在发展生产力的过程中，过度消费生产力，使其丧失了自然属性的生机和活力。人类在物质生产的过程中离不开对自然资源的需求，人类经济社会的发展归根结底是人与自然界之间的物质交换过程，当资源环境供给超越极限之后，人类进行改造自然的生产以及再生产过程中的物质资料将无法持续供给，势必影响到人类生存的永续发展。因此，我们推进经济社会的建设时，要遵循自然基本规律，以保护生产力为发展的基本原则，以实现绿色生产力的可持续发展。

其二，环境就是民生。马克思主义政治经济学提出要促进人的全面发展，不仅仅包含物质财富的积累、生活水平的提高、精神世界和文化意识的增强，还包括人类生存、生活所处的环境，清新的空气、宜人的环境共同铸造了我们所生存的美好家园，自然赋予我们的一切都是我们的财富，正如习主席说到的"环境就是民生"（习近平，2015）。因此，我们必须深刻认识到，环境问题也就是民生问题，不仅要注重环境污染的治理和保护，还要注重与人类共享自然环境的其他资源、生物之间的和谐共存问题。这是从民生的角度重视生力的保护，致力于通过绿色生产力的发展来保障民众的基本生存条件并提高人们生活质量的水平，从而建设以人的全面福利为核心的特色社会主义建设的新征程。

新阶段强调以质量提高和效益增强为核心导向的经济增长，其中质量提高，是指人的物质财富、福利财富、文化财富、生态财富共同增加，而效益增强意味着经济效益、社会效益和生态环境效益的三元共筑永续发展。保护生产力，发展绿色生产力，不仅是马克思主义人与自然和谐相处的基本理论要求，还是新阶段新时代的价值理论和财富理论积累的必然选择，更是以人和自然和谐相处为准则，从而推进经济、社会和生态三元协调可持续发展实现的伟大智慧。

四、绿色生产力体系的构建及其发展路径选择

习近平总书记说过："建设生态文明是中华民族永续发展的千年大计"（习近平，2017）。尤其是我国现已进入中国特色社会主义新时代，加快生态文明体制改革，建设美丽中国已成为新时代背景下中华民族全面决胜小康社会的应有之义。绿色生产力作为习近平中国特色社会主义经济思想的有机组成，也是中国特色社会主义政治经济学理论体系的重要原理。因此，不断夯实绿色生产力在经济社会发展的基础性定位，完善现代化绿色生产力体系构建，才能实现绿色永续发展之路的全面建设。而绿色生产力理论，既包括保护生态环境的发展，即建立可持续发展体系，又包括以改善生态环境为目的的发展行为。

（一）绿色生产力体系的构建

生态马克思主义经济学是以人与自然和谐共生为根本原点的，而在我国特色社会主义建设的进程中，根据实践经验和理论总结，将人与自然的和谐共生思想的表现方式高度概括为全面协调可持续发展。在积极推进绿色生产力发展以保护并发展生产力的进程中，绿色生产力归根到底体现的是尊重自然、顺应自然、保护自然的理念。构建绿色生产力发展的基本行为范式就具有现实必要性，一方面揭示了人与自然之间的和谐统一的生态经济学核心价值观，另一方面要求了人与人、人与社会以及人与自然之间各种经济活动实现生态合理性、资源节约性和自然循环性，从根本上协调可持续经济、社会

和生态效益，并通过科技创新机制着力于经济生产力与生态生产力的统一与协调。基于这一理论认识，绿色生产力体系的构建主要涉及以下四个方面。

（1）绿色生产力的经济体系。首先是要优化绿色经济结构，具体指将产业结构的发展调向大力发展第三产业，不断降低资源密集型工业产业比重，以促进清洁型、生态型的绿色产业的茁壮成长。其次是优化绿色产业配置，即工业生产模式亟需从规模扩张转向效率提升，绿色发展模式注重改进资源配置机制，通过大力发展高新技术产业，构建资源配置效率递增机制，利用较少的资源环境代价获得较高的经济生态效益，从而促进经济增长可持续性。最后是推广绿色循环的生产技术，在推进内涵型扩大再生产的基础上，推广并普及清洁生产、循环经济以及污染物排放处理和降解等生产技术，一方面减少了对自然资源、能源的需求，合理控制能源消耗总量，另一方面提高工业化废水、废物、废气的处理和循环系统，从源头上弱化了生产的污染要素，推动经济增长的可持续。

（2）绿色生产力的社会体系。一方面通过制定绿色低碳经济战略，在全社会实现资源节约和环境协调，将创造物质财富以及绿色财富作为社会发展的基本财富理念，保护生态环境，实现全社会的节能减排，以提高人们的社会生活综合质量。另一方面倡导全社会绿色低碳消费方式，在生态文明的进程中，不能只依赖于生产方式的改进来改善人和自然之间的和谐关系，人们进行活动的方式包括生产和生活，生活消费的行为模式也会在一定程度上破坏环境，不恰当的消费方式也违背了人和自然和谐共处的初始构建，表现为：食物的大量浪费、交通工具的废气污染、不可降解等材料的大量使用、水资源的浪费、垃圾的乱扔乱弃等等，这些传统的黑色生活习性也阻碍着我国特色社会主义生态文明的建设。在全社会范围内积极呼吁绿色低碳的文明消费模式，购买绿色低碳消费品，使用环保可循环的生活物品，减少家庭私家车使用，鼓励公共交通工具，普及新型能源动力车辆，减少汽车尾气的排放，以绿色生活、低碳循环消费促进人类社会和自然之间的和谐相处。

（3）绿色生产力的生态体系。80年代以来，我国很多地区的经济高速增长都是以森林的乱砍滥伐、过度耕种为代价的，导致了沙漠扩大、土壤侵蚀、森林功能破坏、物种灭绝等生态危机。在经济系统与生态系统相互冲突的矛盾下，合理地开发利用自然资源成为了生态体系可持续发展的首要措施，一方面需要保护水资源，通过保护水源，防止污染，进行水利工程的建设以及节约用水制度等，来解决日益增长的人口数量对水量水质的需求矛盾。另一方面，亟需保护森林资源和土地资源，通过培育森林资源，阻止森林的大规模缩减和退化，提高森林资源的供给能力。同时，通过退耕还林政策，恢复土地生产力，加强土地资源的保护。

（4）绿色生产力的科技创新体系。首先，通过创新发展绿色可再生新能源，推动新能源革命进程。通过政府的大力支持和资金投入，促进创新技术的快速发展，推动新一代能源领域的关键性技术突破，提高可再生能源的技术开发水平，构建高效、绿色、安全的能源系统，从而掀起绿色新工业革命浪潮。其次，通过技术创新，培育绿色经济发展多元化、低碳化新动力。虽然我国能源结构的层次和格局也逐渐转向低碳化和多元化，然而在多元、低碳的新能源生产与应用的过程中，核心技术尚未突破，我国自主创新供给显著不足等问题显著存在。因此，自主创新能力成为了绿色经济多元化、低碳化发展的基础支撑和核心动力。最后，建立绿色高效节能的长效动力机制，大力推进节能高效的能源使用技术进步，加强世界前沿化的技术研发，在提质增效的关键技术领域进行突破，并争取全球绿色创新的主导地位。

（二）绿色生产力发展路径选择

发展中国家在经济增长的初期为快速增长，一般都采取"先污染，后治理"的模式，或者"边污染，边治理"的发展模式，而这种模式无法适应新时代的可持续生态发展。在绿色生产力发展的定位下，就需要进入"先治理，后发展"的阶段。其必要性在于两个方面：一方面，过去的发展方式造成环境污染问题日积月累，已经严重影响人类发展和生存的条件，不但危及自身的发展，还会受到自然界的惩罚。另一方面进入中等收入阶段后，发展目标已不仅仅局限于GDP的数量型增长，绿色财富的积累已直接成为发展的目标。因此，对于保护生产力、发展绿色生产力的路径选择和路径设计就极其的必要。

第一，治理和修复生态环境。现阶段生态系统受损严重，自然环境遭到破坏，因此进行生态连廊的全面修复，提高资源和环境的承载能力就是发展生产力。一方面要从根源保护，大力投入环境修复和重建力度，进行系统化、规模化的修复治理，精心修复和提升生态系统功能。另一方面要大力打造生态修复示范区建设，分别推进草原、森林、湿地、湖泊、荒漠等生态系统治理与补偿机制，筑牢生态环境安全屏障。治理生态环境需要构建更加规范、合理有效的生态修复—补偿机制体系，同时需要避免区域间的补偿不足或补偿过高等错配问题发生。对于环境生态问题积重难返、治理任务难度艰巨的地区，要重点设立地区生态补偿和修复示范园区，以推进各地区全面可持续的绿色治理和绿色生产力的修补式变革。

第二，促进产业生产力的绿色化。绿色产业以产业结构绿色化为基础，以最小的生态环境代价和最少的资源环境消耗来获得社会经济效益的最大化。在全球化配置自然资源和生态资源的市场竞争中，需要我们提高产业的高级化水平，从以工业主导转向以服务业主导的经济增长模式。绿色产业生产力的推进，不仅是指环保产业、污染治理产业的兴起，还是将绿色的理念、绿色的技术应用到社会生产与再生产的每一个过程之中，对传统产业进行优化改造，包括绿色农业、绿色工业、绿色旅游业以及环保型生态产业。不断推进绿色、低碳的生态产业兴起，形成符合新常态背景下生态文明要求的现代化绿色产业体系，以推进美丽中国的建设。拓宽绿色市场，减少并优化传统重工业以及资源密集型产业，以科学发展与资源环境相适宜的绿色产业来接续替代，从而推进产业生产力的绿色化转型。

第三，增强绿色产品的供给能力。在经济增长新时代，人们对美好生活有着日益迫切的需求，而优质生态产品、舒适宜人的生态环境的供给却显著不足。因此，亟需增强生态产品的生产能力和供给能力，节约能源，促进无公害可再生能源的使用。通过实施重大生态修复工程，着力对大气、水和土壤等生态资源进行污染治理和修复补偿，以修复生态产品系统的自我调节功能，增强绿色产品的供给能力。

通过绿色生产力的路径指引，增强绿色经济增长的发展后劲，既创新了中国特色社会主义政治经济学财富理论，又强调保护和发展生产力，遵循了人与自然之间的和谐关系。绿色生产力作为习近平中国特色社会主义经济思想的有机组成和中国特色社会主义政治经济学理论体系的重要原理，我们必须坚定不移地推进绿色生产力的发展，不断完善绿色生产力理论体系，优化绿色生产力路径选择。坚持绿色生产力的实现，不仅是在新时代背景下，中国树立并贯彻"创新、协调、绿色、开放、共享"五大发展理念的必然选择，更是进入中国特色社会主义新时代建设社会主义现代化强国的必由之路。推动绿色生产力发展的深刻变革，构建经济、社会、生态的全面协调可持续发展，促进全人类社会经济福祉以及生态福祉的最大化实现。

【参考文献】

［1］《邓小平文选》第三卷，人民出版社 1993 年版。

［2］何爱平等：《新时代中国特色社会主义政治经济学的创新发展研究》，人民出版社 2018 年版。

［3］洪银兴：《中国特色社会主义政治经济学的创新发展》，载于《红旗文稿》2016 年第 7 期。

［4］任保平：《"中国发展的政治经济学"理论体系构建研究》，载于《中国高校社会科学》2016 年第 6 期。

［5］《和合哲学论》，人民出版社 2004 年版。

［6］《习近平总书记系列重要讲话读本》，学习出版社、人民出版社 2014 年版。

［7］任保平、段雨晨：《新常态下提高经济增长质量的新国家财富观构建》，载于《经济问题》2016 年第 2 期。

［8］《资本论》第 1 卷，人民出版社 2004 年版。

［9］习近平：《之江新语》，浙江人民出版社 2013 年版。

［10］洪银兴：《构建解放、发展和保护生产力的系统性经济学说》，载于《经济学家》2016 年第 3 期。

[11]《马克思恩格斯选集》第 4 卷，人民出版社 1995 年版。

[12]《习近平总书记系列重要讲话读本》（2016 年版），学习出版社、人民出版社 2016 年版。

[13] 洪银兴：《发展马克思主义政治经济学的几个问题》，载于《政治经济学评论》2010 年第 1 期。

[14] 2015 年 3 月 6 日，习近平总书记在参加江西代表团审议时的讲话。

[15] 习近平：《决胜全面建成小康社会 夺取新时代中国特色社会主义伟大胜利——在中国共产党第十九次全国代表大会上的报告》，人民出版社 2017 年版。

（原文发表于《上海经济研究》2018 年第 3 期）

"五大发展理念"对马克思主义生产力理论的丰富和发展

白暴力　方凤玲*

生产力理论是马克思主义经济理论体系的基石，也是马克思主义政治经济学最基本的范畴。围绕马克思主义生产力理论和解放生产力、发展生产力的社会主义根本任务，以习近平同志为核心的党中央提出了在现阶段必须坚持创新发展、协调发展、绿色发展、开放发展和共享发展的治国理政新理念，深化与发展了生产力构成理论、生产力系统理论、自然生产力理论、生产力发展理论、生产力价值目标理论，以及生产关系一定要适合生产力状况的规律，对生产力理论的认识提升到了新高度，为我国"十三五"乃至更长时期生产力的发展指明了道路。

一、创新发展丰富和发展了马克思主义生产力构成理论

创新发展是贯穿解放和发展生产力全过程的核心，科技创新与劳动资料、劳动对象和劳动者相结合，将促使三要素转化为现实生产力，丰富劳动资料的内容，提高劳动者的水平，扩大劳动对象的范围和种类，极大提高劳动生产率，促进生产力发展，是对马克思"科学技术是生产力"、生产力的要素主体"人才是第一资源"的生产力构成理论的深化与发展。

（一）创新是生产力发展的第一动力

马克思指出，在机器生产中使用自然科学后，生产力中就蕴含着科学，

---

　*　白暴力：北京师范大学当代经济理论研究中心主任、教授；方凤玲：中国石油大学（北京）马克思主义学院院长、教授。

因而发展科学技术就是发展生产力。由于科学技术发展依靠创新驱动，所以创新就成为生产力发展的动力基础。创新发展不仅坚持了马克思主义生产力理论，同时揭示了创新是引领生产力发展的第一推动力的思想，深化和发展了马克思主义"科学技术是生产力"的生产力构成理论。

习近平总书记指出，在人类历史发展进程中，创新始终以一种不可抗逆的力量推动着一个国家、一个民族向前发展，始终推动着人类社会的进步。习近平总书记将创新的位置放在民族进步的灵魂、国家兴旺发达的源泉、最深沉的民族禀赋的高度，认为在当今社会日趋激烈的国际竞争中，只有创新者才能进步，只有创新者才能强盛，也只有创新者才能最后取得胜利。"创新是引领发展的第一动力。"[①] 在习近平总书记的执政思想和国家发展路径中，始终贯穿着"科技兴则民族兴，科技强则国家强"[②] 的理念，充分认识到世界各国综合国力的竞争说到底是科技创新的竞争。他把科技创新比喻为撬动地球的"杠杆"和"牛鼻子"，认为创新能够创造出令人意想不到的奇迹，能让人们赢得优势、抢占先机，充分肯定了创新的巨大作用。党中央在部署实施创新驱动发展战略时，特别强调了科技创新在提高社会生产力和综合国力中的战略支撑地位、在国家发展全局的核心地位，充分肯定了科技创新不仅可以直接转化为现实生产力，还可通过科技的渗透作用倍加各生产要素的生产力，从而提高全社会生产力的发展水平，并将科技创新在生产力诸要素的排序中放在第一位，把创新看作引领我国生产力发展的首要动力。这是对社会主义初级阶段生产力发展阶段性特征的提炼，也是适应我国经济新常态实践的结晶，是对马克思"科学技术是生产力"的生产力构成理论的深化与发展。

（二）创新人才是第一资源

马克思认为，人是生产力中最活跃、最根本的因素，也是唯一具有能动

① 《中共中央关于制定国民经济和社会发展第十三个五年规划的建议》，载于《人民日报》2015年11月4日。

② 《全国科技创新大会　两院院士大会　中国科协第九次全国代表大会在京召开》，载于《人民日报》2016年5月31日。

性的因素。无论是劳动工具还是劳动对象的掌握、利用，都取决于人的主体性作用的发挥。创新人才是第一资源的理念，深化和发展了生产力构成中劳动者要素的主体性作用。

改革开放以来尤其是党的十八大以来，党中央制订的各项方针政策都把提高人的积极性、发挥人的聪明才智作为出发点，把人的全面发展与生产力的发展相联系，突出生产力中人的主体性作用的发挥。习近平总书记认为，一切科技创新活动都要靠人来完成。要把我国建设成为世界科技强国，最关键、最重要的是，必须最大限度地调动广大科技人员的创造积极性，充分尊重广大科技人员的价值，激发他们创新的活力和潜力，激励他们争当创新的实践者和推动者；必须建设一支素质优异、结构合理、规模宏大的创新人才队伍，使谋划创新、推进创新和落实创新成为每一位科技人员自觉的行动。习近平总书记指出，"人才是衡量一个国家综合国力的重要指标。"① 如果没有一支高素质、强能力的人才队伍，那么，全面建成小康社会的奋斗目标就难以顺利完成，中华民族伟大复兴的中国梦也难以顺利实现。人才是创新的根本和基础，创新驱动从本质上讲就是人才驱动，只有拥有一流的创新人才，才能拥有科技创新的优势和主导权。因此，习近平总书记强调，我们一定要树立强烈的人才意识，要求贤若渴地寻觅人才，如获至宝地发掘人才，不拘一格地推举人才，各尽其能地使用人才；要以更加开阔的视野引进和汇聚人才，加快把一大批具有国际视野的站在行业科技前沿的领军人才集聚到发展生产力的队伍中，择天下英才而用之；要坚持"科学技术是第一生产力""人才是第一资源"的理念，努力培养数量更多、质量更好的人才，并为人才作用的发挥和才华的施展创造更好的条件、提供更加广阔的发展空间。习近平总书记的论述充分肯定了科技创新型人才对全社会技术创新水平、劳动生产率的提高及生产力发展的决定性作用，并号召在全社会营造有利于科技创新型人才施展才华的环境，加快科技创新成果的涌出，从而推进生产力的发展。

---

① 习近平：《在全国组织工作会议上的讲话》，引自《十八大以来重要文献选编》（上册），中央文献出版社2014年版，第344页。

二、协调发展丰富和发展了马克思主义生产力系统理论

协调发展是通过平衡生产力各要素的关系和比例，促进城乡、区域、经济社会和人与自然的发展，是解决生产力发展不平衡、不协调、不可持续问题的有效方法，是建立在马克思社会再生产条件和两大部类关系分析基础上、反映生产力系统各要素的关系和结构在数量和比例上最佳结合的系统对称要求的理念，丰富和发展了马克思主义生产力系统理论。

（一）生产力系统对称理论

劳动过程中的各要素对生产力形成和发展起着至关重要的作用，但更为重要的是要保证生产力系统的对称，即生产力各要素间的关系和结构在数量和比例上实现最佳结合，才能发挥生产力最大的整体功能和效用。

马克思认为，社会劳动的生产力或社会的劳动生产力是由协作本身产生的。在工场手工业时期，劳动分工通过手工业活动的分解和劳动工具的专门化得以实现，而局部工人的形成和局部工人在一个总机构中的分组与结合，则导致社会生产过程质的划分和量的比例，最终创立了社会劳动的一定组织，促进和发展了新的社会的劳动生产力。社会生产过程的"质的划分和量的比例"就是生产劳动过程或生产力系统内部的关系和结构，它既包括各种物的要素之间的物质技术关系，也包括作为生产要素的人与人之间分工和协作的劳动关系，还包括"物质技术关系与劳动关系之间的决定和被决定的关系"。这一理论说明，无论是国家还是企业，如果各种生产要素之间的"关系"不通畅、"结构"不适合，那么资源就不能得到最优配置，效用就不会达到最大化，生产资料或者劳动力就会出现闲置状况，从而严重影响生产力的发展。在一定程度上说，生产力系统结构的对称程度决定了生产力的发展速度，生产力系统的结构对称，生产力发展速度就快；反之，生产力系统的结构不对称，生产力发展速度就慢。生产力系统从不同层面决定着整个社会的生产。只有充分认识生产力的系统性，才能克服把生产力限定在几个要素或把各要素并列等同看待的认识与做法，进而更加有效地促进生产力的全面协调发展。

（二）协调发展体现了生产力系统内部关系和结构的合理结合

协调发展主要指生产力各要素按比例发展，这是生产活动得以进行的根本，也是社会得以存在的根本。习近平总书记指出，"涉及经济、政治、文化、社会发展各个领域，其根本要求是统筹兼顾"①。我国国民经济和社会发展第十三个五年规划就是在区域协调发展、城乡协调发展、物质文明与精神文明协调发展、经济建设与国防建设融合发展四个方面展开的统筹发展。

习近平总书记强调，要在全面把握我国新时期发展的各种重大关系基础上，坚持协调发展；在"四个全面"战略布局下，科学定位城市化和农业发展、生态安全和自然岸线的发展格局；在可持续发展战略下，科学构建劳动者能公平享有基本公共服务、生产力诸要素能有条不紊流动、资源环境系统能承受人类各种社会经济活动的区域协调发展格局；在城乡发展一体化战略下，逐步完善城乡协调发展的体制机制，健全广大农村基础设施投入的长效机制，构建缩小城乡发展差距的城乡发展格局；在科教兴国战略下，着力加强思想道德建设，提高公民的国家意识、法治意识和社会责任意识，构建物质文明与精神文明协调发展格局；在富国强军和军民融合战略下，坚持经济建设与国防建设相协调、战略发展与国家安全同兼顾，多领域、深层次、高效益地全方位构建军民融合深度发展格局。可以说，"十三五"规划的发展格局，就是生产力系统内部各种关系和结构的合理结合、统筹兼顾、协调发展格局，是马克思主义生产力系统理论与我国实际结合的具体运用。

（三）协调发展体现了生产力系统结构的对称要求

习近平总书记指出，要提高我国生产力水平，使经济发展行稳致远，必须增强协调性，解决好发展不平衡、不协调和不可持续问题，解决好制约经济和社会长期发展"一条腿长、一条腿短"等矛盾；反复强调决不能用牺牲

---

① 习近平：《关于〈中共中央关于制定国民经济和社会发展第十三个五年规划的建议〉的说明》，载于《人民日报》2015年11月4日。

环境和浪费资源为代价，换取暂时的 GDP 增长，必须走出一条适合生产力发展，经济发展与生态文明相互配合、相得益彰，新型工业化、信息化、城镇化、农业现代化和绿色化协调推进的新发展道路。党中央把"十三五"时期的目标明确设定为："坚持协调发展，着力形成平衡发展结构。"[1] 并指出协调是生产力发展的手段和目标，是衡量生产力发展的标准。我们不能仅仅满足于保持生产和消费两大部类的平衡，还要注重区域之间、城乡之间关系的平衡，要让科技创新和制度创新"两个轮子一起转"，全力下好我国经济社会发展的"全国一盘棋"；充分运用马克思全面、辩证、平衡的观点，正确处理各种关系，把协调发展理念贯穿于解放和发展生产力的全过程，渗透到政治、经济、文化、社会、生态和百姓生活的方方面面，弥补发展短板，挖掘发展潜力，平衡生产力各要素；牢记协调发展这一制胜要诀，全方位实现均衡协调发展，使生产力诸要素协同发挥作用，以突出体现生产力系统对称发展的要求。这些协调发展思想提升了生产力发展的境界，是对马克思主义生产力系统理论的丰富与发展。

三、绿色发展丰富和发展了马克思主义自然生产力理论

绿色发展是将环境资源作为生产力发展的内在要素，以实现经济、社会和环境可持续发展的一种生产力发展新模式，是注重人与自然的关系、自然界与生产力发展的内在联系和自然承载力的发展模式。它促使生产力向着有利于人类社会和大自然生态系统协调发展的方向前进，为马克思主义生产力理论注入了新的时代内涵，丰富和发展了马克思主义自然生产力理论。

（一）绿色发展是自然生产力的必然要求

习近平总书记提出要"牢固树立保护生态环境就是保护生产力、改善生态环境就是发展生产力"[2] 的思想，强调在生产力发展过程中，决不能把人与

---

[1] 《中共中央关于制定国民经济和社会发展第十三个五年规划的建议》，载于《人民日报》2015年11月4日。

[2] 《习近平谈治国理政》，外文出版社 2014 年版，第 209 页。

自然相统一的物质变换关系割裂开来，决不能为了发展生产而破坏蓝天、绿地，决不能为一时的经济增长付出牺牲环境的高额代价；必须要像对待生命和保护眼睛一样对待和保护生态环境，处理好发展经济与保护环境的关系，使二者保持最优的动态平衡，为我们的子子孙孙留下可持续发展的"绿色银行"；要"把不损害生态环境作为发展的底线"①，把社会生产力的发展维持在自然生产力承载能力的一定范围内，既要生产力发展的"金山银山"，也要美好生活的"绿水青山"，在二者发生冲突的情况下，要优先保证"绿水青山"，而不是"金山银山"。习近平总书记特别强调，"绿水青山就是金山银山"②，生态文明建设"关系人民福祉，关乎民族未来"③。因此，在生态环境保护问题上，无论谁超越了一定的范围和界限，都会受到严厉惩罚。习近平总书记充分肯定了生态环境就是自然生产力和社会财富，生态环境和经济社会发展要相辅相成、不可偏废，不能忽视任何一方。中央出台的领导干部自然资源资产离任审计制度，突出体现了"绿色发展"理念的风向标，明确损害生态环境要戴上被追责的"紧箍咒"，而治理大气污染、解决雾霾等问题，把绿色发展搞上去，就可成为模范、受到表彰。这些思想充分体现了马克思主义自然生产力理论的核心价值，体现了保护生态环境、促进绿色发展的责任意识，既是对我国生产力发展经验教训的历史总结，也是引领我国生产力发展的执政理念和战略谋划。

（二）生态环境生产力也是生产力

"保护生态环境就是保护生产力，改善生态环境就是发展生产力"的论断，将自然资源和生态环境状况一并纳入生产力范畴，蕴含着改造利用自然、获得永续物质资料的力量是生产力，改善和保护生态环境的力量同样也是生产力的思想，既秉承了"自然生产力也是生产力"的马克思主义观点，明确

———————
① 中共中央宣传部：《习近平总书记系列重要讲话读本（2016年版）》，学习出版社、人民出版社2016年版，第233页。
② 中共中央宣传部：《习近平总书记系列重要讲话读本（2016年版）》，学习出版社、人民出版社2016年版，第230页。
③ 《习近平谈治国理政》，外文出版社2014年版，第208页。

了生态环境不仅包括人类赖以生存的水、土地、气候、生物等生活资源，还包括人们从事生产的各类生态系统，具有与马克思的"自然生产力也是生产力"本质相同的科学含义，同时融入当今社会人类面对全球性生态环境危机的新思考，更具现实指导意义和时代特点，丰富了"生产力"的内涵，强化和提升了对生态环境与生产力关系的认识。习近平总书记指出，要发展生产力，必须首先保证生产力的主体劳动者有清新的空气、洁净的饮用水和健康的食物，如果这些条件不具备，他们的生存生活都成问题，发展生产力更无从谈起。同时，要使生产力中的劳动资源和劳动对象要素，在适宜的条件下充分发挥作用，使不同区域生产力发展的布局、结构、速度和规模，限定在自然资源总量和生态系统的总承载力范围内，坚决遏制阻碍生产力发展的水土流失、臭氧层空洞、土地荒漠退化等现象发生。习近平总书记指出，"生态环境没有替代品，用之不觉，失之难存"①。总之，绿色发展充分肯定了作为人类劳动对象的生态资源是生产力的组成部分，是构成生产力第一要素的劳动者生存生活的前提条件，是作为劳动对象的物质资源的源泉，直接影响、决定并推动着生产力的发展，影响劳动者和以劳动工具为主的劳动资料作用的发挥。因此，注重生态环境就是发展生产力。

绿色发展着重强调的保护生态环境的观点，不仅将直接进入生产过程的作为生产生活资料的自然"资源"纳入生产力范畴，而且将自然"生态环境"作为潜在要素和内生变量，整体纳入生产力的大系统中，本身就涵盖着自然生产力和社会生产力的复合范畴。从自然资源是生产力到资源环境是生产力再到生态环境是生产力，是生产力理论发展逐步迈向新高度的过程，为马克思主义自然生产力理论注入新时代的内涵，既深化和丰富了"生产力"的内涵，凸显了生态环境与生产力各要素的密切关系，又升华了自然生产力理论，是对马克思主义政治经济学的重大贡献。

---

① 《聚焦发力贯彻五中全会精神　确保如期全面建成小康社会》，载于《人民日报》2016年1月19日。

四、开放发展丰富和发展了马克思主义生产力发展理论

开放发展是准确把握国内国际发展大势的更高水平、更深层次的开放型经济发展理念，是我国生产力与生产关系协同发展的必然结果，也是生产从一国范围扩展到全球范围，形成世界市场的必然选择，是在经济全球化下以开放促发展、与世界各国互利共赢的先进理念，丰富和发展了马克思主义生产力发展理论，必将推动世界范围内的生产合作和我国开放型经济的发展。

（一）开放发展坚定了全球化立场，拓展了生产力发展的时空

开放发展是生产力发展的必由之路，是人类生产交换活动在深度、广度、频度上的显现，推动着世界范围内的生产合作和我国开放型经济的发展。建立在马克思主义全球化理论基础上，开放发展重申了中国永远开放的决心。习近平总书记指出，"关起门来搞建设不可能成功"①，任何封闭、僵化的体制机制都会阻碍生产力的发展，我们既要"引进来"，也要"走出去"；要统筹"国内国际两个大局"，利用好国内国际"两个市场"，真正"把国内发展与对外开放统一起来，把中国发展与世界发展联系起来"②，在谋求我国利益和发展时兼顾他国利益和共同发展。习近平总书记向世界表明了中国对外开放的大门永远不会关上的明确立场，延伸了生产力发展没有止境的时间长度；揭示了中国的发展离不开世界，中国经济的命运与世界经济的命运紧密相连、休戚相关的内在共赢逻辑，拓宽了生产力发展的宽度。

为更加紧密地与世界各国进行经济合作，更加深入地开拓发展空间，习近平总书记表示，中国愿意同世界各国一道，"让繁荣的篝火温暖世界经济的春寒，促进全人类走上和平发展、合作共赢的道路"③。我们要建设繁荣稳定、改革进步、文明共荣之桥，把中欧两大力量、两大市场、两大改革进程、两大文明连接起来，共同建设"丝绸之路经济带"和"21 世纪海上丝绸之

---

① 《中国是合作共赢倡导者践行者》，载于《人民日报》2012 年 12 月 6 日。
② 《习近平谈治国理政》，外文出版社 2014 年版，第 248 页。
③ 《习近平谈治国理政》，外文出版社 2014 年版，第 282 页。

路"。习近平总书记强调，只有全面加强与世界各国的务实合作，才能将经济互补优势、地缘毗邻优势转化为实实在在的合作优势、持续不断的增长优势，促进生产力的发展。开放发展既是对我国改革开放历史经验的深刻总结，更是我国实现繁荣富强"中国梦"、完成社会主义根本任务的必由之路，拓展了生产力内外互动发展的空间。

（二）开放发展能够提升生产力发展的水平和层次

开放发展要求生产力在更高层次上发展。习近平总书记指出，中国将实行更加积极主动的对外开放战略，要在更大范围、更广领域、更深层次上提升开放型经济发展水平，建立公平稳定、互利互惠、合作共赢、安全高效、可持续的开放型经济发展体系。只有坚持开放发展，在学习世界各民族先进的科学技术、优秀的文化成果和先进的管理经验中，提高我国劳动者和管理者的素质，才能更好地发挥生产力主体因素的作用；只有坚持开放发展，打开国门吸引外资以增强生产力发展的物质基础，走出国门极力扩大出口能力以发挥我国的比较优势，更好地解决资金和技术问题，拉动经济增长，促进生产力发展；只有坚持开放发展，引进先进技术以改进劳动工具和劳动对象，与世界一流的科研团队合作开发研究以减少重复的劳动消耗，从而加速生产力的发展，促使生产力发展迈向新的台阶。

开放发展使生产力与生产关系的矛盾运动形成一个全球互动的系统，我国也由原来侧重于吸收和利用国外的资金和技术，转化为更注重利用最先进的生产力、更好地发挥后发优势，内外联动地提升生产力发展的水平和层次，丰富和发展了马克思主义生产力发展理论。

五、共享发展丰富和发展了马克思主义生产力价值目标理论

共享发展是广大人民群众共同享有公平的教育、公平的就业创业机会、公平的收入分配、公平的社会保障、公平的基本公共服务和改革发展成果，在解放和发展生产力的基础上，使全体社会成员真正成为自由全面发展的人，最终实现共同富裕的发展理念，是实现国家长治久安和全心全意为人民服务

宗旨的目标要求，是对马克思主义生产力价值目标理论的丰富和发展。

（一）共享发展体现了生产力发展的终极价值目标

马克思认为，生产力价值的终极目标是人的自由全面发展。"五大发展理念"的价值取向和终极目标正是这一目标的体现，而共享发展则直接围绕这一价值目标展开，我国为促进生产力发展的战略布局同样围绕着这一目标。

习近平总书记指出，人民期望更好的教育、更美丽的环境、更稳定的工作、更称心的收入、更优质的医疗、更牢靠的社保，这些向往就是我们发展生产力的目标。在社会主义中国，我们要让每一个人都"享有人生出彩的机会"，"享有梦想成真的机会"。"小康不小康，关键看老乡。"① 这句透彻、深刻而又生动活泼的话语表明，在实现全面小康进程中，农村不能掉队，困难地区和困难群众不能掉队，发展生产力的目的就是要让每一个孩子都能有公平受教育的机会，让每一个人都能"获得发展自身、奉献社会、造福人民的能力"。② 习近平总书记站在最广大人民的立场上，指出国家会为每个人实现自身价值提供客观条件，使每个人的全面自由发展建立在坚实的社会基础上。共享发展强调每个人都能得到发展的机会，每个人都能获得发展的能力，每个人都能自由规划自己的发展道路，反映了马克思主义生产力价值目标的内在要求。

（二）共享发展更加关注社会主义生产力发展目标

共享发展在马克思主义生产力理论和全面发展理论基础上，科学概括了社会主义的本质和任务。"十三五"规划明确指出："共享是中国特色社会主义的本质要求。"③ 人民群众是先进生产力的创造主体，也是享有生产力发展成果的利益主体。因此，必须以生产力发展的主体——人民的发展、人民共

---

① 《小康不小康，关键看老乡》，载于《人民日报》2013 年 12 月 26 日。

② 《习近平谈治国理政》，外文出版社 2014 年版，第 191 页。

③ 《中共中央关于制定国民经济和社会发展第十三个五年规划的建议》，载于《人民日报》2015 年 11 月 4 日。

享发展成果为出发点和落脚点，以公平有效为依据进行制度安排，使每一个人在生产力的发展中获得更多幸福感、满足感、收获感，一起朝着共同富裕的目标稳步向前。

习近平总书记指出，我们的责任就是要"不断解放和发展社会生产力，努力解决群众的生产生活困难，坚定不移走共同富裕的道路"①。要"完善城乡劳动者平等就业制度"，"维护好农民工合法权益"，建立"合理有序的收入分配机制"和"更加公平更可持续的社会保障制度"，让全体人民共享改革开放和生产力发展的成果。习近平总书记强调，共享是每一个中国人共享，是全体人民共享，是同步推进经济社会发展和促进人的全面发展的执政目的的共享，是把促进人的全面发展作为社会主义初级阶段迈向中级阶段生产力发展价值目标追求的共享。

共享发展强调了社会主义发展生产力的目的，体现了全体人民共同富裕的原则，既传承与发展了马克思主义生产力发展价值目标理论，又体现了中国特色社会主义生产力发展的新要求，为马克思主义生产力理论注入了中国特色社会主义内涵。

六、"五大发展理念"丰富和发展了生产关系一定要适合生产力发展状况规律

"五大发展理念"是在深刻认识我国社会主义初级阶段生产力和生产关系矛盾运动基础上，在马克思生产关系一定要适合生产力状况的规律指导下，提出的破解生产力发展难题、厚植生产力发展优势的新理念，是解放和发展生产力、全面建成小康社会的理论指导和行动指南，丰富和发展了马克思主义生产关系一定要适合生产力发展状况的规律。

（一）"五大发展"是现阶段生产力与生产关系矛盾运动的必然要求

习近平总书记指出，总体看，我国经济发展长期趋好的基本状况没有变，

① 《习近平谈治国理政》，外文出版社 2014 年版，第 4 页。

支撑经济持续增长的基础和条件没有变，优化调整经济结构的行进态势没有变，经济发展韧性佳、回旋空间大、潜在力量强的基本特征也没有变。但随着我国生产力的不断发展，社会主义生产关系中尤其是经济体制中出现一些不适合生产力发展的方面和环节。习总书记将其归纳为：我国经济"规模很大、但依然大而不强"，"增速很快、但依然快而不优"①，还存在依靠扩大规模的粗放型不可持续的发展方式、依靠资源等要素投入推动经济增长的状况；我国科技创新成果很多，但科技创新的"基础还不牢""原创力还不强"②，在一些关键领域和核心技术方面还受制于人。随着我国经济进入新常态，过去依靠增加投入、扩大规模实现经济高速增长的传统粗放型增长方式，随着劳动和资本投入的减少及资源环境约束的加强，已很难维持原有的发展方式和增长速度。因此，必须根据我国生产力发展状况，科学调整生产关系，通过创新发展，解决生产力发展根本动力问题；通过协调发展，解决生产力要素、关系平衡问题；通过绿色发展，解决生产力可持续发展问题；通过开放发展，解决生产力发展充分利用国内国外两个市场、两种资源问题；通过共享发展，解决生产力主体发展、创造、享有的价值目标问题。

（二）"五大发展理念"是对生产关系一定要适合生产力发展状况规律的丰富和发展

改革开放以来，我国经济飞速发展，取得了举世瞩目的成就，已成为超过日本、仅次于美国的世界第二大经济体。但我国的 GDP 只有美国的 1/3，人均产出约为日本的 1/10，仍然是世界上最大的发展中国家，解放和发展生产力依然是社会主义的根本任务。针对如何解放和发展生产力、弥补发展短板、增强发展后劲、培育发展优势，使生产关系更适合生产力发展的问题，我们用"创新、协调、绿色、开放、共享"五大发展理念，引领经济运行度过增速换挡期，进而转入中高速增长期。这一战略布局反映了我们在新的历

---

① 《习近平谈治国理政》，外文出版社 2014 年版，第 120 页。
② 《习近平谈治国理政》，外文出版社 2014 年版，第 122 页。

史时期，对于生产关系一定要适合生产力状况规律认识的不断深入，必将推动中国特色社会主义生产力发展向更高境界、更深层次迈进。

2014年12月召开的中央经济工作会议，分析了我国经济在消费需求、投资需求、出口和国际收支、生产能力和产业组织方式、生产要素相对优势、市场竞争特点、资源环境约束、经济风险积累和化解、资源配置模式和宏观调控方式九个方面的趋势性变化，指出我国经济正在朝着转换发展模式、优化产业结构、创新驱动、稳健投资、稳步发展等经济新常态阶段演进。这一论断是相对于我国投资拉动型增长模式和出口导向型增长模式的"非常态"和"旧常态"客观状态的论断，是对我国生产力发展现状的正确判断，也是调整我国当前生产关系的依据。习近平总书记明确指出，能不能适应生产力发展变化的新常态，"关键在于全面深化改革的力度"[1]，在于协同推进新型工业化、信息化、城镇化和农业现代化，在于改革生产关系中制约新型城镇化发展、产业和消费升级换代及制约科技创新的体制机制，在于创新和完善宏观调控的思路和方式，在于科学构建规范、高效的宏观调控体系，以及实施稳定的宏观政策、灵活的微观政策和托底的社会政策，以应对生产力发展过程中可能出现的各种风险，"化解各种'成长的烦恼'"[2]，加快推进我国生产力发展水平的升级。以习近平同志为核心的党中央主动调整发展思路、变革生产关系，以适应我国生产力发展的新变化，这是将马克思主义生产关系一定要适合生产力发展状况规律与我国经济发展实际相结合的深刻认识，将马克思主义生产力理论提高到新的水平。

七、结语

"五大发展理念"是党中央在深化认识我国现阶段生产力发展规律基础上，注重生产力协调性、系统性、平衡性、可持续性发展，以全体人民都过上小康生活为生产力价值目标，依托更高质量、更好效益、更优结构的生产力创新发展，把生产力与生产关系、当前利益与长远利益、发展速度与发展

---

[1][2]　《谋求持久发展　共筑亚太梦想》，载于《人民日报》海外版2014年11月10日。

质量、人类社会与自然环境、发展目的与发展手段统一起来的生产力发展新
理念，也是全面建成小康社会和实现中华民族伟大复兴的中国梦的基本路径。
"五大发展理念"既为马克思主义生产力理论增添了时代新内涵，又丰富和发
展了马克思主义生产力构成理论、生产力系统理论、自然生产力理论、生产
力发展理论、生产力价值目标理论和生产关系一定要适合生产力状况规律，
开辟了马克思主义生产力发展理论和中国特色社会主义政治经济学理论的新
境界。

（原文发表于《经济纵横》2017 年第 7 期）

论"文化生产力"及其对历史唯物
主义的创新与发展

吴 峰 赵迎欢[*]

"文化生产力"概念在党的十六届四中全会决议公报中首次出现，当时的提法是："深化文化体制改革，解放和发展文化生产力。"在党的十七届六中全会决议公报中则进一步指出：要"培养高度的文化自觉和文化自信"，要"增强国家文化软实力"，要"努力建设社会主义文化强国"。在党的十八大报告中论述得更为全面和深入："必须推动社会主义文化大发展大繁荣，兴起社会主义文化建设新高潮，提高国家文化软实力"，"解放和发展文化生产力"，"让一切文化创造源泉充分涌流"。"文化生产力"作为一种柔性生产力，在当今世界"文化经济化"、"经济文化化"的历史境遇中，已经与我们惯常理解的刚性的物质生产力发生了深度交融，是具有世界历史意义的重大理论课题。

一、什么是文化生产力？

文化是一个内涵丰富、外延宽泛的多维概念，历来争鸣颇多，总体上不外乎广义狭义两种理解。梁启超在《什么是文化》一书中指出："文化者，人类心能所开释出来之有价值的共业也。"[①] 这里的"共业"几乎包揽了人类社会历史的一切内容，属于广义文化的解读。而陈独秀则在《文化运动与社会运动》一书中指出：文化"是文学、美术、音乐、哲学、科学这一类的

---

   * 吴峰：沈阳药科大学副教授，主要研究方向为马克思主义哲学；赵迎欢：沈阳药科大学教授，哲学博士，主要研究方向为技术哲学及高技术伦理学。
   ① 颜吾芟：《中国历史文化概论》，清华大学出版社2002年版，第2页。

事"①，可算是狭义文化的解读。文化生产力视域下的文化概念兼有狭义和广义两个维度的内涵，从狭义角度切入，侧重于文化生产力中的"文化"属性，进而又从广义角度延伸，侧重于文化生产力的"生产"定位，文化生产力就是"文化"与"生产"的一种深度聚合"力"。这里所说的广义狭义之兼容、文化生产之聚合，都必须在辩证逻辑的框架下来分辨，以力求避免思维坐标的漂移和摇摆。正如马克思所言："要研究精神生产和物质生产之间的联系，首先必须把这种物质生产本身不是当作一般范畴来考察，而是从**一定的历史的**形式来考察。"② "一定的历史的形式"就是在强调开展研究的特定语境及其变化，文化生产力之所以成为焦点话题，也正是因为"一定的历史的形式"出现了重大变化：文化已然不是相对孤立的文化，生产已然不是显性模式的生产。

　　究竟什么是文化生产力？究竟应该在历史唯物主义的经典理论框架内解读还是在创新历史唯物主义的思维指向上诠释？学界观点颇有分歧，总体上可归结为两种观点：一种观点认为文化生产力就是精神生产力，就是拥有一定知识和智能的劳动者运用文化资源生产和创造文化产品进而提供文化服务的能力；另一种观点认为精神生产力并非文化生产力的全部内涵，文化生产力的重心在于将精神和文化产品复制和再生产的能力，即使之转化为规模经济的能力与提供规模文化服务的能力。笔者认为，第一种观点属于历史唯物主义经典理论框架内的分析解读，第二种观点则是在创新历史唯物主义的思维指向上做出的诠释。笔者倾向于后者，并尝试结合"一定的历史的形式"变化对文化生产力给出如下的内涵界定：文化生产力就是文化经济语境下生产文化产品、提供文化服务、凝练价值理性、繁荣文化产业的能力。文化生产力已经是现代经济社会具有先导性和主导性的生产力形态。

　　所谓"生产文化产品"，并非狭义维度上纯文化产品的生产，而是广义维度上一切内蕴着文化精神的综合性生产，文化生产力所凸显的正是文化精神

---

① 陈国强：《论百越民族文化特征》，载于《中华文化论坛》1999 年第 1 期。
② 《马克思恩格斯全集》第 26 卷（第一册），人民出版社 1972 年版，第 296 页。

的植入与再造。所谓"提供文化服务"，是指文化精神在产品让渡过程中的流转与自我实现，优质文化服务常常具有比较圆润的主体间性特征。所谓"凝练价值理性"，是要把散播在文化产品和文化产业中的核心价值提取出来，进一步引领社会共同体的发展方向，追求人的生存境界的升华与完满。所谓"繁荣文化产业"，是要整合各种文化资源，以"文化创意"为核心驱动力，通过技术的介入和产业化的方式生产和营销各种文化产品；繁荣文化产业的终极目标就是要最大限度地满足社会文化需求。在文化生产力的四个因子之中，生产文化产品是物态前提，提供文化服务是路径选择，凝练价值理性是精神旨归，繁荣文化产业是终极目标。四者相辅相成，联动发展。

可见，"文化生产力是一种整体性的文化能力，包括软能力和硬能力两个方面"①。文化的软能力在文化生产力的结构中是指提供文化服务和凝练价值理性；而硬能力是指生产文化产品和繁荣文化产业（见下图）。②

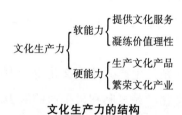

文化生产力的结构

从文化的硬能力视角分析，更加关注文化的作用结果。不论是产品的生产还是产业的繁荣，都将以一种"物态"形式加以展现；而文化的软能力，更加关注文化的作用过程，不管是提供文化服务还是凝练价值理性，都将以一种"思想态"形式加以展示。当然，我们在此并不想要排除思想力量向"物态"形式的转化，只是为了更好地分析文化生产力的结构和性质，做出必要的解释。

---

① 胡惠林：《文化产业学》，高等教育出版社 2006 年版，第 49～50 页。
② 曹顺庆：《文化也是生产力》，载于《决策探索》2013 年第 2 期。

文化的原创能力是文化生产力与其他形式的生产力最根本的区别。① 而文化的原创能力之核心在于凝练价值理性。相比于工具理性，价值理性更加关注生活世界的意义，在"合目的性"的思维指向上强调人的"应当是"与"应如何"问题。价值理性是文化生产力的灵魂之所在，如何才能凝练价值理性？一是要提升我们的文化原创能力，在立足本来、吸收外来的基础上，不断推陈出新，与时俱进。二是要提高文化认同度，文化认同度提高了，才有可能实现核心价值观念引领下的同心同德、同心同向、同心同行。三是要加强科学的价值观教育，价值理性的凝练既不能好高骛远，也不能浅尝辄止，核心价值体系的构建既要可见可行又要高瞻远瞩。价值理性是文化生产力的文化之"神"，文化产品和文化产业的繁荣是文化生产力之"形"。由此可见，文化生产力是一种"形神兼备"的生产力形态，而价值理性凝练的目的正在于促进"思想态"文化与"物态"文化的总体性增长。

二、文化生产力理论对历史唯物主义的创新和发展

1. 创新历史唯物主义的方法论前提

谈及创新历史唯物主义的研究问题，就必须明确对待马克思主义理论的正确态度。有些人习惯于以形而上学的态度对待马克思主义基本理论，把"坚持"和"发展"马克思主义看成是不可兼得的单向度选择，要坚持就不敢发展，要发展就必然放弃坚持。而如果用辩证眼光看待问题，则必然反对死记硬背的教条化"坚持"，有发展的"坚持"才是最好的坚持，也必然反对改旗易帜的颠覆性"发展"，有坚持的"发展"才是真正的发展。简言之，坚持而不泥古，发展而不离宗。关于文化生产力的研究既不能完全跳脱历史唯物主义的理解框架另起炉灶，又不能完全拘泥于历史唯物主义的固有思路而亦步亦趋。

从文化生产力内涵的解析中可以清楚地看到，文化生产力概念坚持了这种"创新性发展"：首先，文化生产力概念不再停留于对劳动者、劳动资料、

---

① 胡惠林：《文化产业学》，高等教育出版社 2006 年版，第 40～50 页。

劳动对象等实体性要素及其结合方式的直接分析，而是在此基础上进一步研究生产力中的文化精神植入与文化精神再造。其次，文化生产力虽然依旧具有人的主体性的自我实现特征，但是它显然更加关注人的主体间性及其与文化意识的对接。再次，文化生产力是对物质生产力概念的具体的历史的扬弃，在经济文化化与文化经济化的历史语境中，在中国的具体国情条件下，文化生产力概念对凝练价值理性和繁荣文化产业具有不可替代的理论创建性和现实紧迫性。

2. 历史唯物主义的基本理论框架内的"文化"定位

在历史唯物主义的理论框架中，生产力和生产关系、经济基础和上层建筑的矛盾运动是人类文明史演进的第一推动力。生产力决定生产关系，经济基础决定上层建筑，上层建筑反作用于经济基础，生产关系反作用于生产力，在层层"决定"与层层"反作用"的辩证关系中，上层建筑一定要适应经济基础的变革要求、生产关系一定要适应生产力状况，在"适合—不适合—更适合"的辩证进程中，社会形态实现波浪式前进、螺旋式上升。在这个理解框架中，文化属于思想上层建筑即意识形态的内容，文化与经济生产之间存在着本质性区别，作为社会存在的生产力和生产关系"决定"着作为社会意识的文化，文化作用与功能的发挥主要体现于"反作用"的层面。

"将文化归属于上层建筑，归属于意识形态，这在马克思的时代无疑是正确的论断。然而，时代在发展，形势在改变，当代科学技术与文化在很大程度上已经渗透到生产之中，甚至直接成为生产力。"[1] 马克思认为"生产力中也包括科学"[2]。科学技术可以通过四个途径由潜在生产力转化为现实生产力：提高劳动者素质、扩大劳动对象、物化于劳动资料、转化为管理手段。可见，马克思也没有在生产力与科学技术（一种文化）之间设定不可逾越的鸿沟。1988年，邓小平在会见捷克总统时指出："马克思说过，科学技术是生产力，事实证明这话讲得很对。依我看，科学技术是第一生产力。"[3] 在"两种文

---

① 曹顺庆：《文化也是生产力》，载于《决策探索》2013年第2期。
② 《马克思恩格斯全集》第46卷（下册），人民出版社1980年版，第216页。
③ 《邓小平文选》第三卷，人民出版社1993年版，第274页。

化"中，既然科学技术文化已然被理解为"第一生产力"了，那么，人文文化是否也可以合乎逻辑地跃升到生产力的高度呢？是否在"物理学生产力"之后还存在一种"哲学生产力"呢？当"两种文化"之间的界限日益弥合的时候，当科学精神与人文精神相互生成并相互支撑的时候，文化生产力就具有了更加深远更加广博的时空维度。由此可见，在当今的文化经济时代，文化生产力不仅在理论上可能，而且在实践中真实可见。

那么，人文文化何以合乎逻辑地跃升到生产力的高度呢？过去我们已经证明并接受了科学文化的生产力属性，如果仅仅是科学文化具有生产力属性，而人文文化与科学文化又只能被理解为两种完全异质性的文化，那么我们只要仍旧止步于"科学技术是第一生产力"的认识层面上就可以了，几乎没必要再"杜撰"一个"文化生产力"的概念而徒增烦恼了。因此，文化生产力理应将科学文化和人文文化共同纳入其"文化"范畴之内。从内在逻辑上分析，人是文化性存在，单向度的科学文化或人文文化都无法造就健全的人，历史上乃至现实中人文文化失落所酿成的显性和隐性的生存危机历历在目。因此科学文化与人文文化的内在融合乃是大势所趋，有鉴于此，完整意义上的文化生产力既包括科学文化层面的生产创造能力，又包括人文文化层面的创新文化观念及提供价值理性的社会能力，而且正是人文文化生产力提供了安身立命的终极关怀，实现人的诗意栖居。

3. 从物质生产力和精神生产力到文化生产力

马克思在《共产党宣言》中明确把社会生产分为两类：物质生产与精神生产。这种划分是对传统农业社会和工业社会生产的高度概括，因为当时社会的生产分工和产业形态相对简单，大量的劳动力从事着物质生活资料的生产以维持人们的社会生存，少数劳动者从事着宗教、艺术、哲学等精神生产，精神生产基本依附于政治统治功能。正因如此，早期文明史中占主导地位的生产力只能是"物质生产力"，是人类为满足基本的生活需要而变革自然界、谋取物质生活资料的全部现实力量的总和。在那时，"精神生产力"还没有真正浮现出来，直至20世纪上半叶，"文化工业"才开始成为西方发达社会比较醒目的图景。正是由于这种时代背景的限制，马克思对于生产力的关注焦点便更多地集中于物质生产力的层面。

马克思认为，分工只是从物质劳动和精神劳动分离的时候起才真正成为分工。而随着脑体分工的不断深化，精神生产力也就应运而生了。马克思在《1857—1858 年经济学手稿》中这样写道："一切生产力即物质生产力和精神生产力。"① 这里所谓的"精神生产力"是有别于物质生产力但又依托于因而也受制于物质生产力的特殊生产力形式。这里有两个问题需要重视：一是马克思已经认为精神也具有生产力属性，二是当时的精神生产力水平不高。

20 世纪下半叶以来知识经济渐成潮流，借助于信息化编码、复制、模拟技术而规模化进行的文化生产已经悄然成为史上"第三代生产力"的范式，文化产业拔地而起，马克思不可能对这种新情况给出精准的、神一样的预见，虽然马克思不可能洞彻一切，但马克思主义者却可以与时俱进，"文化生产力"理论就是对马克思主义生产力理论的坚持和发展。特别是进入 21 世纪以来，文化产业日趋繁荣，文化经济融合生长，原有的"物质生产力"与"精神生产力"二元划分的生产力理论已然无法透彻解释新兴的文化业态，文化产业大发展的勃勃生机迫切需要对马克思的生产力理论进行丰富与完善。党的十八大报告中提出"解放和发展文化生产力"，"让一切文化创造源泉充分涌流"，正是对历史唯物主义生产力理论的新发展。在文化生产力的视阈中，人的智能水平成为生产力的第一要素，文化产业成为社会发展的主导性和战略性产业，文化生产创造的价值已经越来越超过物质生产创造的价值。总之，文化生产力不仅与物质生产力在相互嵌套中走向了深度融合，甚至还逐渐摆脱了惯常理解的"反作用"之理论框架，直接成为现实社会发展的主驱力和主控力。

在这里有必要进一步厘清文化生产力与精神生产力的辩证关系。文化生产力显然是精神生产力的内在逻辑延伸，但精神生产力并非是文化生产力的全部内涵。首先，精神生产力主要在认识论层面生成，它与物质生产力相对但又受物质生产力所制约；而文化生产力则主要在本体论层面生成，它是对

---

① 《马克思恩格斯全集》第 46 卷（上册），人民出版社 1979 年版，第 173 页。

物质生产力和精神生产力的整合性扬弃，是对物质生产力与精神生产力二元划分的实质性超越。其次，精神生产力在历史上始终没有成长为相对独立的主导性的生产力形式，它只是在针对古典经济学中"见物不见人"的理论纠偏方面发挥了独特的引导功能；而文化生产力则是当下和未来文化经济时代占统治地位的生产力新形态，是显性生产力与隐性生产力的有机结合。最后，精神生产力的核心特质在于通过解释世界进而改变世界，它的功效主要体现为先导性和预见性；而文化生产力的核心特质在于解释世界与改变世界的双向耦合，它的功效主要体现为原发性和创新性，它改变了生产要素的位次。

4. 文化生产力对生产力理论的创新和发展

文化生产力范畴丰富了历史唯物主义生产力概念的内涵。马克思在《德意志意识形态》中曾经提到了"精神生产"的概念，它主要是指精神生产者生产精神产品的能力，包括社会的政治、法律、哲学、科学、文学、艺术、道德、宗教等思想理论形式。[①] 精神生产力是观念形态的生产力，是人们从"理论上"征服自然、征服社会和自我征服的精神力量。马克思所提及的精神生产力与物质生产力之间主要是一种异质性关系，他几乎没有论及二者之间的内在联系及其转化机制问题。党的十六届四中全会首次提及的"文化生产力"不仅将"精神生产力"的内涵完全吸纳进来，而且魄力十足地开出一片"文化生产力"的理论新视野。如果说精神生产力是一种"潜在"的尚需诸多转化环节的生产性能力，而文化生产力则是一种"既成"的真实存在的现实生产力。文化本身就是生产力，文化产业本身就是独立的生产形态，文化生产力创造着大量的社会财富，文化软实力是综合国力的重要组成部分。在这样的时代语境和理论新思维中，"文化生产力"范畴直接丰富了生产力概念的内涵。党的十八大报告中明确把"扎实推进社会主义文化强国建设"作为未来我国发展的重要战略，在这里文化已然不再是经济发展的附属品，必须把文化生产力定格为知识经济时代的主导性生产力形态。

文化生产力范畴拓展了历史唯物主义生产力概念的外延。马克思在研究

---

① 《马克思恩格斯全集》第3卷，人民出版社1960年版，第29页。

人类社会发展和演进的问题时提出了著名的五形态说和三形态说，笔者认为，就三形态说而言，分别对应着三种主导性的生产力形式："人的依赖性"阶段占主导地位的是人身生产力（第一代生产力）形式，"以物的依赖性为基础的人的独立性"阶段占主导地位的是物质生产力（第二代生产力）形式，在"自由个性"[①] 阶段占主导地位的是文化生产力（第三代生产力）形式。最初的人身生产力是生理性的底层的"自我生产"，经过物质生产力"非我生产"的扬弃之后，文化生产力则重归"自我生产"的高级形态，文化生产力是对物欲主导下的精神世界的救赎性回应，是人的又一次自我发现和自我成就。可见，文化生产力既是当代人最真实的历史境遇，又是人的全面而自由发展的方向指引。总之，"文化生产力"范畴与"人身生产力"范畴一起拓展了历史唯物主义生产力概念的外延，使我们在全面深入地理解"生产力家族"的整体样貌时获得更多的启示。

文化生产力虽然创新和发展了历史唯物主义的生产力理论，但这种发展绝不是一种颠覆性再造。从总体上说，文化生产力的理解框架与历史唯物主义思想不仅相容而且同向，文化生产力体现了唯物史观语境下物质变精神和精神变物质的双向矛盾运动的辩证性和复杂性。只是要想全面和透彻地解读"文化生产力"概念，就必须提供更加辩证和更加精细的哲学理论思维。而且"文化生产力"的提出也不会导致生产力概念的泛化，生产力概念本来就不该只从物质的外壳上去理解，生产力并非只是经济层面的专有名词，它还同时呈现在社会有机体的每一个细胞之中，生产力寓于经济、政治、文化、社会之中，经济、政治、文化、社会势必都与生产力相联系而存在，生产力其实就是经济生产能力、政治组织能力、文化创建能力、社会治理能力。

三、文化生产力对当代中国的真正意义

在当下中国，解放和发展文化生产力的现实诉求在于真正实现工具理性和价值理性的内在统一。自工业文明以来，工具理性的文化理念大行其道，

---

① 《马克思恩格斯全集》第 46 卷（上册），人民出版社 1979 年版，第 104 页。

而价值理性的合法性却日渐式微，生活世界不断走向技术化、非人性化，人类整体性的"精神危机"已然生成并且四散弥漫开来。斯宾格勒对"西方没落"的反思性检讨，海德格尔对"技术异化"的根源性批判，霍克海默对"文化工业"的颠覆性质问，马尔库塞对"单面社会"的系统性解构，都内蕴着同一个理论指向：失落了价值理性，我们就看不到未来。工具理性的极端膨胀是造成人类生存危机的总根源，价值理性才是整个人类社会安身立命的根本，必须以价值理性引导工具理性，才能实现科学与价值、知识与意义的协调统一，这是现代文化哲学的基本精神。中国文化形态本来内蕴着丰富的价值理性，但自近代以来，中国文化在现代化转型之路上一再同西方文化进行比较，随之而来的是中国人一再失掉自己的文化自信，转而浸淫在工具理性主导的功利主义发展模式之中，价值理性被层层遮蔽，一种隐性的文化危机已经若隐若现，这正是文化生产力理论应运而生的现实镜像。

　　改革开放以来，中国就像急速运行的高铁列车一样，向着"现代化"的宏伟目标呼啸而来。中国现代化的进程无论是广度、深度还是力度、速度，都是史无前例的，但我们所面临的文化难题也分明在凯歌行进中浮现出来：我们同样也面临着日益深化的"意义"危机，面临着越来越多"无家可归"的道德困惑。因为现代性是我们这个时代处于霸权地位的背景意识形态，也是现代中国人命运生成和现代中国社会基本构架中最核心的塑造力量，现代性在本质上是一种工具理性，它使人不再像康德那样敬畏心中的道德律令，从而失去了心灵的秩序。

　　在当代中国，现代性建构是社会发展的中心任务，我们有没有可能既要现代化的富强民主文明和谐又避开价值迷失道德失范生态毁损等现代性难题呢？文化生产力正是一把打开现代性难题之锁的钥匙，用价值理性建构引领工具理性的方向，不失为一种别无他途的明智之选。经济建设、政治建设、文化建设、社会建设、生态建设五位一体、总体布局，既要追求现代性身份的真正获得，又要警戒现代性危机的不期而至。追求而不狂热、执着而不迷失。

　　虽然中国是一个积淀深厚的文化大国，但是中国文化产业的发展却起步较晚，原因正在于我们对文化的生产力属性没有给予足够的重视。在国际上，文化市场异军突起，文化生产、文化服务、文化红利已经成为大势所趋，而我们仍旧停留于文化的意识形态定位，缺乏发展文化产业的顶层设计与战略思维。今日之生产本质上就是文化生产，今日之消费本质上就是文化消费，文化植入是提升商品附加值的核心创意。未来的世界竞争必然是文化生产力发展水平的竞争，中国要想在世界大市场的激烈竞争中立足乃至脱颖而出，仅靠商品"价廉"的经济实惠已经风光不再，还必须特别重视商品"物美"的文化心理契合，因为人们已经开始从"物"的消费逐渐转向对"美"的分享。

当代中国要在全球高技术（NIBC）快速发展的大潮中乘风破浪，更需价值理性的导航和指引。高技术之中渗透着正价值和负价值，融入了人的价值、目的、情感、道德、审美等人文精神。几乎每一种高技术都面临着特有的人文文化问题，信息技术、克隆技术、纳米技术等高技术的快速发展同样带给我们越来越多的不确定性；而信息武器、基因武器、纳米武器都是这种不确定性的一种可能走向。正因如此，高技术的发展必须匹配以高情感、高文化的同步生成，必须高度重视文化生产力的价值理性指引功效。在当代中国，高技术发展的可能空间正在快速开拓之中，工具理性过度扩张和价值理性的相对萎缩正在成为扑面而来的"盛世危言"，有鉴于此，文化生产力理论对于中国高技术的发展正是生逢其时、恰到好处。

（原文发表于《教学与研究》2013 年第 11 期）

环境生产力论：马克思"自然生产力"思想的当代拓展

任　暟[*]

把生产力概念界定为"人们征服和改造自然的客观物质力量"，是 20 世纪 90 年代以前我国学术界的共识。"征服论"离开了人的生存环境单向地强调人对自然的能动的改造作用，完全忽视了人对自然的依赖性，相应地，传统的生产力实践模式也是只强调以经济增长为中心，而不考虑高产出对自然生态环境所造成的负面后果。更为严重的是，这种对生产力的理解曾被人们当作马克思的原意加以发挥，而事实上，这种做法缺乏经典作家的原始文献依据，是附加在马克思名下的误读。

随着现代生产力的高度发展，人类社会物质生产过程和自然生态过程呈现出既相互交织融合又相互制约甚至相互对立的复杂局面。面对我国日益严峻的资源环境形势，我们党在制定和实施可持续发展战略过程中，将马克思主义生产力理论同我国的生态环境建设相结合，提出了"保护资源环境就是保护生产力，改善资源环境就是发展生产力"[①] 等重要思想，我们在这里可称其为环境[②]生产力论。这一新生产力论改变了以往人们在研究生产力时局限于分析生产技术、生产工具和劳动者状况的做法，从"人—社会—自然"的复合生态系统的角度扩展了生产力的内涵，关注自然生产力的可持续性利用和发展，不仅回归到了马克思所论述的包含自然和社会两个方面的生产力理论，而且也是对马克思"自然生产力"思想的丰富和发展。

---

　*　任暟：安徽大学哲学系教授、博士生导师。

　①　《江泽民论有中国特色社会主义（专题摘编）》，中央文献出版社 2002 年版，第 282 页。

　②　本文所称"环境"特指环绕着人并作用于人的外部自然世界，即我们周围的富有生命力、创造力和不断给人类生产出有益产品、提供生态服务的自然物质存在。

一

马克思不仅把生产力划分为物质生产力和精神生产力、联合生产力和个人生产力等具体形式，而且也从另一个角度，把生产力划分为"劳动的自然生产力"和"劳动的社会生产力"。① 前者指自然物本身蕴藏着的有助于物质财富生产的能力；后者指人类改造自然从而获得物质财富的能力。马克思在研究资本主义社会生产力发展的状况时指出："劳动的自然生产力，即劳动在无机界发现的生产力，和劳动的社会生产力一样，表现为资本的生产力。"② 梳理马克思的著作，其关于"自然生产力"的论述主要有以下几方面。

第一，自然是人类劳动藉以创造社会物质财富的源泉。在《哥达纲领批判》中，马克思指出："自然界同劳动一样也是使用价值（而物质财富就是由使用价值构成的！）的源泉。"③ 在《资本论》中，他也多次强调商品是自然物质④和劳动这两种要素的结合，"如土地、海洋、矿山、森林等等，不是资本的价值要素。只要提高同样数量劳动力的紧张程度，不增加预付货币资本，就可以从外延方面或内涵方面，加强对这种自然物质的利用"⑤，而这些自然物质，例如"瀑布和土地一样，和一切自然力一样"⑥ 都来自于自然界。显然，马克思肯定人本身的自然力与天然的自然力是社会生产的两个原始要素，其作用分别为：劳动力创造商品的价值，而天然的自然力协助人类劳动创造商品的使用价值，增加人类福利。

第二，现实的自然力构成社会生产力的物质内容和基本生产要素。在马克思看来，劳动者、劳动对象和劳动资料作为生产力的实体性要素皆直接或间接地来自于自然界，不仅自然界是人（劳动者）的生命力、劳动力、创造力的最终源泉，而且自然界也是"一切劳动资料和劳动对象的第一源泉"⑦。

①② 《马克思恩格斯全集》第26卷（第三册），人民出版社1973年版，第122页。

③ 《马克思恩格斯选集》第3卷，人民出版社2012年版，第298页。

④ 在大多数情况下，马克思提到的"自然物质"与"自然力"是属于同一范畴。

⑤ 《马克思恩格斯选集》第6卷，人民出版社2009年版，第29页。

⑥ 《马克思恩格斯文集》第7卷，人民出版社2009年版，第729页。

⑦ 《马克思恩格斯全集》第19卷，人民出版社1963年版，第15页。

马克思还特别提到了土地自然力是最原始的首要生产要素，并预见了资本主义条件下的土地肥力递减规律。他指出，资本所有者为了追求高额利润，必然滥用土地自然力，"破坏着人和土地之间的物质变换，也就是使人以衣食形式消费掉的土地的组成部分不能回归土地，从而破坏土地持久肥力的永恒的自然条件"①。本来，土地的占有者和受益者应该"像好家长那样，把土地改良后传给后代"②。但是，农业资本家"对土地的改良根本没有做一点事情"③，他们为了榨取剩余价值，必然要掠夺性地使用自然力。

第三，自然生产力与社会生产力相互渗透、相互交织，构成生产力发展的整个过程。这里有两种情况。一是有些经济再生产过程本身就是一个自然再生产过程，如农业生产就可以使自然生态系统的各种物质循环与能量转化达到动态平衡，进而提高整个生物圈的生产能力。由于农业生产产生于对自然生物自身发展的模仿，所以，马克思强调农业劳动的生产率是由劳动的自然生产力决定的，自然"以土地的植物性产品或动物性产品的形式或以渔业等产品的形式，提供必要的生活资料。农业劳动（这里包括单纯采集、狩猎、捕鱼、畜牧等劳动）的这种自然生产率，是一切剩余劳动的基础"④。二是"经济的再生产过程，不管它的特殊的社会性质如何……总是同一个自然的再生产过程交织在一起"⑤。一方面，社会生产力的发展离不开自然生产力的支撑和保障。自然生产力是社会生产力的物质前提，不仅自然条件的"差异性和它的自然产品的多样性，形成社会分工的自然基础"⑥，而且自然资源是"特别高的劳动生产力的自然基础"⑦，自然资源的丰饶度、自然环境的质量状况直接影响着社会生产力，马克思说："撇开社会生产的不同发展程度不说，劳动生产率是同自然条件相联系的。这些自然条件都可以归结为人本身

---

① 《马克思恩格斯全集》第 44 卷，人民出版社 2001 年版，第 579 页。
② 《马克思恩格斯全集》第 25 卷，人民出版社 1974 年版，第 875 页。
③ 《马克思恩格斯全集》第 25 卷，人民出版社 1974 年版，第 705 页。
④ 《马克思恩格斯全集》第 25 卷，人民出版社 1974 年版，第 712～713 页。
⑤ 《马克思恩格斯全集》第 24 卷，人民出版社 1972 年版，第 398～399 页。
⑥ 《马克思恩格斯全集》第 23 卷，人民出版社 1972 年版，第 561 页。
⑦ 《马克思恩格斯全集》第 23 卷，人民出版社 1972 年版，第 664 页。

的自然（如人种等等）和人的周围的自然。外界自然条件在经济上可以分为两大类：生活资料的自然富源，例如土壤的肥力、鱼产丰富的水等等；劳动资料的自然富源，如奔腾的瀑布、可以航行的河流、森林、金属、煤炭等等。"① 自然资源环境作为由劳动资料和劳动对象所构成的生产资料系统，是推动社会生产力发展的物质动力源泉。另一方面，自然生产力的发展也需要社会生产力的引导。在马克思看来，风、水、蒸汽、电等纯粹的自然力之所以会增加生产力，缩短必要劳动时间，是因为"在它被使用的这一形式上是劳动产品"②，且这些自然力作为劳动过程的因素，"只有借助机器才能占有，并且只有机器的主人才能占有"③，"大生产——应用机器的大规模协作——第一次使自然力，即风、水、蒸汽、电大规模地从属于直接的生产过程，使自然力变成社会劳动的因素"④，而机器是不变资本，只有"占有资本，——尤其是机器体系形式上的资本——，资本家才能攫取这些无偿的生产力：未开发的自然资源和自然力，以及随着人口的增长和社会的历史发展而发展起来的劳动的全部社会力"⑤。很明显，从马克思关于自然力与生产力关系的论述中，我们不难看出，他是在特定的意义上承认某些自然力属于"生产力"范畴的，认为自然力只有进入现代生产过程，并经过劳动对它们的开发，同时借助机器体系和资本的投入才能成为生产力的内在因素。

　　由于尚未出现当今形式的生态危机和资源难题，马克思当年主要侧重从物质财富的层面上看待生产力，并把自然力仅仅看成隶属于劳动的社会生产力的一种力量，关注的只是进入现代生产过程且依赖技术体系和资本体系、能直接有助于物质财富生产的自然力。然而，在环境危机如此严重的今天，面对着因自然资源过度开采而削弱或破坏生态环境功能的情况，仅仅在自然力有助于物质财富生产的范围内和意义上重视自然生产力或者把自然力仅看做隶属于社会生产力的一种力量，显然是不够的。尽管如此，马克思当年对

---

① 《马克思恩格斯全集》第 23 卷，人民出版社 1972 年版，第 560 页。
② 《马克思恩格斯全集》第 47 卷，人民出版社 1979 年版，第 363 页。
③④ 《马克思恩格斯全集》第 47 卷，人民出版社 1979 年版，第 569 页。
⑤ 《马克思恩格斯全集》第 47 卷，人民出版社 1979 年版，第 553 页。

自然生产力的重视和初步研究仍然有助于我们深刻反思我国社会主义建设时期征服自然、改造自然的理论、实践与后果，恢复我国传统生产力理解中被遮蔽的自然维度，进一步从生态视角拓展马克思主义生产力理论研究的新视域。

二

改革开放以来，随着经济的快速增长和人口的不断增加，我国的资源环境压力日益增大，我党领导人在深刻总结我国及西方工业化国家建设的经验教训的基础上，多次发表自然资源环境是生产力等相关论述。1992 年，党中央、国务院出台的《我国环境与发展十大对策》指出，"环境资源是社会生产力的重要因素，环境污染和资源破坏将直接危及经济发展的物质基础"[1]。2001 年，江泽民在海南考察工作时强调："保护资源环境就是保护生产力，改善资源环境就是发展生产力。"[2] 2004 年，胡锦涛同志在江苏考察工作时指出："良好的生态环境是实现社会生产力持续发展和提高人们生存质量的重要基础。"[3] 这些重要论述不仅将保护和改善资源环境提升到了保护和发展生产力的高度，而且还把"生产力"视为改造自然的"物质生产力"与自然生态环境本身具有的"生产力"的结构性统一，高度重视自然生态系统本身可持续的生产力。这一"环境生产力论"拓宽了过去只从社会物质财富层面看待生产力的思路，揭示了自然资源环境在现代生产力中不可替代的重要地位和作用，为马克思的自然生产力思想注入了新的时代内涵，是马克思主义生产力理论中国化的最新成果。

（一）"环境生产力论"丰富了马克思"自然生产力"概念的内涵，赋予了自然生态系统的生产力以应有的地位

由于在马克思的历史唯物主义理论中，"生产力"主要是作为与"生产关系"相对应的概念而存在的，所以，一般而言，马克思所说的"生产力"专属于人类有目的的社会生产活动，特指生产社会财富、体现人类改造自然能

---

[1]　《新时期环境保护重要文献选编》，中央文献出版社、中国环境科学出版社2001 年版，第 193 页。
[2]　《江泽民论有中国特色社会主义》（专题摘编），中央文献出版社2001 年版，第 282 页。
[3]　《十六大以来重要文献选编》（中），中央文献出版社2006 年版，第 70~71 页。

力的物质生产力，不包括自然本身生产自然产品的能力。虽然他也强调生产力的构成要素——生产资料的自然性、客观性和生产者的自然属性，但仅把引入生产过程的劳动对象和作为生产工具的劳动资料纳入自然生产力的范畴，只承认进入生产过程的自然力会使社会劳动具有更高的生产能力。在马克思那里，自然生产力被包摄在社会生产力之中。他更为重视的是那些直接有助于物质财富生产且成为社会生产力构成要素和决定要素的自然力量。而"环境生产力论"则从哲学本体论的高度来整体把握具有生命力和生产力的自然生态环境，不仅把具有生产资料效用的自然资源纳入生产力的范畴，而且还把整个自然生态环境都纳入到生产力系统中，作为生产力的内生变量，强调自然生态生产力具有不可替代的重要性。

从人与自然的依存互动看，社会生产力作为体现人对自然生态环境作用能力的范畴，并不能涵盖人与自然关系的全部内容，尤其是不能体现人与自然的生态关系。在这个意义上，环境生产力作为与社会生产力全面对应的新范畴，应该可以标示整个自然生态环境对人——社会系统的作用能力。环境生产力就其实质而言是指自然生态系统的生产力，即客观存在于自然环境和生态系统中，并直接或间接提供给人类生产和生活所需的生物量、非生命物质与能量的能力。它包括两个层次：一是自然环境的自然力，即蕴含在生态环境各构成要素之中的作用力，如水力、风力、地力、太阳能以及生物生长环境中的光、热、水、土、气等自然因素之间的转化力、自然本身的承载能力、消纳废物的自净能力和自我修复能力等；二是自然环境的生产力，即单位自然资源能生产出的对人有利、有用的环境资源产品的数量的比率，包括：（1）生物生产力，分为初级生产力和次级生产力，前者指植物利用太阳能进行光合作用生产有机物质的速率或能力，后者指动物利用植物进行同化作用合成有机物质的速率或能力；（2）自然本身所具有的生产那些对人类有利、有用的环境资源产品的能力，这些环境资源产品包括用于人们生产和生活消费的资源类产品，如水、良田、能源、矿石、草原、森林等，用于改善人类的生存环境、为人类提供生态服务的环境类产品，如优美怡人的自然风景、新鲜的空气、江河、湖泊、大自然的休闲场所等。在环境生产力的结构中，自然环境的自然力是全部自然生产能力的基础，而自然环境的生产力则是核心。

环境生产力可以从不同角度进行分类，按照所有权可划分为公权自然力（如空气、阳光、臭氧层、公海、地下水体等）和私权自然力（如耕地、牧草地、水域等）；按照有无人类劳动的参与可划分为天然自然力和人工自然力；按照自然载体可划分为资源自然力和环境自然力，其中，资源自然力按照其在生产中所起的作用可分为原料自然力和能源自然力（如化石燃料等），按照其载体的可更新特征分为可再生性资源自然力（如树木、土地、草原等）和不可再生、不可再利用性资源自然力（如石油、煤、天然气等），按照其载体的利用程度可分为恒定性自然力（如风能、太阳能、潮汐能、地热能等）和易误用自然力（如大气、水资源等）。值得强调的是，不是所有的纯粹自然力直接就是生产力，许多纯粹自然力要成为对人类有利、有用的环境生产力，仍然需要借助科技的力量和人类的劳动来加以提升，因而可以看成是人类活动参与下的自然力的再生产和合理利用。

由于时代的局限性，马克思当年只是从可利用性和经济性的角度把直接提供给社会物质生产并作为劳动对象和劳动资料的资源自然力称为自然生产力，而相对忽视了生物生产力（初级生产力和次级生产力）以及自然本身所具有的生产能源、矿石、草原、森林、江河、湖海、良田、臭氧层等自然产品的能力。事实上，与人类拥有的社会生产力（社会经济系统的生产力）相比，环境生产力（自然生态系统的生产力）在时间上的迟缓性和后发制约性，以及人类社会生产力对它的无法替代性，都令我们不能低估它的作用和威力。环境生产力应该与社会生产力具有相同的地位。环境生产力的优先与充分发展是社会生产力正常、持续发展的前提条件和基础。

（二）"环境生产力论"揭示了自然生态系统的生产力的作用机理和运行规律，阐明了它与社会生产力之间相反相成的对立统一关系，论证了二者均衡循环、协调发展的重要性和可行性

从生产力视角看，生态危机实际上是自然生态系统的生产力与社会经济系统的生产力失衡的表现。马克思一方面揭示了社会生产力与自然生产力的相互依存与促进关系，另一方面也从经济制度不合理等方面预见了资本主义条件下土地自然力递减的规律，从剩余价值规律角度揭露了自然界自然力危机的经济与社会根源，强调资本主义生产为了获取剩余价值会掠夺性地使用自然界的自然力，这就是资本的逻辑，结果必然导致自然力系统能量输出大于能量补偿的生态裂缝。资本主义经济在本质上是反生态的。为此，马克思主要在制度层面提出了通过变革资本主义生产方式实现"人和自然界之间、人和人之间的矛盾的真正解决"① 这一共产主义目标。

只有社会主义制度才能抑制经济市场化竞争所带来的资本崇拜，彻底变革唯利是图、急功近利的经济行为，实现自然资源的有计划、合生态的利用，从而找到一条通向绿色未来的现实道路。但是，我们也不能简单地认为，只要建立了社会主义制度，就可以自然而然地实现人与自然的和谐发展。实践表明，大规模的社会主义现代化建设也难以回避环境污染与资源短缺的严峻现实。我国实行改革开放以来，引入了最有效率的市场经济，取得了举世瞩目的伟大成就。然而，由于健全有效的社会调控机制尚未形成，各种趋利行为仍对生态环境产生着破坏，且粗放型生产方式支撑的经济增长也让我们付出了极高的资源环境代价。因此，如何推动经济社会尽快走上绿色增长之路，实现人与自然的和解，还需要我们在社会主义制度下进行认真的探索。对此我党领导人多次发表了资源环境是生产力等相关论述，丰富和发展了马克思主义生产力理论。

（1）"保护资源环境就是保护生产力"② 这一论断延展了马克思的自然生产力思想，凸显了环境生产力的强"自然性"和人类社会生产力对它的无法替代性。

一方面，地球自然资源的存量和生态系统的承载能力是有限的。自然生态环境并不是一个可以被无限开发和利用的对象，人类实践活动有确定的自然弹性阈限，一旦利用自然力超过其承载阈限值，人类就会遭到大自然的惩

① 《马克思恩格斯全集》第42卷，人民出版社1979年版，第120页。
② 《江泽民论有中国特色社会主义》（专题摘编），中央文献出版社2001年版，第282页。

罚和报复。这表明自然生态系统并不是被动的，自然弹性阈限恰恰就是自然本身的能动性和自主性。所以，只有最大限度地保护环境，保护自然资源存量、土地和生态系统，尊重、顺应自然生态生产力的发展规律，才能实现在生态良性循环和自然生产力持续供应前提下的社会生产力的发展。另一方面，人造资本（附加人类劳动的自然力产物）只能部分地替代自然资本（纯粹自然力的产物），借助工具系统的技术生产力是有限的。事实上，自然对人并不只是熵增和无序，也是生产和有序，具有生产能力的大自然所生产出来的新鲜空气、适宜的光照、臭氧层、清洁的淡水、各种矿藏、表层土和生物圈等自然产品，以及自然资源和生态系统所提供的环境服务，如碳汇功能、涵养水源、释氧滞尘、固土保肥、水文循环、生物多样性和生物废弃物的同化与消毒等等，都是现代技术难以大规模生产出来的。如果说马克思当年主要是从生产的意义上强调资源环境的有用性，那么在自然力供给不足、生态稀缺日益严重的今天，我们还需要进一步从生存和消费的意义上重视资源环境的有用性和稀缺性，加强对土地、森林、草原、湿地、湖泊、河流、海洋等自然资源的存量保护。我们在获得社会财富的同时绝不能忘记大自然的基础性馈赠，享用自然必须先养护自然，保证自然的可享用性。只有保护环境，特别是保护我们人类技术无法替代的那些资源自然力和环境自然力，才能维持自然生态系统的生产力与自然产品的社会消费力之间的动态平衡关系，进而有效地推动社会经济系统生产力的发展。

（2）"改善资源环境就是发展生产力"① 这一论断丰富和细化了马克思的物质生产理论，凸显了环境生产和环境生产力的重要性与基础地位，揭示了社会生产力的永续发展有赖于自然资源环境的生产和再生产。

自然资源环境既是生态环境再生产的对象，又是社会进行人口再生产和物质资料再生产的消费对象。人类要可持续发展，就必须保持自然生态系统的生产力与自然产品的社会消费力之间的协调和平衡。当社会生产对自然资源环境的消费大于生态环境自身的再生产，特别是社会生产力的迅猛发展带

---

① 《江泽民论有中国特色社会主义》（专题摘编），中央文献出版社2001年版，第282页。

来了环境生产力的急剧下降时，就需要进行生态环境的生产与再生产。对此，马克思并没有给予足够的重视。虽然他也曾提出"人再生产整个自然界"①的思想，但其本意还是为了强调人类的生产活动过程也包括再生产自然界的过程。为了创立唯物史观，揭示人类社会发展的历史演变规律，马克思当年主要侧重从社会经济系统内部的物质资料生产与再生产的过程来研究整个社会再生产的运动及其规律性，并把物质生产（马克思也称之为"社会生产"）划分为两大部类，即生产资料生产和消费资料生产。在马克思那里，似乎社会生产可以涵盖环境生产，自然环境和生态系统也可以为人类经济系统供给无限的资源、消纳无限的废物。但是，今天的人口规模、生产规模和消费规模已大大超过了自然的承载力。日益严峻的环境形势凸显了环境生产和环境生产力的重要性及基础地位。党的十七大明确提出要建设资源节约型和环境友好型社会，这就要求我们必须进一步细化马克思的社会物质生产分类，从生产部类角度将环境生产从马克思的物质生产两大部类中独立出来，积极探索社会生产与环境生产、社会生产力与环境生产力之间的均衡循环关系。在生产力动态的存在和发展过程中，社会生产与环境生产、生产物质财富的社会生产力与生产自然财富的环境生产力之间是相互补偿、相互促进的关系。社会生产可以为环境生产提供生产资料，如净化、养护、修复和治理生态环境所需的机器设备，以及进行资源勘探、开采、提炼和加工所需的机器设备；而环境生产可以为社会生产提供生产资料和消费资料，包括石油、天然气、铁矿石等资源类产品和舒适的风景、合理的生产布局等环境产品。特别是当天然自然力的自我更新无法满足人类社会需求时，就更需要人类"改善资源环境"，投入劳动修复和增强自然生态系统的生产力，如实施生态湿地建设工程，天然林保护、退耕还林、退牧还草、水土保持等生态治理工程，通过资源环境的可持续利用和再生产来弥补自然生态系统本身生产能力的不足，保证人类社会的生产循环和消费循环与自然系统的生态循环相协调。

---

① 《马克思恩格斯全集》第42卷，人民出版社1979年版，第97页。

（三）"环境生产力论"丰富了马克思关于自然力是财富的源泉的思想，倡导环境价值论，开创了马克思劳动价值论发展的新境界

在马克思生活的时代，生态环境的破坏远没有今天这样严重，马克思当年只是在揭露资本家榨取剩余价值、分析资本主义农业局限性时，注意到了原材料短缺、土壤侵蚀等自然力供给不足的问题。对他而言，自然力作为不可或缺的生产要素，是财富（使用价值）的源泉，参与财富的生产，但不参与财富的分配，因为"自然力本身没有价值。它们不是人类劳动的产物"①。在此，马克思只是间接地肯定了自然力在财富和价值创造中的作用，强调自然资源和自然条件是资本主义生产中不变资本和可变资本的构成要素，影响劳动生产率的高低，决定人类劳动投入的多少。为了揭露资本主义对抗性的生产关系及剩余价值规律，马克思当时主要侧重研究社会经济系统的商品价值。

然而，在生态问题日益严重的今天，不断增长的社会经济系统对资源环境需求的无止境性与相对稳定的自然生态系统本身承载力的有限性之间存在矛盾冲突，环境自然力尤其是公共自然力非竞用性和非排他性的物质基础丧失，资源型自然力更是供给不足，特别是那些不可再生、不可再利用的资源自然力，会随着人类对其利用广度、深度和强度的增大而锐减，因而迫切需要修缮改良和治理。无论是进入人类生产和消费过程的自然资源，还是满足人类生态需求的自然环境，都需要投入一定量的人类劳动，如对天然存在的自然资源进行勘探、开采、提炼和加工；对自然环境进行修复、净化和治理；对原生态的自然景观进行养护、培育和管理等。人类劳动不仅能创造自然资源环境及整个生态系统的经济价值（使用价值），而且也对恢复其生机和活力、维护其内在价值（生态价值）产生影响，比如环保实践所具有的生物多样性保护、水源涵养、水土保持、气候调节、景观美化等生态服务功能价值。如果说商品价值是物化在经济系统某个商品中的社会必要劳动的表现，那么

① 《马克思恩格斯全集》第47卷，人民出版社1979年版，第569页。

环境资源价值就是物化在生态系统某种自然物质中的社会必要劳动的表现。在这个意义上，我们认为应该把马克思的劳动价值论扩展到自然生态系统中，建立反映生态经济复合系统价值运动的环境价值论，关注那些凝结于自然生态系统的各种智力的、体力的、直接的和间接的劳动，把自然环境的生态价值也纳入国民经济运行与社会再生产价值运动之中，把资源环境作为生产要素列入成本进行盈亏比较和生态补偿，既要补偿经济活动中的自然力耗损成本，又要补偿经济活动造成的自然环境生态服务功能退化的成本，以此改善环境质量，实现环境生产力的可持续发展。

三

"环境生产力论"作为马克思主义生产力理论中国化的最新成果，代表着一种高效的资源能源利用方式和先进的经济发展模式。它要求我们进行生产力实践的全面创新，努力发展经济效益和生态效益兼优的先进生产力，积极探索建设中国特色社会主义生态文明的实践路径。

（一）依靠发展环境友好技术，建立持续循环的资源环境体系，保障社会生产力的永续发展

我国经济发展的资源存量基础相当薄弱，资源的供求矛盾已成为生产力发展必须解决的问题。对此，胡锦涛同志强调："必须清醒地看到，我国人口多、资源人均占有量少的国情不会改变，非再生性资源储量和可用量不断减少的趋势不会改变，资源环境对经济增长制约作用越来越大。"[1] 而要"突破能源资源对经济发展的瓶颈制约，改善生态环境，缓解经济社会发展与人口资源环境的矛盾，必须依靠科技进步和创新"[2]。科技作为生产力发展的手段，在当代为我们预防能源枯竭、资源短缺以及寻找更新替代能源提供了强有力的杠杆。如采用绿色能源新技术，可以解决我国资源的存量约束问题，通过

---

[1] 《十六大以来重要文献选编》（上），中央文献出版社 2005 年版，第 855 页。
[2] 《十六大以来重要文献选编》（中），中央文献出版社 2005 年版，第 825 页。

开发太阳能、风能、生物质能等清洁能源，推动生产力发展的能源基础逐渐从化石能源等不可再生资源向可再生绿色能源过渡；采用清洁生产技术、环境无害化技术、无废工艺等，可以减少高熵物质的排放，降低生产和消费中的环境外部性损失，抵御自然力递减，提高自然环境的生态承载能力和可持续的再生能力；采用资源节约和综合利用技术，可以从原有资源中发掘新的、效用更大的自然力，促使潜在的自然力变成现实可用的自然力，提高自然资源的重复利用率、回收利用率和综合利用率，强化资源的节约利用、循环利用和高效利用，增加自然力的总供给量，进而解决我国资源的流量约束问题，缓解资源的供求矛盾。

（二）转变经济发展方式，大力发展绿色经济、循环经济和低碳经济，实现经济的绿色增长

长期以来，经济增长的资源环境代价过大是我国经济发展面临的首要问题。2009 年 9 月 22 日，胡锦涛同志在联合国气候变化峰会开幕式上庄严宣布，中国今后将"大力发展绿色经济，积极发展低碳经济和循环经济"①。绿色经济关爱生命，以提高人类福祉为经济发展目的，要"在开发利用自然中实现人与自然的和谐相处"②。绿色经济也是 2012 年 6 月 20 日召开的联合国可持续发展大会（"里约 + 20"峰会）的中心议题。当今世界，发展绿色经济已成为重要趋势。循环经济要求在生产、流通和消费全过程，"坚持开发节约并重、节约优先，按照减量化、再利用、资源化的原则"③，设计以资源自然力的多层次分级利用和零污染为特征的生态工艺，通过资源利用高效化、资源消耗减量化、废弃物再资源化和无害化，保障资源自然力的可持续利用，"实现自然生态系统和社会经济系统的良性循环"④。低碳经济是以低能耗、低污染、低排放和发展可再生能源为特征的生产形式，追求能源的高效利用

---

① 胡锦涛：《携手应对气候变化挑战》，载于《光明日报》2009 年 9 月 23 日。
② 《科学发展观重要论述摘编》，中央文献出版社、党建读物出版社 2008 年版，第 13 页。
③ 《科学发展观重要论述摘编》，中央文献出版社、党建读物出版社 2008 年版，第 41 页。
④ 《科学发展观重要论述摘编》，中央文献出版社、党建读物出版社 2008 年版，第 37 页。

和清洁能源的开发。在全球气候变暖、化石燃料日益匮乏的背景下，要发展低碳经济，首先需要保护和改善资源环境，促成资源型自然力与低碳技术的有机结合，进而有效提高绿色清洁能源的利用比例，如开展水力发电、风力发电和生物质能热电联产应用，用清洁能源电力取代天然气电力等。同时，要减弱温室效应，促进碳消除，还需要我们保护森林、草地、湖泊、湿地、海洋等碳汇资源，增强自然生态系统的碳汇能力。应该说，绿色经济、循环经济和低碳经济都是以自然力的可持续利用为目标，以生态、经济协调发展为核心，以资源节约、环境友好、改善民生福祉为特征的生态文明的经济发展方式，代表着当代中国先进生产力的发展趋势，是缓解我国目前资源环境压力、推动绿色增长、实现经济社会可持续发展的有效途径。

（三）树立"自然资源有价"的新理念，建立科学的多样化的生态补偿机制，增加自然资本的储备及其在国民财富中的构成比例，积极推进绿色GDP

首先，在法律制度层面，应该尽快改变我国长期以来分而治之的环境资源立法体例，将环境保护法与自然资源法统一起来，健全节约能源资源的法律法规体系，实行环境资源的资产化管理，在明晰生态环境和自然资源的产权基础上，积极开展生态补偿的立法工作，建立和完善中国生态补偿法律制度，努力实现生态补偿的法制化、规范化，促进生态补偿在我国的全面实践。

其次，在政府政策制度层面，应该进行环境治理制度的创新与优化，建立自然资源产权制度、绿色账户制度、绿色考核制度等，尤其"要研究绿色国民经济核算方法，探索将发展过程中的资源消耗、环境损失和环境效益纳入经济发展水平的评价体系"[1]，关注生态补偿评价体系中的定量分析，对生态系统提供的各项自然产品和服务（"无形资产"）的价值进行科学核算（包括实物量核算和价值量核算），并把反映自然力稀缺程度和自然资源环境价值的生态成本纳入商品价值和市场价格之中，建立起加入生态成本、环保支出、

---

① 《科学发展观重要论述摘编》，中央文献出版社、党建读物出版社 2008 年版，第 38 页。

环境收益和自然资产的国民经济账户体系，设立政府财政性生态补偿基金，完善资源环境税费制度。政府作为公共自然力的最大所有者，有权力遵循"保护者得到补偿，使用者、受益者和破坏者需要付费"的原则，通过"看得见的手"向自然力使用者征收使用税，这样既可以从成本方面引导所有自然力使用者节约使用，又可以通过收取使用税使自然力得到补偿，以此调节、还原和维持自然生态系统的平衡。这是实现环境资源与经济共生的必然选择。

综上所述，中国化马克思主义"环境生产力论"的提出，对我国的生产力发展方式提出了新要求，体现了当代中国先进生产力发展的生态文明取向，代表着一种低消耗、低污染、高效率、高质量的先进生产力形态，有力地推动了中国特色社会主义生态文明建设的实践创新。

（原文发表于《马克思主义与现实》2013 年第 2 期）

论马克思生产力理论中的自然力向度

温莲香[*]

在马克思的生产力理论中，自然力有着极其重要的地位和作用，"一切生产力都归结为自然力"[①]，凸显了马克思生产力理论的生态维度。但是，长期以来人们忽视了对马克思生产力理论中自然力思想的研究，漠视了马克思给人类发出的种种警告。人类在发展生产力的同时，过度使用自然力、滥用自然力以及人为破坏自然力，造成全球性的生态危机，已经严重地威胁到生产力的可持续发展。因此，解决生态危机、挽救生态环境已迫在眉睫，为此，党的十八大报告提出了生态文明建设的新举措。报告指出："面对资源约束趋紧、环境污染严重、生态系统退化的严峻形势，必须树立尊重自然、顺应自然、保护自然的生态文明理念，把生态文明建设放在突出地位，融入经济建设、政治建设、文化建设、社会建设各方面和全过程。"[②] 因此，在当代重申马克思生产力理论中的自然力思想，对于形成节约资源和保护环境的产业结构和生产方式，节约集约利用资源，推动资源利用方式根本转变，建设社会主义生态文明具有重要的指导意义。

一、《资本论》中自然力概念的考证

马克思在《资本论》及其手稿中从不同视角界定了自然力概念。

（1）"单纯的自然力。"马克思指出，"单纯的自然力——如水、风、蒸汽、电"[③]，以及"瀑布"、"富饶的矿山"、"盛产鱼类的水域"、"位置有利

---

 * 温莲香：济南大学马克思主义学院副教授，主要从事马克思主义生产力理论与生态文明研究。

 ① 马克思：《政治经济学批判大纲（草稿）：第 3 分册》，人民出版社 1963 年版，第 166 页。

 ② 胡锦涛：《坚定不移沿着中国特色社会主义道路前进 为全面建成小康社会而奋斗》，载于《人民日报》2012 年 11 月 18 日。

 ③ 《马克思恩格斯全集》第 47 卷，人民出版社 1979 年版，第 363 页。

的建筑地段"等。① 因此，"单纯的自然力"是指自然界的自然力或人周围的自然力，是存在于人类社会以外的各种自然力量的总和，既包括水力、风力、电力、蒸汽、太阳能等自然环境的物质力量，也包括畜力、土地的富饶程度、矿山的丰富程度等自然资源的物质能量。

（2）人体的自然力。人体的自然力是指人的体力和脑力的总和，是人生命肌体的本能的展现，是人的劳动力。马克思曾指出，人作为有生命的自然存在物，"人赋有自然力、生命力，这些力量是作为禀赋和能力，作为情欲在他身上的存在"②。人为了生存发展通过劳动占有自然物质，而劳动就是劳动力的使用或消费，即人体的自然力——臂和腿，头和手运动起来作用于自然物质便形成了生产劳动。因而，人体的自然力是生产力的基本要素。

（3）"社会劳动的自然力。"马克思把来源于协作分工的自然力和人口增长的自然力统称为社会劳动的自然力，马克思指出："由协作和分工产生的生产力，不费资本分文。它是社会劳动的自然力。"③ 马克思认为，协作和分工不仅提高了个人生产力，还创造了一种新的生产力——集体力，这是孤立的个人所不能达到的劳动生产率，资本家却不费分文，因为，资本家只给单个劳动力支付报酬，从而协作和分工所产生的生产力就成为一种自然力。④ 另外，马克思认为，"人口的增长是无须付给报酬的劳动的自然力"⑤。人口的自然增长来源于人类自身的生产，即种的繁衍，资本家不费一分钱就能得到充裕的劳动力供给。因此，从这种意义上说，人口的增长就获得了自然力的意义。

（4）"劳动的富有活力的自然力。""劳动的富有活力的自然力的表现就在于，它利用、消耗材料和工具时，以某种形式把它们保存下来，从而把物化在其中的劳动，它们的交换价值也保存下来；……劳动的这种自然力是资

---

① 《资本论》第3卷，人民出版社2004年版，第874页。
② 马克思：《1844年经济学哲学手稿》，人民出版社1963年版，第120页。
③ 《资本论》第1卷，人民出版社2004年版，第443页。
④ 马克思：《机器。自然力和科学的应用》，人民出版社1978年版，第190页。
⑤ 马克思：《机器。自然力和科学的应用》，人民出版社1978年版，第189页。

本的力量，而不是劳动的力量。因此，资本是不给它报酬的。"① 由此可见，"劳动的富有活力的自然力"即为劳动的自然力。劳动被马克思赋予了具体劳动和抽象劳动双重属性：一方面，抽象劳动创造了新价值，另一方面，具体劳动转移了原材料和机器设备在生产中磨损的旧价值。而劳动保存旧价值的功能资本家不费分文，因而，被马克思视为自然力。

（5）"死的自然力。""死的自然力"的概念是马克思在《机器。自然力和科学的应用》一书中提出的，是指机器的自然力。他说："以死的自然力即某种铁的机构的有节奏而均匀的速度和不知疲倦的动作而工作着。"② 马克思在谈到机器的自然力时指出，如果机器可以为商品生产服务 15 年，那么每年只有 1/15 的价值加入年产品量，但是，它在劳动过程中是作为 15/15 起作用的；其中 14/15 不需要花费什么代价。③ 也就是说，机器是作为整体参与生产过程，但按使用年限逐次转移磨损的价值到新商品中。因此，机器在使用年限内，始终有一部分无偿地为生产服务，这就是机器的自然力。

（6）科学技术的自然力。马克思一贯主张科学技术也是一种自然力，"科学作为社会发展的一般精神产品，……表现为自然力本身，表现为社会劳动本身的自然力"④。科学技术作为一种自然力表现为：当"电流作用范围内磁针偏离规律，或电流绕铁通过而使铁磁化的规律一经发现，就不费分文了"⑤。一旦人们把发现和发明的科学原理和技术方法应用于生产过程时，科学技术就会无偿地为生产服务。

从以上马克思对自然力概念的论述，我们可以把自然力界定为：自然力是一种或来源于自然界或来源于社会，能够被无偿地应用于生产过程，并带来额外收益的生产要素。⑥ 本文所探讨的自然力主要是指自然界的自然力。

---

① 马克思：《机器。自然力和科学的应用》，人民出版社 1978 年版，第 152 页。
② 马克思：《机器。自然力和科学的应用》，人民出版社 1978 年版，第 47 页。
③ 《马克思恩格斯全集》第 48 卷，人民出版社 1985 年版，第 77 页。
④ 《马克思恩格斯全集》第 48 卷，人民出版社 1985 年版，第 41 页。
⑤ 《资本论》第 1 卷，人民出版社 2004 年版，第 44 页。
⑥ 李成勋：《马克思的自然力理论及其启迪》，载于《经济研究》1998 年第 7 期，第 65 页。

二、自然力是"不费分文"的生产力

马克思主义经典作家认为，生产力是参与物质生产过程并且生产出物质产品的各种要素的合力，是自然要素、主体要素和社会要素的复合力量体系。他们对自然力在生产力发展中的地位和作用，做过大量的、系统的论述，称自然力是"不费分文"的生产力，他们认为，"水力、蒸汽力、人力、马力。所有这些都是'生产力'"①，"未开发的自然资源和自然力"同样也是"无偿的生产力"。②

（1）自然力是生产力的自然基础。生产力的直接目的在于为人类创造丰富的物质财富和理想的生存环境，而这一目标的实现离不开自然界的自然力。在《资本论》等著作中，马克思把自然力看作是生产力的自然基础，他指出：自然力"是特别高的劳动生产力的自然基础"③。首先，自然界是人类劳动的自然基础和先决条件。马克思从物质本源论的视角出发，认为自然力在本体论意义上的本源性和优先地位，规定了自然力是生产力发展的根源性物质条件。"没有自然界，没有感性的外部世界，工人就什么也不能创造。"④ 其次，自然环境的差异性是形成社会分工的自然基础，它不仅从质上制约着生产部门和生产力的布局，而且从量上影响生产力发展能力的大小。"同一劳动在丰收年可以物化为两蒲式耳小麦，在歉收年或许只物化为一蒲式耳小麦。在这里，因为自然条件的贫瘠还是富饶决定着受自然条件限制的特殊实在劳动的生产力。"⑤ 最后，自然力是价值增殖的自然基础。"自然力不是超额利润的源泉，而只是超额利润的一种自然基础。"⑥ 马克思虽然强调自然力本身是没有价值的，但一旦进入生产过程，就会降低商品的个别价值，在按社会价值出售时，就可获得超额利润。所以，马克思认为，级差地租就是由独占劳动

---

① 《马克思恩格斯全集》第 42 卷，人民出版社 1979 年版，第 261 页。
② 马克思：《机器。自然力和科学的应用》，人民出版社 1978 年版，第 190 页。
③⑥ 《资本论》第 3 卷，人民出版社 2004 年版，第 728 页。
④ 《马克思恩格斯选集》第 1 卷，人民出版社 1995 年版，第 42 页。
⑤ 《马克思恩格斯全集》第 13 卷，人民出版社 1962 年版，第 26 页。

的较高的自然生产力，使土地产品的个别生产价格低于社会生产价格而获得的超额利润转化而来的。

（2）自然力是生产力的内在要素和生态源泉。马克思认为，生产力具有两重属性：自然属性和社会属性。而传统的生产力理论把生产力仅仅等同于社会生产力，片面注重生产力的社会属性，忽视生产力的自然属性，把自然力当作生产力发展的外部条件，否认自然力是生产力的内在要素，这是对马克思生产力理论的曲解。我国学者柯宗瑞将其称之为"半边生产力论"、"致残生产力论"。[1] 事实上自然力作为生产力中一个不可或缺的要素，早就被马克思纳入生产力系统中。他指出："如果把不同人的天然特性和他们的生产技能上的区别撇开不谈，那末劳动生产力主要应当取决于：①劳动的自然条件，如土地的肥沃程度、矿山的丰富程度等等；②劳动的社会力量的日益改进，这种改进是由以下各种因素引起的，即大规模的生产，资本的集中，劳动的联合，分工，机器，生产方法的改良，化学及其它自然因素的应用。"[2] 由此看出，马克思的生产力中包含自然力，生产力是自然力和社会力的有机结合。基于生态维度的视角，自然力不仅是生产力的重要因素，而且是生产力的生态源泉。

首先，自然力是生产力基本要素的生态源泉。马克思把生产力的基本要素概括为："劳动本身，劳动对象和劳动资料。"[3] 而劳动本身、劳动对象和劳动资料皆直接或间接来自于自然界。第一，自然界是劳动者自身自然力的源泉。因为，自然界的长期演化产生了人类，赋予了劳动者自身自然力；而这种自然力的生产和再生产必须依赖自然界。"人靠自然界生活。这就是说，自然界是人为了不致死亡而必须与之处于持续不断地交互作用过程的、人的身体。所谓人的肉体生活和精神生活同自然界相联系，不外是说自然界同自身相联系，……，因为人是自然界的一部分。"[4] 自然界以食物、燃料、衣着、

---

① 柯宗瑞：《生态生产力》，载于《上海社会科学院学术季刊》1991 年第 1 期，第 15 页。

② 《马克思恩格斯全集》第 16 卷，人民出版社 1964 年版，第 140 页。

③ 《资本论》第 1 卷，人民出版社 2004 年版，第 208 页。

④ 《马克思恩格斯选集》第 1 卷，人民出版社 1995 年版，第 45 页。

住房的形式转化到劳动者体内，维持和发展劳动者的体力和智力。可见，自然力是人的生命及其力量的第一源泉。第二，自然界是"一切劳动资料和劳动对象的第一源泉"①。劳动资料和劳动对象都来自于自然物质或经过劳动过滤了的人工自然物，都是自然物质的转化、变形和重组。劳动资料之所以能被劳动者当作发挥力量的手段、实现目的的工具，就在于劳动资料本身就具有机械的、物理的和化学等自然力的性质。纵观人类历史上生产力的每一次伟大变革，都与生产工具的革新和新能源的发现相伴随，预示着自然力更广泛更深入地参与到生产力中。确切地说，人类生产力质的飞跃的前提是自然力的发现和有效利用。在这个意义上说，生产力的发展史就是自然力被开发和利用的历史。

其次，自然力是社会财富的生态源泉。马克思认为，生产力的实现要依靠生产劳动来完成。生产劳动过程就是在创造使用价值——社会财富的过程，即是人和自然之间交换物质能量和信息的过程。在马克思的视域中，生产劳动的最初要素只有自然和人。"一边是人及其劳动，另一边是自然及其物质，这就够了。"② 劳动和自然一起创造社会财富。"劳动不是一切财富的源泉。自然界同劳动一样也是使用价值的源泉，劳动本身不过是一种自然力即人的劳动力的表现。"③ 可以说，在马克思看来，创造社会财富要有两个源泉，一是其生态源泉——自然界，二是其社会源泉——劳动。而劳动作为人与自然之间物质交换的双向度的活动过程，其实质就是人用自身的自然力作用于外界的自然力，人在改变自然物质的同时也改变他自身的自然，实现了"人的自然化"与"自然的人化"的统一。也就是说，劳动本身不过是人自身的自然力和自然界的自然力的有机结合的活动，从自然界整体运动的角度来观察，劳动过程只不过是自然界内部自然循环的过程。因而，自然力也是劳动的生态源泉。

再次，自然力是科学技术生产力的生态源泉。科学技术的任务就在于揭

① 《马克思恩格斯全集》第19卷，人民出版社1963年版，第15页。
② 《资本论》第1卷，人民出版社2004年版，第215页。
③ 《马克思恩格斯选集》第3卷，人民出版社1995年版，第298页。

示出自然物质的机械、物理、化学、生物等新的自然属性，使自然物质在形态、属性和功能上更好地满足人类生活的需要。科学技术转化为生产力的生态源泉来自自然力。因为，科技进步能够提高人类对自然力的认识能力，延伸劳动者的自然力；科学技术物化为先进的生产工具使自然力转化为生产力；科学技术不断开发新的自然力，且提高现有自然力的利用率，从而促进了生产力的发展。从 18 世纪的第一次科技革命到今天的信息时代，越来越多的新能源和新材料并入了生产过程，推动了生产力一次又一次质的飞跃。科学技术是第一生产力所表征的是，科学技术的进步使人类能够在越来越大的程度上认识自然规律、驾驭自然力，使越来越多的自然力服务于人类生产并转化为生产力。正如马克思所说的，"生产过程从简单的劳动过程向科学过程的转化，也就是向驱使自然力为自己服务并使它为人类的需要服务的过程转化"①。

（3）"资本的生产力"对自然力的破坏。马克思把资本主义生产关系下的各种生产力统称为"资本的生产力"，这是一种以追求剩余价值为目的、使自然完全成为资本的附属物、以破坏自然力为代价的片面发展的生产力。

首先，"资本的生产力"的发展是以掠夺式使用自然力为代价的。马克思以土地的自然力为例，揭露资本生产力的富有是以劫夺土地丰度为条件的。第一，土地是人类的衣食之源，是农业生产力发展的基础。但在资本主义土地所有制下，贪得无厌的农场主靠掠夺土地肥力来提高收获量，他们"直接地滥用和破坏土地的自然力，……使土地日益贫瘠"②。第二，资本主义农业的经营，代替了"土地的自觉的合理的经营"，为实现高额利润，只顾从土地上掠夺肥力，而资本主义农业技术的不断进步，只不过是资本家掠夺土地生产力和土地肥力持久源泉的手段。第三，资本主义工业和商业携手联合，为农业提供使土地贫瘠的各种手段，从而破坏了农业生态系统的物质循环和能量转化，破坏了土地生产力的可持续性，最终引起人与自然物质变换的断裂。

其次，"资本的生产力"的发展是以自然力的不可持续利用为代价的。一

---

① 《马克思恩格斯全集》第 46 卷（下册），人民出版社 1963 年版，第 212 页。
② 《马克思恩格斯全集》第 25 卷，人民出版社 1974 年版，第 917 页。

方面，"资本的生产力"造成了自然力的绝对稀缺。资本主义生产受剩余价值规律的驱动，呈无限扩大的趋势，因而对自然力的需求增加；随着资本有机构成的不断提高，资本对可变资本的需求相对减少，对不变资本的需求增大，所以，不断从自然界索取大量的自然力成为资本家不二的选择，最终导致资源快速消耗和枯竭，使自然力在量上绝对下降，严重威胁着生产力的可持续利用。"文明和产业的整个发展，对森林的破坏从来就起很大的作用，对比之下，对森林的养护和生产，简直不起作用。"[1] "我们只要想一想决定大部分原料数量的季节的影响，森林、煤矿、铁矿的枯竭等等，就明白了。"[2] 类似的情况恩格斯也多次谈道："能的储备——煤炭、矿山、森林等等方面的浪费的情况，你比我知道更清楚。"[3] 马克思恩格斯用"破坏"、"枯竭"、"浪费"等词描述自然资源的不可持续性。另一方面，"资本的生产力"使自然力在质上也不可持续。资本主义生产方式下人与自然物质变换关系的断裂使有害的排泄物不断返回自然界，积累于自然生态环境系统中，直至排放量超过自然生态环境系统的自净能力，生态循环受阻，导致环境污染[4]、自然力质量下降和服务功能减退。而且，由于人类的过度干扰，致使自然力的抗变力和恢复力部分丧失，自然再生产能力下降，因而，生产力的可持续发展受到严峻的挑战。

三、基于可持续发展视角的自然力开发利用分析

党的十八大报告把节约资源看作是保护生态环境的根本之策。强调坚持节约优先、保护优先、自然恢复为主的方针；主张增强全民节约意识、环保意识、生态意识，营造爱护生态环境的良好风气。[5] 这与马克思可持续利用自

① 《马克思恩格斯全集》第 24 卷，人民出版社 1972 年版，第 272 页。
② 《马克思恩格斯全集》第 25 卷，人民出版社 1974 年版，第 289 页。
③ 《马克思恩格斯全集》第 35 卷，人民出版社 1971 年版，第 129 页。
④ 温莲香：《马克思批判视域中的生产力可持续发展论》，载于《学术论坛》2011 年第 12 期，第 22 页。
⑤ 胡锦涛：《坚定不移沿着中国特色社会主义道路前进　为全面建成小康社会而奋斗》，载于《人民日报》2012 年 11 月 18 日。

然力的思想是一脉相承的，是对马克思自然力思想的继承和发展。因此，重温马克思的相关论述对我国如何建设生态文明具有重要的现实价值。

马克思认为，"一切生产力都归结为自然界"①，"一切生产力都归结为自然力"②。那么，自然力能否可持续利用直接关系到生产力是否可持续发展。鉴于资本主义片面发展生产力对自然力的滥觞，马克思为后人敲响了可持续利用自然力的警钟。

（1）务必节约自然力。马克思注重崇尚节约，反对浪费自然力。在他看来，第一，自然力是稀缺的。"这种自然条件在自然界中只存在于某些地方。在它不存在的地方，它是不能由一定的投资创造出来的。"③ 因为，一方面，有些自然力是不能被人为生产和创造出来的，是不可替代的，因而是稀缺的；另一方面，有些自然力只存在于某些地方，它的存在不具有普遍性，因而是稀缺的。第二，自然力是有限的，不是取之不尽用之不竭的。"占有瀑布的那一部分工厂主，不允许不占有瀑布的那一部分工厂主利用这种自然力，因为土地是有限的，而有水力资源的土地更是有限的。"④ 超额利润"不是由于他的资本本身而产生，而是由于支配一种可以和他的资本分离、可以垄断并且数量有限的自然力而产生，所以这个余额就转化为地租"⑤。第三，自然力短缺。由于资本主义经济为维持高增长、高消费而滥用和浪费自然力，导致自然力供给不足。而自然力作为生产要素，由于有效供给的下降，从而引发市场产成品供给不足、经济衰退甚至灾荒。所以，马克思特别反对浪费自然力，并对浪费自然力的行为做了批判。他说："在伦敦，450 万人的粪便，就没有什么好的处理方法，只好花很多钱用来污染泰晤士河。"⑥ 而要节约自然力，工人们的生产经验和节约意识是首要条件，因为，他们知道在什么地方节约和怎样节约。

---

① 《马克思恩格斯全集》第 46 卷（下册），人民出版社 1963 年版，第 34 页。
② 马克思：《政治经济学批判大纲（草稿）：第 3 分册》，人民出版社 1963 年版，第 166 页。
③ 《资本论》第 3 卷，人民出版社 2004 年版，第 726 页。
④ 《资本论》第 3 卷，人民出版社 2004 年版，第 727 页。
⑤ 《资本论》第 3 卷，人民出版社 2004 年版，第 728 页。
⑥ 《资本论》第 3 卷，人民出版社 2004 年版，第 115 页。

（2）认识和尊重自然力规律，减少自然力的报复。在生产力发展中，制约生产力发展的重要规律是自然力递减规律。所谓自然力递减规律是在一定的技术条件下，人类对自然力的利用超过自然力所能承载的阈值后，就会出现功能减退、生产能力下降的趋势。① 一般情况下，如果人类对自然力的利用能保持在其抗变力和恢复力的限度内，自然力就能通过自身新陈代谢机能恢复生机和活力，但是，一旦超过这个度，自然力的内在运行机理被打乱，对人类的服务功能就会减退甚至全部丧失。而自然力的绝对性稀缺和"报复"正是自然力递减规律发挥作用的结果。马克思早已认识到社会生产力的无限发展会降低包括土地在内的自然物质的功能和质量，而且还找到了自然力递减规律发生作用的原因，即人类对自然力系统的过度扰动，如对森林的过度砍伐、对土地的耗竭性使用、污染物的过度排放等。因此，为了实现生产力的可持续发展，避免自然力的"报复"，人类必须尊重自然力规律，且负责任地调整和控制人类生产与自然力的关系，把自然力的利用控制在其承载范围内，减少对自然力的扰动，少投入、少排放，预留自然力休养生息、恢复生机和活力的空间。牢记马克思的告诫："不以伟大的自然规律为依据的人类计划，只会带来灾难。"②

（3）发展循环生产，高效利用自然力。马克思身处机器大工业时代，看到了资本主义生产发展造成的自然力浪费、稀缺和严重的环境污染，已经成为制约生产力可持续发展的障碍，为缓解自然力有效供给不足的压力，他创造性地提出了高效利用自然力的新模式——循环生产的思想。这一思想的特点主要体现为以下三个方面：一是减量化，即在生产输入端，通过使资源自然力投入最小化来达到既定的生产目的或消费目的，从而既从源头上实现了资源节约，又减少了废弃物的排放。在马克思看来，减量化就是"把生产排泄物减少到最低限度和把一切进入生产中去的原料和辅助材料的直接利用提到最高的限度"③。二是再利用，即在生产过程中，尽可能多次利用或以多种

---

① 刘静暖：《自然力经济学》，长春出版社 2010 年版，第 87 页。
② 《马克思恩格斯全集》第 31 卷，人民出版社 1972 年版，第 251 页。
③ 《资本论》第 3 卷，人民出版社 2004 年版，第 117 页。

方式利用自然力资源，反对用之即弃的一次性使用。马克思充分论证了对废弃物再利用的可行性。首先，由于原料的稀缺引起价格日益昂贵，故推动了废弃物的再利用；其次，人们对废料再利用的思想认识发生了转变，"过去一向认为是不光彩的事情，……这种偏见已经完全消除"①；最后，化学的进步使废弃物再利用成为现实，化学的进步不仅找到了利用本工业废料，而且还能利用其它工业废料的新方法。三是再循环，即在生产输出端，产品在完成其使用功能之后，能够重新变成可利用的资源自然力，也就是废弃物的回收利用。马克思的循环生产思想中明确使用了"循环"这一概念，他说："所谓的生产废料再转化为同一个产业部门或另一个产业部门新的生产要素；这是这样一个过程，通过这个过程，这种所谓的排泄物就再回到生产从而消费的循环中。"② 马克思的循环生产思想将经济增长方式由主要依靠增加资源投入带动，转变为主要依靠提高资源利用率带动，从而让投入的所有资源，在不断进行的经济循环中得到合理、充分、持续的利用，并把经济活动对自然环境的不良影响降低到尽可能小的程度。

（4）依靠科学技术创新，增加自然力的有效供给。自然力发挥效能的程度，取决于各种方法和科学的进步，这是马克思的一贯态度。他指出：依靠科学技术的进步，"可以从外延方面或内涵方面，加强对这种自然物质的利用"③。从外延方面看，就是要扩大自然力的利用范围和领域，不断开发新的自然力；从内涵方面看，主要是指合理、全面和持久地提高现有的各种自然力的利用效率。发展生产力的着重点应放在对自然力从主要采取外延式的扩大利用转变为主要采取内涵式的扩大利用。依靠科学技术创新，可以从原有资源中发掘新的自然力，从而把潜在的自然力变成现实的自然力，这样既不扩张自然物质的物理量，缩减生态足迹，又可以增加自然力的供给量。依靠科学技术创新，对不可再生性自然力替代品开发应用，是实现自然力可持续利用的重要途径。

---

① 《资本论》第 3 卷，人民出版社 2004 年版，第 116 页。
② 《资本论》第 3 卷，人民出版社 2004 年版，第 94 页。
③ 《资本论》第 2 卷，人民出版社 2004 年版，第 394 页。

（5）实现自然力的可持续利用。自然力的可持续利用是生产力可持续发展的生态源泉。自然力的可持续利用，意味着在经济生活中自然力的使用，既保障当代人的福利提高，又不影响后代人的福利增加，保证代内公平和代际公平。马克思特别注重自然力代际公平的可持续发展。首先，马克思批判了资本主义生产方式破坏自然力代际公平的现象，他把这种现象称为"对未来的预支"，他说："对未来的预支——真正的预支——一般来说在财富生产上只有对工人和土地来说才有可能。由于过早的过度紧张和消耗，由于收支平衡的破坏，工人和土地的未来实际上可能被预支和被破坏。"① 这种"对未来的预支"既没有满足当代人对自然力的需求，又威胁到后代人对自然力的需求。其次，马克思以土地为例阐述了自然力可持续发展的理念。他强调："土地的利用者，并且他们必须象好家长那样，把土地改良后传给后代。"②他要求人类合理使用自然力，有效保护自然力，让自然力为人类世世代代永续利用。为此，马克思恩格斯主张通过消除城乡对立、人口的均匀分布、工农业的结合、发展生态化农业等途径来恢复保持土壤的生产力。马克思认为，"消费排泄物对农业来说最为重要"③。马克思恩格斯主张在农业生产中减少化肥的使用，用消费排泄物这样的有机肥料代替化学肥料，既可以改良土壤，提高土地生产力，又可以保护生态环境，实现经济效益和生态效益的有机统一。

（原文发表于《当代经济研究》2013 年第 2 期）

---

① 《马克思恩格斯全集》第 26 卷（第三册），人民出版社 1974 年版，第 342 页。
② 《马克思恩格斯全集》第 25 卷，人民出版社 1974 年版，第 875 页。
③ 《资本论》第 3 卷，人民出版社 2004 年版，第 115 页。

文化生产力：丰富和发展马克思生产力理论的新视角

党的十六届四中全会从加强党的执政能力建设的高度，首次在党的正式文献中使用了"文化生产力"概念，阐明了深化文化体制改革，解放和发展文化生产力问题；党的十七大报告又一次在党的正式文献中使用了"文化生产力"概念，并进一步强调解放和发展文化生产力，是繁荣文化的必由之路。这些都充分体现了我们党对文化生产力问题的深刻认识和高度重视。深入探讨文化生产力与马克思生产力理论之间的内在联系，不仅在实践层面上有助于解放和发展文化生产力、繁荣中国特色社会主义文化，而且有助于从理论上重新认识生产力的一系列基本问题——生产力内涵、构成要素、划分标准、功能作用等等，从而赋予马克思生产力理论以崭新的内涵和鲜明的时代特征，成为马克思生产力理论在当代发展的一个重要视角。

一、生产力理论：马克思唯物史观的基石

生产力概念从萌芽到发展，已有几百年甚至上千年的历史，但是系统、深刻和科学地阐述生产力理论的，却始于马克思。"生产力"是马克思哲学和经济学的核心范畴，是马克思唯物史观的基石。在马克思主义的发展过程中，无论过去、现在和将来，生产力理论都始终起着主导的作用。马克思有两大发现：一是唯物史观，一是剩余价值学说，都是以科学的生产力理论为基础的。从《德意志意识形态》的首次使用到《哲学的贫困》、《共产党宣言》，

---

* 李春华（1961~）：中国社会科学院马克思主义研究院原理部思想政治教育研究室主任、副研究员，天津工业大学文法学院教授。

尤其是在《〈政治经济学批判〉序言》中的进一步发展，再到《资本论》的
充分发挥，马克思对生产力的一系列基本问题——生产力内涵、构成要素、
划分标准、功能作用以及生产力的特性——客观实在性、组织系统性、历史
继承性、要素的层次性、发展动态性和阶段性等都进行了开拓性研究，从而
为马克思唯物史观奠定了坚实的基础。可以说，我们今天谈到的关于生产力
的许多观点，差不多都能从马克思的著作中找到根据。

　　马克思主要是从确立唯物史观的角度来研究和阐述生产力问题的，主要
包括以下观点：

　　第一，物质资料的生产活动是人类社会存在和发展的基础。马克思阐述
了社会生产力是一种客观的现实力量、物质生产活动是人类最基本的实践活
动这一唯物史观的基本思想。认为人类的生产活动是社会生存和发展的基础，
是决定其他一切活动的基础。"物质生活的生产方式制约着整个社会生活、政
治生活和精神生活的过程"[①]，"人们首先必须吃、喝、住、穿，然后才能从
事政治、科学、艺术、宗教等等"[②]，物质生产不仅是"第一个历史活动"，
而且是"一切历史的一种基本条件"，"人们为了能够'创造历史'，必须能
够生活。但是为了生活，首先就需要吃喝住穿以及其他一些东西。因此第一
个历史活动就是生产满足这些需要的资料，即生产物质生活本身"[③]。这表明，
历史活动的第一要义，就是物质生产活动。

　　第二，生产力决定生产关系、经济基础决定上层建筑。生产力的状况和
发展变化决定生产关系的状况和发展变化。每一种现实的生产关系都是建立
在一定性质和水平的生产力基础之上的。"社会关系和生产力密切相联。随着
新生产力的获得，人们改变自己的生产方式，随着生产方式即谋生的方式的
改变，人们也会改变自己的一切社会关系。手推磨产生的是封建主的社会，
蒸汽磨产生的是工业资本家的社会。"[④] 马克思将极其复杂的社会现象概括为

---

① 《马克思恩格斯选集》第 2 卷，人民出版社 1995 年版，第 32 页。
② 《马克思恩格斯选集》第 3 卷，人民出版社 1995 年版，第 776 页。
③ 《马克思恩格斯选集》第 1 卷，人民出版社 1995 年版，第 79 页。
④ 《马克思恩格斯选集》第 1 卷，人民出版社 1995 年版，第 141 ~ 142 页。

生产力决定生产关系、经济基础决定上层建筑四个范畴，并阐明了它们之间的内在联系，社会的物质生产力发展到一定阶段，便同它们一直在其中活动的现存生产关系发生冲突。于是这些关系便变成生产力的桎梏，那时社会革命的时代就到来了。随着经济基础的变更，全部庞大的上层建筑也或快或慢地发生变革。

第三，生产力是社会历史发展的最终决定力量，生产力与生产关系的矛盾运动推动社会形态更替。马克思在人类思想史上第一次提出了生产力是生产关系变化的原动力和基础的重要原理，从而正确地确立了生产力在社会历史发展中的地位。一切社会变革，都必须从社会生产力和生产关系之间的现存冲突中去解释。无论哪一个社会形态，在它所能容纳的全部生产力发挥出来之前，是决不会灭亡的；而新的更高的生产关系，在它的物质存在条件在旧社会的胎胞里成熟以前，是决不会出现的。马克思认为生产方式的更替就是生产力和生产关系之间相互作用的结果。马克思依据这一思想将人类社会划分为五种社会基本形态即原始公有制的原始社会、奴隶主占有制的奴隶社会、封建主占有制的封建社会、资本家占有制的资本主义社会和生产资料公有制的社会主义社会（共产主义社会），五种社会基本形态的更替也是生产力和生产关系之间矛盾运动的结果。

第四，阐述了"精神生产力"的思想。在批判继承古典政治经济学"精神生产"理论的基础上，马克思充分肯定了"精神生产"在整个社会生产中的地位和作用，他指出："宗教、家庭、国家、法、道德、科学、艺术等等，都不过是生产的一些特殊的方式，并且受生产的普遍规律的支配。"[①] 马克思认为精神生产是整个社会生产的一个组成部分，它与物质生产同属于人的"生命活动"，是人的存在方式之一；把艺术与宗教、法、道德、科学等归为不同于一般生产的另一类生产，这类生产虽受生产的普遍规律的支配，却是一种特殊的生产活动。在论述艺术风格形成的条件时指出，"社会组织"、"当代分工"以及与当地有交往的世界各国的分工等，对包括艺术在内的文化生

---

① 《马克思恩格斯全集》第42卷，人民出版社1979年版，第121页。

产者有较大的影响；他强调精神生产的"属人方面"，从人类的本质及人与动物相区别的角度，把精神生产理解为自由自觉活动的一部分，是不受肉体需要支配而进行的"真正的生产"，是"按美的规律来创造"的生产；马克思还明确提出了与物质生产力相对应的"精神生产力"概念，强调"精神生产力"是社会生产力的重要组成部分，指出："一切生产力即物质生产力和精神生产力"①，并把语言、文学、技术包括在精神方面的生产力之中，认为物质生产力对精神生产力起决定作用，而精神生产力反过来又影响着一定社会关系的形成和解体，"所有这些关系的解体，只有在物质的（因而还有精神的）生产力发展到一定水平时才有可能"。②

第五，提出了"科学技术是生产力"的观点。在 100 多年前，马克思就谈到了科学技术对生产力、生产关系以及人类社会发展的影响和作用问题。指出了科学技术在生产力及其发展中的地位和作用。"资本是以生产力的一定的现有的历史发展为前提的，——在这些生产力中也包括科学。"③ 他把科学技术看成是生产力的重要因素，把机器的使用作为科学技术应用于生产，并转化直接生产力的一个标志。"直接从科学中得出的对力学规律和化学规律的分析和应用，使机器能够完成以前工人完成的同样的劳动。"④

二、马克思生产力理论尚待深化和阐发的问题

马克思当年对生产力的研究是为了创立唯物史观和揭示资本主义经济运动以及一切社会经济运动的规律。正是有了科学的生产力观，正是由于牢牢把握生产力是社会变迁的最终决定力量，才使马克思透过纷繁复杂的社会现象，深入揭露资本主义社会生产关系与生产力的矛盾，得出了资本主义必然为社会主义所代替的科学论断。鉴于马克思处于革命的时代以及所面临的主要任务，对生产力研究已达到了那个时代应有的水平。毋庸讳言，马克思主义创始人及后来的马克思主义者只是对生产力理论进行了开拓性的研究和奠

---

① 《马克思恩格斯全集》第 46 卷（上册），人民出版社 1979 年版，第 173 页。
② 《马克思恩格斯全集》第 46 卷（上册），人民出版社 1979 年版，第 505 页。
③④ 《马克思恩格斯全集》第 46 卷（下册），人民出版社 1980 年版，第 211 页。

基性的论述，尽管马克思的生产力理论在今天仍不失其科学性和真理性，但它并没有也不可能穷尽生产力全部内容，仍然存在尚待深化和阐发的问题。

从"文化生产力"的角度审视，马克思生产力理论的时代局限性主要表现在：

第一，征服自然和改造自然的能力：在生产力内涵问题上的时代局限性。纵观马克思的研究和论著，我们可以发现，马克思并未给生产力的内涵做过一般性的界定。马克思都是在分析具体问题的情况下使用生产力概念的，因此，对生产力有不同的提法，如"社会生产力"、"社会的物质生产力"、"物质生产力与精神生产力"、"活劳动生产力与死的生产力"、"一般生产力与直接生产力"、"联合生产力与个人生产力"以及"劳动生产力"、"自然生产力"、"物化生产力"、"实际生产力"、"潜在生产力"、"资本的生产力"、"由分工和协作产生的生产力"、"历史地发展起来的劳动生产力"、"受自然制约的劳动生产力"等，其具体内涵也必然包括多种意义，这既给后来者留下了"争论"的余地，也给我们的研究留下了广阔的空间。尽管马克思的生产力概念带有具体性，但我们还是可以从马克思的论述中看出他所使用的生产力的一般性内涵。马克思所指的是"社会的物质生产力"，即改造自然获取物质生存资料的能力。斯大林对生产力有过明确的阐述，他在《苏联社会主义经济问题》一书中写道："社会生产力是由两个方面组成，这两个方面虽然是不可分割的互相联系着，但却反映两种不同的关系，即人们对自然的关系（生产力）和人们在生产过程中的相互关系（生产关系）。只有具备生产的这两个方面，才能有社会生产——不管在社会主义制度下或其他社会形态下都是一样。"[①] "生产物质资料时所使用生产工具，以及因有相当生产经验和劳动技能而发动者生产工具并实现着物质资料生产的人——这些要素综合起来，便构成为社会的生产力。"[②] 正是依据这一观点，才有了我们熟悉的传统教科书中关于生产力的定义，因为传统的哲学教科书是以1938年《联共（布）党

---

① 《斯大林文集》（1934－1959），人民出版社1985年版，第646~647页。
② 《联共（布）党史简明教程》，人民出版社1975年版，第133页。

史》中第四章第二节"论辩证唯物主义和历史唯物主义"为蓝本编写而成的。"从哲学上看，生产力是标志人类改造自然的实际程度和实际能力的范畴，从根本上体现了人与自然之间的现实关系"，"生产力就是人们在物质生产活动中形成的解决社会同自然之间矛盾的实际能力，是人类改造自然使其适应人类社会需要的物质力量"①。政治经济学的教科书同样如此："生产力是人们运用劳动资料进行物质生产的能力，它表明人类征服和改造自然的能力，体现着人与自然的关系"②；"生产力是人们生产物质资料的能力，它表明人们改造自然和征服自然的水平，反映了人和自然的关系"③。《辞海》、《社会科学辞典》、《中国百科大辞典》对"生产力"定义的表述为：人们征服自然、改造自然的能力，表示人与自然的关系显然受到了这些教科书的影响。应该说，马克思主义创始人及后来的继承者所处的时代，决定了他们只能对生产力作出这样的理解。在物质资料绝乏的时代，自然资源成为主要的资源，从自然界获取物质生存资料的生产活动成为人类的主要甚至是唯一的实践活动，于是很自然地将生产力理解为"征服自然改造自然的能力"。但在当今时代，这种对生产力的一般规定显然带有明显的时代局限性。因此，如何在总结人类实践经验教训的基础上，依据当代社会生产力的新特点，更科学地概括生产力范畴的本质规定性，这是生产力理论首先要回答的问题。

　　第二，强调物质性因素的作用：在生产力要素问题上的时代局限性。马克思也看到了其他因素对生产力的影响和作用，包括智力文化因素的作用。马克思从他生活的那个时代的实际出发，广泛考察了生产力状况以及影响其发展的多方面因素。他把生产力看成是一个整体，揭示社会生产力系统的特征及其发展规律。但是马克思更多地谈到的是社会分工、协作、管理等因素的作用，对于其他因素谈论不多。马克思也看到了智力文化因素对生产力的作用，如科学技术。但由于当时科学技术对生产力的影响是有限的，马克思

---

① 李秀林等主编：《辩证唯物主义和历史唯物主义原理》，中国人民大学出版社2004年版，第101页。

② 陈征、黄家驹主编：《政治经济学》，高等教育出版社1994年版，第4~5页。

③ 卫兴华主编：《马克思主义政治经济学原理》，武汉大学出版社1999年版，第12页。

对此的论述也是有限的，至于精神文化等因素对生产力的影响，几乎没有也不可能深入研究。这种基于时代局限性的缺失，客观上造成了后来的把生产力看成是与精神文化无关的纯粹的物质生产活动的偏颇。

第三，单一的"生产工具"维度：在划分生产力形态标准问题上的时代局限性。马克思虽未明确提出划分生产力形态的标准问题，但是他在论及其他问题时表述了自己的观点。他依据当时社会发展的状况和特点，认为以生产资料（生产工具）作为划分生产力形态的标准。"各种经济时代的区别，不在于生产什么，而在于怎样生产，用什么劳动资料生产。劳动资料不仅是人类劳动力发展的测量器，而且是劳动借以进行的社会关系的指示器。"[①] 这种划分生产力形态标准上的单一的"生产工具"维度，一直成为绝对真理长期统治我们的思想。但是，在今天看来，它的历史局限性也是很明显的。由于生产力系统中各要素的复杂性，在不同的历史时代，某一要素的凸显及其决定性作用，都可能成为划分的一个维度。可见，划分生产力形态的标准是随着社会发展而变化的，单一的"生产工具"标准只能存在于一定的历史阶段。因此，如何依据历史的和现实的生产力发展状况，从静态与动态的存在中确定生产力形态的划分标准，也是马克思生产力理论亟待解决的问题。

第四，对精神生产的理解仅限于主观活动：在精神文化生产商品化、市场化问题上的时代局限性。马克思的"精神生产"的实质是一个认识论范畴，是认识产生的直接来源。精神生产即"关于意识的生产"，其基本内容包括思想、观念、意识的生产和政治、法律、道德、宗教、形而上学等诸种社会意识形式的生产。此外，马克思主义其他经典作家还程度不同地把"脑力劳动"、"科学实验"、"科学和艺术的生产"以及"天文学上的观察、发现"等等，也列入精神生产范畴。由于时代的限制，马克思所讲的精神生产力既没有与物质生产力直接结合，也没有与经济活动紧密联系，精神作品仍然是极少数人欣赏（消费）的专利品。

第五，生产力的终极作用：在社会发展动力问题上的时代局限性。在关

[①] 《马克思恩格斯全集》第 23 卷，人民出版社 1972 年版，第 204 页。

于社会发展动力问题上，马克思唯物史观阐明了社会的发展动力是一个由经济、政治、文化等多种因素构成的动力系统，物质生活构成"一切人类生存的第一个前提"，"也就是一切历史的第一个前提"，所以生产力作为社会有机体的基础，生产力是社会变革的根本动力，对社会的发展起着最终决定力量的作用。但是，在社会发展动力上，马克思唯物史观一贯坚持的是系统动力论，马克思强调经济因素在动力系统中的基础性、决定作用，生产力是"最终决定力量"而非"唯一决定因素"。恩格斯早在1890年就曾指出："根据唯物史观，历史过程中的决定性因素归根到底是现实生活的生产和再生产。无论马克思或我都从来没有肯定过比这更多的东西。如果有人在这里加以歪曲，说经济因素是唯一决定性的因素，那么他就是把这个命题变成毫无内容的、抽象的、荒诞无稽的空话。"① 并进一步指出："经济状况是基础，但是对历史斗争的进程发生影响并在许多情况下主要是决定着这一斗争的形式的，还有上层建筑的各种因素：阶级斗争的各种政治形式和这个斗争的结果——由胜利了的阶级在获胜以后确立的宪法等等，各种法的形式以及所有这些实际斗争在参加者头脑中的反映，政治的、法律的和哲学的理论，宗教的观点以及它们向教义体系的进一步发展。"② 尽管如此，由于时代条件的限制，与物质生产的作用相比，社会其他因素的作用在人类实践活动中的地位尚不突出，所以，马克思特别强调物质生产的终极作用，而对其他因素的作用未能深入研究，从而客观上造成了在马克思主义发展史上，长期有人将马克思的"最终决定力量"误解为"唯一决定因素"，认为物质（经济）是社会发展中唯一起作用的因素，包括精神在内的社会意识仅仅是被物质（经济）决定的附属物。长期以来我们在理论上还是在实践上，也确实存在着强调生产力决定论，而忽视系统中其他因素作用的偏颇，以此来指导社会实践活动，会使人们产生对社会发展的简单化理解，忽视影响社会发展的其他因素的作用，尤其是忽视精神文化对社会发展的作用，因而使社会发展出现一些本来可避免

---

① 《马克思恩格斯选集》第 4 卷，人民出版社 1995 年版，第 695～696 页。
② 《马克思恩格斯选集》第 4 卷，人民出版社 1995 年版，第 696 页。

的问题，甚至影响了社会发展的进程。

三、文化生产力对马克思生产力理论的新发展

当今时代，人类社会发展发生了前所未有的变化。从宏观视角审视，主要表现在以下几个方面：人类从整体上告别了物质匮乏的时代，开始由物质型社会向精神文化型社会转变；人的生存方式发生巨大变化，人类整体上开始由谋生走向乐生，日益呈现出工作与生活一体化的趋势；社会政治、经济、文化相互影响，各领域的交叉、渗透、融合的趋势日益明显；智力知识、科学技术、精神文化因素在社会生活的各个方面起着关键甚至是决定性的作用。这种广泛而深刻的变革，必然引起社会经济、政治、文化领域发生重大变革。作为社会生活根基和社会发展终极力量的社会生产力也必然发生前所未有的变化；而社会现实的这种重大变革，必然对社会科学的各个领域产生重大影响，以至于颠覆以往的很多观念和理论。因此，"随着时代的前进，决定生产力发展的因素和方式不断发生深刻的变化"①。对马克思生产力理论的继承与发展的角度可以是多维的，目前理论界对此有不同的提法，如知识生产力、信息生产力、智力生产力、网络生产力、虚拟生产力、基因生产力、纳米生产力、文化生产力、生态生产力等，都是从特定的角度对当代生产力的理解。

本文只是从"文化生产力"的特定角度，谈谈对马克思生产力理论的丰富和发展。所谓文化生产力，笔者界定为：为满足人的精神文化需求而生产文化产品和提供文化服务的现实力量、能力和水平，它包括两个方面：一是文化作为渗透性因素对物质生产力所产生的变革作用；二是以文化本身为生产对象而进行的生产活动的能力。文化生产力是经济与文化高度融合的产物，因而具有物质属性（实体性）与精神属性（意识形态性）的双重特征。物质属性是文化生产力与物质生产力相同的共性、普遍性或一般性，却是生产力的根本属性；精神属性则是指文化生产力自身与物质生产力相区别的特殊性，

---

① 温家宝：《共同促进世界生产力的新发展——在第十二届世界生产力大会上的演讲》，载于《人民日报》2001 年 11 月 10 日。

即文化生产力能够成为自身的特殊性。无论精神因素对生产力产生多么大的影响，生产力的客观实在性都是第一位的，生产力永远是一种客观现实的物质力量。但是，精神属性也是十分重要的，文化生产力生产的文化产品和提供的文化服务，应该包含"真、善、美"的价值取向，应该是积极健康的精神食粮，在满足人的精神文化需求中，提高人的精神境界、提升人的文化品位、塑造人的灵魂。

文化生产力的产生，为我们研究探讨生产力问题开辟了新视野、提供了新思路，使我们重新认识生产力的一系列基本问题——生产力内涵、构成要素、划分标准、功能作用等问题，从而深化了马克思生产力理论，成为马克思生产力理论在当代发展的一个重要表现。

第一，改造自然与改造社会和人自身的统一：对马克思生产力概念内涵的拓展。生产力概念看似简单，但实际上包含复杂的问题。"没有一个概念像生产力或者更确切地说生产力水平（或发展程度）这一概念那样具有表面的简单性而在实际上却包含着许多难题。"① 这样的说法并不过分。马克思并没有给生产力下过明确的定义，我们现在的生产力概念是依据马克思关于生产力的思想，特别是斯大林的生产力观点概括而成的。由于时代的局限，我们把生产力理解为"改造自然的力量"，这一观点一直被认为是绝对真理，长期统治我们的思想，限制了我们对生产力问题的思考。

文化生产力的产生，至少使我们有如下发现：首先，精神文化因素对生产力的影响作用迅速增大，精神文化成为生产力不可缺少的要素；生产资料不仅仅是有形的物质，也可以是无形的精神，文化也可以直接成为生产对象，也可以创造巨大的经济价值。其次，生产力不仅是改造自然的能力，也是改造社会的力量。作为当代社会的一种新型生产力形态，文化生产力直接作用的不是自然界，而是社会本身：它改变了传统的产业结构，形成了当代社会重要的新型产业，这些产业正日益成为一个国家国民经济的重要增长点，成

---

① 路易·阿尔都塞、艾蒂安·巴里巴尔：《读〈资本论〉》，李其庆、冯文光译，中央编译出版社2001年版，第289页。

为推动社会发展的重要力量。再次，文化生产力最根本的作用是对人自身的改造作用，即通过文化产品和文化服务的消费，提高人的科学文化水平、思想道德素质，塑造人的世界观人生观和价值观等等。由此可见，社会生产力的内涵就不仅仅是"改造自然的能力"，而应是改造自然与社会和改造人自身相统一。这样我们就可以对社会生产力有一个全新的理解，作为"社会生产力"，应是一定社会历史发展阶段上，人们改造自然与社会及促进人类自身发展的能力的总和。由此可见，文化生产力的产生，拓展了马克思生产力概念的内涵，使我们对社会生产力有了更深刻的认识。

第二，以需求和产品为分析维度：对马克思生产力形态标准的创新。马克思依据当时社会生产力发展状况，把生产资料（生产工具）作为划分生产力形态以及经济时代和社会形态的标准。这种对生产力形态的理解与马克思划分生产力标准是一致的。因为把生产资料（生产工具）作为唯一的划分生产力形态的标准，就只能得出生产力分为手工生产力、机器生产力等形态。

第三，在当代社会，传统的以生产工具为维度的划分方法存在着局限性，因为相同的生产资料（生产工具）可能产生不同的结果（产品）。文化生产力的出现恰恰不是以生产工具为维度而是以"需求和产品"为维度划分的。人类活动可以概括为"需求——生产——产品"三个基本元素相互作用、循环往复永无止境的运动发展循环体系。一般情况下，生产是这一体系的核心和关键环节，但是，需求和产品对生产的作用是不可忽视的，有时是巨大的，尤其是在当代社会。因此，以需求和产品为标准来分析当代生产力状况、生产力形态、生产力变化以及生产力发展水平，更有利于人们认识当代生产力的复杂性，大大拓宽了人们对生产力的认识，丰富和发展了马克思主义的生产力理论。

第四，精神文化成为重要因素：对马克思生产力要素内容的丰富。文化生产力作为经济与文化高度融合的产物，充分说明了在当代社会，精神文化因素不是一般的生产力要素，而是关键的因素。文化生产力的产生，使精神文化因素由间接转为直接、由潜在变为显在，已经成为并正在成为生产力系统中极其重要的因素。事实上，社会生产力从来都不是绝对单一的、纯粹的物质生产活动，自有人类社会以来的一切活动无不渗透着精神文化因素，只是这种渗透经历了一个由潜在到显在、由间接到直接、由被动到主动的过程。考察精神文化与物质活动关系演进的历程，我们就会发现二者的关系经历了一个否定之否定的过程：原始混沌一体——相互独立发展——在更高的基础上的融合。20 世纪后半叶以来，人类的精神活动与物质活动在更高的基础上融为一体，实现了二者关系发展过程中的否定之否定。精神文化因素以愈来愈多的种类和愈来愈高的程度参与并融入物质生产活动的过程中，影响物质生产活动的过程及其结果。物质生产活动过程及其结果的文化取向越来越明显，物质生产活动离开文化简直难以进行，文化含量愈益提高是经济发展的必然趋势。

第五，由认识活动转变为生产活动：对马克思"精神生产力"思想的提升。在马克思所处的时代，文化生产规模狭小，市场经济不够发达，经济与文化的联系没有像今天这样密切，文化在经济社会发展的作用尚不突出。这一时代的局限性，使马克思只能形成以"生产"观念为内容的"精神生产力"思想，而不可能产生文化生产力的理论。在马克思那里，精神生产的实质是一个认识论范畴，精神生产即"关于意识的生产"，是人的主观活动，是认识产生的直接来源。其基本内容包括思想、观念、意识的生产和政治、法律、道德、宗教、形而上学等诸种社会意识形式的生产；面对今天经济文化一体化的特征，显然马克思所讲的作为人类一般精神文化活动的"精神生产"，就不能容纳这一事实了。

一般的精神生产活动与文化生产活动虽然都属于人类的基本实践活动，但一般的精神生产活动属于认识活动，而文化生产活动则属于生产活动，其本质上是一种客观物质生产活动。从人类一般的精神生产力发展到文化生产力，是对马克思精神生产理论的又一次提升和发展。

精神生产活动由一般的实践活动发展成为一种自觉的大规模的生产活动，是精神活动自身内在矛盾的必然结果。人类的精神活动和物质活动存在着根本区别，精神活动的特点是内在性，即人的主观的内在的东西。但精神的作品不能以纯粹精神的形式存在，而要借助于物质载体才能存在，这就产生了精神与物质的矛盾，德国古典哲学家黑格尔称之为"让度"。精神生产究竟怎样"让度"，采取何种具体形式"让度"取决于时代发展状况和人类的需求状况。在人类社会发展的漫长历史时期，由于生产力发展水平低下，物质需求占主导地位，精神文化需求只是极少数人的奢侈品，这种条件决定了精神活动的"让度"或外化形式有两种基本形式：一是非生产活动方式，不通过商品交换方式使精神得到"让度"，如极少数人的自我欣赏的形式，或者以公益的形式等；二是以生产经营的方式，通过商品交换使精神生产得以"让度"，即提供文化产品供人们使用和消费（欣赏和娱乐）。

随着人类社会生产力的发展，物质财富的增长，人类从整体上告别物质匮乏，精神文化需求大大提高。为满足这种需求，精神生产的"让度"形式必然发生转化。在当代社会，只有采取社会化大生产的形式，引入市场经济机制，利用现代科学技术手段，才能生产出更多更好的文化产品，以满足人类日益增长的精神文化需求。

第六，精神文化成为社会发展的重要力量：对马克思"社会发展动力论"的深化。在当今时代，人类社会的发展出现了新的变化，社会发展动力系统中的其他因素的作用在不断凸显和增大，过去曾经是次要的因素今天可能成为主要的因素，过去对社会发展只起加速或延缓作用，今天可能起关键的作用。文化生产力的产生有助于我们深入理解当代社会发展动力问题的复杂性。它以活生生的现实进一步证实了马克思的"社会发展动力论"思想，澄清了多年来我们在理论上的误解和偏颇，凸显了作为"社会发展动力系统"重要组成部分的精神文化在社会发展中的重要作用。

事实上，人类历史是一部人类物质文明与精神文明相互作用的历史。物质文明与精神文明是人类腾飞的两翼。在人类发展的历程中，人类的一切活动都始终离不开精神文化因素。我们可以肯定文艺复兴与资本主义的兴起、真理标准大讨论与中国的腾飞之间的因果关系。但它经历了由潜在变为显在，由间接变为直接，由自发变为自觉，由被动变为主动的过程。马克斯·韦伯较早认识到了文化对社会的作用，明确提出新教伦理思想，从文化层面解释资本主义的产生，把文化精神作为社会发展的决定性因素，把当代社会发展的根本问题归结为文化问题；中国近现代史上的文化热，也把中国文化问题等同于中国社会问题。虽然这些思想违背唯物史观的基本观点，但他们都注意到了文化精神在社会发展中的重要作用。

"18～19世纪经济学诞生之际，文化没有受到人们的重视"，"21世纪的经济学势必由文化和产业两部分组成"①，"文化创造价值将成为引人注目的问题"。进入21世纪，文化生产力正日益成为经济社会发展和社会进步的重要力量。作为经济与文化高度融合的产物，其作用首先也是直接表现在推动物质生产力发展，推动经济发展的作用上。文化产业创造了巨大的经济效益，在发达国家GDP中所占的比例正在迅猛增长，成为衡量一个国家综合国力的重要指标之一，成为国民经济的重要增长点。其次，也是更重要的一个方面就是，它凸显了智力知识、科学技术、精神文化因素对社会发展以至人类文明进步的重要作用。文化生产力的发展为经济的发展和社会全面进步提供强大的精神动力和智力支持：积极传播社会经济、科学技术信息，提高全民族的科学文化素质；生产丰富的精神文化产品来满足人的精神文化，创造和谐的文化氛围和社会环境，促进人的全面发展和社会的全面进步；继承中国传统文化的优秀成果、吸收其他民族文化的有益成果，形成有中国特色的社会主义文化精神，引导社会形成强大的民族凝聚力。

总之，从发展趋势上，我们可以预见，文化生产力的产生和发展将重构人类文明图式，人类真正摆脱物质纠缠回归自由全面发展的本性不再是遥不可及的童话，人类文明将真正由"物本社会"跃迁到"人本社会"。

【参考文献】

[1] 李文成：《精神的让度：论精神商品及其生产》，河南大学出版社2000年版。

[2] 王霁：《当代马克思主义的新境界——确立先进生产力的至尊地位》，载于《教学与研究》2002年第2期。

---

① 卞崇道：《融合与共生——东亚视域中的日本哲学》第4卷，人民出版社2008年版，第223页。

［3］孟海贵:《中国当代生产力研究》，中国环境科学出版社 2002 年版。

［4］景仲强:《马克思精神生产理论研究》，社会科学文献出版社 2004 年版。

［5］方伟:《文化生产力：一种驱动社会文明源流的个人观》，河北教育出版社 2006 年版。

（原文发表于《马克思主义研究》2009 年第 9 期）

生态生产力发展的基本特征

廖福霖*

人类社会生产力的发展经历了原始文明生产力、农业文明生产力、工业文明生产力三个阶段，现在已经进入生态文明生产力的第四个阶段（简称生态生产力），它是在传承工业文明生产力发达的水平维和强大的力量维的基础上，在生态文明观指导下发展起来的新型生产力，因为它对自然—人—社会复合体具有正效果和正价值，代表了 21 世纪生产力发展的方向，是 21 世纪的先进生产力。工业文明观把生产力界定为人类改造、征服自然的能力，而生态生产力则是指人类同自然和谐协调、共生共荣、共同发展，从而推进复合体和谐协调、共生共荣、共同发展的能力。相对于工业文明生产力，生态生产力具有以下几方面的特征：

一、生产力发展理念的转换

首先是追求的目标不同：生态生产力发展的目标是大生态系统的全面、协调、可持续发展。它有三方面的基本内涵：一是指发展是主题，是第一要务，是解决一切问题的基础，要一心一意谋发展；二是指自然—人—社会这个复合体的全面协调可持续发展；三是指协调发展、持续发展和全面发展也是一个有机联系的整体，它们相互依存，相辅相成。其次，由于追求目标的不同，立场也不同。生态生产力是站在复合体的立场上（而不是只站在人类的立场上）。它既反对原始文明的"自然中心主义"，又反对工业文明的"人类中心主义"；它既关心人类的发展，也关心自然界的发展，把自然界当作人

---

* 廖福霖（1948~）：男，福建仙游人，中共福建师范大学委员会副书记、教授、博士生导师。研究方向：生态文明，人口资源与环境经济学。

类的伙伴，作为一切生命体的共同家园；它既关心当代人的发展，也关心子孙后代的发展；它既关心经济增长的数量，更关心经济发展的质量。所以它是从时间维、空间维以及价值维的三维角度发展生产力。第三，由于目标和立场的不同，人类的主观能动性（这是生产力发展的最重要要素）的体现也不同，工业文明生产力"将人与自然置于对立斗争的状态"[①]。人类的主观能动性表现出暴力性和人性恶；生态生产力是要建设好自然—人—社会的共同美好家园，所以它能够自觉"认识经济是地球生态系统的一部分，只有调整经济使之与生态系统相适应，才能持续发展"[②]。它充分体现了人类主观性能动性的协调性和人性善。第四，由于目标、立场以及人的主观能动性的不同，所以生产力运作的机制和发展的模式也不同。

二、生产力要素的优质及其结构的优化

一般情况下，人们把生产力分为劳动者、劳动工具、劳动对象三要素，把劳动工具和劳动对象称为劳动资料，而劳动对象又纯粹指自然界。生态生产力实际上是知识经济和生态经济的有机融合，体现在生产力要素中：优质的要素，优化的结构。

（1）优质的要素。首先是优质的劳动者。这就是上面所提的人类的主观能动性从工业文明的暴力性、人性恶转变为生态文明的协调性、人性善，这是生产力要素发生的革命性的变化。其次是优质的劳动对象。人类的劳动对象不再是单纯的自然界，还有制造、加工与消费知识产品，知识成为生产活动的重要资源。知识产权在世界经济发展中占据越来越重要的位置，并且因为知识具有再生性、无限性、非消耗性等特征，运用越多，成本就越低；同时知识不受时间的限制，不具排他性，所以知识将成为生态生产力要素中具有突破性的要素。第三，从劳动工具和劳动技术方面看，绿色科技是促进自然—人—社会复合体和谐协调、共生共荣、共同发展的智能手段和技术手段，

---

① 刘国光：《序言》，引自马传栋：《可持续发展经济学》，山东人民出版社2002年版。
② R. 布朗：《生态经济有利于地球的经济结构》，东方出版社2002年版。

是劳动者要素优质化的重要体现，是知识成为生产活动资源、把生态环境的优势转化为经济发展优势、以可再生能源取代不可再生能源、变"废物"为资源等等的充分必要条件。在未来社会里，绿色消费者的崛起、日趋完善的绿色法规、加入 WTO 后将遇到的绿色壁垒的升级、环境领域一体化趋势的日益凸显、循环经济和环保产业的进一步发展、生态建设的进一步强化等等，都需要绿色科技的支撑。可以说，将来社会经济的发展，在很大程度上取决于绿色科技的水平。所以绿色科技成为生态生产力发展的关键要素。第四，劳动对象还从不可再生资源逐步发展为可再生资源，特别是以可再生能源取代不可再生能源，在全球已经成为解除经济发展的瓶颈、促进经济发展的战略举措，还有通过发展循环经济，把"废物"变成资源，一方面减少资源的消耗，另一方面减少对环境的污染，这些都已在全球内形成燎原之势，正如布朗指出的：西欧国家在风能，日本人在太阳能，美国在混合动力汽车，韩国在绿化，以及荷兰阿姆斯特丹在修建自行车街道等方面向人们提供了新经济的前景。这是生态生产力要素的基础性变革。① 第五，把生态资本和生态承载力也纳入生产力要素的范畴。生态环境成为生产力的重要组成，成为世界经济竞争中取胜的重要法宝（当然，这里要强调的是善于把生态环境的优势转化为经济发展的优势）。所以保护好生态环境就是保护好生产力，建设好生态环境就是发展生产力，这将在以后的经济发展中越来越突出。

（2）优化的结构：主要指生产力要素的优化组合。系统原理认为，一个系统的优化，不但取决于系统因子的优化，而且取决于因子组合的优化，同样的因子，不同的组合将会产生不同的功能（可能是 $1+1>2$，也可能是 $1+1<0$）。生态生产力十分注重生产力要素的优化组合。首先，它反对工业文明生产力把劳动者与劳动对象对立甚至对抗，强调两者和谐协调，共生共荣。一方面，人类的劳动对象不再是单一的自然界，另一方面，自然界也不单是人类的劳动对象，而是人类的伙伴与家园（伙伴与家园同改造与征服的对象是有本质区别的）；这是一对优化组合。其次，劳动者与劳动工具更加有机地

---

① R. 布朗：《生态经济有利于地球的经济结构》，东方出版社 2002 年版。

结合，随着广大劳动者生态文明素质的不断提高，劳动工具和劳动技术沿着生态化道路不断革新和不断创新，两者结合的广泛性、紧密性和有效性都不断加强，这又是一对优化组合。同时，也促进了劳动工具与劳动对象（统称为生产资料）的优化组合，资源利用的不断优化，产品质量的不断提高以及生态环境的不断改善。第三，由于各组分的优化组合，也由于生态生产力要求从大生态系统的整体观出发发展生产，各种要素能够按照和谐协调的要求，更加有机地结合，这就更能促进自然—人—社会复合体的共生共荣，共同发展，产生 1 + 1 > 2 的系统效应。

三、生产力运行机制的更新

工业文明生产力的运作，是人类违背自然界的常行惯例，对自然界的单向索取过程（实际上是掠夺），其运行是开环的，以高投入、高能耗、高排放、低效益为主要特征。在生产力运行的管理中，把物质生产的增加作为主要追求的目标，出现了机械人、经济人、社会人的管理理论，片面追求竞争，抹杀和谐协调，从而也抹杀了人自身的发展，更谈不上人的全面发展。

生态生产力的运行则不同。首先，生态生产力的运行是遵循大生态系统的客观规律办事。使经济运行主动融入地球生态母系统中，合规律合目的地运行，所以"生态生产力的运行过程是社会经济与自然界高度和谐协调的过程，是人类同自然界相互转换物质和能量的过程。[①] 这两个过程都充分体现了人与自然双向互补友善平等的过程"，这就从内部机制上解决了人与自然和谐协调，共生共荣，共同发展的问题。其次，生态生产力的运行是一个系统化生态化的过程。所谓系统化，就是把企业、产业和区域内的各生产要素和经济要素都当作一个有机整体，把创新作为生态生产力发展的灵魂，依靠绿色科技，系统地考虑生产力各要素的科学配置、优化组合和高效运行。所谓生态化，就是在生产力的发展中，在经济活动中，学习自然生态系统的功能结构原理、生态链（网）规律和合理的"生态工艺流程"，遵循减量化、再利

---

① 廖福霖：《生态文明建设理论与实践》，中国林业出版社 2001 年版。

用、再循环的原则，实现物质的闭合循环和梯级利用，使得生产或生活中的每一个上游环节的"流"变成下游环节的"源"，使物质和能量在其中循环往复和充分利用，把工业文明生产力的"高投入、高消耗、高排放、低效益"的运行过程变成"低投入、低消耗、低排放（零排放）、高效益"的过程。第三，生态生产力的运行过程还是绿色化的过程，这就是实施绿色和谐管理，更加注重竞争与和谐协调的辩证统一，变工业文明生产力的终端管理为生态生产力的过程管理，变工业文明生产力的人类"单赢"为生态生产力的人与自然的"双赢"，以实现生态和谐、人态和谐和心态和谐。第四，在生态生产力运行中，特别注重增加经济发展的知识含量，善于学习生态智慧，善于把生态优势转化为经济发展的优势。

总而言之，生态生产力的运行过程，是人类与自然界和谐协调，共生共荣、共同发展的过程。由于人与自然和谐协调，共生共荣、共同发展的实践不断深入，以及由实践中产生的认识，培育的绿色人文精神和不断提高的这种能力，又会促进人与人、人与社会的和谐协调，共生共荣、共同发展。所以它也是人与人、人与社会和谐协调，共生共荣、共同发展的能力不断提高的过程。随着时间的不断前进，人类遵循实践—认识—再实践—再认识的规律循环往复，人与自然、人与人、人与社会和谐协调，共生共荣、共同发展的机制就会不断完善，能力就会不断加强，绿色人文精神就会不断弘扬，人的全面发展的水平也会不断提高，从而形成人与自然、人与人、人与社会和谐协调，共生共荣、共同发展的良性循环。

四、生产力发展模式的创新

不同类型生产力的发展一般都要具体体现到其模式上，比如，需要通过各种经济发展模式、科技发展取向和资源配置来实现。工业文明生产力的发展模式主要是灰色经济、开环经济；而生态生产力的发展模式为绿色经济、循环经济、知识经济、绿色科技等等，是一种全面协调可持续发展的经济模式。各地发展生态工业园区、生态农业园区、生态旅游业等措施，都是生态生产力发展模式的具体体现。

循环经济是生态生产力发展的重要模式之一，它正是遵循生态文明观原理，依据生态经济的理论，知识经济的科技与智能以及现代管理的要求来安排生产的。首先，循环经济坚持经济发展与复合体发展的协调统一，它把各种生产要素统一在一个系统生产的过程中，"按照自然生态系统的能量转化和物质循环规律重构经济系统，使得经济系统和谐地纳入到自然生态的物质循环过程中，建立起一种新型的，可持续发展的经济"①。具体地说，循环经济正是遵循了生态系统的功能结构原理，按照自然生态系统的生产者、消费者和还原者形成闭合循环的生态链（网）规律，建立起"资源—产品—'废物'—再生资源"的物质反复循环流动的反馈式流程。同时，循环经济遵循现代管理的过程管理原理，重视每一个环节的最优，以求得资源的最低投入、能量的最小耗费、产品的最高产出、废物的最少排放、产品的最优品质。和工业文明生产力的终端管理相比较，这是一个巨大的进步。其次，循环经济是一种高知识含量的经济，它是人类学习大自然智慧的结晶，它遵循大自然运行和社会经济运行的共同规律，在每个环节（如：发现优势资源、寻找共轭关系，转"流"为"源"、连接生态链或生态网、拉长生态链或扩大生态网等）都必须有高度的智能，必须融合自然科学、技术科学、人文社会科学和管理科学知识。同时还要求高度的创造性思维，善于从无中发现有，从有中发现优，从点扩展到线，从线拓展到面，它真正体现了知识成为经济发展的重要资源。

五、生态生产力发展的层次性

系统的层次性是系统结构的重要特征，层次性显示了系统内部的差异性和多样性，它们是系统具有生机和活力的重要原因。生态生产力的发展也具有层次性和多样性的特征。根据国内外生态生产力发展有关资料分析和笔者对生态生产力发展实践的有关考察，生态生产力的发展可以粗线条地分为三

---

① 桑金：《循环经济发展模式下的我国产业结构调整问题研究》，载于《中国人民大学书报资料》（生态环境与保护）2006年第3期。

个层次：

（1）在工业文明发达生产力的基础上发展起来的生态生产力。它包括现代化工业、工业化农业以及现代化的第三产业，它们遵循大生态系统运行的规律，充分发挥优质要素并对各种要素进行有机的整合，科学的配置，以形成合理的结构，使生产力能够合规律（大生态系统的规律）合目的（全面协调可持续发展的目的）地科学运行。这一层次的生产力是一种绿色高科技、高智能的生态生产力，也是高层次的生态生产力。那些生态工业园区、工业化生态农业园区、环保产业、以知识为主要资源的信息产业、生物产业、可再生能源产业、高竞争力高附加值的第三产业、企业内或产业间或区域内的循环经济等等，都属于这一层次的，它们是生态生产力的领头军。发达国家和发展中国家的那些发达地区，都十分重视发展这一层次的生态生产力，我国长江三角洲的主要省市如上海、江苏、浙江等发展的趋势十分喜人，鲁北化工的发展已经处于世界领先水平。

（2）在农业文明生产力比较发达的基础上发展起来的生态生产力。在发展中国家的许多地区以及发达国家（地区）中的一些地方，有着比较悠久的农业文明生产力的发展历史，这些地区只要遵循大生态系统运行的客观规律，善于充分把生态优势转化为经济发展的优势，其生态生产力也能得到比较快的发展，如新西兰及澳大利亚的部分地区充分利用其生态优势，科学地发展畜牧业和沙产业等等，都取得比较大的成功；一些地方注重发展农业循环经济，发展绿色农业和有机农业，其产品享誉海内外，具有强大的竞争力；一些地方注重发展生物质能源，其前景也十分看好。如果能够精心规划，遵循生态系统的规律运行，充分发挥优质生产要素，科学配置各生产要素，努力开拓国内外绿色市场，打造品牌，坚持到底，是一定会有成效的。在工业方面也有类似的情况，一些地方一些产业的工业生产力并不发达，但他们善于在生产绿色产品、开拓绿色市场、实施绿色营销、发展品牌效应上坚持不懈地努力，照样能够创造生态生产力发展的奇迹。这在国内外绿色市场准入的门槛越来越高的新情况下，尤其重要。

这一层次的生态生产力对于社会经济发展的贡献，对于复合体共生共荣、共同发展的贡献也是不可忽视的，如果搞得好，是可以直接从农业文明生产力进入生态生产力的。

（3）在农业文明生产力也比较落后的国家和地区，主要是比较落后的农村，可以在某些方面移植生态生产力。比如，农村发展以沼气为中心的循环经济（实际上是属于庭院式的循环经济，还不能称为真正意义的循环经济），它可以为农民增收与节支，降低生产和生活成本；可以生产部分绿色产品甚至有机产品；对改善农村卫生文明状况，保护生态环境，提高村民生活质量和健康水平等等，都有着非常积极的作用。更重要的是它可以提高农民对发展生态生产力的认识，提供具体发展模式和运行机制的胚胎，为农村广泛发展生态生产力打下良好的基础。

六、生态生产力发展的空间广泛性

由于生态生产力发展的层次性特征，所以生态生产力的发展具有空间广泛性。不管是发达国家和地区还是发展中国家和地区，或暂且比较落后的国家和地区，不管是城市或农村，不管是第一产业或第二产业还是第三产业，不管是高科技产业或者是传统产业，不管是大中型企业还是小型企业等等，都有发展生态生产力的潜在可能，也都有实现生产力第二次跳跃的可能，应当根据各自的实际情况，发展不同层次的生态生产力，并努力向高层次发展。

七、努力发展生态生产力，实现生产力发展的第二次飞跃

笔者在《生产力研究》2004 年第 10 期上发表的《生态生产力是先进的生产力》一文中，提出应从三个维度来考察生产力，提出不能把发达生产力等同于先进生产力，提出生态生产力是先进生产力的观点，并做了具体的分析和阐述。在 2001 年、2002 年出版的两部专著以及在学术刊物上发表的系列文章中，都有专论生态生产力问题，但是几年来总觉得言犹未尽。实际上，生产力可以说是一个矢量，它不但有创造财富、推进文明的正面功能，同时也有破坏财富（如资源与环境）、毁灭文明的负面作用，所以它既有生产的力量，又有破坏的力量，这在马克思恩格斯的有关著作中已表述无遗，马克思

指出："生产力在其发展的过程中达到这样的阶段，在这个阶段上产生出来的生产力和交往手段在现存关系下只能带来灾难，这种生产力已经不是生产的力量，而是破坏的力量。"① 恩格斯在《自然辩证法》一书中，对此论述得尤为全面和深刻。在大生态系统处于濒危状态的当今，更突出地证实了马恩的这一论断的伟大。工业文明具有十分发达的生产力，它不但具有领先的水平维（先进的科学技术、生产工具等），而且有强大的力量维（先进的管理），但是它不是先进的生产力，因为它对于大生态系统的破坏已经到了无以复加的地步，越来越显现出负效果和负价值。所以，检验生产力的发达与否，可以只以水平维和力量维为标志，但检验生产力的先进与否，决不可以只看水平维和力量维，还要着重看其价值维（效果维），即看其发展的方向是否有利于大生态系统的和谐协调、共生共荣、共同发展。我们把生态生产力界定为人类与自然界和谐协调，共生共荣、共同发展的能力，其着重点就在于此。这里还有两点必须着重强调的：一是先进生产力必须建立在相对发达生产力的基础之上，离开相对发达生产力，大生态系统的和谐协调、共生共荣、共同发展就成了空中楼阁，先进生产力也只能是一句空话。所以生态生产力是对工业文明发达生产力的传承。二是检验生产力的价值和效果时，不能只以人类自身为评价体系，更不能只以当代人为评价体系，而应当以大生态系统即自然—人—社会这个复合体为评价体系。离开了这一点，发达生产力只能走向反面。所以生态生产力是对工业文明生产力的扬弃。

可见，生态生产力是在传承工业文明发达生产力的基础上，沿着大生态系统观（也称为生态文明观）方向发展起来的代表 21 世纪生产力发展方向的先进生产力。

改革开放 20 多年来，我国的生产力发展初步实现了第一次飞跃，这就是从不发达生产力到初步发达生产力的飞跃。今后的几十年，我国生产力发展面临着双重的任务，一是使初步发达的生产力不断发展为发达的生产力，真正完成第一次飞跃；二是在这个过程中同时注重以生态生产力发展的原理和

① 《马克思恩格斯选集》第 1 卷，人民出版社 1972 年版，第 76 页。

规律为指导，使生产力的发展步入生态生产力的轨道，以促进自然—人—社会这个复合体的和谐协调、共生共荣、共同发展，在实现第一次飞跃的同时，也实现第二次飞跃，成为先进的生产力，这样我国的生产力发展就能较快地有效地赶上世界先进水平。所以发展生态生产力是在同一时期内同样过程中实现生产力两次飞跃，赶上世界先进生产力水平的唯一科学的选择，是实践科学发展观、构建和谐社会的本质要求。

[原文发表于《福建师范大学学报》（哲学社会科学版）2007 年第 4 期]

相关文献

［1］杨春学：《论科学技术是第一生产力》，载于《经济学动态》2021 年第 9 期，第 22 ~ 32 页。

［2］鲁保林、梁永坚：《"生产力、生产方式、生产关系"辩证关系的再思考》，载于《当代经济研究》2021 年第 7 期，第 74 ~ 82 页。

［3］张巍、胡鞍钢、叶子鹏：《发展中国特色社会主义文化生产力的实践经验》，载于《当代中国史研究》2021 年第 3 期，第 144 ~ 145 页。

［4］王今朝、余红阳：《对生产力和生产关系及其相互关系的本体论再认识》，载于《政治经济学研究》2021 年第 2 期，第 73 ~ 90 页。

［5］蔡万焕：《生产力与生产关系辩证统一视角下的现代化经济体系建设》，载于《马克思主义理论学科研究》2021 年第 3 期，第 65 ~ 72 页。

［6］王满林：《唯物史观和政治经济学视域下的生产力——马克思"生产力"思想的历史考察》，载于《江汉论坛》2021 年第 3 期，第 24 ~ 29 页。

［7］张新平：《马克思广义生产力效能运动机理研究》，载于《政治经济学研究》2021 年第 1 期，第 39 ~ 54 页。

［8］张巍、胡鞍钢、叶子鹏：《发展社会主义文化生产力：新中国 70 年总结与展望》，载于《财经问题研究》2021 年第 1 期，第 3 ~ 13 页。

［9］杨承训：《社会主义必须创造更新更高的劳动生产率——学习列宁发展和提高生产力的思想》，载于《经济纵横》2020 年第 7 期，第 2、17 ~ 24 页。

［10］郭冠清：《回到马克思：对生产力—生产方式—生产关系原理再解读》，载于《当代经济研究》2020 年第 3 期，第 2、5 ~ 13、113 页。

［11］侯文文：《列宁晚年关于解放和发展生产力的艰难探索及其启示》，载于《马克思主义理论学科研究》2019 年第 5 期，第 70 ~ 77 页。

［12］李梦欣、任保平：《新中国 70 年生产力理论与实践的演进》，载于《政治经济学评论》2019 年第 5 期，第 62 ~ 77 页。

［13］周翠英：《生产力视角下乡村优秀传统文化传承路径选择》，载于

《领导科学》2019 年第 18 期，第 122～124 页。

[14] 高朝虎：《马克思生产力概念研究》，载于《马克思主义哲学研究》2019 年第 1 期，第 58～65 页。

[15] 王峰明、王小平：《马克思的生产力决定论错了吗？——驳莱博维奇〈超越《资本论》〉中的需要决定论》，载于《马克思主义研究》2019 年第 6 期，第 130～143、160 页。

[16] 钱丽娜：《方太文化体系十年侧记：文化力如何转化为生产力》，载于《商学院》2019 年第 1 期，第 82～83 页。

[17] 周绍东、王立胜：《现代化经济体系：生产力、生产方式与生产关系的协同整体》，载于《中国高校社会科学》2019 年第 1 期，第 94～100、158 页。

[18] 刘启春：《论人类生产力发展的历史规律及其当代表现》，载于《马克思主义哲学研究》2018 年第 2 期，第 224～230 页。

[19] 任保平：《改革开放 40 年来我国生产力理论的演进轨迹与创新》，载于《政治经济学评论》2018 年第 6 期，第 94～102 页。

[20] 任保平、李禹墨：《经济高质量发展中生产力质量的决定因素及其提高路径》，载于《经济纵横》2018 年第 7 期，第 27～34 页。

[21] 李春华：《文化生产力：满足人民群众对美好生活需要的重要力量——国家哲学社会科学成果文库入选成果〈文化生产力与人类文明的跃迁〉展示》，载于《思想政治教育研究》2018 年第 2 期，第 158～160 页。

[22] 吕小亮：《习近平教育是未来生产力思想研究》，载于《上海经济研究》2018 年第 4 期，第 27～31 页。

[23] 任保平、李梦欣：《新时代中国特色社会主义绿色生产力研究》，载于《上海经济研究》2018 年第 3 期，第 5～13 页。

[24] 肖磊：《关于"生产力一元决定论"的若干理论问题——基于经典文本的解释、辩护和重申》，载于《马克思主义研究》2018 年第 1 期，第 66～76、160 页。

[25] 李志军：《文化生产力》，载于《中国服饰》2018 年第 1 期，第

70 ~ 71 页。

[26] 董宇坤、白暴力：《党的十八大以来生产力布局理论的政治经济学分析》，载于《经济纵横》2017 年第 12 期，第 11 ~ 19 页。

[27] 鲁娜：《文化创意如何转化为生产力》，载于《中国文化报》2017 年 12 月 9 日，第 001 版。

[28] 吴江华：《生产力发展悖论的辩证逻辑抽绎——兼论学界关于生产力认识的误区》，载于《毛泽东邓小平理论研究》2017 年第 11 期，第 41 ~ 48、107 页。

[29] 王代月：《生产力的自然制约性：马克思和费尔巴哈学术关系的一个微观视角》，载于《马克思主义与现实》2017 年第 6 期，第 52 ~ 58 页。

[30] 段鹏飞：《文化生产力和文化竞争力提升因素分析》，载于《人文天下》2017 年第 22 期，第 47 ~ 51 页。

[31] 卫兴华：《再谈学好用好〈资本论〉的生产力理论》，载于《政治经济学评论》2017 年第 6 期，第 3 ~ 8 页。

[32] 田超伟、卫兴华：《论马克思的生产力理论与中国特色社会主义政治经济学的构建》，载于《教学与研究》2017 年第 10 期，第 5 ~ 12 页。

[33] 白暴力、王胜利：《中国特色社会主义生产力理论研究——马克思主义政治经济学的丰富与发展》，载于《上海经济研究》2017 年第 9 期，第 3 ~ 9、33 页。

[34] 刘友红、崔俊杰：《生产力何以可能？——基于马克思主义哲学与文化哲学相结合的研究》，载于《马克思主义哲学研究》2017 年第 1 期，第 34 ~ 47 页。

[35] 韩东屏、胡丹丹：《生产力定义的解构和重构》，载于《江汉论坛》2017 年第 7 期，第 39 ~ 43 页。

[36] 卫兴华、田超伟：《论〈资本论〉生产力理论的深刻内涵与时代价值》，载于《中国高校社会科学》2017 年第 4 期，第 21 ~ 31、157 页。

[37] 白暴力、方凤玲：《"五大发展理念"对马克思主义生产力理论的丰富和发展》，载于《经济纵横》2017 年第 7 期，第 1 ~ 8 页。

[38] 华林：《文化发展：民族复兴的精神生产力》，载于《社会科学报》2017年6月1日，第001版。

[39] 卫兴华：《学好、用好〈资本论〉的生产力理论》，载于《政治经济学评论》2017年第3期，第3~6页。

[40] 娟娟、李哲：《文化生产力》，载于《中国服饰》2017年第4期，第86~87页。

[41] 卫兴华、聂大海：《马克思主义政治经济学的研究对象与生产力的关系》，载于《经济纵横》2017年第1期，第1~7页。

[42] 谢永刚、刘赣州：《马克思恩格斯关于生产力发展与环境灾害关系的思想探析》，载于《当代经济研究》2016年第12期，第55~61、97页。

[43] 姜霁青：《论埃伦·伍德对"生产力决定论"的质疑——一种辩证审视与思考》，载于《福建论坛（人文社会科学版）》2016年第12期，第98~103页。

[44] 李春华：《文化生产力：人类新文明转化的力量》，载于《理论学习》2016年第10期，第36页。

[45] 孟捷：《生产力一元决定论和有机生产方式的变迁——对历史唯物主义核心思想的再解释》，载于《政治经济学报》2016年第1期，第61~134页。

[46] 陈勇勤、杨丽丽：《以马克思唯物史观原理评判李斯特生产力理论》，载于《当代经济研究》2016年第8期，第55~60、97页。

[47] 尹俊芳：《试论文化生产力发展的内在动力机制》，载于《经济问题》2016年第6期，第8~12页。

[48] 刘启春、陈若松：《论知识生产力及其当代价值》，载于《马克思主义哲学研究》2016年第1期，第266~274页。

[49] 刘启春、陈建华：《论知识在生产力结构中地位的演变及其辩证关系》，载于《江汉论坛》2016年第3期，第52~56页。

[50] 程启智、罗飞：《生产力和生产关系的二维理论及其马克思经济学的发展》，载于《福建论坛（人文社会科学版）》2016年第3期，第11~18页。

[51] 洪银兴：《构建解放、发展和保护生产力的系统性经济学说》，载

于《经济学家》2016 年第 3 期，第 7~9 页。

[52] 张俊山、张小瑛：《对生产力与生产关系范畴及其矛盾的再认识》，载于《教学与研究》2015 年第 12 期，第 44~49 页。

[53] 卫兴华：《评机械生产力决定论、唯生产力标准论和唯生产力论——对汪海波先生观点的评析》，载于《当代经济研究》2015 年第 11 期，第 37~44、97 页。

[54] 蔡俊煌、蔡雪雄：《生态生产力与生态安全的辩证演进逻辑和国家行动》，载于《福建论坛（人文社会科学版）》2015 年第 11 期，第 35~40 页。

[55] 关锋、刘卓红：《生产力的三层维度与决定论的多种表现——马克思主义历史决定论新探》，载于《马克思主义研究》2015 年第 9 期，第 88~96 页。

[56] 黄亚男：《马克思主义文化生产力理论与我国文化产业发展》，宁波大学，2015 年。

[57] 顾海良：《新政治经济学的理论创新和学科建设——基于马克思主义生产力理论中国话语的思考》，载于《中国高校社会科学》2015 年第 3 期，第 4~14、156 页。

[58] 任媛媛：《我国文化生产力发展路径研究》，辽宁大学，2015 年。

[59] 龚万达、刘祖云：《生态环境也是生产力——学习习近平关于生态文明建设的思想》，载于《教学与研究》2015 年第 3 期，第 35~43 页。

[60] 郑文范、温飞：《准确理解和把握科学技术是第一生产力》，载于《中国高校社会科学》2015 年第 2 期，第 21~26、156~157 页。

[61] 王幸平：《社会的生产本质与文化生产力》，载于《现代经济探讨》2014 年第 8 期，第 35~39 页。

[62] 李春华：《文化生产力：人类走向新文明的一种现实力量》，载于《贵州社会科学》2014 年第 8 期，第 132~138 页。

[63] 卫兴华：《科学把握生产力与生产关系研究中的唯物史观——兼评"生产关系决定生产力论"和"唯生产力标准论"》，载于《清华政治经济学报》2014 年第 1 期，第 3~25 页。

[64] 宫卫红：《浅析"解放和发展文化生产力"的理论与现实意义》，载于《中国校外教育》2014年第14期，第14页。

[65] 孙先凯：《文化生产力研究》，山东大学，2014年。

[66] 程启智：《论马克思生产力理论的两个维度：要素生产力和协作生产力》，载于《当代经济研究》2013年第12期，第8~15、93页。

[67] 吴峰、赵迎欢：《论"文化生产力"及其对历史唯物主义的创新与发展》，载于《教学与研究》2013年第11期，第72~78页。

[68] 苏晓珍：《科学技术、生产力与意识形态——从〈作为"意识形态"的技术与科学〉来解读哈贝马斯的科学技术观》，载于《马克思主义哲学研究》2013年第0期，第214~223页。

[69] 温莲香：《生态文明视域下生产力标准新论》，载于《当代经济研究》2013年第10期，第19~23页。

[70] 贾乐芳：《文化生产力的发展路径探析》，载于《求实》2013年第6期，第78~82页。

[71] 任暟：《环境生产力论：马克思"自然生产力"思想的当代拓展》，载于《马克思主义与现实》2013年第2期，第76~83页。

[72] 曹顺庆：《文化也是生产力》，载于《决策探索（下半月）》2013年第2期，第74~76页。

[73] 温莲香：《论马克思生产力理论中的自然力向度》，载于《当代经济研究》2013年第2期，第11~16、93页。

[74] 尹辉：《生产力发展的根本动力问题研究评析》，载于《经济纵横》2013年第1期，第118~121页。

[75] 胡乃武：《社会主义与发展生产力》，载于《政治经济学评论》2013年第1期，第8~10页。

[76] 曾小华：《论文化生产力及其内涵、结构和表现形式》，载于《中共浙江省委党校学报》2012年第6期，第87~94页。

[77] 陆燕春：《重新认识生产力标准》，载于《江汉论坛》2012年第12期，第66~69页。

［78］曹顺庆：《文化也是生产力》，载于《前线》2012 年第 11 期，第 15～18 页。

［79］王峰明：《对生产力一元决定论的反思与新释》，载于《马克思主义研究》2012 年第 10 期，第 81～95、160 页。

［80］段学慧：《论生产力标准与价值标准的统一》，载于《江汉论坛》2012 年第 9 期，第 12～16 页。

［81］曹顺庆、罗富明：《论文化生产力》，载于《陕西师范大学学报（哲学社会科学版）》2012 年第 6 期，第 5～10 页。

［82］俞美娟：《文化生产力的多维解读》，载于《赤峰学院学报（汉文哲学社会科学版）》2012 年第 7 期，第 186～187 页。

［83］何宏兵、魏钢：《论作为生产力新形态的文化生产力》，载于《理论导刊》2012 年第 6 期，第 61～64 页。

［84］王国臣、果永宽：《文化生产力与文化产业创新发展探析》，载于《改革与战略》2012 年第 6 期，第 131～133、192 页。

［85］卫兴华：《三论社会主义生产力标准与价值标准的统一——对胡钧教授辩驳的辩驳》，载于《经济学动态》2012 年第 1 期，第 63～71 页。

［86］余金成、于峰：《对马克思恩格斯理想社会生产力条件的再认识》，载于《江汉论坛》2012 年第 4 期，第 62～67 页。

［87］马瑒浩、唐玉婷：《马克思主义文化生产力新探索》，载于《菏泽学院学报》2012 年第 1 期，第 9～12 页。

［88］丁任重、黄世坤：《论生产力的性质及其评价》，载于《马克思主义与现实》2012 年第 2 期，第 56～61 页。

［89］柳礼泉、肖冬梅：《论文化生产力、文化软实力与文化民生的互动关联和协调发展》，载于《马克思主义与现实》2012 年第 1 期，第 156～161 页。

［90］王思敬：《论文化生产力的内涵、属性与发展途径》，载于《商业时代》2012 年第 7 期，第 17～18 页。

［91］罗贵权：《文化也是一种生产力》，载于《人民论坛》2012 年第 1 期，第 29 页。

[92] 侯为民:《评价社会经济制度不能忽视价值标准——兼评对"生产力标准和价值标准内在统一论"的质疑》,载于《经济学动态》2011 年第 12 期,第 23～29 页。

[93] 王孔雀:《从文化生产力研究视阈看生产力发展的未来走向》,载于《商业时代》2011 年第 34 期,第 14～15 页。

[94] 于金富:《必须坚持社会主义生产力标准与价值标准的统一——兼与汪海波、何伟与胡钧等三位教授商榷》,载于《经济学动态》2011 年第 11 期,第 48～52 页。

[95] 王峰明:《〈资本论〉与历史唯物主义微观基础——以马克思的生产力理论为例》,载于《马克思主义研究》2011 年第 11 期,第 78～90、160 页。

[96] 李校利:《走中国特色文化生产力发展之路——文化生产力新论述要》,载于《中国集体经济》2011 年第 31 期,第 145、157 页。

[97] 胡钧:《关于判断经济制度先进落后和工作是非的生产力标准与价值标准》,载于《经济学动态》2011 年第 10 期,第 42～48 页。

[98] 汪海波:《对〈再论社会主义生产力标准与价值标准的统一〉一文的商榷意见——答卫兴华教授对我的批评》,载于《经济学动态》2011 年第 10 期,第 49～54 页。

[99] 杨承训、承谕:《生态生产力:拓展马克思主义经济学——兼析若干流行的生态理论观点》,载于《毛泽东邓小平理论研究》2011 年第 8 期,第 54～59、84 页。

[100] 卫兴华:《再论社会主义生产力标准与价值标准的统一——评析汪海波先生同我的争论》,载于《经济学动态》2011 年第 7 期,第 45～53 页。

[101] 李欣广:《科学发展中生产力与生产关系的交互运动——马克思主义经济学范式下的科学发展论述》,载于《当代经济研究》2011 年第 7 期,第 1～6、94 页。

[102] 王孔雀:《文化生产力理论和实践问题评述》,载于《理论建设》2011 年第 3 期,第 82～84 页。

[103] 汪海波:《必须坚持"生产力标准"——对"论社会主义生产力

和价值标准的统一"一文的商榷意见》,载于《经济学动态》2011 年第 6 期,第 34~40 页。

[104] 梁燕:《唯物史观视域下的文化生产力研究》,广西大学,2011 年。

[105] 唐政:《新中国建立以来解放和发展文化生产力的历程及经验研究》,湖南师范大学,2011 年。

[106] 张贺:《文化生产力,在改革中强劲释放》,载于《人民日报》2011 年 4 月 29 日,第 001 版。

[107] 关书敏、冯竞、吴晋娜:《文化也是生产力》,载于《科技日报》2011 年 3 月 25 日,第 009 版。

[108] 韩骏伟:《文化生产力的科学发展》,载于《领导之友》2011 年第 3 期,第 37、45 页。

[109] 萧洪恩、马丹:《第一生产力的文化转向及其当代价值》,载于《江汉论坛》2011 年第 3 期,第 51~54 页。

[110] 胡钧、陶玉:《论生产力发展的根本动力》,载于《经济纵横》2011 年第 3 期,第 1~6 页。

[111] 项江涛:《发挥"文化生产力"作用 打造中华民族文化品牌》,载于《中国社会科学报》2010 年 11 月 25 日,第 005 版。

[112] 熊澄宇:《熊澄宇:发展文化生产力的适宜路径》,载于《理论导报》2010 年第 10 期,第 25 页。

[113] 卫兴华:《论社会主义生产力标准和价值标准的统一》,载于《经济学动态》2010 年第 10 期,第 16~19 页。

[114] 熊澄宇:《发展文化生产力的适宜路径》,载于《瞭望》2010 年第 36 期,第 41 页。

[115] 方凤玲:《科学技术成为第一生产力的实现条件》,载于《经济纵横》2010 年第 8 期,第 19~21 页。

[116] 严琼芳:《关于文化生产力的几点思考——试论文化生产力的本质、特性与实践环节》,载于《中共乐山市委党校学报》2010 年第 3 期,第 42~44 页。

[117] 杨宗建:《论科学发展观对生产力决定论的新诠释》,载于《福建论坛(人文社会科学版)》2010 年第 5 期,第 73~75 页。

[118] 方世南:《马克思生产力理论蕴涵的环境思想》,载于《马克思主义研究》2010 年第 3 期,第 84~92、160 页。

[119] 钟榴、高长春、曹桂红:《文化生产力的内涵及其发展研究》,载于《生产力研究》2010 年第 3 期,第 104~106 页。

[120] 温源:《进一步释放文化生产力》,载于《理论学习》2010 年第 3 期,第 40~41 页。

[121] 汤德森、江丽:《哈贝马斯科学技术生产力观的现代审视》,载于《马克思主义研究》2010 年第 2 期,第 125~131 页。

[122] 王孔雀:《关于文化生产力概念、特征和现实道路简述》,载于《生产力研究》2010 年第 2 期,第 1~3 页。

[123] 卫兴华:《关于生产力与生产关系理论问题的研究与争鸣评析》,载于《经济纵横》2010 年第 1 期,第 1~5 页。

[124] 董石桂:《如何发展文化生产力》,载于《学习时报》2010 年 1 月 11 日,第 010 版。

[125] 李春华:《文化生产力:丰富和发展马克思生产力理论的新视角》,载于《马克思主义研究》2009 年第 9 期,第 72~79 页。

[126] 王丹:《马克思自然生产力思想的生态视野》,载于《当代经济研究》2009 年第 7 期,第 1~6、72 页。

[127] 王峰明:《生产力范畴的历史唯物主义提升——马克思生产力理论历史嬗演的"经济学—哲学"考察之二》,载于《教学与研究》2009 年第 6 期,第 27~33 页。

[128] 许崇正:《马克思智慧生产力理论和生产力概念的反思》,载于《当代经济研究》2009 年第 1 期,第 12~16 页。

[129] 王鲁娜:《当代生态生产力的基本特征探析》,载于《福建论坛(人文社会科学版)》2008 年第 8 期,第 49~52 页。

[130] 李建平:《善于在研究实际问题中实现理论创新——〈生态生产

力导论〉读后感》，载于《福建师范大学学报（哲学社会科学版）》2008 年第
1 期，第 169 ~ 170 页。

　　[131] 胡钧、赵海东：《科学发展观是生产关系发展规律和社会生产力发
展规律的科学反映》，载于《经济纵横》2008 年第 1 期，第 8 ~ 14 页。

　　[132] 孙海芳：《信息生产力：一种先进的生产力形态》，载于《江汉论
坛》2008 年第 1 期，第 47 ~ 50 页。

　　[133] 刘建伟：《马克思的 "自然生产力" 思想及其当代价值》，载于
《当代经济研究》2007 年第 12 期，第 9 ~ 13 页。

　　[134] 本报评论员：《解放和发展文化生产力》，载于《光明日报》2007
年 11 月 16 日，第 001 版。

　　[135] 李欣广：《新的生产力发展观》，载于《马克思主义研究》2007 年
第 10 期，第 19 ~ 23 页。

　　[136] 李东平、秦宏平、杨荣：《环境也是生产力》，载于《光明日报》
2007 年 9 月 22 日，第 006 版。

　　[137] 许崇正：《论马克思的生产力理论》，载于《福建论坛（人文社会
科学版）》2007 年第 9 期，第 4 ~ 8 页。

　　[138] 陈炳：《论自然生产力及其与社会生产力的关系》，载于《马克思
主义与现实》2007 年第 4 期，第 153 ~ 155 页。

　　[139] 廖福霖：《生态生产力发展的基本特征》，载于《福建师范大学学
报（哲学社会科学版）》2007 年第 4 期，第 63 ~ 67 页。

　　[140] 胡素清：《在生态文明的语境下解读生产力》，载于《马克思主义
与现实》2007 年第 1 期，第 172 ~ 175 页。

　　[141] 本刊记者：《正确理解马克思主义的生产力观点——访中国社会科
学院马克思主义研究院顾问沙健孙》，载于《马克思主义研究》2006 年第 9
期，第 13 ~ 18 页。

　　[142] 葛守昆：《"三个代表" 重要思想中的生产力理论研究》，载于
《毛泽东邓小平理论研究》2005 年第 8 期，第 68 ~ 72 页。

　　[143] 王建辉：《略论马克思主义生产力观的生态维度》，载于《马克思

主义与现实》2005 年第 3 期，第 148～151 页。

[144] 张昆仑：《生产力定义新探》，载于《海派经济学》2005 年第 2 期，第 117～121 页。

[145] 俞宪忠：《社会科学是生产力之母》，载于《经济学家》2005 年第 2 期，第 33～40 页。

[146] 刘成碧：《论科学发展观与先进生产力内涵的界定》，载于《江汉论坛》2005 年第 4 期，第 12～15 页。

[147]《在深化改革中解放和发展文化生产力——学习贯彻〈中共中央关于加强党的执政能力建设的决定〉》，载于《毛泽东邓小平理论研究》2005 年第 2 期，第 32、33～36 页。

[148] 任暟：《与时俱进的"生产力动力观"》，载于《马克思主义研究》2004 年第 6 期，第 48～56 页。

[149] 孙向军：《知识生产力：历史演变与特征》，载于《教学与研究》2004 年第 12 期，第 24～30 页。

[150]《生产关系适应生产力发展的规律》，载于《政治经济学评论》2003 年第 3 期，第 69～70 页。

[151]《人类劳动与生产力的发展》，载于《政治经济学评论》2003 年第 3 期，第 26～42 页。

[152] 林岗、张宇：《生产力概念的深化与马克思主义经济学的发展》，载于《教学与研究》2003 年第 9 期，第 5～10 页。

[153] 刘君栩：《社会生产力问题研究述评》，载于《教学与研究》2003 年第 7 期，第 71～76 页。

[154] 徐秉国：《论党关于科技生产力理论的两次历史性飞跃》，载于《江汉论坛》2003 年第 4 期，第 70～74 页。

[155] 梁树发：《"科学技术是第一生产力"与科技决定论辨析》，载于《思想理论教育导刊》2003 年第 3 期，第 40～43 页。

[156] 解保军：《马克思"自然生产力"思想探析》，载于《马克思主义研究》2002 年第 5 期，第 34～38 页。

［157］王朗玲：《全国绿色生产力研讨会综述》，载于《经济学动态》2002 年第 8 期，第 46 ~ 49 页。

［158］卫兴华、黄瑾：《解放生产力无止境——走出关于经济制度的几个认识误区》，载于《党政干部文摘》2002 年第 8 期，第 6 页。

［159］孟庆琳：《生产力经济学需要现代化》，载于《经济学动态》2002 年第 6 期，第 27 ~ 30 页。

［160］张宝池：《"第一生产力"思想的新理念》，载于《福建论坛（经济社会版）》2002 年第 5 期，第 59 ~ 60 页。

［161］王新喜：《从"生产力"到"第一生产力"再到"先进生产力"的发展路径》，载于《江汉论坛》2001 年第 11 期，第 35 ~ 37 页。

［162］冯湘凤：《管理是生产力》，载于《福建论坛（经济社会版）》2001 年第 10 期，第 33 ~ 34 页。

［163］杨承训、聂伟：《运用"第一生产力"深化劳动价值论的尝试——沿着恩格斯的思路对现实问题的研究》，载于《马克思主义与现实》2001 年第 4 期，第 16 ~ 26 页。

［164］李建平：《迎接文化生产力时代》，载于《沿海企业与科技》2001 年第 1 期，第 1 页。

［165］杨承训：《第一生产力与经济学创新》，载于《经济学家》2001 年第 1 期，第 96 ~ 100 页。

［166］鲁品越：《知识经济时代与生产力理论的重构》，载于《教学与研究》2000 年第 9 期，第 22 ~ 28 页。

［167］杨建文、魏农建：《流通生产力：理论思考与现实分析》，载于《上海经济研究》2000 年第 5 期，第 3 ~ 10 页。

［168］李学丽、邢祝国：《如何理解邓小平关于科学技术是第一生产力的论断》，载于《教学与研究》2000 年第 3 期，第 71 ~ 72 页。

［169］丁俊萍：《邓小平生产力标准思想论析》，载于《教学与研究》2000 年第 2 期，第 75 ~ 77 页。

［170］郑福来：《试论科学技术与生产力》，载于《福建论坛（经济社会

版)》1999 年第 11 期，第 30～31 页。

[171] 贺丰：《解放和发展生产力是毛泽东思想的基本内涵》，载于《江汉论坛》1999 年第 6 期，第 44～47 页。

[172] 彭斌、赵学峰：《"科学技术是第一生产力"的理论与实践——纪念邓小平"科学技术是第一生产力"的论断提出 10 周年》，载于《当代经济研究》1999 年第 5 期，第 43～46 页。

[173] 贺祥林：《宏阔视野下的马克思主义生产力概念系统》，载于《江汉论坛》1999 年第 3 期，第 75～77 页。

[174] 陈福雄：《如何理解邓小平的生产力动力论》，载于《教学与研究》1998 年第 11 期，第 59～61 页。

[175] 陈永忠：《创造科技转化为生产力的市场条件》，载于《经济学家》1998 年第 4 期，第 104～110 页。

[176] 钱伯海：《科技生产力与劳动价值论》，载于《经济学家》1998 年第 2 期，第 18～23 页。

[177] 辛文：《科技是发展生产力的决定性因素》，载于《经济学家》1997 年第 6 期，第 4 页。

[178] 卢莉芳：《物质资料生产过程本身就是物质生产力与非物质生产力的统一》，载于《当代经济研究》1997 年第 6 期，第 14～15 页。

[179] 于金富：《生产力观点：邓小平经济理论的核心》，载于《经济学动态》1997 年第 9 期，第 16～19 页。

[180] 孙晓林、王健：《浅论科学技术是第一生产力》，载于《经济纵横》1997 年第 5 期，第 61～62 页。

[181] 吴易风：《马克思的生产力—生产方式—生产关系原理》，载于《马克思主义研究》1997 年第 2 期，第 3～6 页。

[182] 于祖尧：《坚持和发展马克思的生产力决定论——为纪念〈生产力研究〉创刊十周年而作》，载于《生产力研究》1996 年第 6 期，第 4～6 页。

[183] 宋养琰：《实现"两个转变"是生产力、生产关系的根本性变革》，载于《经济纵横》1996 年第 10 期，第 54 页。

［184］李绪蔼：《论生产力的性质——读〈资本论〉札记》，载于《当代经济研究》1996 年第 5 期，第 10～14 页。

［185］段忠桥：《关于资本主义生产关系产生的生产力前提》，载于《教学与研究》1996 年第 4 期，第 62～65 页。

［186］罗绍贤：《科学技术何以成为第一生产力新探》，载于《马克思主义研究》1996 年第 3 期，第 17～21 页。

［187］郭新华：《对邓小平"科学技术是第一生产力"论断的新认识》，载于《当代经济研究》1995 年第 S1 期，第 57～58 页。

［188］余源培：《对"科学技术是第一生产力"的深层次思考》，载于《毛泽东邓小平理论研究》1995 年第 6 期，第 42～47 页。

［189］刘炯忠、叶险明：《从马克思对"生产力"概念的分类看科学与技术的关系》，载于《马克思主义研究》1995 年第 6 期，第 31～38 页。

［190］徐崇温：《生产力决定论：从恩格斯到当代》，载于《马克思主义研究》1995 年第 5 期，第 3～13 页。

［191］翁光明：《论现实的生产力系统》，载于《江汉论坛》1995 年第 8 期，第 15～19 页。

［192］郑再望、陈瑛瑛：《对科学技术是第一生产力的一点体会》，载于《福建论坛（经济社会版）》1995 年第 8 期，第 32 页。

［193］段忠桥：《对生产力，生产方式和生产关系概念的再考察》，载于《马克思主义与现实》1995 年第 3 期，第 52～61 页。

［194］方明如：《评介〈科学技术是第一生产力——新科技革命与唯物史观的新发展〉》，载于《毛泽东邓小平理论研究》1994 年第 5 期，第 94～95 页。

［195］郑又贤：《试论社会科学对生产力的渗透》，载于《福建师范大学学报（哲学社会科学版）》1994 年第 1 期，第 27～33 页。

［196］王毅成：《"科学技术是第一生产力"的若干思考》，载于《江汉论坛》1993 年第 9 期，第 56～58 页。

［197］肖新生、朱宝信：《论生产力中"科学"与"人"的关系》，载于《福建论坛（经济社会版）》1993 年第 3 期，第 61～65 页。

[198] 陈书生：《关于科技生产力若干问题的研究——学习〈资本论〉中关于生产力的论述》，载于《生产力研究》1993 年第 1 期，第 65~70 页。

[199] 李鸿烈：《生产力的科学涵义及其运行机制新论》，载于《福建论坛（文史哲版）》1993 年第 1 期，第 16~21 页。

[200] 粟珍：《对科学是生产力相对独立要素的一种理解》，载于《教学与研究》1993 年第 1 期，第 70~71 页。

[201] 杨新华：《对"科学技术是第一生产力"论断的若干认识》，载于《福建师范大学学报（哲学社会科学版）》1992 年第 4 期，第 1~7、44 页。

[202] 王之波：《关于"科学技术是第一生产力"的两点看法》，载于《福建师范大学学报（哲学社会科学版）》1992 年第 4 期，第 8~13 页。

[203] 凌奇：《社会科学也是第一生产力》，载于《福建论坛（经济社会版）》1992 年第 10 期，第 49~52 页。

[204] 晓亮：《论科技生产力及科技应用》，载于《经济学家》1992 年第 5 期，第 55~61 页。

[205] 王锐生：《论生产力标准及其运用》，载于《马克思主义与现实》1992 年第 2 期，第 65~75 页。

[206] 林剑：《对"科学技术是第一生产力"意义的多维思考》，载于《福建论坛（文史哲版）》1992 年第 3 期，第 25~28 页。

[207] 卫兴华：《生产力标准的丰富和具体化》，载于《经济学家》1992 年第 3 期，第 31~32 页。

[208] 金建：《信息是现代生产力发展的重要因素》，载于《经济纵横》1992 年第 6 期，第 9~12 页。

[209] 童鹰：《试论第一生产力》，载于《江汉论坛》1992 年第 7 期，第 12~18 页。

[210] 徐厚德：《科学技术的生产力特征和功能》，载于《江汉论坛》1992 年第 7 期，第 25~29 页。

[211] 赵凌云：《论马克思"科学是生产力"观点的理论内涵与启示》，载于《江汉论坛》1992 年第 7 期，第 30~35 页。

[212] 吴向红、刘大椿：《"科学技术是第一生产力"研究状况综述》，载于《教学与研究》1992 年第 2 期，第 57～63 页。

[213] 王淼洋：《"科学技术是第一生产力"理论的来源》，载于《毛泽东邓小平理论研究》1991 年第 6 期，第 7～12 页。

[214] 王佛松：《浅谈科学技术与生产力》，载于《马克思主义与现实》1991 年第 4 期，第 5～10 页。

[215] 李其庆：《关于马克思生产力理论的一点思考》，载于《马克思主义与现实》1991 年第 4 期，第 42～46 页。

[216] 吴惠之：《"第一生产力"：根据、形式与作用特征》，载于《福建论坛（经济社会版）》1991 年第 12 期，第 2～4、15 页。

[217] 雨石、冠华：《"科学技术是第一生产力"讨论综述》，载于《毛泽东邓小平理论研究》1991 年第 5 期，第 59～62 页。

[218] 李戈：《如何理解和把握"科学技术是第一生产力"》，载于《理论与改革》1991 年第 5 期，第 78 页。

[219] 陈书生：《科学技术是第一生产力的思考》，载于《经济纵横》1991 年第 9 期，第 1～6 页。

[220] 徐久刚：《邓小平主体生产力思想初探》，载于《江汉论坛》1991 年第 11 期，第 49～54 页。

[221] 刘大椿：《论"科学技术是第一生产力"——从活动的、结构的和体制的观点看》，载于《教学与研究》1991 年第 5 期，第 22～28 页。

[222] 陈荷清：《现代科学技术对生产力要素价值的影响》，载于《教学与研究》1990 年第 3 期，第 50～55 页。

[223] 姬逸修：《生产技术与生产力》，载于《教学与研究》1990 年第 3 期，第 54～56 页。

[224] 戴军：《从主体性角度看生产力》，载于《教学与研究》1990 年第 3 期，第 57～59 页。

[225] 王翠英：《生产力和生产关系相互作用的中介环节》，载于《教学与研究》1990 年第 3 期，第 60～64 页。

[226] 雷应敏、苏亮乾：《简论生产力理论在我国的发展》，载于《毛泽东邓小平理论研究》1989 年第 5 期，第 59 ~ 61 页。

[227] 郑又贤：《关于生产力和生产关系之辩证统一的反思》，载于《福建师范大学学报（哲学社会科学版）》1989 年第 3 期，第 59、87 ~ 92 页。

[228] 王树义：《应重新认识科学技术知识与生产力的关系》，载于《经济纵横》1989 年第 7 期，第 5 页。

[229] 李寿彭：《生产力标准界定辨析》，载于《上海经济研究》1989 年第 1 期，第 50 ~ 53 页。

[230] 黄铁平：《生产力理论：对外开放的一个重要依据》，载于《福建师范大学学报（哲学社会科学版）》1988 年第 4 期，第 1 ~ 7 页。

[231]《我国生产力发展的理论与实践》，载于《马克思主义研究》1988 年第 4 期，第 315 页。

[232] 王一士：《谈生产力标准与生产力的发展规律》，载于《福建论坛（经济社会版）》1988 年第 12 期，第 4 ~ 5 页。

[233] 王广润：《坚持生产力标准问题之我见》，载于《经济纵横》1988 年第 12 期，第 47 页。

[234] 潘叔明：《生产力标准的科学内涵及其自身尺度》，载于《福建论坛（经济社会版）》1988 年第 11 期，第 2 ~ 5 页。

[235] 陈桦：《坚持生产力标准与四项基本原则——生产力标准理论讨论会综述》，载于《福建论坛（经济社会版）》1988 年第 10 期，第 2 ~ 4 页。

[236] 潘春葆：《社会生产力是物质生产力、精神生产力和人类自身生产力的有机统一体》，载于《马克思主义研究》1988 年第 3 期，第 108 ~ 125 页。

[237] 夏振坤：《坚持生产力标准　发展马克思主义》，载于《江汉论坛》1988 年第 11 期，第 22 ~ 28 页。

[238] 卫平：《广义的劳动资料不是生产力的要素》，载于《福建论坛（文史哲版）》1988 年第 3 期，第 26 页。

[239] 荣开明：《论生产力标准提出的主要依据》，载于《江汉论坛》1988 年第 8 期，第 5 ~ 10 页。

[240] 陆钟祥：《对生产力标准及其讨论的两点认识》，载于《江汉论坛》1988 年第 8 期，第 11～12 页。

[241] 杨永奎：《马克思主义生产力标准理论的发展》，载于《毛泽东邓小平理论研究》1988 年第 2 期，第 22、31～33 页。

[242] 胡承槐：《论生产力运动的主体性原则》，载于《江汉论坛》1988 年第 6 期，第 24～29 页。

[243] 何理平：《生产力与生产关系的辩证法和落后国家的社会主义革命——读列宁的〈论我国革命〉》，载于《马克思主义研究》1987 年第 4 期，第 82～89 页。

[244] 王慎之：《马克思的生产力理论》，载于《马克思主义研究》1987 年第 3 期，第 135～153 页。

[245] 王永波：《论生产关系必须适合生产力性质规律的表现形式》，载于《马克思主义研究》1987 年第 3 期，第 304～306 页。

[246] 李鸿烈：《试论作为生产力范畴的智力》，载于《福建论坛（文史哲版）》1987 年第 4 期，第 30～33、38 页。

[247] 张德霖：《生产力与生产关系新论》，载于《福建论坛（经济社会版）》1987 年第 8 期，第 9、10～12 页。

[248] 华学忠：《生产力范畴新探》，载于《福建论坛（经济社会版）》1987 年第 4 期，第 16～18 页。

[249] 张曙昌：《八十年代以来生产力理论研究新进展概述》，载于《毛泽东邓小平理论研究》1987 年第 2 期，第 5～8、57 页。

[250] 张新胜：《管理是社会生产力的要素》，载于《教学与研究》1987 年第 2 期，第 8～12 页。

[251] 史智忠：《劳动者的积极性在生产力中的作用》，载于《江汉论坛》1987 年第 2 期，第 43 页。

[252] 李鸿烈：《精神生产力及其发展规律体系论要》，载于《马克思主义研究》1986 年第 4 期，第 142～159 页。

[253] 徐慧萍：《生产力三要素的历史演变同社会发展的关系》，载于

《毛泽东邓小平理论研究》1986 年第 5 期，第 70 页。

[254] 杨新华：《论新技术革命的特征及其对生产力要素的影响》，载于《福建师范大学学报（哲学社会科学版）》1986 年第 3 期，第 15～20、49 页。

[255] 郑凤荣：《传统生产力观质疑》，载于《福建论坛（经济社会版）》1986 年第 6 期，第 9～11、43 页。

[256] 李鸿烈：《论精神生产力与历史唯物主义的"物"》，载于《江汉论坛》1986 年第 9 期，第 26～29 页。

[257] 甫旭：《论生产力水平的标志》，载于《福建论坛（经济社会版）》1986 年第 5 期，第 17～19 页。

[258] 余田、蔚源：《也谈社会科学的生产力属性》，载于《福建论坛（经济社会版）》1986 年第 4 期，第 9～11 页。

[259] 李荣兴：《应该承认生产力和上层建筑之间的矛盾》，载于《江汉论坛》1986 年第 4 期，第 11～15 页。

[260] 解书森、陈冰：《生产力进步规律的几个问题》，载于《福建论坛（经济社会版）》1985 年第 9 期，第 13～15 页。

[261] 张德霖：《试论生产力系统的层次和方式》，载于《福建论坛（经济社会版）》1985 年第 6 期，第 19～20 页。

[262] 徐大笏：《科学是生产力系统中的相对独立的要素》，载于《教学与研究》1985 年第 3 期，第 23～25 页。

[263] 许信胜：《试论资本主义生产关系对生产力发展的双重作用》，载于《教学与研究》1985 年第 1 期，第 50～54 页。

[264] 钟镇藩：《论生产力的质和量对生产关系的影响》，载于《福建论坛（文史哲版）》1984 年第 3 期，第 17～21 页。

[265] 刘贵访：《科学是知识形态上的生产力》，载于《江汉论坛》1983 年第 10 期，第 5～7 页。

[266] 杨长福：《生产力内部矛盾是其发展的根本动力吗?》，载于《江汉论坛》1983 年第 4 期，第 18～22 页。

[267] 卫兴华：《马克思关于劳动生产力同价值关系的三个原理和社会主

义经济实践》，载于《教学与研究》1983 年第 2 期，第 41～46 页。

[268] 骆焉名：《试论生产力横向运动的规律》，载于《福建论坛》1983 年第 1 期，第 48～51 页。

[269] 夏振坤：《生产关系要适合生产力性质的规律与农业生产责任制》，载于《江汉论坛》1982 年第 8 期，第 3～8 页。

[270] 马庆泉：《生产力的内部矛盾是生产力发展的内在动力》，载于《江汉论坛》1982 年第 8 期，第 12～15 页。

[271] 陈栋生：《生产力经济学中的环境与生态问题》，载于《江汉论坛》1982 年第 6 期，第 10～14 页。

[272] 于光远：《生产力经济学的几个问题》，载于《江汉论坛》1982 年第 5 期，第 1～8 页。

[273] 熊映梧：《再论社会生产力的属性》，载于《江汉论坛》1982 年第 5 期，第 8～13 页。

[274] 熊映梧：《政治经济学与生产力》，载于《江汉论坛》1982 年第 2 期，第 22～27 页。

[275] 许惠农、王复三：《论生产力范畴及其诸因素》，载于《教学与研究》1982 年第 1 期，第 31～35 页。

[276] 熊映梧：《〈资本论〉中关于生产力的问题》，载于《学术月刊》1981 年第 11 期，第 1～5 页。

[277] 董永俊：《讲授"生产力和生产关系"的几个问题》，载于《教学与研究》1981 年第 5 期，第 55～58 页。

[278] 池超波：《再论生产力发展的动力》，载于《福建论坛》1981 年第 3 期，第 48～52 页。

[279] 奚兆永：《评"经济科学要把生产力的研究放在首位"的主张》，载于《江汉论坛》1980 年第 6 期，第 3～8 页。

[280] 孙冶方：《什么是生产力以及关于生产力定义问题的几个争论》，载于《经济研究》1980 年第 1 期，第 28～37 页。

[281] 肖仁：《生产力·生产关系》，载于《教学与研究》1979 年第 5

期，第 10、78～80 页。

　　[282] 孙冶方：《政治经济学也要研究生产力——为平心同志〈论生产力〉文集序》，载于《社会科学》1979 年第 3 期，第 83～90 页。

　　[283] 裘麟：《对讲授"生产力和生产关系"的意见》，载于《教学与研究》1963 年第 6 期，第 1～5 页。

　　[284] 胡素卿：《关于生产力和生产关系几个问题讨论的简介》，载于《教学与研究》1963 年第 6 期，第 22～26 页。

　　[285] 周新成：《关于"生产力"的一些问题》，载于《教学与研究》1958 年第 10 期，第 46～48 页。

　　[286] 李达：《第四章　生产力与生产关系（续）》，载于《江汉论坛》1958 年第 5 期，第 40～48 页。

后　记

经典著作的恒久魅力，在于其所蕴含的思想能够穿透时空而抵达当下，超越时代而指向未来。《资本论》就是这样的经典之作，无论时代如何变迁，它都始终站在人类思想之巅。

1983 年马克思逝世一百周年，陈征先生主编了一套《资本论》教学研究参考资料以表示对这位伟大革命导师的纪念。该套丛书选编了新中国成立后 30 余年国内研究《资本论》的论文和译文，分五册由福建人民出版社出版，分别是：《〈资本论〉创作史研究》《〈资本论〉的对象、方法和结构》《〈资本论〉第一卷研究》《〈资本论〉第二卷研究》以及《〈资本论〉第三卷研究》。这套资料的出版受到了学界的一致好评。

斗转星移，现在距离《资本论》教学研究参考资料丛书的出版已经整整过去了四十年。四十年来，中国从低收入国家一跃成为世界第二大经济体，发生了天翻地覆的变化。然而，作为中国的主流经济学，马克思主义政治经济学经历了一个从一统天下到多元并存再到强势重建的否定之否定的发展历程。曾经有一段时期，马克思主义经济学"失语、失踪、失声"问题非常突出，一些年轻人缺乏理论自信，认为马克思经济学过时了，《资本论》过时了。对此，陈征先生在接受采访时郑重指出："我始终对《资本论》研究充满信心和动力。"他还表示："《资本论》没有过时，也永远不会过时。因为《资本论》分析了资本主义的问题，预见了资本主义一定要向更高级社会形态演变的规律，对现在依然有很强的指导意义。"在一次题为《关于马克思主义经济学研究的几个问题》报告中，李建平先生强调必须重视对马克思经济学经典著作的现代解读，因为"《资本论》揭示了资本主义市场经济乃至所有市场经济的一般规律，如价值规律、资本积累规律、平均利润率下降规律等，在现代依然具有指导意义，依然能够指导我国的社会主义改革和建设实践"。

党的十八大以来，习近平总书记高度重视马克思主义政治经济学的学习和应用。在主持十八届中央政治局第二十八次集体学习时的讲话中，总书记指出，在我们的经济学教学中，不能食洋不化，还是要讲马克思主义政治经济学，当代中国社会主义政治经济学要大讲特讲，不能被边缘化。作为马克思主义最厚重、最丰富的著作，习近平非常重视《资本论》的教学与研究。早在 2012 年 6 月，他在中国人民大学调研时就特地考察了该校的《资本论》教学研究中心，并发表重要讲话，他指出：马克思主义中国化形成了毛泽东思想和中国特色社会主义理论体系两大理论成果，追本溯源，这两大理论成果都是在马克思主义经典理论指导之下取得的。《资本论》作为最重要的马克思主义经典著作之一，经受了时间和实践的检验，始终闪耀着真理的光芒。

福建师范大学一直以来都非常重视《资本论》以及马克思主义政治经济学的教学与研究。即便在《资本论》研究处于低潮时，我们都始终坚持给经济学专业的本科生开设《资本论》课程。几代人薪火相传，几十年砥砺奋进。我们在政治经济学教学研究尤其是《资本论》研究领域取得了蜚声学界的研究成果，被誉为"南方坚持马克思主义经济学教学与科研的重要阵地"。显然，这一地位的取得与陈征和李建平两位"大先生"长期潜心于《资本论》教学、研究和传播是分不开的。陈征先生的《〈资本论〉解说》是"我国第一部对《资本论》全三卷系统解说的著作"。李建平先生的《〈资本论〉第一卷辩证法探索》是国内最早运用文本分析研究马克思经济理论和方法的专著。一代又一代福建师大经济学人在马克思主义经济学领域辛勤耕耘，奠定了学校作为政治经济学学术重镇的地位。

2021 年 9 月，经济学院成立了《资本论》的理论、方法和结构及其当代价值研究团队。在李建平先生的倡议和指导下，鲁保林教授开始组织团队的骨干力量编写一套新的《资本论》教学研究参考资料，旨在反映改革开放以来中国学者在《资本论》研究对象、劳动价值论、生产力理论、资本主义基本矛盾理论、工资理论、重建个人所有制、社会再生产理论、一般利润率趋向下降规律研究上所取得的代表性成果。这套丛书由李建平先生和黄瑾教授担任主编，一共八册。各分册的负责人为：（1）陈晓枫：《资本论》研究对象；（2）陈美华：劳动价值论；（3）陈凤娣：生产力理论；（4）许彩玲：资本主义基本矛盾及其当代表现；（5）杨强、王知桂：工资理论；（6）孙晓军：重建个人所有制；（7）魏国江：社会再生产理论；（8）鲁保林：一般利润率趋向下降规律。

为保持入选论文原貌，入选论文的作者简介以论文发表时为准。我们对作者的授权和支持表示衷心感谢！不过，由于工作单位变动等因素的影响，一些入选论文未能联系到原作者，敬希望作者见书后及时与我们联系，以便奉寄样书和支付稿酬。由于本书篇幅有限，还有许多佳作尚未入选，我们深表遗憾。经济科学出版社孙丽丽编审为本套书的出版付出了辛勤劳动，在此一并感谢。

2023 年是马克思逝世一百四十周年。本套丛书历经一年半的编写和审改也即将问世，这套丛书的编写饱含了我们对马克思这位伟大思想家的崇高敬意和深厚感情。跟随马克思的足迹前进，是对这位伟大革命导师最好的缅怀和纪念。作为"南方坚持马克思主义经济学教学与科研的重要阵地"，我们将进一步增强责任感和使命感，做《资本论》研究的继承者和发展者，为繁荣发展中国马克思主义经济学贡献力量。

福建师范大学《资本论》的理论、方法和结构及其当代价值研究团队

2023 年 3 月